精品课

EXCELLENT COURSE

高等院校精品课程系列教材

品牌管理

BRAND MANAGEMENT

|第2版|

苏勇 史健勇 何智美 编著

机械工业出版社
CHINA MACHINE PRESS

图书在版编目（CIP）数据

品牌管理/苏勇，史健勇，何智美编著．--2版．--北京：机械工业出版社，2021.6（2026.2重印）
（高等院校精品课程系列教材）
ISBN 978-7-111-68336-0

I. ①品… II. ①苏… ②史… ③何… III. ①品牌－企业管理－高等学校－教材 IV. ① F273.2

中国版本图书馆CIP数据核字（2021）第098754号

全书分品牌概论、品牌的演变发展、品牌定位、品牌形象、品牌设计、品牌文化、品牌传播、品牌延伸、品牌创新、品牌危机、品牌资产、网络品牌12章。每章前设有本章提要、本章案例、预习案例。每章后的本章小结概括总结该章的主要概念及内容，复习思考题、课后案例、案例讨论能使读者更好地理解和掌握该章的品牌相关概念和原理。各章内容中穿插了相关品牌案例供读者学习理解。

出版发行：机械工业出版社（北京市西城区百万庄大街22号 邮政编码：100037）
责任编辑：李晓敏 郝梦莹　　责任校对：殷 虹
印 刷：北京盛通数码印刷有限公司印刷　　版 次：2026年2月第2版第11次印刷
开 本：185mm×260mm 1/16　　印 张：18.75
书 号：ISBN 978-7-111-68336-0　　定 价：55.00元

客服电话：（010）88361066 68326294

作者简介

ABOUT THE AUTHORS

苏勇，经济学博士、管理学教授、博士生导师。任复旦大学东方管理研究院院长、企业管理系主任，兼任中国企业管理研究会副会长等职。出版《现代组织行为学》《中国管理学发展进程》《品牌管理》《管理伦理学》等30多部著作，发表论文200余篇。担任国家社会科学基金重大项目首席专家，主持并完成国家社会科学基金、国家自然科学基金重大和重点研究项目30多项。历任上海机场、宝信软件、马钢股份、百联股份、复洁环保等10多家上市公司独立董事。曾在美国麻省理工学院、华盛顿大学（圣路易斯）等大学做博士后研究和访问学者。他还是东方讲坛最受欢迎的十大讲师，并曾荣获全国优秀教学成果一等奖、全国优秀教材二等奖、全国首届MBA百佳案例奖、上海市哲学社会科学优秀著作一等奖等。主要研究领域：企业组织与管理创新、人力资源管理、东方管理等。近年来主持“改变世界：中国杰出企业家管理思想访谈录”大型研究项目，已访谈张瑞敏、雷军、董明珠、宁高宁等42位企业家，在此研究项目下拍摄了37集电视专题片，主编出版“管理思想精粹”7本、“研究丛书”13本。

史健勇，教授。主要研究领域：工商管理。先后主持国家社会科学基金项目、教育部人文社科基金项目、上海市科委软科学重点项目、上海市人民政府决策咨询重点课题、上海市教委科研创新项目近20项；获国家教学成果二等奖1项，上海市教学成果特等奖及一、二、三等奖共7项，上海市科技进步一、二、三等奖共3项，上海市哲学社会科学优秀成果——内部探讨优秀成果奖3项，上海市决策咨询研究成果奖2项；公开发表学术研究论文30余篇。担任上海现代企业经营管理研究会副理事长、中国企业管理研究会副理事长。

何智美，经济学博士、管理学博士后、上海工程技术大学副教授、美国印第安纳大学访问学者。在核心期刊发表论文20余篇。主持及参与省部级课题4项，企业横向课题10余项。主讲课程主要有管理学、市场营销、品牌营销、企业伦理等。

第2版序言

PREFACE

中国何时能有一大批唱响世界的品牌

在2020年《财富》杂志公布的“世界500强”企业名单中，中国企业占据124席，数量已超越美国，跃居世界第一，可喜可贺！但与此同时也令人有感而发：中国何时能有一大批唱响世界的品牌?

相比较而言，中国品牌的现状并不乐观。时至今日，除了华为、海尔、李宁等少数中国品牌享有一定的国际知名度，大多数中国产品缺乏品牌的知名度和美誉度，更谈不上在全世界唱响，这不禁令人唏嘘。

现代社会中，品牌代表了消费者对商品或服务的感受，以及由此而产生的信任及商品其他意义的总和，具有极高价值。当今的企业经营者都有共识：企业经营的最终目的是为消费者创造价值，推动社会进步。而品牌的价值就体现在与消费者的关系中，体现在能否为消费者创造更大价值上。作为消费者，我们每一个人都有这样的认知，同样一个产品，使用功能几乎相同，甚至品质也相差无几，但名牌和非名牌之间价格悬殊，可差几十倍甚至几百倍。

中国的总体经济实力已居世界第二，但是毋庸讳言，在中国经济快速成长的过程中，我们一定程度上破坏了优美环境，消耗了大量人力物力资源，来换取经济高速发展。这虽然可能是在一定历史阶段中不可避免的，但同时也给中国社会发展带来问题。从全球来看，中国作为世界工厂，处于价值链末端，虽然在全世界都能看到“Made in China”的产品，但是中国名牌产品相对较少。

高价值品牌是一个企业物质属性和精神属性的最高结合点，体现出一个企业是否具备现代经营意识，也体现出企业家是否具备大胆开拓、勇于创新的精神。在当前国内国际双循环的经济格局下，中国经济要持续发展，一方面要满足国内消费者日益增长的消费需求，要有一大批质量过硬的名牌产品；另一方面要走向世界，在国际经济舞台上唱响一大批中国品牌，用优质品牌来统领产品的全价值链，否则就局限于“为他人作嫁衣裳”的地位。

时至今日，我们看到部分中国品牌逐渐在世界经济舞台上展现风姿，获得较好声誉，同时也看到还有一些中国企业安于现状，品牌意识不强，这严重影响了企业提升效益、产品结构转型和可持续发展。2017 年 4 月，国务院批复同意将每年的 5 月 10 日设立为“中国品牌日”，这释放了一个强烈的信号，即在中国经济转型升级的重要时刻，中国政府充分认识到品牌创建的重要性，高度重视打造中国优秀品牌的各项工作，有关中国品牌建设的任务被提上重要议程，并将获得社会各界的更多重视。

《品牌管理》一书初版于“中国品牌日”设立的 2017 年，是作者在大学多年从事品牌管理方面教学的力作。如今随着经济形势的复杂多变和企业经营的与时俱进，我们对本书做了增补修订，更新了几乎所有案例，并对内容进行了部分调整。同时我们也充分关注到企业在品牌创建和营销手段方面的最新动向，增加了直播带货等新内容，以更好体现企业经营的最新变化。最后，党的二十大提出“弘扬企业家精神，加快建设世界一流企业”，本书贯彻从中国制造到中国创造、中国智造的主线，为企业家如何创造优秀的中国品牌指出了实施路径和对策。

我们衷心希望，有更多中国名牌企业和名牌产品唱响世界经济舞台，为人类命运共同体建设贡献更大的力量。

苏　勇

教授、博导

复旦大学东方管理研究院院长

复旦大学管理学院企业管理系主任

第1版序言

PREFACE

中国品牌让我欢喜让我忧⊖

2017 年 4 月 24 日，国务院批复同意设立“中国品牌日”。该批复同意自 2017 年起，将每年 5 月 10 日设立为“中国品牌日”，具体工作由国家发展改革委员会同有关部门组织实施。

在我国，虽然民间或地区举办的各种品牌节庆活动不少，但从国家层面发布文件，正式设立“中国品牌日”，却是第一次。这无疑释放了一个强烈信号，即在中国经济转型升级的重要时刻，中央政府充分认识到品牌建设的重要性，开始重视打造中国优秀品牌的各项工作，有关中国品牌建设的任务将被提上重要议事日程。

品牌起源于标记。早在古代，人们便通过在牛马身上烙印记来区分这些财产的不同归属。中国的品牌历史，最早可追溯到北宋时期山东刘家老铺出售缝衣针时包装上的“兔儿为记”。著名营销大师科特勒指出，“品牌是一个名字、名词、符号或设计，或者是它们的总和，其目的是要使自己的产品或服务有别于其他竞争者”。在现代社会中，品牌代表消费者对商品或服务的感受，以及由此而产生的信任及商品其他意义的总和。品牌是一个以消费者为中心的概念，它的价值体现在与消费者的关系中。同样一种商品，其使用功能完全相同，甚至品质也相差无几，但名牌和非名牌之间价格可差几十倍甚至几百倍。

改革开放以来，中国经济经历了飞速发展，从一个经济落后的发展中国家，到如今经济总量跃居世界第二。在《财富》的“世界 500 强”企业中，中国企业已占有 110 席。中国正以其独有的步伐，向世界强国迈进。但是，毋庸讳言，在中国经济飞速成长的过程中，我们在一定程度上通过破坏环境和消耗资源的方式来换取经济发展。这虽然在一定历史阶

⊖ 本文发表于 2017 年 5 月 10 日《上观新闻》,5 月 16 日《解放日报》。在本书交稿之际，正逢“中国品牌日”首次设立，因此将本人发表的这篇小文作为《品牌管理》一书的序言。希望《品牌管理》一书能够为中国品牌的日益强大做出一点贡献。

段有其必要性，但也给社会发展带来问题。从全球来看，中国已成为世界工厂。虽然在全世界都能看到“Made in China”的产品，但是却缺乏叫得响的中国品牌，尤其是中国名牌。大量中国企业在产品生产的价值链中处于末端，而在“微笑曲线”两端的研发、渠道包括品牌拥有者，却赚得盆满钵满。在国内市场，随着我国经济的发展，居民收入大幅度增加，中等收入群体持续扩大，消费结构不断升级，广大消费者已不满足于市场现状，他们对产品和服务的消费提出更高要求，更加注重品质，讲究品牌。国内居民的消费也日益呈现出个性化、多样化、高端化、体验式消费的特点。因此，无论从国际、国内哪个市场角度来说，推动结构调整、创建优秀品牌都迫在眉睫。

在中国新一轮经济发展中，要实现经济增长方式的转变，如何从“中国制造”转变为“中国创造”，一直是全社会关注的问题。创建中国品牌，改变长期以来中国企业仅仅依靠廉价劳动力和成本优势的盈利格局，无疑是其中的一个关键。同时，创建优秀品牌，发挥品牌引领作用，也是推动供给侧结构性改革和需求结构升级的一项重要举措。供给侧结构性改革，一方面要加快经济增长方式由外延扩张型向内涵开发型转变，由规模速度型向质量效率型转变；另一方面也要改变有商品、无品牌，有品牌、无名牌的尴尬局面，提升产品品质，促进生产要素的合理配置，增加有效供给，满足人民群众日益增长的消费需求。

高价值的品牌背后，是一个企业物质属性和精神属性的最高结合点，体现出一个企业是否具备现代经营意识，也体现出企业家是否具备开拓和创新精神。中国经济要发展，中国企业要走向世界，就一定要唱响一大批中国品牌，使中国企业从OEM、ODM发展为OBM，即从“代工”发展为“设计制造”，最终发展为“品牌制造”，用优质品牌来统领产品的全价值链。虽然企业所处的行业不同，规模大小不同，但现代市场经济中每个企业都要树立坚定的品牌意识，否则就局限于“为他人作嫁衣裳”的地位。打造优秀品牌，首先是大企业责无旁贷。大企业身强力壮，财大气粗，要舍得在品牌建设方面进行投入，在品牌创建、品质提升、品牌传播、品牌维护、品牌创新等各方面都要起带头作用。在这方面，海尔、华为等著名企业都为中国企业做出了表率。中小企业同样可以在品牌创建方面有所作为。虽然中小企业实力可能稍弱，不能在品牌方面进行大手笔投入，但可以另辟蹊径。品牌是产品差异化最形象、最直接的表现。中小企业只要选准目标市场，同样可以在自己的细分领域用较少投入创建出鲜明的品牌特色，上海的玛戈隆特骨瓷、台湾的诚品书店就是成功范例。

在全球经济日益一体化的今天，我们高兴地看到一批中国品牌正逐渐在世界经济舞台上展现风姿，但同时也看到还有一些中国企业安于现状，品牌意识不强，这严重影响了企业效益提升和产业结构转型。如今，借助设立“中国品牌日”的契机，希望能对中国企业提升品牌意识起到有效的促进作用。

还必须强调的一点是，要创建优秀品牌，做好产品是基础。好产品本身就是好品牌的题中应有之义。品牌说到底只是一种无形资产，无形资产必须依附在有形产品上才能充分发挥效用，否则，“皮之不存，毛将焉附”？优质产品为优秀品牌的创建提供了良好基础，优质产品加上有效实施的品牌策略，才能如虎添翼。就这一意义而言，“工匠精神”和“品牌意识”缺一不可。

苏　勇

目　录

CONTENTS

第一章
CHAPTER 1

品牌概论

§ 本章提要

- 品牌的定义及内涵
- 品牌的特征及分类
- 品牌对企业和消费者的作用

§ 本章案例

- 令人瞩目的小米：致力于品牌建设，发展多样产品
- 国产网红雪糕“钟薛高”凭什么挑战哈根达斯
- 国货复古新潮品牌“汉口二厂”强势引领国潮汽水新风尚
- 丰田再次荣登全球最具价值汽车品牌榜首
- 古驰大翻身，靠的不仅是设计师

§ 预习案例

令人瞩目的小米：致力于品牌建设，发展多样产品

2020 年 8 月 26 日，小米集团公布了这一年的第二季度财报：小米第二季度营业收入为 535.4 亿元，上年同期为 519.51 亿元；净利润为 33.7 亿元，上年同期为 36.35 亿元。

小米公司创始人雷军随后在微博上高兴地说：“小米集团 2020 年 Q2 财报总收入 535 亿元，调整后净利润 34 亿元，再次超出市场预期。手机站稳高端，全球前四。欧洲手机市场增速第一，首次进入欧洲份额前三。西班牙市场第一，法国市场第二。AIoT 业务领先，智能电视出货量稳居中国第一，进入全球前五。感谢大家支持。”

2011 年，小米第一代智能手机正式发布。从此，国内智能手机市场开启了新的篇章。相关数据显示，小米手机 1 第一次正式网络售卖就创下了 5 分钟内 30 万台售罄的纪录，“为发烧而生”的极客精神伴随着小米的互联网手机开始在国内疯长。到2014年，小米当年以6 112万台的手机出货量登顶了中国手机市场份额第一。

小米手机以其物美价廉、外观时尚、处理器强大等优势，在中国市场越来越受到消费者的喜爱。不断借势新营销手段提升自己的品牌曝光度是小米最擅长的营销方法。金山的创业经验让雷军深刻认识到做事应当顺势而为。正如雷军自己所言："1998年腾讯创业，1999年李彦宏创办百度，1999年末阿里巴巴创业。我们坚持WPS，但却错过了整个互联网。"他当年的那个决定叫作不顺势，顺势就应该去做互联网。今天，小米的成功很大一部分原因是顺应了微博、QQ空间、微信等自媒体大发展的浪潮，顺应了天时。小米手机从操作系统开发到手机的发布，都赶上了新浪微博高速发展的上升期，借助微博的广泛传播力，小米在粉丝营销上取得了巨大的成功。近期，手机行业掀起了一股学习小米的浪潮。华为、联想、金立、OPPO纷纷模仿、学习小米的营销。

小米在营销战略上选择的是超高产品性价比的饥饿营销。饥饿营销玩得登峰造极者当属小米。客户购买手机的几大痛点无外乎是价格、外观、电池续航能力、操作体验。小米就是深挖出了传统手机在打电话、发短信、操作体验上的诸多痛点，从而找到了突破口。超高的性价比是小米敢玩饥饿营销并且能通过最初的短短两年时间就从国内众多传统手机厂商中杀出重围的重要原因。

小米手机从成立到现在仅仅11年的时间，但是在这11年的时间里，这个牌子经历了很多，从不被消费者信任到产品拥有大量粉丝，都展现了小米人的努力和坚持。而且在刚开始，小米是专注于手机制造的，但是现在也开始专注于人们生活的改变和发展，在生活和家居方面，也提供了更多的科技选择，创造了一种将互联网和生活链接的方式，让人们在生活中处处拥有科技，并且在一定程度上不断压低价格，使得每个人都能感受到科技的进步。在2017年发布新品的时候，小米也开始尝试着发展小米电视、小米音响、小米机器人。在多个领域开始自己的发展，对于小米来说是一件非常好的事情，因为当你不断扩展自己发展领域的时候，就意味着你在这个市场中多了一个发展的机会和空间，而且能够借助自己品牌的力量，在很多领域运用自己的发展空间。

资料来源：百家号，"华为遭制裁，小米时代来临"，https://baijiahao.baidu.com/s?id=1676191030461187873&wfr=spider&for=pc；品牌网，"小米手机背后的成长故事"，https://www.chinapp.com/gushi/91175。

小米手机品牌的案例充分展现了品牌造就商业传奇。在消费文化时代，越来越多的企业、机构甚至个人，认识到品牌的重要性。日常生活中随处都可以看到品牌的身影：智能手机巨头苹果、零售业老大沃尔玛、国内最大网络零售平台淘宝网、全球最大的操作系统提供商微软。"品牌"一词受到人们的关注源于美国广告大师大卫·奥格威（David Ogilvy）的经典著作《一个广告人的自白》。自此以后，各国专家学者从不同角度关注品牌现象并研究品牌问题。虽然自20世纪60年代起，"品牌"一词就开始活跃，然而在日新月异的市场经济中，品牌及品牌管理的议题却历久弥新，品牌研究依然大有空间。本章是全书的导论，重点讨论品牌的定义、内涵、特征、分类和作用等基本要素，它们是品牌管理的基础。

第一节 何谓品牌

一、品牌的定义

“品牌”的英文单词是brand，源于古挪威语“brandr”，意为“打上烙印”，即在牛马身上烙上记号。英语brand动词形式意为（在家畜身上标明所属的）烙印、标记。远古时代，人们用这种方式来标记家畜等需要与他人区分的私有财产。到了中世纪，欧洲的手工艺匠人用这种方式在自己制作的手工艺品上留下标记，以便顾客识别产品的原产地和生产者，也便于市场交换。16世纪早期，蒸馏威士忌酒的生产商将威士忌装入烙有生产者名字的木桶中，以防不法商人偷梁换柱。1835年，苏格兰酿酒者使用“Old Smuggler”品牌标识一种经特殊蒸馏程序酿制而成的酒，以维护品牌的质量声誉。中国古代与“品牌”一词相近的词如“招牌”“字号”等，也用于识别不同的产品和商家。

随着社会经济大转型，“品牌”具有了现代的内涵和外延。“品牌”一词是学界和业界广为使用的概念，其概念众说纷纭。综合国内外相关研究，“品牌”的定义可以从下列四类学说中略见一斑。这四类品牌定义各有侧重视角，无所谓孰优孰劣。

1. 符号说

美国市场营销协会（American Marketing Association，AMA）在其营销词典中，把“品牌”定义为一个“名称、术语、标记、符号或设计，或是上述元素的组合，用于识别一个销售商或一群销售商的商品与服务，并由此区别于其他竞争者的商品与服务”。该定义在营销学界得到了广泛的认可和接受。营销大师菲利普·科特勒（Philip Kotler，1991）认为，“品牌是一个名字、名词、符号或设计，或是它们的总和，其目的是要使自己的产品或服务有别于其他竞争者”。美国学者林恩·阿普什（Lynn B. Upshaw，1995）认为，品牌是使某种产品和服务能够区别于其他产品和服务的名称、标识和其他可展示的标记。

由此可见，符号说的品牌定义认为品牌最重要的功能在于识别和区分。从符号的角度理解品牌是基于品牌最原始、最直观的含义，以朴素而现实的视角将品牌视为标榜个性、区别于他者的特殊符号。视品牌为识别和区分的符号是品牌的必要条件，但不是充分条件。因此，符号说不能揭示品牌的全部内涵。

2. 资产说

美国学者亚历山大·比尔（Alexander L. Biel）认为：“品牌资产是一种超越生产、商品及所有有形资产的无形资产，其好处是未来的品牌价值远远超过推出具有竞争力的其他品牌所需的扩充成本。”美国著名广告代理商BMP的执行董事P. 菲尔德·维克（P. Field Wick）也认为，品牌是“由一种保证性徽章创造的无形资产”。法国品牌专家让–诺埃尔·卡普费雷尔（Jean-Noël Kapferer）指出，品牌是企业最有价值的财富。对于公司而言，品牌代表着一份价值连城的合法财产。这份财产能够影响消费者的行为，并且在它被购买和出售的过程中，能确保它的主人有源源不断的收入。

资产说的品牌定义从资产这个外延展开论述，认为品牌是一种价值，在一定程度上是脱离产品而存在的。这种主张从经济学、会计学等市场运营的视角切入，着眼于品牌的价值功能，强调品牌对企业的增值功能，突出品牌作为一种无形资产带给企业的财富利润以及带给社会的文化价值。

3. 关系说

联合利华前董事长迈克尔·佩里（Michael Perry）认为："品牌代表消费者在生活中对产品或服务的感受，以及由此产生的信任、相关性及意义的总和。它是一个以消费者为中心的概念，它的价值体现在与消费者的关系中。"奥美广告公司认为："品牌是一个商品透过消费者生活中的认知、体验、信任及感情，争到一席之地后所建立的关系。"美国品牌战略研究学者凯文·莱恩·凯勒（Kevin Lane Keller，1998）认为，品牌源于消费者反应的差异。消费者反应中的差异是消费者对品牌理解的结果，如果没有差异产生，那么具有品牌名称的产品本质上仍然是一般类别的产品。虽然企业通过营销计划为品牌提供了支持，但最终品牌是留存在消费者头脑中的东西。

关系说的品牌定义，从品牌与消费者沟通功能的角度切入，提示了品牌的价值最终由消费者来决定的要义。这种主张强调品牌是一种偏向，是消费者或某些权威机构认定的一种价值倾向，是社会评论的结果，而不是品牌自我加冕的。

4. 综合说

著名广告大师奥格威（Ogilvy，1955）认为，品牌是一种错综复杂的象征，是品牌属性、名称、包装、价格、历史和声誉的无形组合，深受消费者的经验和体验影响。美国品牌学者阿普什（Upshaw，1995）从可视性角度谈及品牌特征时说，品牌是消费者所见产品或服务的全部，包括有形要素和无形要素。美国营销学家科特勒认为，品牌往往是一个复杂的符号标志，能表达出属性、利益、价值、文化、个性和使用者这六层含义。品牌研究学者戴维·阿克（David A. Aaker）认为，品牌像人一样具有个性和情感，是产品、企业、人和社会文化象征的综合体，是一个全方位的架构，涉及消费者与品牌沟通的方方面面。品牌可以视为一种"体验"，一种消费者能亲身参与的深层次关系，一种与消费者进行理性和感性互动的总和。

综合说的品牌定义，着眼于品牌的信息整合功能，将品牌置于营销市场乃至社会大环境中加以分析。这种主张进行品牌研究时引入时间维度和空间维度，不仅包括品牌名称、品牌包装和品牌标志等有形要素，还包括历史、经济、法律和社会文化等诸多无形要素。

品牌案例1-1

国产网红雪糕“钟薛高”凭什么挑战哈根达斯

一提到高端雪糕，多数人首先想到的便是美国的哈根达斯，事实上，国产网红雪糕钟薛高品牌，在高端市场同样风生水起。一支雪糕售价66元，产品一上线便被疯抢，18个月的时间累计销售额超过1亿元，也算是高端实力派了。

钟薛高创立于2018年3月，5月开始上市新品，凭借独特的瓦状外形以及上等食材带来的口感，迅速吸引了第一批粉丝。

资本看到了钟薛高的潜力。2018年7月，著名创投基金真格基金、经纬中国在天使轮投资钟薛高；随后的8月，消费领域的创投大咖天图资本也来助力，参与了钟薛高的A轮融资。

2018年“11·11”，钟薛高推出66元一支的“厄瓜多尔粉钻”雪糕，当天2万支雪糕全部售罄，其他雪糕产品也全面开花，让钟薛高在一天内销售额突破400万元，从此打开了品牌的销路！

作为一个初创品牌，钟薛高有如此业绩，在雪糕界算是现象级！

由于找准了00后一代人的需求点，如此高的定价并没有阻碍销量攀升，钟薛高更是在李佳琦直播间5分钟爆卖了7万支，刷爆小红书。

取名“钟薛高”，其创始人林盛给出了解释，寓意为“中国品质雪糕”，取的就是“中雪糕”的谐音。当然了，在雪糕的形状层面，的确有中国的独特元素。市面常见的雪糕为方块式雪糕，而钟薛高的雪糕形状融入了中式设计，圆弧形的瓦片状顶端，刻了两道镂空的弧度。最重要的是，这种形状的雪糕在冰冻了很久之后，依然软糯，不会像其他雪糕一样，冻久了像砖头一样难咬。

难道钟薛高仅仅依靠外观改进，就可以卖到最低16元一支？当然不是。钟薛高的官方宣传理念为，“一支慢慢品的雪糕”(见图1-1)。该产品减少了添加剂、化学增稠剂、乳化剂的使用，雪糕的棒签也以秸秆为原材料制作，力图打造高端雪糕。在外观包装层面，钟薛高也进行了优化，图案和文字百变。同时钟薛高与小红书、三只松鼠等进行跨界合作，可谓深受年轻人喜爱。不仅如此，钟薛高还请来了佟丽娅做形象代言人，该举措符合“90后”“00后”年轻用户的心理。此外，钟薛高还邀请小红书关键意见领袖（Key Opinion Leader，KOL）进行试吃。公开数据显示，钟薛高上线8个月，小红书笔记便超过4 000篇。在罗永浩的直播间，该产品也被瞬间抢空。网红基因强大的钟薛高，成立短短两年时间，便成为国内线上雪糕品类霸主，销量甚至超过哈根达斯，18个月累计卖出1 500万支，销售额超过1亿元。

通过在外形、质量、口味层面狠下功夫，钟薛高迎合了年轻用户的需求。依靠网红推荐、明星代言等策略，钟薛高迅速走红。当然，其不仅有66元一支的雪糕，也有16～18元一支相对平价的雪糕。瞬间的走红，是否为一时潮流，还需要时间检验。例如，早期网红煎饼贵族“皇太吉”，在经历短暂辉煌之后便无踪影。钟薛高要想立足长久，必须以口味为基础，不断研发，丰富产品线，进而顺应瞬息万变的市场。

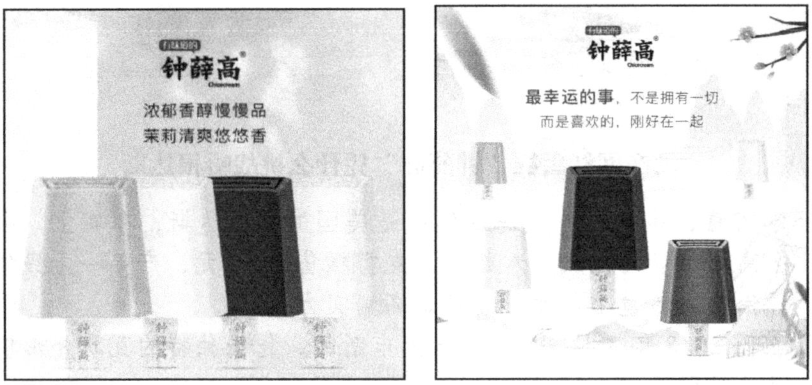

图 1-1

消费者有意愿为更高品质的产品买单，而不是为了新鲜感买单。钟薛高只有立足好产品，做好宣传，才能真正与品牌力极强的哈根达斯保持对标竞争。

资料来源：腾讯网，https://new.qq.com/omn/20200902/20200902A0OWTN00.html。

二、品牌的内涵

从综合说的品牌定义可知，品牌是一个承载诸多信息的复杂综合体。美国市场营销学权威科特勒在《营销管理》中指出，从本质上说，人们可以通过一个品牌辨认出其销售者和制造者。品牌往往是一个复杂的符号，它能表达出六层意思。

1. 属性

一个品牌首先给人带来特定的属性，具体来说是对应于品牌产品特性的联想及品牌符号表露意义的象征联想。消费者感受到的物质差别与品牌产品是否因某种属性而令人产生联想有关。例如，梅赛德斯－奔驰代表昂贵、优良制造和工艺精良等高信誉。产品的优质物理属性和企业的有效营销战略等多种因素，激发消费者对品牌产生了较深层次的联想，赋予产品以附加价值，丰富了产品的品牌内涵，加深了消费者对产品的信任。

2. 利益

属性需要转换为功能利益和情感利益。功能利益是指产品功能带给消费者的利益，例如，手机能让相隔千里的人对话，电视能使人们看到大洋彼岸的生活，计算机能帮助人们高效完成工作等。品牌带给人们功能利益体验，例如，人们购买 iPhone，不仅是因为它时尚的外观，更多的是因为它带给人们的智能体验。iPhone 具有多点触控宽屏、杀手级的 App Store 下载应用、突破性的互联网通信功能、多样化的拍照娱乐功能及强悍的卫星导航功能，而且是有史以来速度最快、功能最强的手机，iPhone 集革命性的电话、宽屏 iPod 和突破性的互联网设备于一体，使用户得到了全方位的体验。

情感利益又称心理利益，是消费者在使用品牌产品时的感觉，包括消费者的自我看法及他人看法。不同类别的产品带来的品牌情感利益或有不同，品牌研究学者阿克指出，希望获得社会认可的消费者往往对具有高度社会心理利益的品牌十分敏感。例如，希望把自己打造为成功商务人士的消费者会选择开奔驰车、戴劳力士手表。

3. 价值

品牌折射出制造商或创始人的价值观。例如，2003 年成立于美国硅谷的纯电动汽车品牌特斯拉，致力于用最具创新力的技术加速可持续交通的发展；梅赛德斯 – 奔驰体现了高性能、安全和威信。

4. 文化

品牌象征独特的文化。例如，著名日本品牌“无印良品”（MUJI），其本意是“没有商标与优质”。虽然极力淡化品牌意识，但它遵循统一设计理念所生产出来的产品无不诠释着品牌所倡导的自然、简约、质朴的生活方式和文化观念。

5. 个性

品牌代表了企业创始人或产品设计师的个性。例如，在奢侈类汽车品牌中，玛莎拉蒂（Maserati）表现出女性娇贵的气息，而法拉利多体现了狂野的男性气概。

6. 使用者

品牌暗示了购买或使用其产品的消费者的类型。同一功能产品的不同品牌反映出消费者在年龄、收入、消费习惯和生活方式等方面的差异。例如，同样是快销服装品牌，ZARA 受职业女性青睐，GAP 则为有活力甚至有些嘻哈的年轻人所喜爱。

个人会因不同的场合显示出不同的自我。阿克曾说过，希望获得社会认可的人往往对具有高度社会心理利益的品牌十分敏感。因此，对于即使将在某一方面或某些方面相似的同一类型的消费者作为目标客户的品牌来说，品牌也能够将他们区隔开来。例如，奔驰将目标客户定位于有身份地位的人，沃尔沃瞄准的是注重“安全”的人，而宝马瞄准的是注重“驾驶乐趣”的人等。

总而言之，品牌内涵的丰富性在于既向消费者传递了品牌的属性和利益，又向消费者传递了品牌的价值、个性和文化；从产品的社会属性来说，品牌反映了其使用者的消费心理和社会特征。

品牌专家阿克认为，品牌就是产品、符号、企业与消费者之间的连接和沟通。也就是说，品牌是一个全方位的架构，涉及消费者与品牌沟通的方方面面，并且品牌更多地被视为一种“体验”，一种消费者能亲身参与的更深层次的关系，一种与消费者进行理性和感性互动的总和，若不能与消费者结成亲密关系，产品就从根本上失去了被称为品牌的资格。

第二节 品牌的特征及分类

一、品牌的特征

1. 专有性和排他性

从本质上说，品牌是生产者或销售者为了使自己的产品或服务与竞争对手有所区别而创建的。品牌所有者经过法律程序认定，享受品牌的专有权，有权要求其他企业和个人不得仿冒和伪造。如若发现侵权行为，品牌所有者可以诉诸法律，对假冒产品的制造者进行惩罚，这是品牌专有性和排他性的具体表现。

2. 符号象征性

设立品牌的初衷在于让人们通过一种易记的形式来记住产品。这种形式可以是直接的物质载体，如图形、标志、声音和文字；也可以是间接的无形载体，如产品价格、质量、服务、知名度、认可度和美誉等。总之，品牌是消费者对企业和产品一切认知的总和。

3. 风险性和不确定性

品牌在其成长过程中会遇到诸多不确定的因素。企业取得高附加值会提高品牌价值；然而如果遇到意外，则可能使品牌价值贬值，甚至可能迫使品牌退出市场，此时企业一定要开展危机公关，把损失降到最低。

4. 市场竞争性

在产品日益同质化的时代，在市场竞争中起主导作用的是品牌，而不是其他。强势品牌代表了该企业在行业中的领先地位，消费者的忠诚是其应对竞争者挑战、占领市场份额的保证。从某种程度上说，品牌是企业参与市场竞争、保持竞争优势的重要法宝。品牌所表现和代表的意义、个性、品质和特质等一旦被消费者认可，进入消费者的心灵深处，品牌就会在消费者心中和市场上积蓄价值。这种价值虽然看不见、摸不着，却能为品牌所有者创造大量的超额价值利益，从中我们可以看到品牌的价值。这种价值并不像有形资产那样可以用实物形式表达，但它能使企业的无形资产迅速增大，并且可以作为一种独特的“商品”在市场上交易。例如，《福布斯》2020 年全球品牌价值排行显示，苹果和谷歌的品牌价值分别以 2 414 亿美元和 2 075 亿美元超越微软跃至全球品牌价值排行榜第一位和第二位。

品牌案例1–2

国货复古新潮品牌“汉口二厂”强势引领国潮汽水新风尚

大时代背景下，年轻人引领着时代的潮流，也被时代潮流所裹挟。他们开放包容，热爱潮流，有国际视野，也有本土自信。“汉口二厂”是武汉恒润拾运营管理有限公司（以下简称“恒润拾”）旗下的饮料品牌，品牌缘起于曾经在武汉流行的“二厂汽水”，创始人受到老汽水情怀和城市文化记忆的启发，希望能做出陪伴当代年轻人成长的“潮牌饮料”，遂于2018年初推出含气果汁饮料系列，坚持添加真果汁，不含“三精”，打造真正健康的“快乐水”。

自创立以来，汉口二厂不断创新口味，推出新品（见图1-2），目前已与全国几十个主要的线上线下渠道商达成合作，覆盖超过5万家门店。2020年，汉口二厂推出了多款创新口味，打造了多款网红爆品，并以燕麦乳茶新品进军健康茶饮市场。汉口二厂还成功完成了两轮融资，积极尝试了多元的跨界合作。汉口二厂精准把握当下年轻人的消费需求，成功触达全时段的年轻人消费场景。2021年，汉口二厂将继续深入年轻消费人群，打造国潮饮料“厂牌”，为目标人群的生活“造点乐子”。

和利汽水 百香果乳酸菌汽水 喵呜苏打水 恋爱苏打水 运汽 励志汽水 盐渍凤梨苏打水 橙汁汽水

图 1-2

1. 与年轻人共情，做他们喜欢的标签产品

继2018年亲亲投资给予该厂数千万元资金之后，汉口二厂于2020年9月成功连续完成两轮融资，分别为清流资本领投、高瓴创投和碧桂园创投跟投的A轮投资及顺为资本领投的A+轮投资，融资金额过亿元，老股东亲亲投资也继续加注。

汉口二厂目前已拥有丰富的产品矩阵，可触达年轻人全时段的生活场景。含气果汁饮料系列，通过超人气口味、社交瓶、话题瓶和节日限定瓶，着力打造网红爆款产品。此外，同样由恒润拾孵化的汉口二厂姐妹品牌“平行宇宙”主打低度风味配制酒和风林火山香氛气泡水，产品面向都市里喜欢微醺小酌的年轻顾客群体。

汉口二厂在含气果汁产品线上成功打造了多款现象级网红爆款，包括超人气口味励志汽水、盐渍凤梨苏打水，玩法社交瓶恋爱苏打水、分手快乐水、运汽、新款话题瓶X-神秘水、小99橙汁、自黑神“汽”黑盐渍柠檬苏打水、节日限定瓶福汽等。每一款产品在上市之后，都因其高颜值、自带社交属性和创意玩法，引发了年轻人的购买热潮。同时，2020年推出的燕麦乳茶，主打零蔗糖低卡特色，契合当下年轻人追求口味与健康的生活方式，该产品成为汉口二厂布局茶饮市场的开端（见图1-3）。汉口二厂认为，当代年轻消费者是很有自主消费意识的群体。要想做一个能真正陪伴他们成长的品牌，要求品牌能够了解年轻用户的核心需求，深入年轻人的生活之中，了解他们的喜怒哀乐，并通过产品与他们共情。

图 1-3

2. 多元跨界，年轻零距离

2020 年，汉口二厂继续尝试多元跨界合作，通过与知名品牌的深度合作，持续构建与年轻人沟通的饮料消费新场景。其中，汉口二厂“盐渍凤梨苏打水”作为跨界合作王牌，成功吸引了“小米有品”上年轻一代的“米粉”，也助力了 2020 草莓音乐节，为潮音加持。除了与精品生活购物平台和潮流音乐平台合作之外，汉口二厂还尝试与其他食品品牌合作，包括联手高端零食品牌良品铺子打造夏味“情侣”，牵手鱼眼咖啡合作推出七夕跨界恋爱礼盒，打造饮料新喝法等。

此外，在汉口二厂“瓶中奇遇记”快闪店广州站，伊利优酸乳也惊喜亮相。“瓶中奇遇记”是汉口二厂在 2020 年启动的全国巡游计划，快闪店集结了恒润拾旗下的全系列品牌。超级巨瓶的场景打造、特调酒单的饮品供应、赛博朋克式的科技酷炫风格、快闪店的短暂 72 小时闪现都是汉口二厂与城市的一次亲切的互动。在广州站，汉口二厂与伊利优酸乳打造了“#BOOOOM 炸 # 汽场瓶”（见图 1-4），酸甜奶香与劲炸气泡碰撞，创新口味的含气优酸乳为年轻人带来了一次舌尖上的奇妙之旅。

图 1-4

汉口二厂已成长为国潮饮料先锋品牌的代表，正以潮饮作为载体，引领当下年轻人“自信自由、个性至上”的生活方式。2021 年，汉口二厂将持续加码，注重原汽水条线和风味配制酒条线产品的口味创新，更好地满足年轻消费者的需求；同时，汉口二厂还将拓展新市场，尝试更多跨界可能性，给年轻消费者以惊喜。

资料来源：网易新闻中心，https://news.163.com/20/1228/17/FUV03PKE00019OH3.html。

二、品牌的分类

1. 根据品牌产品的市场覆盖范围划分

根据品牌产品的市场覆盖范围可以将品牌划分为地区品牌、国内品牌和国际品牌。

地区品牌指在一个较小的范围内生产和销售的品牌，如依赖自然环境生长的本土特产。国内品牌指在国内知名度和美誉度较高的品牌。国际品牌指影响能够辐射全球的品牌，如可口可乐、麦当劳等。

2. 根据品牌产品生产经营的所属环节划分

根据品牌产品生产经营的所属环节可以将品牌分为制造商品牌和经销商品牌。

制造商品牌指制造商为自己生产制造的产品设计的品牌，如海尔、联想、三星等。经销商品牌分两种：一种是经销商根据目标市场的特点，结合产品的功能和特色，为产品设计的品牌，如耐克；另一种是经销商依靠自己独特的经营管理而创立的品牌，如沃尔玛和家乐福等。

3. 根据品牌产品的用途划分

根据品牌产品的用途可以将品牌划分为资本品品牌、日用品品牌和奢侈品品牌。

资本品指用于生产其他物品的产品，属于企业的固定资本范畴。日用品指单位价值较低、消费者购买频率较高的产品，如牙膏、洗发水等。相比之下，品牌对这类产品比较重要，此类产品的强势品牌很多，如高露洁、佳洁士、沙宣等。奢侈品（又称享乐品）指用来满足消费者奢侈性消费或者炫耀性消费的产品，如玛莎拉蒂汽车、江诗丹顿手表等。

4. 根据品牌产品的来源划分

根据品牌产品的来源可以将品牌划分为国外品牌和国内品牌。国外品牌指那些隶属于国外企业的品牌，这类品牌有很多，如可口可乐、宾利、万宝路、百威、香奈儿等。国内品牌指那些隶属于国内企业的品牌，如茅台、海尔、格力、华为等，不胜枚举。

第三节　品牌的作用

品牌可以确认一种产品的来源，使得消费者能够要求特定的生产商或销售商对其行为负责。消费者会根据产品如何被品牌化对相同产品做出不同评价。在消费者认牌购买的消费时代，品牌对生产者的作用是巨大的。随着消费者的生活变得越来越复杂、繁忙和紧迫，品牌所具有的简化购买决策以及降低购买风险等功能越来越被人们重视。品牌对企业和个人都发挥着重要的作用。

一、品牌对企业的作用

1. 区分竞争对手

早在品牌理论创立之初，即品牌标志的观念时代，品牌所起的作用就是区分本企业的产品与竞争对手的产品，使消费者在琳琅满目的产品中一眼就能识别出本企业的产品。在现代市场经济中，产品的同质性越来越强，消费者的购买行为不断趋于理性，没有个性的产品和品牌难以赢得消费者的青睐。品牌所有者千方百计地展现产品差异，强化品牌个性，归根结底是为了凸显与竞争对手的区别。

2. 提高市场占有率

一个品牌经过精心的市场培育可以成为名牌。名牌除了具有高知名度外，还拥有良好的美誉度和忠诚度。名牌产品比一般品牌产品在市场竞争中更易占得先机，提高产品的市场占有率。联合国工业发展组织的调查表明，著名品牌的数量在行业品牌中所占比例不足 3%，但著名品牌产品所拥有的市场份额却在 40% 以上，销售额更是超过 50%。

3. 获得高额溢价收益

实施品牌化的产品的价格要高于没有实施品牌化的产品，前者在市场上能够获得更高的利润。名牌产品由于其具有高品质知名度和品牌联想度，其价格要高于普通品牌产品。在同等条件下，消费者愿意为购买名牌产品支付更高的金额。相关调查显示，领导品牌的平均获利率是第二品牌的四倍。拥有美誉品牌的企业可以获得更高的溢价收益。

4. 形成法律保护资源

在现代市场经济中，多数国家或地区都明文规定上市产品必须有商标。《中华人民共和国商标法》（简称《商标法》）规定，凡规定必须使用注册商标的产品必须申请注册，经批准后方可上市，否则不准销售。这样，品牌与企业就有了法律规定的直接联系。经注册的品牌，是企业受法律保护的资源，其他企业不得仿冒和盗用。企业品牌如果遭遇侵权，可以依法追究法律责任。

二、品牌对消费者的作用

1. 降低搜寻成本

消费者在购买产品时，一般会对同类产品的性能、用途、质量和价格等方面加以比较，然后做出选择。在这个过程中，消费者需要大量信息，包括外部信息（如广告）和内部信息（即记忆）。搜寻外部信息是一件耗时耗力的事情，最简单的途径是直接从大脑记忆中提取相关信息，品牌就是记忆中的那个亮点。

2. 降低购买风险

任何事物都存在变数，消费者购买商品也存在潜在风险。虽然消费者不会因为存在购买风险而不去购买和使用商品，但是人们都有一种趋利避害的本能，尽可能地减少购买高风险的产品或将购买风险降到最低。降低购买风险的手段有很多，选择信誉良好的品牌或重复购买同一品牌的产品，是消费者常用的策略。

3. 展示自我

在现代消费社会，消费者不再只根据产品的功能做出选择，还会根据品牌的象征意义和个性品位来寻找某种感觉，体验某种意境，追求某种意义，从而积极地展示自我。品牌常常被视作建立和维护购买者社会地位和身份的象征性资源。例如，通过 Jeep 汽车来展示阳刚之气；通过雨果博斯（Hugo Boss）西装来展示职业气质。

品牌案例1-3

丰田再次荣登全球最具价值汽车品牌榜首

全球最大传播集团 WPP 和凯度华通明略（Kantar）发布了“2020 年全球最具价值品牌百强榜”。丰田凭借 283.9 亿美元的品牌价值再度蝉联汽车品牌第一名。丰田确实做得不错，丰田汽车公司最新快报显示，2019 年丰田在全球共卖出 10 742 122 辆汽车，同比增长 1.40%。根据其财报统计，丰田集团 2019 财年销售额为 299 299 亿日元，纯利润为 20 761 亿日元（约合人民币 1 368 亿元），同比增长 10.3%。

丰田汽车公司（Toyota Motor Corporation）简称“丰田”（TOYOTA），创始人为丰田喜一郎，是一家总部设在日本爱知县丰田市和东京都文京区的汽车工业制造公司，前身为日本大井公司，隶属于日本三井财阀。丰田是世界十大汽车工业公司之一，也是日本最大的汽车公司，创立于 1933 年。丰田汽车隶属于丰田财团。丰田“客户至上、服务至上”的经营理念深入人心。企业对员工秉承“以人为本”的精神；在生产上则坚持“以精简为手段，追求低成本”；对于产品“以零缺陷为最终目标，追求高质量”是丰田的企业文化。

这是一家能把车卖到地球任何角落的车企，因为它的产品足够可靠。Top Gear 三贱客⊖曾经暴虐过一辆丰田海拉克斯皮卡，最终这辆顽强的车被供奉了起来。

在安第斯山，在中东沙漠，在西伯利亚苔原……你总可以想象一辆有着 N 年车龄的丰田陆地巡洋舰依然坚守着自己的岗位。

丰田也是内燃机的坚守者。丰田相信，全混动汽车从不是“过渡体”，而是解决问题的终极答案，它会在很长一段时间内和纯电动汽车并存，虽然全混动汽车没有纯电动汽车开起来那么前卫，但它是一种能把对基础设施建设的依赖降到最低的方案。

丰田的价值，不局限于它的产品，它有着覆盖汽车行业非常完整的产业链，它还有

⊖ Top Gear 是英国 BBC 电视台出品的一档汽车节目，节目里的三位主持人被戏称为“三贱客”。

在日本上市的爱信精机和电装两家子公司，还有旗下的丰田纺织。这些体系内的企业能让丰田真正从无到有造出一台车，并以很便宜的价格卖出去，丰田也因此成为传统车企的王者。

资料来源：凤凰网汽车，http://auto.ifeng.com/c/7toXAT1qMGm；百度百科，“丰田汽车”，https://baike.baidu.com/item。

三、名牌效应

名牌即知名品牌、强势品牌，名牌这个无形资产为其所有者或经营者带来的经济效益称为名牌效应。名牌效应表现在以下七个方面。

1. 聚合效应

名牌企业或产品的社会认可度高，在资源方面，可以吸纳、聚合更多的政策支持、资本投入和消费者青睐，从而形成良好的集聚效应。

2. 磁场效应

一般而言，名牌在消费者心中都有良好的美誉度，像磁石一样吸引着消费者，消费者在这种吸引力下反复购买、重复使用并建立起品牌忠诚。忠诚的消费者会通过社交媒介等进行口碑宣传，以吸引更多的消费者。由此形成强大的磁场效应，促进品牌的良性循环。

3. 衍生效应

名牌在积累了足够多的资源之后，会不断衍生出新的产品和服务，形成衍生效应。衍生效应可以促进企业强势开拓并占有市场，形成新的名牌。例如，海尔集团在冰箱业创出佳绩成为知名品牌后，将积累的资本、技术和管理经验延伸至彩电、空调和洗衣机等家电领域的各个分支。在互联网时代，海尔集团从传统制造家电产品的企业转型成为面向全社会孵化创客的平台。

4. 内敛效应

品牌是一种文化感染力，名牌可以增强企业内部的凝聚力，形成强大的内敛效应。如联想集团、长虹集团和海尔集团等国内强势品牌企业，它们的名牌光环催生了企业员工的自豪感和荣誉感，使员工更加用心地投入企业生产工作中。

5. 宣传效应

品牌不是绝缘体，在收获高知名度和美誉度之后，与之相关的产品、企业、生产地区和国家等，都能够享受名牌带来的潜在宣传效果。例如，不少消费者是通过飘柔才知道了宝洁，通过长虹家电才知道了四川绵阳；海外消费者通过丝绸了解杭州，通过瓷器知道景德镇等。名牌在声名远播的同时也提高了地方和国家形象。

6. 带动效应

品牌获得高知名度后，对产品销售和企业经营都有强势拉动作用，即国际上重要的“品牌带动论”。事实上，名牌产品不仅可以为企业带来可观的经济收益，还可以拉动城市经济并推动区域发展，进而促进国家经济的发展，这就是名牌的带动效应，也称为龙头效应。

7. 稳定效应

当一个地区经济不景气时，名牌可以维持一段时间的稳定发展。一方面可以拉动地区经济；另一方面可以发挥定心丸的作用，使人、财、物等社会资源不至于流失。

需要注意的是，企业看到名牌正面效应的同时，也要认识到名牌的负面效应：一是名牌会引来众多仿冒者，给企业造成许多麻烦，情况恶劣的还可能导致名牌名声扫地；二是名牌的关注度高，形象维护难度也相应较大，维护不当可能会损害品牌的声誉。

本章小结

本章作为全书的导入部分，重点讨论了与品牌概念相关的基本要素。品牌概念主要有符号说、资产说、关系说和综合说四类。各类品牌定义各有侧重，并无所谓孰优孰劣。品牌概念有其丰富的内涵，能表达出属性、利益、价值、文化、个性和使用者这六层含义。品牌具有专有性和排他性、符号象征性、风险性和不确定性、市场竞争性，是企业参与市场竞争的重要工具。

品牌作为根植于消费者心中对产品的感知，对企业和消费都发挥着重要作用。品牌发展成为名牌后，这个无形资产能够为其所有者带来丰厚的名牌效应，包括聚合效应、磁场效应、衍生效应、内敛效应、宣传效应、带动效应和稳定效应。

复习思考题

1. 什么是品牌？
2. 品牌的特征有哪些？
3. 品牌可以划分为哪几类？
4. 试结合案例说明品牌的作用有哪些。

课后案例

古驰大翻身，靠的不仅是设计师

古驰（Gucci）是意大利殿堂级时尚品牌。该品牌由古驰欧·古驰（Guccio Gucci）创立于20世纪30年代，他在佛罗伦萨开了第一家店，推出了一系列标志性产品，其中包括著名的竹包。古驰从此享誉国际时装界。

Gucci是意大利语，标准中文名为“古驰”（曾用“古琦”做中文名，也有译为“古奇”“古姿”的）。古驰集团（Gucci Group）是全球最著名的奢侈品集团，总部位于意大利佛罗伦萨，经营高级男女时装、香水、箱包皮具、鞋履、手表、家居饰品、宠物用品等昂贵的奢侈品。古驰作为古驰集团最负盛名的时装品牌，以高档、豪华、性感而闻名于世，古驰的“双G”Logo，以“身份与财富之象征”的品牌形象，成为富有的上流社会的消费宠儿。古驰集团1999年被法国奢侈品集团开云集团（Kering Group）收购。

近期，古驰总裁兼首席执行官马可·比萨利（Marco Bizzarri）在接受美国网站WWD专访时，回顾了最近两年他在品牌转型道路上的工作历程。比萨利首先提到了古驰已经达成的两项目标：

- 重新回归开云集团旗下的“摇钱树”品牌地位。
- 新任创意总监亚历山德罗·米歇尔（Alessandro Michele）的设计重振了品牌在时尚界的领军地位。

据开云集团近期公布的2016财年数据，古驰全年销售额同比增长12.3%，第四季度同比增幅高达21.4%。

比萨利表示，新任创意总监米歇尔对古驰在设计审美上进行了空前的改造，首次发布会就艳惊四座。比萨利还谈到了这两年古驰的改革，具体涉及产品、数字化、新闻传媒、社交媒体、门店（橱窗）、包装、供应链和物流。

2015年古驰品牌转型，其位于米兰蒙特拿破仑大街的旗舰店，经过重新设计装修后已经于2015年9月中旬开门迎客，正好赶在了米兰时装周开幕前。翻新后的米兰旗舰店几乎完全摒弃了之前金色、青铜色调和紫檀木元素，取而代之的是高档织物及丝绒家居饰品、清漆铁墙、大理石扶梯等（见图1-5）。

图 1-5

为了配合创意总监的设计，古驰在佛罗伦萨郊外的斯坎迪奇小镇开设了新的鞋履、皮具工厂，并已于2017年底投入运营。据比萨利介绍，因为超大的订单量，目前的皮具供应商已无法满足生产需要，古驰因此考虑投资扩大供应链规模。

2016年，皮具销售额占古驰总销售额的55%，鞋履销售额占总销售额的17%。古驰目前更加专注小批量的高难度工艺产品，因为比萨利认为，增加产品制作的难度系数将有效遏制仿冒品的流通。这已经成了奢侈品行业未来的发展模式，但同时这也对工匠提出了更高的要求。

米歇尔与比萨利一致认为，古驰的Logo不是一个简单的标志，能从深层传达出品牌的力量。创意总监比萨利陆续在古驰的传统Logo上加入了蜜蜂、狮子等动物元素，把各种品牌印记整合到了一起，创造出非常独特、识别度高的个性设计，增加了仿制的难度（见图 1-6 和图 1-7）。

2017 年，古驰计划将营销总支出的 35% 投入数字化媒体方面，开启中国大陆网上商城。2016 年，古驰线上销售额同比增长了 20%。

比萨利介绍，过去奢侈品行业的门槛很高是因为实体门店的投入巨大，而现在时代变了，很多新兴竞争对手通过数字渠道已经具备了很强的竞争力。

为此，古驰已经开始采取对策，最先在 2015 年开始整顿美国版官网，随后是欧洲、亚洲，2017 年 6 ~ 7 月开始整顿中国大陆版本。

从历史上看，美国市场在古驰线上业务中扮演最重要的角色，但目前中国大陆市场的重要性正在逐渐凸显。古驰线上平台由公司内部开发，独立于开云集团与奢侈品电商 Yoox Net-a-porter 建立的合资电商业务。

比萨利谈到了创新的重要性，随着奢侈品市场日渐成熟，在大批竞争者中，只有坚持创新的企业才能获得更大的市场份额。

2019 年古驰集团以 176.3 亿美元的品牌价值位列全球服饰品牌价值排行榜第二名，同比增长 20.2%。集团 2019 年业绩报告显示，古驰 2018 年为开云集团带来了 78% 的经常性运营收入。古驰虽然没有采取降价促销策略，销售额却依然增长迅猛。在欧洲和美国市场，游客、本土消费者和新兴的年轻消费者都是古驰销售额的重要贡献者。

比萨利特别提到了创意总监米歇尔推出首个系列时的战略。当时，他们二人一致认为，应该在全球所有门店同步推出而不是有选择地在部分门店试水，事实证明他们的决定是正确的。

古驰母公司开云集团表示，在 2020 年

图　1-6

图　1-7

第一财季新冠肺炎疫情重创其业务后，该公司削减了派息，但自3月初古驰在中国重开门店以来，该公司这一主要品牌在中国出现了复苏迹象。

资料来源：搜狐网，https://www.sohu.com/a127205571_487885; 每日经济网，http://cn.dailyeconomic.com/business/2020/04/22/18082.html。

案例讨论

1. 通过古驰品牌案例，说说什么是品牌特征和品牌内涵。
2. 古驰品牌在消费者心中形成了什么样的暗示或体会?

第二章
CHAPTER 2

品牌的演变发展

§ 本章提要

- 中国品牌经历了哪几个阶段的演变
- 新中国成立后的品牌发展有哪些特征
- 外国品牌发展经历了哪几个阶段

§ 本章案例

- 老字号轶事：从“德聚全”到“全聚德”
- 百年张裕：开启中国工业化酿造葡萄酒的新纪元
- OPPO 超越三星，登顶东南亚市场
- 德国汽车制造商宝马的品牌发展
- 欧莱雅收购“膜王”美即

§ 预习案例

老字号轶事：从“德聚全”到“全聚德”

中华著名老字号“全聚德”，创建于同治三年（1864 年）。历经数代人的创新发展，形成了独具特色的全聚德菜系，被誉为“中华第一吃”。

全聚德的创始人是杨全仁。他初到北京时在前门外肉市街做生鸡鸭买卖。杨全仁对贩鸭之道揣摩得精细明白，生意越做越红火。他平日省吃俭用，积攒的钱如滚雪球般越滚越多。杨全仁每天到肉市上摆摊售卖鸡鸭，都要经过一间名叫“德聚全”的干果铺。这间铺子招牌虽然醒目，但生意却江河日下。到了同治三年（1864 年）生意一蹶不振，濒临倒闭。精明的杨全仁抓住这个机会，拿出他多年的积蓄，买下了“德聚全”的店铺。

有了自己的铺子，起个什么字号好呢？杨全仁便请来一位风水先生商议。这位风水先生围着店铺转了两圈，突然站定，捻着胡子说：“啊呀，这真是一块风水宝地啊！您看这店铺两边的两条小胡同，就像两根轿杆儿，将来盖起一座楼房，便如同一顶八抬大轿，前程不可限量！”风水先生眼珠一转，又说：“不过，以前这间店铺甚为倒运，晦气难除。除非将其‘德聚全’的旧字号倒过来，称‘全聚德’，方可冲走霉运，踏上坦途。”风水先生一席话，说得杨全仁眉开眼笑。“全聚德”这个名字正合他的心意：一来他的名字中有一个“全”字；二来“聚德”就是聚拢德行，可以标榜自己做买卖讲德行。于是，他将店的名号定为“全聚德”。接着，他又请来一位对书法颇有造诣的秀才——钱子龙，书写了“全聚德”三个大字，制成金字匾额挂在门楣之上。那字写得苍劲有力，浑厚醒目，为小店增色不少。

在杨全仁的精心经营下，全聚德的生意蒸蒸日上。杨全仁精明能干，他深知要想生意兴隆，就得有好厨师、好堂头、好掌柜。他时常到各类烤鸭铺子里转悠，探查烤鸭的秘密，寻访烤鸭的高手。当他得知专为宫廷做御膳挂炉烤鸭的金华馆内有一位姓孙的老师傅，烤鸭技术十分高超，就千方百计与其交朋友，经常跟这位老师傅一起饮酒下棋，相互间的关系越来越亲密。孙老师傅终于被杨全仁说动，在重金礼聘下来到了全聚德。

全聚德聘请了孙老师傅，等于掌握了清宫挂炉烤鸭的全部技术。孙老师傅把原来的烤炉改为炉身高大、炉膛深广、一炉可烤十几只鸭的挂炉，还可以一边烤一边向里面续鸭。他烤出的鸭子外形美观、丰盈饱满、颜色鲜艳、色呈枣红、皮脆肉嫩、鲜美酥香、肥而不腻、瘦而不柴，为全聚德烤鸭赢得了“京师美馔、莫妙于鸭”的美誉。

资料来源：北京旅游网，http://s.visitbeijing.com.cn/html/pplzh-1.shtml。

通过百年老字号“全聚德”的案例，我们可以看到，品牌的创立不是一蹴而就的，而是需要经历岁月沉淀的。品牌是一个时尚的概念，但不是新近才出现的，它有着悠久的历史。本章在论述中外品牌发展史时，并不完全以编年体形式罗列历史事件，而是在划分阶段之后对各个阶段的主要特征进行概括，并结合案例进行分析的。以这种方式进行品牌发展史研究不至于枯燥无聊。为了使论述能够清晰展开，本章分为中国品牌发展史和外国品牌发展史两大部分。事实上，在全球化的今天，中国品牌和外国品牌之间的联系越来越密切，中国品牌收购外国品牌（如吉利收购沃尔沃），或是外国品牌收购中国本土品牌（如强生收购大宝）等事件时有发生。了解品牌发展史，可以帮助我们更好地理解当下的品牌竞争和品牌故事。

第一节　中国品牌发展史

中国具有悠久的商业历史，并且在商业历史的长河中我们也积淀了丰富的品牌史料，但是有关中国品牌发展史的研究却相对缺乏。本书将中国品牌发展史大致分为三个阶段：中国古代社会的品牌雏形期，中国近代社会的品牌发展与起伏期，以及新中国成立后（主要是改革开放后）的品牌快速发展期。

一、中国古代社会的品牌雏形期

（一）商周与春秋战国时期

我国早在商周时期，就有了品牌的萌芽。商周时期的手工艺人在他们生产的物品上刻上图形标记，这些标记即早期商标和品牌的萌芽。到了春秋战国时期，商业作为一门独立的职业从生产劳动中分离出来，形成了一些固定的商品交易场所。为了明确自己的身份，宣传自己的产品，当时有固定商业场所的商人最常用的广告形式就是招牌和幌子。河南登封告城镇出土的大约春秋战国时期的陶器上刻有篆体字迹“阳城”，这被认为是我国品牌的雏形。“阳城”标记是我国最早的文字广告。文字发明后运用于品牌和广告，是品牌史和广告史上的大事，它标志着品牌已经脱离了原始的叫卖吆喝和口口相传的模式，朦胧的品牌意识已经觉醒，品牌的传播开始走向标准化、规范化和商业化。

（二）两汉时期

两汉时期，朦胧的品牌意识已经深入社会生活之中。实物招牌广告开始流行，比如卖灯笼的店铺在门口挂一个灯笼，酒肆多在门口悬挂酒旗或垒一个温酒的“垆”。东汉时期，市场流行的文具品牌有“张芝笔”“左伯纸”和“韦延墨”等。据史书《三辅决录》记载：“夫工欲善其事，必先利其器，用张芝笔、左伯纸及臣墨。”这些品牌都是以能工巧匠的名字命名的，说明当时的人们已经懂得用具有鲜明特征的品牌来体现商品的卓越价值。

（三）唐宋元时期

唐朝是我国封建社会的鼎盛时期，商业贸易异常繁荣。品牌意识在这个时期得到了充分发展，特色叫卖、酒幌、幡旗、铭牌、挂饰、灯笼和刻碑等品牌传播手段的运用已经达到了一个非常自觉的阶段，大量的店铺和饭馆为了扩大影响，突出自身特色，大量使用幌子和灯笼作为品牌标志，这在我国的品牌史上具有非常重要的意义。

宋朝时期，国家取消了统一管理的市肆，城乡联系得到加强，市坊制度被打破，广告宣传深入大街小巷。门面宽阔的店铺涌现，酒肆茶楼兴盛，带有品牌特征的广告让人眼花缭乱，口头广告丰富多彩，招牌广告图文并茂，铺面装修形态各异。据考证，中国史上最早的商标是北宋时期济南的“刘家功夫针铺”所使用的“白兔儿”商标，说明当时的商人已经有了很强的品牌意识。

到了元代，得益于印刷水平的提高和纸张使用范围的扩大，品牌传播得到了进一步发展。

（四）明清时期

明朝时期出现了资本主义萌芽，商品经济较为发达，广告显著增多，出现了具有一定知名度和影响力的品牌。明清时期的知识分子开始涉足广告领域，一批有内涵、有个性的品牌诞生了。明朝嘉靖九年（1530年），京城酱菜铺的老板请宰相严嵩为其品牌“六必居”题字，防止自家酱菜被他人假冒，自此“六必居”扬名天下。这是品牌现象出现后，我国第一个有明显品牌保护意识的“注册”行为。虽然严格意义来说，彼时的“注册”行为不是具有法律效应的“注册”行为，但是无论从品牌保护意识还是从市场竞争意识来看，“六必居”都无疑是开一代风气之先。随后，又陆续出现了“都一处”“全聚德”和“桂发祥”等百年老字号。

明清时期的商人非常重视品牌，他们将招牌和字号视为传家宝，视为自己商业生涯的象征，非常讲究招牌的设计和制作。他们珍惜品牌的荣誉，重视品牌的延伸，对品牌危机的处理也有丰富的经验。明清时期，品牌的载体也呈现出多样化，书籍广告方兴未艾，木版年画、对联和雕刻等形式开始流行。清光绪三十年（1904年），清政府颁布了《商标注册试办章程》，这是我国历史上第一部成文商标法。自此以后，品牌的注册管理纳入法制轨道，“品牌”开始成为具有严格法律效力并受到法律保护的商业行为。

二、中国近代社会的品牌发展与起伏期

我国近代的品牌发展，与传播科技的广泛运用是密切相关的。报纸的出现和广播电台的诞生与发展，都极大地促进了品牌的快速发展。

（一）“洋品牌”的发展概况

1883年，德国传教士郭士立（Karl Gutzlaff）在广州创办中文商务杂志《东西洋考每月统计传》，刊物的广告和广告插页上登载有商业行情，但没有显著的品牌广告。直到1853年《遐迩贯珍》杂志在中国香港面世，许多高档消费品被介绍到中国，品牌广告这才正式登上“大雅之堂”。

鸦片战争后，中国被迫开放了广州、厦门、福州、宁波和上海五个通商口岸。西方列强开始对中国进行大规模的经济入侵和政治控制。在此过程中，外国人大量投放广告，企图摧毁中国的民族工业和民族品牌。当时投放广告的产品多为香烟和药品，广告品牌以外商经营的“洋品牌”居多，如汇丰银行、华英大药房和大英火轮船公司等。近代的商品品牌就这样在开埠口岸蔚然成风。随着社会经济形态的转型，品牌的载体也扩展到橱窗、路牌、霓虹灯、广播和交通工具等媒介。品牌的策划能力和创意水平日益提高。1902年，英美烟草公司为了宣传烤烟品牌“翠鸟”，在当时发行量最大的《申报》上投放整版广告，并策划让上海所有的人力车夫都穿上绣有“烤”字的广告背心，引起一时轰动。广告在品牌传播中发挥的作用得到了广泛认可，各大电台的广告业务量扶摇直上，由广播“捧红”的品牌也日益增多。

（二）民族品牌的发展概况

鸦片战争后，民族品牌在政治与经济上受到双重压制，举步维艰。直到第一次世界大战结束后，中国的民族品牌才得到一次发展机遇，当时著名的国产品牌有“美丽”牌香烟和“三星”牌牙膏等。1918 年，上海各报头版同时刊登了一个红色的喜蛋，且没有任何文字说明。这则广告引起了人们极大的兴趣，谜底揭晓后才知道，这是福昌烟草公司为新生产的“小囡”牌香烟精心设计的，“小囡”品牌一炮而红。这是我国广告史上的首次套色印刷悬念广告。得益于技术的发展、理念的更新，以及专业品牌设计人员的涌现，品牌宣传品的艺术价值得到显著提升。国共内战爆发后，为挽救濒临灭绝的中国品牌，机制国货工厂联合会曾发起一次“用国货最光荣”的国货保护运动。在各种学生运动中，也常常听到“爱用国货、抵制美货”的口号。品牌第一次和中国的政治命运结合在一起，并正式成为社会生活和国力象征的一部分。

品牌案例2-1

百年张裕：开启中国工业化酿造葡萄酒的新纪元

1871 年的一个夏夜，著名的爱国侨领客家人张弼士在印度尼西亚雅加达出席法国领事举办的酒会，当法国领事端着葡萄酒走近张弼士时，那位法国人讲述了自己的故事：第二次鸦片战争期间他曾随英法联军来到烟台，发现那里漫山遍野长满了野葡萄，宿营期间士兵们将野葡萄采摘后私自酿成酒，口味竟然不错。苦于征战的法国兵甚至梦想过，战后留在这里开办公司，专做葡萄酒生意。

此等闲话张弼士听后却多了一桩心事。此后，张弼士公务之余考察了烟台的葡萄园种植和土壤、水文状况。1892 年他斥资 300 万两白银，买下了烟台东部和西南部的两座荒山，雇用了 2 000 名劳工开辟了 1 200 亩[㊀]葡萄园，又在市区近海处购地 61 亩，建起一座两层生产工作楼。至此，中国第一座带有现代工业色彩的葡萄酿酒公司初现格局。清朝直隶总督、北洋大臣李鸿章和清廷要员王文韶亲自签批了该公司营业准照，光绪皇帝的老师，时任户部尚书、军机大臣的翁同龢亲笔为公司题写了厂名。“张裕”二字，冠以张姓，取昌裕兴隆之意，以实现“实业兴邦”的梦想。张裕酿酒公司的创建，被北京中华世纪坛记载为中国 1892 年所发生的四件大事之一。中国葡萄酒工业化的序幕由此拉开。经过 100 多年的发展，张裕已经成为中国乃至亚洲最大的葡萄酒生产经营企业。“张裕”品牌位列 2014 年度“中国最具价值品牌 500 强”第 80 位，品牌价值 313.24 亿元；2016 年全球十大畅销葡萄酒品牌，张裕位列第四。

全球权威品牌价值评估机构英国品牌金融咨询公司（Brand Finance）在英国伦敦发布“2020 全球葡萄酒 & 香槟品牌价值 10 强”榜单。令人意外的是，中国葡萄酒领跑企业张裕以 13.4 亿美元的品牌价值位列全球第二，为唯一上榜的中国葡萄酒品牌。

㊀ 1 亩 = 666.67 平方米。

受2020年新冠肺炎疫情、消费者信心、经济状态等多重因素影响，目前中国葡萄酒正遭遇近十年来最艰难的一年。在此背景下，张裕却被全球权威的独立第三方品牌价值评估与咨询机构高度认可，背后折射出以张裕为代表的中国葡萄酒，在后疫情时代拥有的无法忽略的潜力。

资料来源：百年张裕，http://www.changyu.com.cn/about/before.html。

（三）品牌策划水平的提高

随着近代社会和经济的发展，品牌策划和创意的水平也日益提高。例如，1902年英美烟草公司为了宣传自己的烤烟品牌“翠鸟”，在当时发行量最大的《申报》上投放整版广告，并策划让上海所有的人力车夫穿上绣有“烤”字的广告背心，此举引起轰动。翠鸟别出心裁的人力车夫广告背心，以及如前所述的小囡香烟的悬念广告，都使得品牌宣传品的艺术价值得到提升。此后结合先进技术的品牌创意也得到发展，平面品牌设计专业人员大量涌现，更进一步提高了品牌宣传品的艺术价值。

三、新中国成立后的品牌快速发展期

中国品牌的历史虽然悠久，但其发展过程却十分曲折。新中国成立初期，一大批企业品牌重获新生。但是在“文化大革命”期间，刚刚兴起的品牌热浪又陷入停顿。事实上，我国真正意义上大规模的品牌发展是从改革开放后才开始的。

1. 大量商标、品牌管理法规的颁布

1904年（清朝光绪三十年）清政府颁布了第一部商标法。后来，北洋政府、国民党政府又制定了若干商标法。中华人民共和国成立后，大量有关商标和品牌的法律法规相继出台。1950年颁布了《商标注册暂行条例》，1963年颁布了《商标管理条例》及实施细则。1982年全国人大常委会通过了《中华人民共和国商标法》，1993年、2001年和2013年多次进行修正。商标制度得以建立并逐步走上正轨，品牌的注册和管理也日臻完善。

2. 品牌传播形式和传播渠道多元化

广播这一宣传工具在品牌传播中得到了广泛的运用。一些实用、廉价、针对性强的载体也用来传播品牌，如商品目录、商品知识说明书、案头印刷广告、橱窗广告、年画、门对、包装盒、包装袋、传单、书签、扇子以及日历等。

1979年年初，在全国范围内开始逐步恢复广告业务。“参桂补酒”是第一个做电视广告的国产品牌；瑞士“雷达表”是“文革”后第一个在中国内地媒体上做广告的外商品牌。

随着科技不断更新、市场逐渐开放，品牌传播也呈现新的面貌。从印刷广告、橱窗广告到移动大屏幕，品牌传播的形式也日渐灵活多样。从报刊广播到电视，从大众媒体

到社交媒体，从互联网到移动终端，品牌传播的渠道越来越多元化。总的来说，品牌传播渠道可以分成三类：非媒体、大众媒体和社交媒体。非媒体指那些本身并非作为传播媒介使用，但对传播品牌信息有着重要作用的信息载体，如产品包装、企业领导者和企业员工等；大众媒体是指具有媒介性质，但不隶属于品牌的信息载体，如广播电视、报刊等。社交媒体是21世纪以来日益活跃的传播渠道，其影响力也日益增强，成为人们获取信息的主要渠道，如微信、微博等。

品牌案例2-2

OPPO超越三星，登顶东南亚市场

OPPO广东移动通信有限公司，总部位于东莞市长安镇，是一家专注于终端产品、软件和互联网服务的科技公司，由陈明永创办于2004年。OPPO在40多个国家和地区拥有超过400 000个销售网点。OPPO在全球共有六大研究所和四大研发中心，拥有超过40 000名员工。

对于手机市场这个竞争最为激烈的单一消费电子市场，由于国内市场已经饱和，走出去成为国内一线手机厂商必走的路，而OPPO此前已经早早布局全球市场，加之得益于“一带一路”倡议的稳步推进，OPPO可谓受益匪浅。经过10年的发展，OPPO当前在全球40多个国家和地区的超过400 000个销售网点提供产品销售与服务，成功打入泰国、越南、印度尼西亚、菲律宾、巴基斯坦、新加坡、印度、埃及、俄罗斯等“一带一路”沿线国家。

据韩联社报道，市场调查机构Counterpoint的最新报告显示，2020年第二季度中国手机品牌在东南亚手机市场前五位中占据4席，总市场份额占比高达65%，国产品牌vivo、小米和realme分别以17.9%、14.0%和12.8%排在第三～第五位，而OPPO则以20.3%的市场份额再次超过三星，成为东南亚智能手机市场最大厂商。作为此次榜单上反超三星的国产手机厂商，OPPO可以说是非常“抢眼”了，这也说明了OPPO在东南亚市场运营得还是很稳定的，这种稳定性其实源于OPPO最早期的战略布局。虽然OPPO 2008年才正式打造手机业务，但是2009年就开始进军东南亚市场了，先从泰国、越南、印度尼西亚这些周边国家开始，稳扎稳打地开始海外市场的深耕。

泰国就是OPPO 2009年进入东南亚市场的第一站，如今已历经12年，由于中泰两国在地理上相隔不远，又有相近的文化习俗与消费习惯，OPPO总结出了自己的一套“组合拳”，在泰国的营销路径和国内保持着一致，并且积极融入当地传统文化，推出了一系列独特的营销策略。正是在泰国吸取的市场经验，让OPPO迅速进军其他东南亚国家，先后进入印度尼西亚、菲律宾、巴基斯坦等市场，并快速站稳脚跟。

除了成功的本土化营销，OPPO的产品本身也受到了众多海外用户的喜欢，比如登陆泰国的OPPO Reno4，就凭借着超高的颜值、65W超级闪充以及夜拍、防抖出色的影像系统，受到了当地用户的追捧。而今年推出的高端旗舰Find X2 Pro，在登陆欧洲后凭借着超强的性能、震撼的影像三摄、顶级屏幕，收获了一大批粉丝。由此可见，好的产品是全球共同的语言。

OPPO在迅速成为全球年轻人喜爱的手机品牌的同时，产品的创新技术是其成功的根本。只有专注于产品本身的技术创新，洞察用户的需求，同时利用技术解决用户的需求，才能在市场中立于不败之地，而营销越强则形成的合力越大，品牌影响力也就越大，从而做到让消费者记住OPPO的产品并认同其品牌。

近些年来，OPPO品牌的表现可以说是可圈可点，不但在东南亚市场获得了好成绩，而且海外市场布局也在不断加速，2020年OPPO不仅与沃达丰达成合作，开拓欧洲市场，更是携手拉丁美洲最大的运营商开拓拉美市场，进一步拓展了国际市场业务。

资料来源：百家号，“产品是根本，营销是保障，OPPO讲述品牌创新故事”http://baijiahao.baidu.com/s?id=1612922082040433161&wfr=spider&for=pc；“国产品牌集体发力！OPPO超越三星，登顶东南亚市场”，https://baijiahao.baidu.com/s?id=1676712364936138838&wfr=spider&for=pc。

3. 国产品牌焕发生机，走向世界

改革开放初期，中国企业参与国际市场的方式主要停留在来料加工的制造业，自主国产品牌在国际市场的参与度低，曝光机会少。自2001年中国加入世界贸易组织后，中国企业以自主品牌参与国际市场的活动明显增多。中国企业通过广告赞助、跨国并购等方式增加了国际市场的曝光率，更重要的是，一大批自主国产品牌，如华为、海尔等开始走向世界，提升了中国品牌的吸引力和美誉度。在21世纪以来的互联网时代，中国互联网迅猛发展，自主品牌如微信（WeChat）等，在移动通信的国际市场上享有高知名度和影响力。

第二节　外国品牌发展史

一、品牌的原始萌芽

从广告的产生到1450年德国人古登堡发明铅活字印刷术前，品牌是在一种自然的、朦胧的状态下发展的。但是，人们在商业活动中不知不觉地产生了品牌的观念和意识，自觉或不自觉地运用了品牌传播的手段和方法。最原始阶段，品牌传播多为口口相传，直到古埃及出现文字广告，情况才有所改观，实物品牌开始出现。在已出土的古埃及莎草纸和泥板，古希腊和古罗马时期的陶器、金器和灯具上都刻有文字或图案标记，这些可以被认为是最早的广告商标品牌。特别是公元前6世纪罗马建立奴隶共和国，经济繁荣，商业旺盛，闹市和商业贸易区设有大量的招牌广告和墙壁户外广告，以促进品牌的广泛传播。

二、品牌的发育与发展

古登堡发明铅活字印刷术之后，媒介传播技术水平得到了显著提高，品牌发展进入了一个新时期。1472 年，英国第一个出版人威廉·坎克斯印刷了一份宣传宗教书籍的广告，强调书籍的内容特色与宗教品质，品牌传播开始与先进的纸质传播紧密结合在一起。之后的几百年间，品牌与广告一直这样伴随着商人的经商活动传播。直到 1666 年，《伦敦报》在报纸上开辟了广告专栏，品牌传播才在大众传媒上有了一席之地。

17 世纪，英国首先出现了广告代理商，专门负责与品牌有关的设计策划事宜。1610 年，英国国王詹姆斯一世令两个骑士在伦敦成立了世界上第一家广告代理店。两年后，法国也出现了一家名为“高格德尔”的广告代理店。广告代理职业的出现，使品牌的发育与发展有了内在推动力。随着社会经济的发展，人们对品牌产品的需求不断增加，品牌传播也越来越需要具有专业水准的人员进行策划和维护。18 世纪中期，英国等欧洲国家出现了一批广告画家，周刊屡屡刊登他们的插图广告，促进了品牌设计水准和广告水平的提高。

在这一历史时期，英国因其最早完成资产阶级革命和工业革命，成为世界经济中心，也相应成为品牌发展和广告活动的活跃地带。到了 19 世纪，伴随着美国经济的崛起，品牌传播的中心逐渐转移到了美国。

三、品牌的成长与壮大

1850 ~ 1920 年，是世界品牌成长与壮大的时期。这一时期，品牌发展的最大特点就是注册意识的觉醒和广告公司的大量涌现，真正意义上的品牌传播也是在此阶段出现的。

商标是商品的标志或标记。它是市场经济发展到一定阶段的产物，是产权主体明晰化和市场竞争明朗化的产物。商品生产的最初阶段并没有商标。商品生产发展到品牌竞争阶段后，同一种商品出现了众多的生产者和经营者，为了展现自己商品的质量和特色，许多生产者和经营者在自己商品上刻印标志以示区别，商标逐渐演变为一种约定俗成的品牌标志。

工业革命使得机器生产代替了手工生产，这极大地刺激了制造业的快速发展。为了保护品牌并促进良性竞争，商标法律制度应运而生。现代意义上的品牌便是以此为基础的。19 世纪初，法国出现了世界上最早的有关商标的法律条文。19 世纪六七十年代，英国、美国、德国和日本等工业发达国家也相继颁布了各自的商标法。19 世纪末 20 世纪初，商标制度已风行全球，品牌得到了法律认可和保障。现代企业经营中，一般要求商标进行注册，以取得法律的认可和保护。商标俗称“牌子”，是品牌的具体表现形式。从这个意义上说，品牌就等同于注册商标。注册商标的出现，使品牌的成长与壮大有了更为广阔的发展空间。

1. 著名品牌诞生

19 世纪是品牌发育和发展的黄金时代。这个时期产生了大量的优秀品牌，不少品牌历经百年沧桑至今依然熠熠生辉。许多百年品牌的故事都可以追溯到 19 世纪，例如，路易威登（1854 年）和爱马仕（1837 年）等奢侈品牌，西门子（1847 年）和飞利浦（1891 年）等工业化品牌，以及可口可乐（1886 年）和桂格燕麦（1877 年）等食品品牌。这些品牌长盛不衰的原因之一就在于，这些企业从一开始就清楚地意识到品牌建设和品牌营销的重要性，从而成功塑造了品牌传奇。

2. 品牌得到专业推销

1841 年，伏尔尼・帕尔默在美国费城开办了世界上第一家广告公司，开始代理各种品牌的广告业务。1869 年，艾耶父子广告公司在费城成立，这是一家具有现代广告公司基本特征的广告公司，其经营重点从报纸版面推销转向客户品牌服务，艾耶父子广告公司被称为“现代广告公司的先驱”。19 世纪，以美国为代表的广告业发展迅速，这一时期在美国成立的广告代理公司有 1 200 余家，品牌的专业性推销得到了加强。

3. 新技术运用到品牌传播领域

1850 年，美国纽约市一家名为洛德与泰勒的百货店，在马车车厢外挂出一幅广告宣传洛德与泰勒百货。这被认为是美国最早的交通广告。1853 年，《纽约每日论坛报》首次采用照片的形式为一家帽子店做广告。从此，摄影图片成了品牌表现最常用的手段之一。1869 年，世界上第一张明信片在奥地利问世，几乎所有商人都意识到这是宣传品牌的绝佳途径。此后不久，第一张印有旅馆外景的广告明信片问世。1891 年，刚刚成立五年的可口可乐公司开始采用挂历来宣传品牌。这是世界上最早用挂历进行品牌宣传的行为。1910 年，在巴黎国际汽车展览会上，霓虹灯广告首次使用，许多游客成为霓虹灯广告的第一批目睹者。

4. 广告作家为品牌贴身服务

随着广告业的繁荣，19 世纪末出现了专业的广告作家。阿特姆斯・瓦尔德是当时颇具盛名的广告作家。他为肥皂品牌撰写的广告文案轻松风趣、朗朗上口，受到人们的喜爱，其内容为“两个女仆做邻居，每天工作没法比，一个出汗又出力，疲于奔命忙不停，另一个日子却好过，每天晚上会情郎，要问这是为什么，洗涤请用‘萨波利奥’”。这则广告成为广告作家为品牌量身定做的经典。

品牌案例2-3

德国汽车制造商宝马的品牌发展

宝马的创始人卡尔・斐德利希・拉普（Karl Friedrich Rapp）在 1913 年时，利用慕尼黑近郊一座原本制造脚踏车的工厂厂房，设立了拉普引擎制造厂（Rapp-Motorenwerke），从事航空用引擎的制造。古斯塔夫·奥托（Gustav Otto）与人合资，在1916年3月7日创立了巴伐利亚飞机制造厂，并且将自己创立了三年的工厂并入这家新厂。1917年这家工厂还是一家有限责任公司，1918年更名巴伐利亚发动机制造股份有限公司（Bayerische Motoren Werke GmbH, BMW）并上市。

在初创阶段，公司主要致力于飞机发动机的研发和生产。BMW的蓝白标志象征着旋转的螺旋桨，这正是公司早期历史的写照。1923年，第一部BMW摩托车问世。五年后的1928年，BMW收购了埃森纳赫汽车厂，并开始生产汽车。之后，BMW将许多汽车制造史上的杰作推向市场，这些产品不断激发出强烈的感情和人们的渴望，铸就了BMW公司作为一家汽车制造商的杰出声誉。

当前，BMW集团是全世界最成功和效益最好的汽车及摩托车生产商。2002年，公司成功销售了超过100万部BMW和MINI品牌的汽车，销售纪录首次突破一百万辆；在摩托车业务上，销量超过9.2万辆，再创销售新高。在全球，BMW集团的员工总数超过10万人。

BMW集团以高档品牌为本的策略是该企业成功的基础。BMW集团拥有BMW、MINI和Rolls-Royce（劳斯莱斯）三个品牌。这些品牌占据了从小型车到顶级豪华轿车各个细分市场的高端，使BMW集团成为世界上唯一一家专注于高档汽车和摩托车的制造商。

高档意味着高附加值。BMW集团的品牌各自拥有清晰的品牌形象，其产品在设计美学、动感和动力性能、技术含量和整体品质等方面具有丰富的产品内涵，因此，这些品牌可以给用户提供切实的附加值。在此基础上，BMW集团期望获得较高的单车利润率，从而继续保持盈利性增长，并确保公司在未来市场中的独立地位。

BMW集团将长期贯彻明确的高档品牌策略，在未来几年内，这将体现在其大范围的产品和市场攻势上。在注重各品牌独特性的同时，BMW集团将通过推出新产品进军新领域，并把公司的系列产品推广到更多新市场。

2018年前9个月，宝马集团新能源车在中国市场销售同比增长近5倍，其中两款国产新能源车型的累计销量首次超越一万辆。

2018年10月，在华晨宝马成立15周年之际，宝马集团和华晨汽车集团联合宣布，股东双方将延长华晨宝马的合资协议至2040年。

2019年对宝马品牌和宝马集团来说，都是大获全胜的一年，该品牌在中国车市超越奥迪和奔驰，成为新的豪华汽车市场销量一哥，在全球范围内也是创下了汽车销售量252万辆的史无前例的新纪录（含MINI、劳斯莱斯品牌在内），同比微增1.2%，这是宝马集团连续16年蝉联全球高档汽车销量第一名。这对宝马集团旗下的车型和品牌都是一个莫大的认可。

资料来源：搜狐网，https://www.sohu.com/a/134176301_485785。

四、品牌的兴盛与繁荣

20世纪以后，科技发展日新月异，全球化日益盛行。大量具有独特内涵和先进理念的品牌诞生，品牌传播的全球化趋势明显又不失民族特色。品牌发展进入兴盛和繁荣时期，品牌理论的研究也日臻完善。

1. 品牌传播形式不断创新

品牌与广播的结合是品牌与新技术的第一次相遇。现代品牌传播在更为广泛的领域与新的传播技术联姻。除了在报纸杂志和广播电视等传统大众媒介上做广告之外，霓虹灯广告、路牌广告、购物点广告、邮递广告以及空中广告等在欧美各地甚为流行。进入21世纪的网络时代，互联网和移动互联网在品牌传播的多元渠道中扮演了越来越重要的角色。

2. 品牌策划与创意策略广泛运用

在激烈的市场竞争中，企业开始在品牌塑造中系统地运用品牌策划和创意策略。一系列有关品牌定位、品牌设计、品牌传播以及品牌危机管理的原则和策略都得到了学界和业界的重视。这些重要内容将在本书各个章节详细展开论述。

3. 高水平广告公司大量涌现

进入20世纪后，世界各国的广告公司都有了很大变化，它们从创建伊始的广告版面经纪人转为提供全面品牌服务的信息咨询公司。目前全球著名的广告公司为数众多，如美国的宏盟集团（Omnicom Group）、美国埃培智集团（Interpublic Group）、英国WPP集团和法国阳狮集团（Publicis Group）等。这些大型广告集团有能力为著名品牌提供全方位包装策划，经营范围广，技术手段发达，管理理念先进，为品牌的全球传播提供了强大平台支持。

4. 品牌活动的全球化

进入21世纪后，全球经济一体化的趋势明显，各国之间经济贸易活动日益频繁。国际性的品牌日益活跃，国际性的品牌服务组织不断在全球范围设立，品牌营销全球化已经成为不可逆转的潮流。“品牌无国界”已经成为不争的事实，麦当劳全球加盟店已逾万家，耐克在世界各地均有加工厂。随着品牌的发展，品牌研究也成为一个热门领域。欧美各国都有专业的品牌研究机构，品牌研究的全球合作也朝着科学化和专业化的方向迈进。

本章小结

本书将中国品牌发展史大致分为三个阶段：中国古代社会的品牌雏形期、中国近代社会的品牌发展与起伏期，以及新中国成立后（主要是改革开放后）的品牌快速发展期。

中国古代社会的品牌发展的划分主要依据中国古代历史阶段的划分展开，分为商周与春秋战国时期、两汉时期、唐宋元时期和明清时期。在讨论中国近代社会的品牌发展时，分为“洋品牌”和民族品牌两大类进行回顾。新中国成立后，特别是改革开放以后，中国品牌发展呈现出三个主要特征：一是大量商标、品牌管理法规的颁布；二是品牌传播形式和传播渠道多元化；三是国产品牌焕发生机，走向世界。

外国品牌发展史分为四个阶段：品牌的原始萌芽、品牌的发育与发展、品牌的成长与壮大；品牌的兴盛与繁荣。

复习思考题

1. 中国品牌发展从古至今的趋势是什么。

2. 东西方品牌发展史各有哪些特点。

课后案例

欧莱雅收购“膜王”美即

巴黎欧莱雅集团是世界著名的化妆品欧莱雅的生产厂商，创立于1907年，现各类化妆品畅销全世界，广受欢迎。除化妆品以外，该集团还经营高档的消费品，并从事制药和皮肤病研究。

欧莱雅在中国的商业活动始于1966年在香港设立经销处。事实上，欧莱雅早在1933年就曾对广州、上海、北京等大城市进行过市场调查。

1996年，欧莱雅公司和苏州医学院合作成立了苏州欧莱雅有限公司，同年又在苏州建立了第一家化妆品生产厂，专门生产美宝莲（Maybelline）系列产品。两年后，第二家生产厂在苏州建立，生产巴黎欧莱雅（L'Oreal Paris）系列产品。

2013年8月，欧莱雅正式宣布斥资65.39亿港元全面收购美即控股，在获得美即股东大会的批准后，2014年4月9日，美即控投从港交所退市，正式成为欧莱雅旗下一员，这也是欧莱雅在中国美容化妆品市场上最大的一笔投资。

对于此次欧莱雅全面收购美即，欧莱雅集团董事长兼CEO安巩表示：“这是欧莱雅自2008年收购圣罗兰美妆以来最重要的一次收购。美即品牌的加入与欧莱雅大众化妆品部的品牌组合形成良好的互补。”从中可以看出，美即在被收购后很可能作为欧莱雅旗下品牌的有力补充，成为面膜界的新生主打力量。

据了解，我国的面膜产品在线上和线下的销售都有很明显的增长趋势，2013年面膜线下渠道的总销售额达50亿元，与2012年相比增长32%，而美即面膜在中国面膜市场的份额为26.4%，稳居首位。由于欧莱雅本身的面膜产品极少，因此收购美即后不仅有了相关业务，也等于消灭了一个竞争对手。目前，欧莱雅尚未披露对美即的整合计划。

2016年7月28日，欧莱雅集团发布中期业绩报告，首次披露以65.4亿港元收购的中国面膜品牌美即的业绩，其上半财年减值亏损15.796亿元，业绩下滑了六成，已从当年的“膜王”沦为集团拖后腿的角色。另一组数据显示，美即2016年回款不足2亿元，这与美即在业绩巅峰期（2012年6月～2013年6月）年回款约13.53亿元相比，跌了近90%。

目前，美即的市场份额也在直线下滑。根据星图数据提供的资料，2016年1～12月，线上面膜品牌前十位中，美即以2.1%的市场占有率排在第8位，落后于一叶子、膜法世家、御泥坊等后起之秀。

追溯美即的历史不禁令人唏嘘。公开资料显示，美即品牌注册于2003年，美即化妆品公司总部设在广州。2010年在港交所上市，超额认购784倍，成为当年港交所“股王”。随后的2011年和2012年是美即的业绩巅峰期。公开资料显示，2011年美即的销售业绩为9.57亿港元，2012年攀升至13.49亿港元，同比增长41%，净利润达2.05亿港元。根据

AC尼尔森的报告，2012年美即品牌在中国面膜市场的份额为26.4%，位于面膜行业第一的位置。

如果美即只是当年那个广州本土面膜品牌，它的陨落不会受到如此关注。但被打上“欧莱雅”的标签后，外界的目光纷纷投射在美即身上，企图透过它的一举一动来分析欧莱雅的走向。

从财报看，美即的“亏”是欧莱雅集团首席执行官让–保罗·阿贡（Jean-Paul Agon）决定收购美即时，万万没想到的。

按照他的构想，美即的加入会补充欧莱雅在中国平价消费品市场的产品线，让集团中国消费者产品部门的品牌组合（巴黎欧莱雅、美宝莲和美即）更加完整。

收购后，欧莱雅采取的一系列措施反映了其对美即的看重：成立面膜实验室、重建新型工场、提出面膜哲学概念进行营销，加上拓宽销售渠道，欧莱雅几乎把能做的都做了。

但美即的表现重重打了欧莱雅的脸。

更让欧莱雅不安的是，美即可能会走上旗下另一品牌美体小铺（The Body Shop）的老路。

2006年，欧莱雅以11.4亿美元收购英国护肤品牌The Body Shop，以加强其在天然护肤领域的业务。与美即如出一辙，The Body Shop自被收购后业务持续低迷。欧莱雅发布的2016财年前9个月财报显示，The Body Shop销售额同比下降4%，与集团总营业额5.6%的增长背道而驰。

曾就职于消费者前沿公司的高级资产分析师贾维尔·埃斯卡兰特表示，欧莱雅应该放弃The Body Shop，“管理层以前误认为这个品牌可以扩展到彩妆或护肤等类别，但这行不通”。

欧莱雅若行断臂之举，在业界看来颇为明智，但这背后隐藏了一个更大的问题：欧莱雅在收购业务上屡屡失利。

从欧莱雅的财报看，美即和The Body Shop不是唯二拖后腿的被收购品牌。欧莱雅在2011年收购的洁面仪品牌科莱丽（Clarisonic），在2016年上半年有2.34亿欧元的亏损，全球亏损数字超过美即。

收购时被认为能锦上添花的品牌，最后都成了欧莱雅的千斤重担。

资料来源：中国新闻网，https://www.chinanews.com/stock/2014/01-15/5738204.shtml；每经网，http://www.nbd.com.cn/articles/2017-03-29/ 1089403.html。

案例讨论

1. 说说民族品牌为何频频被收购。
2. 分析外资收购国产品牌的利与弊。

第三章
CHAPTER 3

品牌定位

§ 本章提要

- 品牌定位的内涵、原则、常用工具及意义是什么
- 品牌定位战略过程是怎样的
- 品牌定位的常用策略有哪些
- 当前市场中常见的品牌定位误区有哪些

§ 本章案例

- 屈臣氏：品牌暗战
- “洽洽”香瓜子：小小瓜子打天下
- 美特斯邦威的多元品牌迷局
- 哈根达斯：品牌定位延伸情感内涵
- 华为：从白牌手机开始的创牌之旅
- 有着 146 年历史的诺基亚为何 4 年间陨落

§ 预习案例

屈臣氏：品牌暗战

1828 年，有一位叫沃森（A.S. Watson）的英国人在广州开了家西药房，取名广东大药房。1841 年药房迁到香港，并根据粤语发音将公司名译为“屈臣氏大药房”（A.S. Watsons & Company）。1981 年，“屈臣氏大药房”成为李嘉诚旗下和记黄埔有限公司全资拥有的子公司后，前期发展过程并非一帆风顺，而是经历了很多挫折。但依托和记黄埔雄厚的经济实力和灵活的经营理念，屈臣氏做出了一系列的经营规划和模式创新，发动了一场商业模式的革命，从而在亚洲迅速崛起，成为家喻户晓的零售品牌。

和其他零售商先做大做强再进行艰难的革新不同，屈臣氏在规模并不大的时候就开始了商业模式的规划。因为起点很低，没有太多客观条件的束缚，因此屈臣氏在定位选择上自由度很大。

在品牌定位上，一定要保持市场领先，这是屈臣氏成功的核心要素。如果能做到行业第一，就加油做行业第一；如果做不到行业第一，就要细分一个行业，在这个细分行业里做到第一；如果细分行业也难以做到第一，那就创造出一个概念，定义一个新行业，在这个行业里做第一。李嘉诚接手后的屈臣氏，在综合性的零售市场上几乎没有任何优势可言，在零售市场中的药品和化妆品等细分市场也并无必胜的把握，于是屈臣氏创造出了一个“个人护理专家”的健与美主题商店的概念，在这个由它定义的空白市场上闯出了一片新天地。

在零售连锁的品牌理念上，屈臣氏选择了主打主题式的商超氛围。为了迎合目标消费群，屈臣氏倡导的是“健康、美态、欢乐”的品牌经营理念，专注于保健与美容产品的经营。屈臣氏在国内首次提出“个人护理专家”的概念，可谓一举数得，它既奠定了自己护理专家的领先地位，又迎合了目标消费群个性化的需要，更重大的革新是倡导了一种全新的购物理念和生活态度，帮助人们在健康美容方面做出积极的改善从而快乐享受人生。

屈臣氏是中国目前最大的保健与美容产品零售连锁店，位列2015年“亚洲最具价值品牌500强”（由世界品牌实验室和世界经理人集团共同编制发布）第173位。屈臣氏不只是一个神话，它更像是一个品牌运作高手。虽然它还有很多问题待解决，但至少到目前为止，屈臣氏还是该领域毋庸置疑的做得最好的厂商。

屈臣氏作为知名的保健与美容产品零售品牌，深耕内地市场多年，品牌实力和市场影响力早已为其打造了扎实的基本盘。屈臣氏已在全国480多座城市开店近4 000家，拥有6 500多万活跃会员，俨然具备对消费者，尤其是对18 ~ 40岁的城市女性消费者深刻洞察的能力。不久前，屈臣氏还在西藏拉萨开出首家门店，正式完成在内地的连锁商店布局，为其基本盘继续添砖加瓦。

屈臣氏宣布，其在2020年2月上线的“屈臣氏官方云店”销售额突破5亿元。不仅如此，在8月28日举办的屈臣氏HWB年度榜单盛典活动期间，屈臣氏官方云店还创下单日独立访客（Unique Visitor，UV）过百万、销售额破1 500万元的新纪录。

面对快速变更的消费市场，屈臣氏不断积极应对，整合资源，推出各项举措，让这个原本见长于线下的实力连锁品牌，成功转型成线上线下融会贯通、为新时代消费者所喜爱的年轻新势力。

资料来源：腾讯财经，http://finance.qq.com/a/20100607/006825_1.htm；“永不满足的转型之路”，https://baijiahao.baidu.com/s?id=1676811090769575922&wfr=spider&for=pc。

看起来琳琅满目的产品其实越来越千篇一律了。在产品同质化现象严重的今天，企业要想打造一个成功品牌，精准的品牌定位举足轻重。回顾屈臣氏的品牌成长历程，我们不难发现，正是由于准确的品牌定位，屈臣氏才得以做大做强，成为中国目前最大的保健与美容产品零售连锁店。本章重点讨论品牌定位，包括品牌定位的内涵、原则、常用工具和意义，品牌定位的战略过程、常用策略，以及品牌定位需要避免的几种误区。

第一节 品牌定位概述

一、品牌定位的内涵

1. 定位的概念

20世纪六七十年代，市场上产品数量不断增多，但彼此之间却日趋同质。与此同时，消费群体不断分化，个性化需求日渐突出。在激烈的市场竞争中，企业既要想方设法维持品牌的鲜明风格，又要迎合消费者的多元化需求。为适应这种变化，企业开始转变经营思路，与其贪大求全，造成投入与产出不成比例，不如瞄准一个细分市场后集中火力经营，以占据特定的市场份额，确保经济收益，同时也使自己与竞争对手区别开来。面对这种情况，美国著名市场营销学者艾·里斯（Al Ries）和杰克·特劳特（Jack Trout）经过缜密分析，于1969年首次提出定位（Positioning）概念。里斯和特劳特认为，“定位是从一个产品开始的，这个产品可能是一种商品、一项服务、一个机构甚至一个人，也许就是你自己。但是，定位并不是对产品要做的事，而是对预期消费者要做的事，是在预期消费者身上所下的功夫，把产品定位在预期消费者的脑海中”。由此可以看出，里斯和特劳特把定位看作一种传播策略，让产品信息存留在消费者脑海中。科特勒对定位的解释是，“定位是指公司设计出自己的产品和形象，从而在目标顾客心中确立与众不同的有价值的地位”。

里斯和特劳特认为，特定目标市场是从大众市场中细分出来的，由一群在某些方面有相似诉求的消费者组成。如果某品牌的产品像宣传的一样好，他们便会在选购这一类产品时将该品牌列为首选。消费者头脑中存在一级级的小阶梯，他们将产品在这些小阶梯上排列，而定位就是要找到这些小阶梯，并将产品与某一阶梯准确对接。定位理论的精髓就在于舍弃普通平常的部分而突出富有个性的部分，努力做到差异化，强化竞争优势，从而让目标消费者看到消费该品牌所能得到的确实利益。

2. 品牌定位

定位理论最初应用于产品定位，然后发展到品牌定位。品牌定位是根据消费者对品牌的认识、了解和重视程度，给自己的品牌规定一定的市场地位，培养产品在消费者心目中的特色和形象，以满足消费者的某种偏爱和需要。品牌定位的目标是获取行业的竞争优势。由于一个品牌之下可以有多个产品项目或产品线，因此，塑造品牌形象，进行品牌定位，就是对产品定位的统一化和简明化。品牌定位比产品定位的含义更加宽泛，这主要是由品牌和产品的区别决定的。品牌和产品分属于不同的范畴，品牌不是产品，但赋予产品意义，并确定产品的形式、形象与价值，品牌帮助消费者认识产品，产品又以信息形式反馈并强化品牌。例如，曾任台湾奥美集团总经理的庄淑芬女士认为：“品牌大于产品，所有品牌中都有一个产品，但不是所有产品都可以变成品牌。”品牌对企业和消费者具有重要的意义和价值。品牌定位是根据消费者对品牌的认知和重视程度，给企业产品品牌规定的市场地位，进而更好地培养产品在消费者心目中的品牌形象。一个品牌之下可以有多个产品项目或多条产品线，品牌定位是对产品定位的统一化和简明化，目标是获得市场竞争优势，在“消费者的脑海中独树一帜”。

二、品牌定位的原则

1. 消费者导向原则

品牌定位的重心是消费者心理。对消费者心理把握越准，品牌定位策略就越有效。从大脑处理信息的角度来看，首先，消费者的头脑并不是一个足够大的能装下所有信息的容器，他们接收的信息是有限的，留存在大脑中的信息更是少数。哈佛大学心理学家米勒（G.Miller）研究发现，普通人的大脑能够同时处理的不同概念的信息单元小于或等于七个。所以，品牌定位如果没有新的记忆点，就容易被消费者忽略。其次，大脑信息系统对所接收的不同概念的信息并非平等地处理，而是先进行阶梯式排序，然后按照顺序处理。越靠前的信息对人的行为影响越大，特别是处于第一位的信息。由此可见，品牌定位成功的关键还是要迎合消费者的心理，使传播的信息真正成为消费者的关心点，从而在消费者的脑海中占有一席之地。

品牌案例3-1

“洽洽”香瓜子：小小瓜子打天下

“洽洽”香瓜子，将一粒粒小小的瓜子从安徽推向全球。洽洽瓜子是洽洽食品股份有限公司（以下简称“洽洽食品”）生产的水煮葵花子，它开创了香瓜子的煮制工艺，实现了香瓜子规模化、机械化的生产流程。据创始人陈先保介绍，“煮”瓜子这个想法是吃出来的：“有一次，我买了一个小品牌的瓜子，发现这种瓜子的皮非常白，嗑起来不脏手，而且瓜子仁还特别入味。我就觉得挺新鲜，仔细研究了一下。我觉得这种瓜子大概是先浸泡去粗皮，同时通过浸泡将咸味‘喂’进去，然后再炒。然后我就想，如果直接煮瓜子呢，岂不是又干净又入味？”

“洽洽”香瓜子在配方、工艺、产品、外包装、营销等很多方面进行了创新（见图3-1），其中至少有四项是全国首创的。第一个创新是把传统炒瓜子改为煮瓜子，规避了吃炒瓜子上火的弊端，中草药的香味更能进到瓜子仁里面，所以吃起来味道特别好；第二个创新是外包装首先采用了环保的纸制包装；第三个创新是在包装袋里面放入文化卡片，使消费者在品尝瓜子的同时，还可以品尝文化（最早的一套文化卡片的内容是关于红楼梦金陵十二钗的）；第四个创新是在第一年利润还不到400万元的情况下，拿出了400万元在央视做品牌广告。

图 3-1

洽洽食品一直是坚果产业的龙头企业，年中财报业绩也是相当亮眼。财报显示，2020年上半年，洽洽食品实现营业收入22.94亿元，同比增长15.46%。其中葵花子、坚果类的营业收入分别为16.86亿元和3.06亿元，同比增长23.07%和9.71%，在新冠肺炎疫情背景下交出了一份满意的答卷。2018年和2019年洽洽食品的营业收入连续两年实现两位数正增长得益于其聚焦坚果+战略，加强以“质造”为核心、让品质为消费者护航的专业理念。

2020年7月29日，在2020国际质造节上，洽洽食品凭借其优异的品质和对创新技术的追求，一举斩获“匠心质造奖——杰出企业奖”及“中国质造推动者大奖”双项大奖。“掌握关键保鲜技术”的洽洽食品，坚守品质初心，用匠心质造开创了坚果产业的新时代。

“洽洽”香瓜子把瓜子的制作由炒改为煮，不仅拓展了市场，而且改变了消费行为，把瓜子打造成一种休闲食品，让嗑瓜子逐渐成为一种休闲文化。

资料来源：腾讯财经，http://finance.qq.com/a/20090901/005923.htm；IN财经，http://www.ineng.org/jinrong/202009/37940.html。

2. 个性化原则

品牌带给消费者的利益由功能利益和感情利益两方面组成。在感性消费时代，消费者挑选产品时，既理性地考虑产品的使用功能，又评估不同品牌所表现出的不同个性。当品牌表现出的个性与他们的自我价值相吻合时，消费者才会选择该产品。例如，奔驰车、派克笔体现的是名贵。企业可以据品牌的物理特性和功能利益确定一个定位，但定位并不仅仅是品牌物理特性和功能利益的总和，它还包含一些属于心理或精神层面的成分。例如，万宝路的广告以西部牛仔和奔马为标志，定位在消费者心中的形象是自由奔放、帅气强劲，让消费者在消费万宝路时自然而然地产生这种心理感受。个性化原则就是要求品牌定位新颖有创意、与众不同，即使这种个性与产品本身没有密切关系，而是人为赋予的，但只要得到消费者的认同，它就是企业战胜对手、赢得消费者的有力武器。

3. 差别化原则

在信息爆炸时代，消费者接受信息的方式发生了巨大变化，人们每天接收的信息不计其数。面对日益泛滥的信息，消费者往往会产生一种排斥心理，某个时刻接收的信息也会很快被其他信息取代。成功的品牌定位就是要通过各种渠道，如广告、社交媒介等，向消费者传递品牌的定位信息，凸显品牌的差异性，强势吸引消费者的注意力。与竞争对手的差别越多，品牌形象就越突出，就越容易掌握市场主动权。一个企业也许不可能在各个方面都和竞争对手存在差异，但只要有一项特别突出，就有可能取胜。例如，在大容量洗衣机盛行的市场格局中，海尔独辟蹊径，研发生产迷你型“小神童”洗衣机，以其容量适度、省时省电等特点得到妈妈的认可和孩子的喜爱，迅速占领市场。

4. 动态调整原则

现代社会瞬息万变，技术、产品、竞争对手和消费者等因素都在时刻发生着变化，这就要求企业在变化的环境中，抛弃以静制动、以不变应万变的传统静态定位思想，对周围环境时刻保持高度敏感，及时调整品牌定位策略，或是开发产品的新性能来满足消费者的新需求，或是调整原有定位，做到驾驭未来而非经营过去。例如，海尔从冰箱生产企业调整为家电生产企业，再到互联网时代的孵化创客平台，紧跟时代步伐调整定位，从而开创辉煌。动态调整原则是品牌定位成功的有力法宝。

三、品牌定位的常用工具

1. ZMET 技术

ZMET（Zaltman Metaphor Elicitation Technique）技术即萨尔特曼隐喻诱引技术，是哈佛大学商学院萨尔特曼（Zaltman）教授于 20 世纪 90 年代提出的。该技术的理论依据是，80% 以上的人类沟通是非语言的。传统的问卷调查、小组调查、个人访谈等方法难以获得人们内心深处的真正感受，而正是非语言的方式让人们表达思想、观点、感觉和感情。ZMET 技术就是这样的非语言调查技术。具体应用程序如下。

首先，利用计算机动画技术或者用照相机拍摄几幅照片代表品牌或产品可能象征的意义。

然后，请被测试的消费者选择，哪一幅照片恰当地表达了品牌或产品（被测试的消费者一般在 20 ～ 25 人）。

接着，利用凯利（Kelly）记忆格联想测试技术解释消费者选择的原因。

最后根据测试分析结果画出一个心智思考图。

2. 品牌定位知觉图

品牌定位知觉图是一种直观、简洁的分析工具，它可以用 1 ～ 3 个变量来刻画每一个品牌所在的位置，以识别出认知的空位点，作为定位点或再定位点，并且可以判断品牌计划或期望定位点和实际被感知点是否一致，以检查定位运作的成败。品牌定位知觉图在各行业品牌产品中广泛使用，如汽车、化妆品、酒类和服务行业等。目前品牌定位最常用的知觉图是二维知觉图，首先选择定位的基准变量，然后展开数据资料的调查收集，当这两步工作完成之后，即刻着手绘制定位知觉图。

3. 投射技术

投射技术，就是在个体（消费者）尚未启动防御机制时，通过各种非结构化的、间接的询问方式，激励被测试者投射出他们潜藏的动机、信仰、态度或情感，了解他们有关某一事件的心理状态。投射技术主要用于揭示某种特定行为或态度的真正原因，显示人们购买和使用某种产品或服务对他们的意义。投射技术在市场调研中运用得越来越多，主要用于解决直接询问无法测量的问题，主要依靠投射技术的市场调研属于隐性调查形式。投射技术多用于以下情形：被测试者并不十分清楚自己的需要和动机，无法准确回答调研人员的问题；被测试者虽然清楚自己的感情和想法，但无法直接用语言表达；被测试者的行为是非理性的或不被社会认可的，直接询问时他们不愿意承认；被测试者出于礼貌，不便表达真实想法等。在诸如此类的情形下，运用投射技术有望获得消费者的真实感情和内心想法。在应用投射技术时，一般要求被测试者在看到或听到一个词或一幅图画时，尽快表达第一反应，把内心的真实想法投射出来，或者借助第三者来投射被测试者的想法。具体的投射技术有词汇联想法、角色扮演法、第三人技术法、完形填空法和看图编故事法等。

四、品牌定位的意义

1. 品牌定位有助于消费者牢记品牌

现代社会是信息社会，人们一睁开眼睛就开始面对信息轰炸。各种消息、资料、新闻、广告铺天盖地，令人应接不暇。事实上，不少企业所付出的促销努力都付诸东流，并没有达到理想效果。对企业而言，只有以消费者为导向进行个性化、差异化的品牌定位，为自己塑造令人耳目一新且为之心动的品牌形象，才能让消费者在浩如烟海的信息中牢牢记住指定品牌。

2. 品牌定位有利于传递品牌核心价值

品牌核心价值是品牌向消费者承诺的核心利益，代表着品牌对消费者的独特价值和终极意义，是品牌的精髓所在。但是，品牌核心价值是一种无形资产，需要恰当的载体和方式，品牌定位正是这样一种有效的传达方式。品牌定位可以在品牌核心价值的基础上，通过与潜在消费者心中的信息空白点进行择优匹配，采用一系列的品牌营销手段，让潜在消费者产生有关品牌的认知、偏好，进而做出实际的购买行为。

3. 品牌定位是品牌营销的基础

企业要塑造一个成功的品牌，需要经过品牌定位、品牌规划、品牌设计、品牌推广以及应对品牌危机等一系列步骤。其中，品牌定位是品牌建设和品牌营销系统中的第一个环节，也是基础环节。若品牌定位得当，可促进品牌营销节节顺利，成功塑造知名品牌；反之，如果品牌定位有失偏颇，则很有可能导致品牌建设整个过程节节溃败。作为基础环节，准确的品牌定位还有助于及时修复在品牌营销过程中出现的小偏差，推动品牌营销朝着正确的方向前进。

第二节　品牌定位的战略

品牌定位是一个系统性的整合分析过程，一般来说，品牌定位战略过程分为四大阶段：市场分析、市场细分、目标市场选择和品牌具体定位。

一、品牌定位中的市场分析

市场分析是品牌定位战略的第一步。市场分析要求企业以理性思维和科学态度系统地收集、记录、整理与分析有关市场的信息资料，包括市场构成、市场细分特征、消费者的需求及消费群体特征、竞争对手经营状态等。市场分析要有宏观的视野格局，为企业品牌长远发展奠定基础，同时要有微观的项目分析，保证品牌策略切实可行。

二、品牌定位中的市场细分

市场细分（Market Segmentation）理论由美国市场营销专家温德尔·史密斯（Wendell R.Smith）于 20 世纪 50 年代提出，该理论被称为继“以消费者为中心”的观念后的又一次营销学革命。所谓市场细分，是指营销者通过市场调研，依据消费者的需求和欲望、购买习惯以及购买行为等变量，把某一产品的市场整体划分为若干个消费群体市场的过程。每一个细分市场都是由具有类似需求倾向的消费者构成的，都可能被企业选为目标市场。

1. 市场细分的主要任务

在市场细分这一步中，主要任务是确定细分变量和细分市场，勾勒出细分市场的轮廓。通过市场细分，企业所面对的复杂市场被分成若干个具有不同特征的子市场，这有利于企业发现机会，开拓市场。市场细分是品牌定位的基础环节。

市场细分包括地理细分、人口细分、心理细分和行为细分等四种基本形式，但真正的市场细分不是以细分为目的，而是要通过细分市场发现新商机，寻求新的盈利点，实现持续的经济增长。

2. 市场细分的方法

细分后的市场需要具备可衡量性、可进入性、相对稳定性以及有发展潜力等特征。

品牌定位中市场细分是通过“五步细分法”实现的，具体内容如下。

（1）由决策层从地理、人口、心理特征和购买行为等方面预测潜在消费者的需求。

（2）分析潜在消费者的不同需求，初步形成若干消费需求相近的细分市场。

（3）剔除初步形成的若干个子市场的共同特征，以其差异作为市场细分的基础。

（4）进一步认识细分市场的特点，对市场实行进一步细分或合并。

（5）衡量各细分市场的规模，预估经济效益。

三、品牌定位中的目标市场选择

目标市场是品牌定位的归宿。目标市场选择是企业在市场细分之后的若干个子市场中，运用企业营销活动的“矢”瞄准市场方向之“的”的优选过程。

1. 品牌定位与目标市场的关系

品牌定位与目标市场的互动关系对于定位的形成具有指导意义。品牌定位与目标市场选择相辅相成、往复进行、互相完善。目标市场有助于品牌定位的进一步准确，品牌定位又有助于目标市场的进一步明确。两者没有绝对的分离，也没有先后之别。既可以把目标市场作为品牌定位战略制定的前提，即先了解已存在的市场需求，再努力去满足它；也可以先定位，再由此开发或引导出新的需求。对品牌经营而言，在确定目标市场后，最重要的是选择正确的品牌定位，展现对主体消费者具有吸引力的竞争优势。品牌定位的核心是展示其竞争优势，通过一定的策略把竞争优势传达给消费者。由此，选择和进入目标市场的过程也是品牌定位的过程。

2. 选择目标市场的方法

选择目标市场是企业品牌营销的重要环节，需要基于市场细分结果，依据企业品牌资源并结合企业经营目标来进行。具体应做到以下几点。

首先，从名目繁多的事实和数据中挑选出重要因素，包括市场上的品牌定位、消费者动机、购买方式、分销渠道和促销策略等。

其次，对这些必须加以考量的重要因素进行大数据分析，明确企业的盈利点和盈利方式。

最后，综合考虑企业品牌因素，包括产品特征、管理水平和品牌形象等，选择合适的时机，以符合品牌形象和品牌身份的方式打入市场。

四、品牌具体定位

品牌定位的关键是企业要找出本企业产品的竞争优势。竞争优势一般有两种类型：一种是价格竞争优势，即在同样条件下比竞争对手的价格更低，这需要企业努力降低产品成本；另一种是偏好竞争优势，即能提供特色来满足消费者的特定偏好，这要求企业在产品特色（即品牌差异化）上下功夫。品牌竞争中的优势主要体现在偏好竞争优势上。品牌具体定位的全过程包括以下三个步骤。

1. 明确本企业的竞争优势

第一步要明确三个中心问题：竞争对手的品牌定位如何？目标市场上主体消费者需求的满足程度如何？面对前两者的现状，本企业能做什么以及怎么做？要回答这三个问题，品牌决策者需要展开多渠道调研，充分利用大数据技术，深度分析竞争格局，进而明确本企业的竞争优势。

2. 准确地选择比较竞争优势

比较竞争优势指企业能够胜过对手的能力。这种能力既可以是现有的，也可以是潜在的。准确地选择比较竞争优势就是企业各方面实力与竞争者实力一较高低的过程。比较的指标应是一个完整的体系，只有这样才能准确地选择比较竞争优势。

3. 彰显本企业独特的竞争优势

这一步的主要任务是企业通过一系列公关活动，将其独特的竞争优势鲜明地传递给消费者。为此，企业应使目标消费者了解、熟悉、认同、喜欢和偏爱本企业的产品，在消费者心中树立良好的品牌形象。接着，企业通过多种渠道维系并强化品牌形象，保持品牌与消费者之间的联系，稳定消费者的态度，加深消费者的感情依赖。与此同时，企业应注意消费者对品牌的正确理解，避免因偏差或失误导致消费者对品牌产生误会，及时纠正与品牌定位不一致的形象。

第三节　品牌定位的策略

品牌定位是一项颇具创造性的工作。日常生活中的产品虽然五花八门，但其品牌定位所采取的策略却是有迹可循的。总体而言，品牌定位可以采用以下十种策略。

一、USP 定位策略

USP（Unique Selling Proposition）即独特的销售主张。UPS 定位即根据品牌独一无二的特点来定位。在同类产品品牌林立的激烈竞争格局中，运用 USP 定位，可以突出品牌的特点和优势，让消费者综合权衡自己的消费偏好和品牌的利益诉求等因素后做出选择。例如，曾经辉煌的摩托罗拉和诺基亚在抢占早期手机市场时，强调各自品牌的利益优势，摩托罗拉向目标消费者提供的利益点是“小、薄、轻”，而诺基亚则声称“无辐射”。实力雄厚的领头企业可以利用 USP 定位在同一类产品中推出多个品牌，覆盖多个细分市场，提高品牌的总体市场占有率。典型的例子如宝洁公司在衣物清洁的细分市场上相继推出汰渍、快乐、波尔德、德莱夫特、象牙雪和伊拉等品牌，并且每一个子品牌都有其独特的卖点，如：汰渍强调“去污彻底”；快乐强调“洗涤并保护颜色”；波尔德强调“使衣物柔软”；德莱夫特强调“适于洗涤婴儿衣物”；象牙雪强调“去污快”；伊拉则声称“去除油漆等顽固污渍”。宝洁公司成功运用USP品牌定位策略，推出看似不同的诸多子品牌，使自己的货架空间不断扩张。

但是USP定位不是万能的，运用时有几点值得注意：一是USP定位的利益诉求点应是其他品牌不具备或者没有明确指出的，在消费者心中，该定位点的位置还没有被其他品牌占据；二是USP定位的利益诉求点应该是消费者感兴趣或关心的，而非企业一厢情愿的“吆喝”；三是运用USP定位时一定要突出某一个主要利益点。

二、档次定位策略

消费者通常把不同的品牌按价值高低来划分档次。品牌价值是产品质量、消费者心理感受及社会文化传统等多方面因素的综合反映。定位于高档次的品牌，传达产品或服务高质量的同时，带给消费者优越感，同时也要符合社会文化风俗习惯。高档次品牌往往通过高价位来体现。档次定位综合反映了品牌价值，不同品质和价位的产品不宜使用同一品牌。如果企业要推出不同档次的产品，应采用品牌多元化策略，以免高档次产品受到低档次产品的负面影响，有损企业整体的品牌形象。例如，服装领域的知名企业衣恋集团，旗下拥有众多品牌：“维尼熊”（TEENIE WEENIE）定位于15 ~ 25岁的少女，属于中档次的少女服装；ELAND适合在校学生和初入职场的年轻女性，定位略低于维尼熊；而PRICH则适合25 ~ 45岁的职场女性，属于集团高档品牌。

品牌案例3-2

美特斯邦威的多元品牌迷局

Metersbonwe和ME & CITY两个品牌独立运作给上海美特斯邦威服饰股份有限公司（以下简称“美特斯邦威”）带来了短期运营成本的增加，ME & CITY对店铺的投资也超过了销售增长，这大大挫伤了美邦服饰的业绩。最重要的是，一个低端品牌和一个高端品牌如何相互带动，共同成长？

用15年的时间将美特斯邦威做到近50亿元的市场规模后，集团董事长周成建渴望更高的毛利率，2008年遂推出价位更高的新品牌ME & CITY。在此后一年多的时间里，周成建大手笔请来好莱坞明星代言，同时在全国各地广收商业地产，为ME & CITY“囤铺”。然而，在2010年第一季度，公司净利润同比大幅下挫九成。2009年ME & CITY未能实现收支平衡的目标，仍在亏损。股东们或许会操心ME & CITY拖累上市公司的业绩，而更值得决策层思考的是，向ME & CITY投入如此重金和大量心血之后，为何收效甚微？公司在年报中解释：多品牌策略刚刚起步，决策团队和业务团队都缺乏经验。此外，计划性明显不足，整体费用控制不力，部分资源使用效率不高。

大举"囤铺"成本过高

2008 年年底，公司内部进行了大刀阔斧的调整，把 Metersbonwe 和 ME & CITY 分成两个事业部独立运作。低端品牌和高端品牌在市场规律和后台运作上有很大不同，分开独立经营可以有效避免沿着低端品牌的惯式走下去。ME & CITY 在营销手法上也试图与 Metersbonwe 有所区别。Metersbonwe 早期的代言人是郭富城，后来是周杰伦。而 ME & CITY 一开始就把目光投向海外，除了最早的代言人温特沃什·米勒和名模布鲁娜·特诺里奥外，后来又签下"精灵王子"奥兰多·布鲁姆，还找来国际知名的摄影师为其拍摄。ME & CITY 的设想就是走国际化的高端路线。

然而最能体现管理层对 ME & CITY 爱惜的是，2009 年所有门店都以直营的方式开出，不开放加盟店，而 Metersbonwe 早已是加盟店占主流。小有成功之后，经过周成建的不断发展，美特斯邦威已经成了可以上市的大品牌，甚至一度成为国内服装品牌的领头羊。上市之后，美特斯邦威的市值甚至达到了 389.44 亿元，全国门店数量达到了 5 220 家，可以说已经是实至名归的中国服装界第一了。

不过这样的鼎盛时期明显没有持续多久，随着时代的发展，服装行业的品牌逐渐崛起，再加上国外品牌的强势入驻，美特斯邦威的市场份额受到了严重的挤压，销量和收益也大幅缩水，加之电商的崛起对服装行业产生的巨大影响，到了 2015 年时，美特斯邦威已经出现了亏损的状况。2020 年，美特斯邦威的市值仅有 56 亿元左右，与鼎盛时期 389.44 亿元的市值相比下降了 85%。

定位模糊之踵

周成建向高端市场进军的梦想并不难理解，然而"向上走"比"向下走"难度要大得多。以国外已有服装企业向下发展的先例来看，"向下走"相对容易。例如，从最高端的"高级定制"发展出"高级成衣"，直至"普通成衣"。一些以低端品牌起家的企业，为了打造高端品牌，采取的是"隔离"的方式，即一开始不让外界知道新品牌与原有品牌的联系。通常情况下，高端品牌带动低端品牌容易，而在低端品牌的基础上做高端品牌，消费者会排斥。事实上，日本迅销集团除了著名品牌优衣库之外，旗下还有一个高端品牌 Theory 已进入中国，但并没有多少人知道 Theory 与优衣库系出同门。

Metersbonwe 定位于 16 ~ 25 岁的校园群体，ME & CITY 则将目标顾客锁定为 22 ~ 35 岁追求时尚的都市白领阶层。ME & CITY 还是没能在 Metersbonwe 的基础上取得很大的突破。品牌定位目前仍然有些模糊，品牌文化内涵的欠缺是其最大的问题。以年龄来划分顾客群，已趋于过时。ME & CITY 的产品和 Metersbonwe 相比，只是"设计上深沉一点，面料好一些，做工精细一些"，许多顾客甚至会把 ME & CITY 和 Metersbonwe 同等看待，觉不出太大差别。而同时又有评论认为，ME & CITY 卷入了眼下兴起的"快时尚"，与 H&M、ZARA、优衣库一起竞争。

美特斯邦威的年报多次提到了品牌定位的调整。美特斯邦威的证券事务代表徐斌向记者表示，ME & CITY 要向国际品牌学习，但产品定位不一样，以后会"越来越清晰"。对于 2019 年公司欠佳的业绩和 ME & CITY 眼下的表现，美特斯邦威在年报中总结认为：一是加盟商受经济环境影响，缺乏信心；二是两个品牌独立运作带来的短期运营成本增加；三是公司对店铺的投资超过了销售增长。

资料来源：网易财经，http://money.163.com/10/0626/00/6A2K7EUO00253B0H.html；百家号，"美特斯邦威面临巨大困境，董事长消费被限制，市值下跌 85%"，https://baijiahao.baidu.com。

三、消费者定位策略

消费者定位即强调品牌能满足消费者哪些需求、带给他们哪些利益。这些利益包括功能价值、体验价值和象征价值等。以劳斯莱斯为例，它不仅是一种交通工具，还是英国富豪生活方式的一种标志。劳斯莱斯体现了一种奢华的生活方式和显赫的社会地位。人们购买劳斯莱斯，似乎不是在买车，而是在买一种超豪华标签。

成功运用消费者定位，可以将品牌个性化，从而树立独特的品牌形象和品牌个性。耐克以喜好运动的人为目标消费者，它曾选择被誉为“飞人”的乔丹作为广告模特，广告不仅淋漓尽致地展现了乔丹的风貌，将其拼搏进取的精神、积极乐观的个性融入“耐克”品牌之中，也成功树立了耐克经久不衰的品牌形象。百事可乐定位于“新生代的可乐”，抓住了新生代崇拜偶像的心理特征，请迈克尔·杰克逊做广告代言人。在杰克逊掀起的阵阵狂潮中，新生代成了百事的“俘虏”，而百事也成了“年轻、活泼、时代”的象征。

四、形状定位策略

形状定位即根据品牌的形式和状态定位。这一形状可以是产品的全部，也可以是产品的一部分。在相同功能的产品品牌日渐增多的情况下，产品的形状本身就可以形成一种市场优势。例如，“白加黑”感冒药将感冒药的颜色分为黑、白两种，并以药片的外在形式为基础改革了传统感冒药的服用方式。这种全新的外在形式本身就是该产品的一种定位策略，同时命名为“白加黑”，也使这一名称直观地表达了品牌诉求。形状定位还可以借助产品的部分标志作为诉求点。汽车的象征标志就是典型的例子，如“福特”的Ford变体、“奥迪”的四连环、“三菱”的三个菱形等，其特点是清晰、醒目，给人留下深刻印象。

利用形状定位要注意两点：一是形式不能过于复杂，应给人一种明快、洒脱的感受。二是要注意点、线、面的结合。点，难以构成独立形象，但配合起来具有密集感、呼应感和跳跃感；线，是流动、速度、力量、静止、稳定、柔和等的化身；面，能够促成立体效果。三者巧妙搭配就能勾勒出美好的品牌图画。

五、类别定位策略

根据品牌类别建立的品牌联想，称作类别定位。类别定位力图在消费者心中将该品牌打造为某类产品的代名词，即当消费者有某类特定需求时就会联想到该品牌。例如，淡啤酒使人想到舒立兹，快餐使人想到麦当劳，咖啡使人想到星巴克，等等。企业运用类别定位寻求市场时，需要准确提取消费者头脑中的信息空隙，方法之一就是站在竞争对手的对立面考虑类别。例如，七喜汽水“非可乐”的定位就是借助类别定位的经典案例。可口可乐和百事可乐是饮料市场的领导品牌，市场占有率非常高，在消费者心中的地位难以撼动。“非可乐”的定位使七喜汽水处于与百事可乐、可口可乐对立的类别，成为可乐饮料之外的另一种选择。

六、比附定位策略

比附定位是指以竞争者品牌为参照物，依附竞争者品牌来定位。比附定位的目的是通过品牌竞争提升自身品牌的价值和知名度。经典案例如20世纪60年代美国DDBO广告公司为安飞士（Avis）汽车租赁公司制定的品牌定位，得益于与市场领先品牌建立的巧妙联系，安飞士的市场份额大幅提升，成功地拉开了其与行业第三的距离。

值得注意的是，比附定位并不适用所有情况，在定位时以竞争者为参照物通常基于以下理由：第一，竞争对手是市场领先者，实力雄厚，无法与之直接竞争。如上述案例中，全球最大的汽车租赁公司赫兹（Hertz）占据了市场的半壁江山，安飞士无法与之正面交锋。第二，竞争对手可能已经树立了稳定的形象，依附竞争者可以传递与之相关的信息。在消费者心中，赫兹就是汽车租赁市场的龙头老大，安飞士自认老二，有利于确立其市场地位。第三，有时消费者并不在乎某个产品究竟如何，他们只关心该产品与某一特定产品的比较情况。消费者很难对产品的价值和质量做出定量感知，此时采用比附定位就是合适的。

七、情感定位策略

情感定位策略就是运用品牌直接或间接地冲击消费者的情感体验而进行定位。市场营销专家科特勒认为，人们消费行为的变化分为三个阶段：第一阶段是量的消费，第二阶段是质的消费，第三阶段是情感的消费。在第三阶段，消费者所看重的已不是产品的数量和质量，而是与自己关系的密切程度，或是为了得到情感满足，或是为了追求自我理想。显然，情感定位是品牌诉求的重要支点。

顺应消费者的消费心理，以恰当的情感定位引起消费者的共鸣，可以充实并加强品牌营销力量。“娃哈哈”可以说是食品饮料市场上一个定位成功的品牌，它既通俗易懂地表达出以儿童为目标对象，又寄予了对儿童美好的祝福和希望。这种对儿童天性的开发和祝愿恰恰是该品牌形象定位的出发点。

品牌案例3-3

哈根达斯：品牌定位延伸情感内涵

在营造爱情神话的品牌中，来自美国的哈根达斯已发展为不可复制的标杆。从热播的影视剧到充满小资情调的小说，哈根达斯成为“情人之爱”最广为人知的代言之一。

事实上，这一浪漫、性感、充满爱意与情调的品牌形象是厂商多年摸索与培育的结果。“哈根达斯”这个听起来颇具北欧风情的品牌其实是纯正的“美国裔”。移居美国的波兰人鲁本·马特斯于1961年创办了这一品牌。虽然马特斯对冰激凌品质有较高的要求，但哈根达斯醇滑精致的口感并不足以使其独树一帜。在品牌林立的冰激凌市场上，各式各样的冰激凌品种都在冲击着人们的感官与味觉，要想给人们留下深刻的印象甚至产生明确的情感关联，就需要在品牌形象定位上下足功夫。在之后的几年内，哈根达斯进行了另类而清晰的自我定位——在大部分冰激凌品牌仍在街头流动雪糕车上销售，力图用低廉的价格和相对美好的口味吸引更多回头客时，哈根达斯就将自身定位为顶级雪糕的代表，以自我沉醉、愉悦万分的感官享受作为卖点，占领高端成人消费市场。品牌定位所确定的品牌整体形象驻留在消费者心中，是品牌经营的直接结果，也是品牌经营的直接目的。如果没有正确的品牌定位，无论其产品质量再高，性能再好，怎样使尽促销手段，都不能成功。

与此同时，哈根达斯也在其所传达的情感内涵上进行了延伸，从最初的“爱她，就带她去哈根达斯”突出强调爱情中的“归属感”，到2004年“慢慢融化”中对于“沉醉”时刻的彰显，再到2009年“一起融化”中对于“分享”这种更深层次情感内涵的传达，意味着它所传递的“情人之爱”的品牌内涵在不断升华。现在哈根达斯则更注重在精神层面培育爱情的意味。

2020年7月26日，星河郡举办免费冰激凌DIY活动，吸引了许多家庭早早前来参加。精选哈根达斯品牌，配以两种口味的巧克力棒、两种口味的巧克力碎、饼干碎以及七彩烘焙糖果等四重造型，兼有西瓜、哈密瓜两种水果，杧果、草莓、火龙果三种果酱配料。现场有专门的冰激凌DIY老师指导，带领大家一起制作各式精美的冰激凌。

与欧美市场相比，哈根达斯在中国等新兴市场获得了更大的成功。哈根达斯的中国策略完全沿袭了欧洲的传统，力图打造极品冰激凌。产品定位于追求高贵的消费心态的群体，为了让消费者觉得物有所值，主打情感路线。1996年，当哈根达斯在上海开设第一家门店的时候，一句“爱她，就带她去哈根达斯”的广告词瞬间在年轻群体中引发情感共鸣。现在，在消费文化日渐成熟的中国城市中，越来越多的城市居民或因为大跨步的城市化进程得以体验一线城市生活的人们已经有足够的消费能力回应哈根达斯的品牌内涵。从哈根达斯的经营案例中我们可以看出，营销并不是一件很难的事情，但是如何给自己的产品进行准确的市场定位，对产品以后的发展起到了关键性的作用。

资料来源：网易体育，http://sports.163.com/15/0601/00/AR02K88T0005227R.html。

八、文化定位策略

将某种文化内涵注入品牌之中以形成文化上的品牌差异，称为文化定位。文化定位不仅可以大大提高品牌品位，还可以使品牌形象独具特色。成功地运用文化定位策略，可以激发消费者产生联想，加深消费者的品牌印象以至更青睐该品牌，刺激消费者的购买行为。中国文化源远流长，企业可以充分利用宝贵的文化资源来对品牌进行文化定位。例如，孔府家酒就深谙此道。按中国传统风俗，逢年过节都要合家欢聚吃团圆饭，而桌上不可无酒。孔府家酒把品牌定位于“家酒”，当“孔府家酒，叫人想家”的广告语萦绕耳畔时，便会引发消费者关于家和团圆等美好温馨画面的联想，进而建立起该品牌牢固的“家酒”形象。

九、情景定位策略

情景定位是将品牌与一定环境、场合下产品的使用情况联系起来，以唤起消费者在特定情景下对该品牌的联想。雀巢公司有关雀巢咖啡饮用状况的调查揭示了消费者饮用该产品的九种情景：早晨起床之后、午餐时、午餐和晚餐之间、晚餐时、与客人进餐时、洽谈业务时、晚间工作时、与同事进餐时以及周末。上述九种饮用情景能使雀巢咖啡获得强烈的品牌联想。在时间段上加以区分是诸多食品品牌采用的情景定位方法，例如，“8点以后”马克力薄饼声称该产品是“适合8点以后吃的甜点”，美可味（Milky Way）则自称为“可在两餐之间吃的甜点”。在广告攻势下，当人们在8点以后想吃甜点时，会很自然地想起“8点以后”这个品牌。同样，人们在两餐之间想吃甜点时便会想到美可味。

十、附加定位策略

通过加强服务或践行公益项目来强化品牌形象，称为附加定位。对生产型企业而言，附加定位需要借助产品的实体形成诉求点，提升产品的价值，特别是产品的情感价值；对于非生产型企业来说，附加定位可以直接形成诉求点。附加定位不仅可以树立品牌形象，还可以扩大品牌的市场半径。“IBM就是最佳服务的象征！”这句口号清楚地表达出IBM真正的经营理念：提供世界上最好的服务。正是这样的服务理念，才使得IBM的名牌形象没有随着岁月的流逝而褪色。企业是社会的细胞，企业要关注的不仅是经济效益，还有社会效益。投身公益是大型企业担负社会责任的一种表现，践行公益的行为反过来也会提升企业的品牌形象，为品牌创造附加值 。

第四节　品牌定位的误区

品牌定位是一个长期过程，需要企业不断地经营和完善。在此过程中，企业也难免由于多方面的因素导致品牌定位出现偏差，需要及时修补以重回轨道。总的来说，品牌定位比较容易出现的误区有以下五种。

一、品牌定位不充分

品牌定位不充分是指当企业从消费者需求出发确定卖点时，未能把卖点定在真正的高位上，导致消费者对该品牌定位的印象模糊。也就是说，品牌定位的方向没有错，但是程度有所欠缺，导致消费者没有充分意识到品牌的独特之处，对品牌只有一个模糊的概念。

品牌定位不充分主要表现在三个方面。第一，品牌的利益重点不突出。消费者的特定利益包括物质利益和精神利益，主要通过品牌的功能利益和情感利益表现出来。进入消费社会，人们在消费时不再只考虑实用性和耐用性，更多的是考虑产品的象征意义，即情感利益。我国多数企业还无法旗帜鲜明地突出本品牌的利益诉求点，导致消费者的情感利益诉求无所依从。第二，品牌的个性特征不鲜明。品牌策略家拉里·莱特（Larry Light）一针见血地指出："品牌信息应该聚焦于品牌的与众不同之处，而非强调品牌有多便宜。"进入商场放眼望去，产品虽琳琅满目，但是细细看来却是千篇一律。多数行业领域，同一种产品的多个品牌之间是难以找出显著差异的。第三，品牌的服务层次不清晰。一般来讲，服务层次取决于品牌档次，然而在经营实践中，多数企业所提供的服务趋于雷同，无法从中看出其品牌定位。

二、品牌定位模糊

品牌定位模糊是指品牌定位不清晰，消费者难以清楚识别。每个企业的产品都有其品牌，但相当多企业的产品品牌没有明确具体的内涵，品牌形象苍白无力，无法使消费者在接触品牌时产生丰富的联想，无法给消费者耳目一新的震撼感。这些企业仅仅把品牌理解为一种名称或牌号，用于同类产品的表面区分，而不是建立在品牌差异化和个性化基础上的深层区分。在这种情况下，任何配套战略都显得盲目且缺乏针对性，也就无法保证品牌竞争战略的有效执行，进而导致品牌在竞争中失利。

三、品牌定位过分

品牌定位过分是指企业从产品特性出发确定卖点时，把范围设定得过于宽泛，导致消费者对品牌的认同过于狭窄。这样既不利于产品线延伸和品牌延伸，也让消费者对品牌的特色感到模糊。出现这种情况主要有以下三种原因。

1. 贪大求全

一个产品可能有多方面的功能，而且在多项指标上都处于领先地位。在这种情况下，企业往往希望将品牌的所有优势都和盘托出，以此打动消费者。对于这种全功能的定位，可能会让消费者困惑和怀疑，反而导致品牌形象模糊不清，不能有效达到定位目的。

2. 定价依据模棱两可

知名品牌之所以昂贵，一方面是因为它孕育着巨大的市场机会，具有可观的经济效益和良好的社会效益，另一方面是因为品牌中常常蕴含着消费者渴望的情感诉求，这些通常是无法明码标价的。当产品品牌具备这些特点时，是定位于豪华高档、面向高收入消费者，还是定位于物美价廉、面向广大的普通消费者？这除了要考虑企业发展的需要，还要符合消费者的消费习惯和社会的消费文化。中国的消费者普遍认为好品牌首先要质量好，同时要价格适中。

3. 品牌延伸过度

品牌延伸指借助已有成功品牌的光环，推出相关或不是密切相关的新产品，以带动新产品在市场上获得成功的策略。品牌延伸策略成功与失败的可能性并存，采用这种策略时，应遵循相应原则并符合市场逻辑。

四、品牌定位缺少人格化特征

品牌的人格化特征是品牌价值的重要组成部分，受到了国外不少知名品牌的重视，却被国内多数企业忽视。品牌的人格化特征可以塑造品牌个性，建立品牌形象，确定一种为消费者接受的心理定位，赢得目标消费群体的青睐。这种心理定位的情感共鸣可以有效地加强消费者的品牌忠诚，并转化为口碑传播和消费者的现实购买行为。

五、品牌定位与营销组合不协调

营销组合是指用来满足具体消费者要求的产品、定价、促销和渠道的有机组合。品牌定位是所有营销策划的前期工作。品牌定位与营销组合的不协调表现主要有两类。一是品牌功能定位与广告宣传不协调。一般来说，广告诉求作为企业与消费者沟通的主题，是品牌个性的主要体现，但是很多时候广告并没有准确地描述品牌的功能，从而导致消费者产生名不副实的感觉，降低了消费者对该品牌的信任度和认同度。二是品牌定位与产品承诺不协调，具体表现为承诺不到位或承诺不能完全兑现，造成消费者对品牌产生怀疑。

本章小结

品牌定位是品牌营销的起点。定位理论的精髓就在于舍弃普通平常的部分而突出富有个性的部分，努力做到差异化，强化竞争优势，让目标消费者看到消费该品牌所能获得的利益，使品牌在消费者的脑海中独树一帜。

品牌定位应该遵循以下原则：消费者导向原则、个性化原则、差别化原则、动态调整原则。

品牌定位的常用工具有 ZMET 技术、品牌定位知觉图和投射技术。

品牌定位是一个系统性整合分析过程，一般来说，品牌定位的战略过程分为四大阶段：市场分析、市场细分、目标市场选择和品牌具体定位。

品牌定位是一项颇具创造性的工作，常用策略有：① USP 定位策略；②档次定位策略；③消费者定位策略；④形状定位策略；⑤类别定位策略；⑥比附定位策略；⑦情感定位策略；⑧文化定位策略；⑨情景定位策略；⑩附加定位策略。

品牌定位是一个长期过程，需要企业不

断地经营和完善。在此过程中，企业也难免由于多方面因素导致品牌定位出现偏差。比较常见的品牌定位误区有：①品牌定位不充分；②品牌定位模糊；③品牌定位过分；④品牌定位缺少人格化特征；⑤品牌定位与营销组合不协调。

复习思考题

1. 品牌定位的具体原则有哪些。

2. 试结合案例阐述品牌定位的战略过程。

3. 试结合案例阐述品牌是如何运用相关策略进行品牌定位的。

4. 试结合案例讨论当下市场中品牌定位存在的误区。

课后案例 3-1

华为：从白牌手机开始的创牌之旅

《财富》杂志发布了2020年“世界500强”企业榜单，这些企业的排名是根据企业营业额计算出来的。华为作为中国近年来最受尊敬的企业，自从2010年首次入围以来，短短10年已经从第397位上升到第49位，从500强跃升为50强。其营业额也从210亿美元增长到了1 243.163亿美元，增长了近6倍。自2018年以来，中国企业全球化环境就变得恶劣起来，华为更是首当其冲，不断受到美国政府的打压。即使在这样的背景下，华为依然保持着增长。不管华为是不是你喜欢的企业，但是你不得不承认，华为是当下中国为数不多的一张国家名片。

近几年来华为连续超越腾讯、百度、阿里巴巴，蝉联中国品牌排行榜第一位。而作为手机领域的一匹黑马，华为自2003年开始为运营商提供定制手机，于2009年挺进智能手机领域，到2011年跻身全球手机销量前十。2015年华为手机进入世界三甲，之后更是跃居中国手机市场第一位，世界第二位。

如今一飞冲天、声名远播的华为手机，在之前很长的时间里都是步履维艰，默默无闻。华为手机公司的起步阶段相当凄苦，2008年母公司甚至打算卖掉它，恰巧遇上席卷全球的金融危机而“未遂”。2011年后，华为手机成功实现战略转型，得已向世人展现自己。

2003年华为开始生产终端产品，即从生产数据卡逐渐转向生产智能手机，手机业务以中低端产品为主。一直到2011年，华为手机都在生产低成本的定制手机，以定制形式销售给运营商，而不直接卖给消费者，也很少做广告宣传，故产品鲜为人知。定制的商业模式有两种：一种是客户承诺销售量，手机上只打客户的商标；另一种是在手机上分别打客户和华为的商标，在这种情况下，华为每卖出一台手机都要给客户宣传补贴，就像是“Intel inside”采取的品牌营销策略一样。

低端终究不是华为想要的标签。于是华为开始了从“白牌手机”向“自有品牌”转变的漫漫征程。近年来，华为不断地调整战略，发展自有品牌，向中高端市场进军。对于华为手机来说，2011年是非常关键一年。当年，任正非专门带着徐直军、郭平等高管，与从事华为终端业务的人开了一场座谈会，确定了不再依托运营商做定制手机，转战开放市场，建立自主手机品牌的战略。这是华为终端具有里程碑式意义的会议。这一年华为改革迹象明显，它推出首款云手机华为远见Vision，定价2 799元。不久后，华为荣耀Honor U8860手机面世，作为华为云手机的战略机型，它搭载了全新的华为云服务，为用户提供160 GB网络存储空间，上市后迅速聚集了人气，被誉为“单核机王者”。这一年，华为进入中国智能手机市场前三位。当时正是微博红火的时候，华为终端总裁余承东用这个舞台，开始了他的“暴力”营销，直接与苹果、三星做技术指标对比，事实证明，该举措大大提高了华为的知名度。

真正的改变出现在2012年1月。在国际消费类电子产品展览会（International Consumer Electronics Show，CES）上，华为发布首款高端智能手机Ascend P1 S，机身厚度只有6.68毫米，是世界上最薄的智能手机。如果说2011年华为试水中高端智能手机市场，那么这就是它进入高端市场的第一步。

2013年，华为在高端智能手机上的表现更加积极。在2013年2月举办的世界移动通信大会（Mobile World Congress，MWC）上，华为Ascend P系列产品P2再次成为亮点，这款被华为定位为“全球最快”的手机，上网速率最高可达150Mbit/s。华为终端总裁余承东坦言：“华为做低端手机是没前途的，就像米缸里的老鼠，长期在米缸里吃米，吃得很舒服，但等米吃完了也就死掉了。”面对手机市场这个新的战场，产品、品牌、营销、渠道都是新的玩法，华为在苹果、三星等世界级竞争者的包围下，面对新的堡垒，迅速开始了转型。自P6上市，余承东提出“米缸老鼠论”之后，华为采取了逐步“去运营商化”的渠道策略，积极拓展社会渠道。也是在2013年，华为荣耀品牌独立，主攻线上渠道。从2014年开始，华为在运营商渠道、社会渠道、互联网渠道共同发力，多渠道销售体系逐步形成。

2014年《财富》杂志公布了“世界500强”企业，华为投资控股有限公司排名较2013年明显提升，从第315位上升至第285位。华为从制造白牌手机到生产自有品牌手机，从低端产品扩展到中高端产品，从主打功能机到主打智能机，所做的内部调整非常大，其间不断出现质疑和担忧的声音，但幸运的是，华为终端的收入和利润一直保持增长。

美国高德纳咨询公司表示，苹果和三星这两家智能手机巨头先后陷入风波，销量下降，而中国手机制造商华为的手机销售量却显著上升。华为在2010年手机销量仅为300万台，当时在国内主要靠运营商的补贴办套餐送手机，在2011年手机销量达到2 000万台，2012年达到3 200万台。据了解，虽然当时华为的手机销量仅为几千万台，却已经是全球第三的成绩了，当时手机品牌繁多，大部分是杂牌手机。

2013年华为手机销量达到5 200万台，2014年手机销量达到7 500万台，2014年智能手机的品牌已经慢慢趋于稳定了，这个时候小米手机销量也超过6 000万台，在国内市场上销量远大于华为，华为7 500万台的手机销量中国外客户贡献了不少。

2015年的时候华为手机销量迅速增长，首次达到了1.08亿台，华为Mate7系列在国外大卖，Mate8也广受好评，华为已经完成了自己的定位，高端旗舰机系列发展迅速。2016年华为手机销量达到1.39亿台，华为P9系列成为首款销量超过千万的高端旗舰机，由此奠定了华为手机在全球市场的地位。从2016年开始，华为手机的市场销量不断增加，但是增长的份额主要来自国内，2017年华为手机销量达1.53亿台，到了2018年销量首次破2亿台，达到2.08亿台，但是仍然是全球第三。

2019年既是5G手机元年，也是各大厂商纷纷布局新概念产品，意图颠覆市场的一年，比如华为、三星、摩托罗拉的折叠屏，小米的环绕屏等。这一年的手机市场可谓风云变幻，竞争异常激烈。著名英国调研机构Canalys发布了最新的全球手机市场调查报告，这份报告中2019年全球智能手机销量排行榜显示，2019年智能手机总销量达到了14.12亿台，而位列这份榜单榜首的仍是在中国市场折戟的三星，销量为2.951亿台，市场份额达20.9%；华为手机以2.405亿台的销售业绩打败苹果，跃居第二，市场份额达到了17%，较2018年实现了小幅度的增长，同时还是榜单上增长最快的手机厂商。要知道，在2019年里，华为各方面都备受阻挠，但凭借其在国内市场的发力，最终成功翻盘，实现增长。不得不说，华为在2019年所取得的成绩确实是令人叹服的。

谈及在推广自有品牌时面临的挑战，华为终端总裁余承东坦言，华为在欧洲市场过去只做ODM[⊖]，在推广自有品牌初期，因为很多运营商的不认可，失去了相当一部分订单和市场份额。“但后来凭借华为在电信市场的优势地位和强大的产品能力，渐渐又拾回了部分订单，重新建立了与运营商的终端合作。”除了运营商之外，华为在世界市场的另一个挑战在于消费者，“消费者对华为手机品牌有陌生感，而消除这种陌生感归根结底要靠过硬的产品质量和口碑美誉度，当然也要为市场留出必要的时间窗口”。

自从2018年12月1日孟晚舟在加拿大被拘，华为被美国列入实体清单，美国对华为限制供应芯片，很多人开始喊口号，说买苹果不爱国，买华为才爱国。对此任正非做了回应。他表示，用苹果不代表不爱国，用华为不代表爱国，华为只是一个商品，喜欢就用。任正非还特地解释，华为在广告上，从未打过“为国争光”的旗号。为了生存，华为要盈利；但是为了发展，成为世界一流科技公司，华为一定要搞研发，踏踏实实做好产品，这样才能立于世界科技强企之林。2020年，华为的研发经费投入超过200亿美元。余承东也提到，只谈爱国大家不会买账，核心还是要产品本身体验好。

华为从2003年开始做手机到2010年，7年时间手机年销量仅达到300万台，而到2019年，仅仅9年之后，华为的手机年销量便从300万台增长到2.4亿台。

厚积薄发，三十余年间，从追赶到超越，华为完成了从白牌到创牌的惊人一跃。

资料来源：搜狐网，https://www.sohu.com/a/334560860_128339；搜狐网，http://www.sohu.com/a/383249199_114774；和讯网，http://tech.hexun.com/2014-08-04/167251760.html。

案例讨论

1. 华为从做定制手机到开创自主手机品牌说明了什么问题？
2. 华为是如何进行手机品牌定位以及如何获得成功的。
3. 华为的品牌定位战略和策略有何变化？

课后案例 3-2

有着146年历史的诺基亚为何4年间陨落

2013年9月，微软宣布收购诺基亚手机业务部门，一个手机巨人的时代就此终结。

数据不会说谎，它显示传奇正在消失。

数据一：与2007年的峰值相比，诺基亚2013年市值暴跌87%，还被中国台湾的宏达电（HTC）超越。

数据二：诺基亚下调2013年财务预测，分析师预估从第二季度起将从获利状态变为损益两平，甚至亏损状态。

数据三：诺基亚市场占有率从2008年的40%以上，降到2013年年初的25%。野村证券估计，诺基亚连续14年的全球手机市

⊖ ODM是Original Design Manufacturer的缩写，意为“原始设计制造商”。

场冠军地位，将在2013年第二季度被韩国三星电子取代，到第三季度更会被苹果超越，跌至第三位。

数据四：评级机构惠誉国际已把诺基亚的债务评级从“BBB+”下调至“BBB-”，差一级就与垃圾级别看齐。

一个有着146年历史的领导企业，为何在短短4年时间就濒临崩溃？对于诺基亚的没落，有着各式各样的分析。有的说诺基亚以老大自居，骄傲安逸；有的说诺基亚偏安于北欧一隅，视野太过狭隘；更有的说诺基亚在技术创新方面已经落后。事实上，诺基亚的衰落，并不是因为在这些问题上犯了错，而是由于其过于追求成本控制，使得公司的核心能力变成了核心障碍。有人认为诺基亚输在了自身骄傲自满的心态上，这种观点是错误的。其实，诺基亚一直战战兢兢，百年来历经坎坷无数。创始期诺基亚做造纸，之后生产橡胶轮胎，在第二次世界大战期间开始扩张电缆产业，并把产品卖到了苏联，战后发展卫生纸与电视机产业，最后进入网络电信产业并走向全世界。20世纪90年代，诺基亚几乎面临破产，CEO自杀，公司还差点被卖给竞争对手爱立信。事实上，诺基亚10年前就已经看到移动网络的趋势。1990年年底，时任诺基亚CEO的奥利拉就提出，手机就是把网络放在每个人口袋里的产品。1996年，诺基亚就推出智能手机概念机，比iPhone早了10多年。2007年，诺基亚在全球率先推出移动互联网品牌OVI，比苹果App Store早了一年。

有人说诺基亚输在落后的技术创新力上。错！在推出触控技术上，诺基亚比苹果早了3年。负责诺基亚早期智能手机N60系列行销的前员工阿里·哈卡瑞因恩（Ari Hakkarainen）说：“早在2004年，诺基亚就开发出了触控技术，甚至现在当红的3D技术。翻开诺基亚的财报，仅在2012年诺基亚的研发费用，估计就达到58亿欧元，是苹果的4倍以上。诺基亚拥有最庞大的研发资源，但是这几年却没有能力将其转化为战场上的武器。他们总说，这市场太小，没人会买，还花太多成本。他们杀掉了它！”他口中的他们，指的是诺基亚的管理层。直到iPhone推出一年后，诺基亚才推出第一款触控技术的手机。

一名芬兰经济研究院的博士说：“诺基亚是个很追求高效率的公司，强调成本导向，这些都是它的优点，只是走得太远了，核心能力就会变成核心障碍，困住自己。”诺基亚舍弃触控风潮，只因为它试图规避高成本风险，不愿早点放弃早已落后的塞班系统，该系统的市场占比曾高达80%。最后，诺基亚连翻身的希望MeeGo系统都失去了。综上所述，是高效率的成本控制思维，杀死了诺基亚该有的创新。

资料来源：网易财经，http://money.163.com/13/0904/08/97TR77KR00253G87_all.html。

案例讨论

1. 诺基亚的品牌定位细则是什么？
2. 诺基亚采取了哪些品牌定位策略？
3. 诺基亚的品牌定位存在哪些问题？

第四章
CHAPTER 4

品牌形象

§ 本章提要

- 品牌形象的定义
- 品牌形象的特征
- 品牌形象的构成
- 塑造品牌形象需要遵循的重要原则
- 如何塑造一个独特的品牌形象

§ 本章案例

- 可口可乐百年红色品牌形象
- 耐克：Just Do It
- 月色下的黄房子：如家酒店的 HOME 文化
- 一夜红遍朋友圈，圣罗兰形象是誉是毁
- 卡萨帝：品牌要素设计的典范

§ 预习案例

可口可乐百年红色品牌形象

自从 1886 年公司以古柯（Coca）与可乐果（Kola）名称为基础，设计了名为“Coca-Cola”的斯宾塞字体的产品商标以来，产品名称沿用至今，其标识在 130 多年的历史中也始终保持着一致性。1887 年左右的可口可乐商标跟人们今天看到的商标几乎一模一样。为减少市场上模仿者的竞争，可口可乐于 1916 年推出经典弧形瓶，以此提升品牌辨识度与差异化程度。1949 年的一项调查显示，仅有 1% 的美国人不能通过瓶身形状区分出可口可乐。在此后的 100 多年里，公司一直保留着其经典弧形瓶的设计，并通过与艺术、文化联姻，不断丰富品牌内涵，使弧形瓶也成为可口可乐独有的标识。

1886 年可口可乐刚推出时单价为 5 美分，定位于大众市场，该定价低于市场主流饮料 7 ~ 8 美分的定价。在此后的 70 年中，可口可乐一直保持 5 美分的定价，以销量思维拓展市场，成为美国大众消费品的代表。在拓展国际市场过程中，公司同样按照本土市场情况定价，确保产品价格在消费者“买得起”的范围之内，满足大众市场的日常消费需求。可口可乐所代表的平等及大众消费文化，构成其品牌形象的一个重要部分。

可口可乐在传播中，一贯强调“爽”和“快乐”这种感受，让它成为顾客对品牌的情感认知。随着消费环境和社会热点的变化，可口可乐每隔几年便会设计一套营销方案。虽然宣传媒介不断更迭，从报纸、杂志等纸质媒体到收音机、电视等现代媒体再到社交媒体，公司主题营销模式却始终如一。1886 年至今，公司至少有 40 多次主题营销推广活动，其间创造了无数营销典范。

1930 年美国经济大萧条，可口可乐整体销售业绩也大幅下滑，它想在圣诞节进行促销，用了各种圣诞老人形象，都收效甚微。直到 1931 年，可口可乐公司聘请了著名广告插画师哈登·松德布卢姆（Haddon Sundblom）重新设计了圣诞老人的形象。松德布卢姆借鉴克莱门特·穆尔（Clement Moore）的诗歌《圣尼古拉斯的拜访》和斯堪的纳维亚人的传统，描绘出了现在我们熟悉的圣诞老人形象：高大、身着红装、欢快喜气。这个经典的圣诞老人形象，为可口可乐创造了长达 30 年之久的销售热潮，甚至超过了世界上大部分品牌资产的存在时间。

在新社交媒体时代，公司的营销方式更加重视与消费者的双向互动，通过创新营销让品牌融入生活。当前可口可乐几乎入驻所有的社交平台，由专门的数字营销团队运营，致力于内容营销新模式。可口可乐 2011 年在澳大利亚推出“姓名瓶”活动，通过瓶身定制化打造品牌新鲜感，赋予产品社交属性。可口可乐中国自 2013 年推出“昵称瓶”“歌词瓶”“台词瓶”，到“纹身瓶”“拉花瓶”“表情瓶”，再到与各路时尚品牌和艺术家的合作款包装等，都取得了很好的活动效果。近几年的“定制瓶”更是受到广大消费者喜爱。2020 年新冠肺炎疫情肆虐，武汉重启之时，可口可乐更是推出 4 款武汉定制罐包装（见图 4-1）。

图 4-1

资料来源：腾讯网，https://new.qq.com/omn/20200413/20200413A04LOF00.html；百家号，“可口可乐与其百年红色帝国”，https://baijiahao.baidu.com/s?id=1665903586848913410&wfr=spider&for=pc。

从可口可乐公司的案例中我们可以看出，恰到好处的品牌形象是企业的重要资源。品牌形象是广告界盛行的概念。它因解决了产品同质化给市场营销带来的难题而风靡20世纪60年代。时至今日，“品牌形象”的概念依然活跃于市场营销领域，依然是品牌经营的通俗代号。在企业界普遍采用长期投资回报的财务观点评价品牌经营的背景下，品牌形象仍是一项核心策略。相对于依靠产品属性的“硬销”策略，品牌形象代表着一种更为细腻、微妙的“软销”策略。本章将围绕“品牌形象”这一核心概念，阐述品牌形象的定义、特征，以及在品牌林立的市场格局中，如何为产品量身定做其品牌形象以在激烈的市场竞争中获胜。

第一节　品牌形象概述

一、品牌形象的定义

虽然品牌形象的概念早已提出，但是营销研究者尚未建立一个统一的概念。由于深受市场和媒体环境变化的影响，有关“品牌形象”的代表性定义表述自20世纪50年代以来不断变化，总体上反映出业界和学界对品牌形象认识的不断深化。以下是品牌形象的代表性定义及其发展。

1. 20世纪50年代关于品牌形象的研究

最初，理论界并没有对“品牌形象”下定义，它是包含在“品牌”定义中的。根据广告界大师奥格威的定义，品牌是一种错综复杂的象征，它是品牌属性、名称、包装、价格、历史、声誉和广告方式的无形总和。

1957年，纽曼（J.W.Newman）提出，品牌形象是人们对品牌的总体感知，是关于它的形状、尺寸、颜色和功能的优点的符号，品牌形象可能包括功能的、经济的、社会的、心理的等诸多方面，通过风格化与广告物建立品牌形象，与产品的其他方面一样存在着局限性。可以看出，纽曼强调的是产品形成形象，尽管也有其他影响因素在起作用。

以上两个定义表明，在20世纪50年代，人们对品牌形象的认识基本上着眼于品牌形象的各种影响因素。

2. 20世纪60～90年代关于品牌形象的后续研究

利维（Levy，1978）认为，品牌形象是存在于人们心里的图像和概念的群集，是关于品牌知识和对品牌主要态度的总和。由此可以看出，与产品自身相比，品牌形象更依赖于消费者心智中对品牌的解释。此时，对品牌形象的认识开始转向心理学。

雷诺茨（Reynolds）和古特曼（Gutman）在1984年提出，品牌形象是在竞争中使一种产品或服务差别化的定义和联想的集合。他们列举了影响品牌形象联想的多种因素，如一般特征、情感想象、产品认知、信任度和态度，以及品牌个性与情感之间的联系等。

著名品牌大师瑟吉（Sirgy，1985）进一步扩展了品牌形象的定义，瑟吉认为，假设产品像人一样具有个性形象，那么这些个性形象不是单独由产品的物理特征所确定的。至此，对品牌形象的认识进入品牌个性的层次。

帕克（Park，1986）等人认为，品牌形象是产生于营销者对品牌管理中的概念，任何产品在理论上都可以用功能的、符号的或经验的形象定位。因此，品牌形象是一种品牌管理方式，而不仅仅是广告策略。

阿克（Aaker，1991）提出了品牌产权的概念，它是一个与品牌相连的品牌资产与负债的集合。它的名称、符号得以增加或减除一个产品或服务对其所属公司或消费者所提供的价值。通过符号，品牌形象被看作品牌资产的一个组成部分。

二、品牌形象的特征

品牌形象的特征主要包括多维组合性、复杂多样性、相对稳定性、可塑性和情景性等五个方面。

1. 多维组合性

多维组合性是指品牌形象不是由单维或两三个指标所构成的，而是由多种特性组成的并受其影响。品牌形象是品牌内涵与外在表现的综合，具有多维组合性：一方面，它需要以品牌个性、品牌文化等为核心作为内涵；另一方面，它需要依托品牌的外在表现形式作用于消费者。

2. 复杂多样性

复杂多样性是指由于企业及其产品覆盖率的差异、产品信息传播效果的差异以及消费者特点的差异等因素造成的消费者对企业和产品的认知、理解及使用情况的差异。因此，品牌形象在不同时间、不同地点呈现出复杂多样性的特征。

3. 相对稳定性

相对稳定性是指品牌形象在一段时期内会保持稳定。符合消费者愿望的企业理念、良好的产品品质和优质的服务等因素，都是品牌形象保持稳定的必要条件。优秀的品牌能赢得消费者长期的喜爱，能够使其品牌形象保持得更长久、更稳定。例如，可口可乐充满活力的品牌形象，贝尔公司创新无止境的形象等。

4. 可塑性

可塑性是指企业通过努力，可以按照自己的意图建立品牌形象，改造原有的品牌形象、增加品牌内涵的新特征，甚至重塑品牌形象。品牌管理的目标就是在消费者心目中塑造企业需要的形象。

5. 情景性

情景性是指在特定条件下，不管是重大事件还是细微事件，品牌形象都可能迅速发生改变。虽然建立品牌形象必须具备强有力的客观基础，如长期稳定的企业规模、产品质量以及标准化、系统化的服务体系等，但是由于人的心理具有流动性与复杂性等特征，消费者在周围环境的影响下会产生心理波动，导致品牌形象也随之发生变化。个别消费者的心理变化可能使品牌形象出现轻微波动，但总体上是稳定的；而消费者普遍的心理波动，则可能会导致品牌形象的重大变化。

第二节 品牌形象的构成

按表现形式分，品牌形象可分为外在形象和内在形象。外在形象主要是指品牌标志系统，是外界公众可以直接看到的品牌要素。而内在形象是指产品的设计感、品质、使用便利性和公众感受到的体验度等。

一、品牌外在形象

品牌外在形象是指品牌给消费者留下的感知印象，包括品牌标志（涵盖品牌名称、商标、包装、色彩等）、品牌信誉，以及品牌认知和评价。消费者对品牌的最初评价一般来自视觉形象，品牌通过标志以最直接、最快速的方式把品牌形象传递给消费者。品牌信誉是指消费者及社会公众对一个品牌信任度的认知和评价，是品牌外在形象的重要方面，其建立需要企业各方面的共同努力。而品牌认知和评价则是品牌资产的重要组成部分。下面就这三个问题进行详述。

1. 品牌标志

品牌标志，是指品牌中可以被认出、易于记忆但不能用言语称谓的部分，它包括符号、图案或明显的色彩和字体。品牌标志与品牌名称都是构成完整的品牌概念的要素。

品牌标志是一种“视觉语言”，它通过一定的图案、颜色来向消费者传递某种信息，以达到识别品牌、促进销售的目的。品牌标志自身能够创造品牌认知、品牌联想和消费者的品牌偏好，进而影响品牌体现的品质与顾客的品牌忠诚度。因此，在品牌标志设计中，除了最基本的平面设计和创意要求外，还必须考虑营销因素和消费者的认知、情感心理。

品牌标志能够引发人们对品牌的联想，尤其能使消费者产生有关产品属性的联想。例如，“标致”汽车的品牌标志是一只狮子，它威风凛凛的兽中之王形象会使消费者联想到该车的高效率、大动力的属性。美国保德信（Prudential）金融集团产品上的直布罗陀岩石标志，给人以力量、稳固的感觉。

品牌标志能够促使消费者对产品或服务产生喜爱的感觉。风格独特的标志能够刺激消费者产生联想，从而对该品牌产品或服务产生好的印象。例如，米老鼠、快乐的绿巨人、康师傅方便面上的胖厨师等，这些标志都是可爱的、易记的，能够引起消费者的兴趣，并使他们对其产生好感。而消费者都倾向于把某种感情（喜爱或厌恶）从一种事物上传递到与之相联系的另一事物上。因此，由于品牌标志而使消费者产生的好感，在某种意义上可以转化为积极的品牌联想，这非常有利于品牌经营者开展市场营销活动。

品牌标志是公众识别品牌的信号灯。风格独特的品牌标志是帮助消费者记忆的利器，给他们一种视觉上的感官效果。例如，当消费者看到三叉星环时，立刻就会想到奔驰汽车；人们会到有黄色大写“M”的地方去就餐；在琳琅满目的货架上，人们看到两只小鸟和鸟妈妈在鸟巢里的图案就知道这是他们要购买的雀巢咖啡，等等。检验品牌标志是否具有独特性的方法是认知测试法，即将被测品牌标志与竞争品牌标志放在一起，让消费者辨认。辨认花费的时间越短，就说明标志的独特性越强。一般来讲，风格独特的品牌标志会很快被找出来。

2. 品牌信誉

品牌信誉是社会公众及消费者对一个品牌信任度的认知和评价，其实质来源于产品信誉。品牌信誉的建立需要企业各方面的共同努力，贯穿于整个品牌经营活动之中，它包含了丰富的内容：质量信誉、服务信誉、合同信誉、包装信誉、三包三保信誉、首选信誉等，这些一样也不能少。品牌信誉是维护顾客品牌忠诚度的前提，也是品牌维持其魅力的法宝。

首先，品牌信誉建立在优质的产品和服务的基础之上，是品牌理念长期贯彻的结果。品牌一旦在用户心目中树立了良好的信誉，不仅可以影响到现有用户的行为，而且会影响未来用户的行为。

其次，品牌信誉是品牌在与供应商、销售商、金融机构等打交道的过程中建立起来的，取决于品牌是否能够严格履行合同、取信于人。

最后，品牌信誉的建立还取决于品牌是否善于履行其社会责任及义务。信誉本身虽然是看不见、摸不着的，但是它却构成了品牌无形形象的主体。

品牌理念要靠品牌公司员工贯彻实施，员工素质的高低对于品牌理念的实施程度具有直接的影响。员工具有的文化素质、敬业精神、技术水准、价值观念以及品牌管理者的管理能力、战略眼光以及个人魅力等，虽然也是无形的，但直接影响着品牌的行为和表现，影响着社会公众对品牌的印象和评价。

3. 品牌认知和评价

20世纪80年代，阿克提出了“品牌价值”的概念，同时也推出了多个品牌建设的方法和理念。其中，在行业内被广泛认同的是品牌建设的四段里程，即品牌知名、品牌认知、品牌联想、品牌忠诚。

这个理论，为品牌建设提供了可复制的模式，即：一个成功的品牌，首先应该具备比较高的知名度；然后是受众对该品牌的内涵、个性等有较充分的了解，并且这种了解带来的情感共鸣是积极的、正面的；最后，受众在使用了产品、认可了产品价值后，还会再次购买，成为忠诚的消费者。

（1）品牌认知。它是品牌资产的重要组成部分，是衡量消费者对品牌内涵及价值认识程度和理解程度的标准。品牌认知是公司竞争力的一种体现，有时会成为一种核心竞争力，特别是在大众消费品市场，各个竞争对手提供的产品和服务的品质差别不大，这时消费者会倾向于根据对品牌的熟悉程度来决定购买行为。理解品牌认知需要注意以下几点。

1）品牌的差异性。它代表品牌的不同之处，这个指标的强弱直接关系到经营利润率。差异性越大，表明品牌在市场上同质化程度越低，品牌就越有议价能力。差异性不仅表现在产品特色上，也体现在品牌的形象方面。

2）品牌的相关性。它代表品牌对消费者的适合程度，关系到市场渗透率。品牌的相关性强，意味着目标人群接受品牌形象，对品牌做出的承诺在主观上愿意尝试，也意味着品牌在相应的渠道建设上有更大的便利。

3）品牌的尊重度。它代表消费者如何看待品牌，关系到对品牌的感受。当消费者接触品牌进行尝试性消费后，会印证他们的想象从而形成评价，并进一步影响到重复消费和口碑传播。

4）品牌的认知度。它代表消费者对品牌的了解程度，关系到消费者体验的深度，是消费者在长期接受品牌传播并使用该品牌的产品和服务后，逐渐形成的对品牌的认识。

（2）品牌评价。它也被称作“品牌实力评价”，指的是基于一定的评价体系，全面分析和描述品牌的发展特征，包括品牌战略的合理性、品牌与消费者的关系、品牌管理体系的效率、品牌营销的投入产出比等若干方面，并依据具体的评分标准对品牌的实力进行量化评分，使品牌评价的结果能够成为跨越多个经营周期考核品牌管理绩效、了解品牌发展趋势的参照系。

品牌案例4-1

耐克：Just Do It

耐克的品牌个性为“杰出的、运动的、自我表现的、创新的”。这一个性对耐克品牌视觉识别（企业 Logo、企业色彩、广告创意风格、广告语等）提出了要求。

企业 Logo：创意来源于希腊胜利女神的翅膀，说明企业追求“胜利的、杰出的”个性，图案本身给人一种运动和创新的感觉（这一感觉的产生和其广告效果密不可分）。

企业色彩：耐克选用红色作为标准色，突出其热情、运动的特性。

广告创意风格：相信每个人对耐克王者和自我表现的创意风格记忆犹新。

广告语：Just Do It.

以上的显性识别，通过耐克的广告、营销活动等使目标客户产生对耐克的品牌联想，最终达到打动客户的目的，实现品牌的价值。

资料来源：道客巴巴，http://www.doc88.com/p-991352630552.html。

品牌形象为品牌提供了方向、目标和存在的意义，它是品牌战略愿景的核心内容，也是品牌联想的驱动因素。而联想构成了品牌的灵魂，它表达了品牌所代表的东西，表达了组织成员对顾客的承诺；它通过形成包括功能、情感或自我表达利益的价值体现，帮助品牌和顾客建立起联系。

二、品牌内在形象

品牌外在形象带给人们直观的视觉体验，而品牌形象的构成离不开内在形象。内在形象包括产品形象、符号形象、个性形象和组织形象。

1. 产品形象

产品形象是指品牌形象中与产品的牢固联系。将品牌与某类产品联系起来并不是为了这个品牌被提起时让人们想起该类产品，而是让消费者看到这类产品时想起这个品牌。产品形象是品牌形象的重头戏，由它引发的联想直接与品牌选择决策和使用体验发生联系。

首先，购买或使用产品可以为消费者提供功能性利益，满足物质需要，产品相关属性还可以通过提供额外内容，如服务和特色来建立价值展示，有时还会带来情感利益。其次，产品质量是一个需要单独考虑的、重要的产品相关属性。质量在每个竞争领域都是准入证，提供最低限度的质量水平以求生存，而拥有最高质量的品牌才能获胜，因此许多品牌都将质量作为一种核心形象。再次，品牌形象通过塑造使用场合而拥有特定的用途，形成竞争优势。最后，将品牌与一个能够为品牌增加信誉的国家或地区联系起来，获得原产地效应，将是一个更具战略性的选择。

2. 符号形象

符号形象是指能够代表品牌所有事物而形成的统一、整体的标志。此处的“所有事物”不仅包括广告形象、产品代言人等具体形象，还包括其对外战略规划所体现的与消费者直接有关的那部分形象，如苹果公司被咬掉一口的苹果、锤子科技公司清楚可见的锤子等，都已经在消费者心中产生独特的、特定的联想。

符号形象可以归纳为三种类型：视觉形象、比喻内涵和品牌传统。最直接的称号形象在视觉上有强大的吸引力，如麦当劳的金色拱门，人们只需一瞥标志就能想起该品牌。一般来说，知名品牌的标志符号都具有强大的视觉冲击力，能较好地体现其品牌形象，其标志和识别元素之间长久保持着紧密的关联性。如果在形象设计中能运用富有内涵的比喻和良好的品牌传统要素，比如拥有代表某种功能、情感或自我表达的符号或色彩等，则品牌形象会更具深刻意义。独具匠心的符号形象有利于提高品牌的识别度和吸引力。相反，如果品牌缺少象征性的符号，则容易淹没在品牌林立的商海中，成为品牌发展的制约因素。

品牌案例4-2

月色下的黄房子：如家酒店的HOME文化

如家酒店的标志由图形和文字共同组成，以企业名字和经营内容为题材，其轮廓为五边形，呈现房子的形状。酒店是以房屋为物质基础的经营场所，而“如家”二字嵌在房子中央，宛如房门，右上方HOME INN中的英文字母“I”被做成一轮金黄弯月，该设计巧妙地将如家酒店的性质和家的温馨感融入其中。该标志用了三原色，即红、黄、蓝，颜色鲜艳、显眼，对比强烈，可识别性高，具备了原创性、识别性、造型性等特点（见图4-2）。

图　4-2

Logo的组成颜色也成了如家酒店的标准色，其中以黄色为主，蓝色为辅，黄色给人以快乐、成熟、朝气和希望之感，蓝色易使人联想到天空、海洋等，传达一种理智、宽阔和平静的心情。如家很多连锁酒店都把外墙刷成黄色，蓝色玻璃为窗，建筑的颜色鲜艳，酒店识别性高，引人注目，“黄房子”也理所当然地成了如家酒店的代名词。酒店内部的设施也高度标准化，棕黄色的地板、粉红色的床单、白色的窗纱、蓝色的窗帘，给人一种温馨和谐之感。

资料来源：作者根据相关资料整理。

3. 个性形象

个性形象是指从作为个人的品牌角度产生的品牌形象。品牌个性可以解释一个特定品牌拥有的一系列人性特色，包括性别、年龄和社会阶层等，以及诸如热情、关心他人或多愁善感等个人特征。

品牌个性与人类个性相同，都是独特且具延续性的。通常情况下，如果品牌使用者认为某品牌拥有强大的个性，他们会将品牌看作人，使用该品牌产品是为了体现其自我表达。对消费者来说，与一个拥有强大个性的组织和产品保持联系，会感到满意和值得；与一个拥有共同价值观和生活方式的集体保持联系，会产生强烈的归属感。

个性形象比建立在产品属性上的品牌形象更丰富、更有趣，它可以通过多种途径加强品牌实力。个性形象可以帮助消费者表达自我个性，使他们获得自我表达利益。此外，正如人类自身个性会影响与他人的关系一样，品牌的个性形象也会在消费者和品牌之间产生影响，建立消费者与品牌的情感联系。

4. 组织形象

组织形象是指品牌形象中所体现的企业形象和组织属性，如公司员工和企业活动所折射出的企业文化，包括价值观、创新、质量驱动力，人文关怀和对自然环境的关注等。

在某些情况下，品牌的形象可以被认为是产品形象，而在另一些情况下，则被认为是组织形象。例如，质量和创新如果建立在特定产品的设计上，可以视为产品的相关属性，但如果建立在组织文化和企业活动中，即超越某个特定产品模型，则视为组织的相关属性，以品牌的组织形象展现。

组织形象比产品形象更持久、更具竞争力。复制一个拥有特别的员工构成、企业活动和企业文化的组织，要比仿制一种产品困难得多。组织形象有助于价值的体现，如技术投入、本地化导向、关心消费者利益、关注环境等组织属性，都有助于实现建立在崇拜、尊敬或喜爱之上的情感表达和自我表达。此外，组织形象还可以增加子品牌产品的可信度，这对品牌延伸具有重大意义。全球有不少公司（尤其是日本公司）的品牌战略视角都是把组织形象放在首位，将公司名称用于多种产品上，并使公司品牌成为终极系列品牌。此举最大的好处在于品牌形象会在形成组织联想时产生巨大的规模经济效应。因此，拥有较强组织形象的企业往往具有较强的竞争力。

第三节　品牌形象的塑造

随着时代的发展，企业的营销手段逐渐成熟，营销重点也不断转移。品牌形象悄然成为营销阵营的焦点，塑造品牌形象的魅力有增无减，其作用也日渐突出。品牌形象是一个综合性概念，深受感知主体的主观感受、感知方式和感知背景等因素的影响。虽然不同的消费者对品牌形象的认知和评价有所不同，但企业总是希望能在各类消费者心中树立一个清晰明了、积极健康的品牌形象。

一、品牌形象塑造的原则

1. 科学性原则

品牌形象需要运用科学的方法和严格的程序，在了解企业、产品或服务和消费者需求等要素的基础上来塑造。

2. 民族性原则

从品牌诞生之初到品牌国际化的今天，品牌的民族文化特质仍是品牌的成功之源。品牌在空间上的国际化，并不意味着品牌自身文化的丧失，品牌的文化内涵从来都是民族性的，而不是国际化的。一个成功的、历史悠久的国际品牌，总是体现着这个国家或民族最根本的文化内涵。例如，香奈儿被认为是永恒的法国品牌，斯沃琪是瑞士的经典品牌，贝克和梅赛德斯－奔驰是德国的不朽品牌等。

3. 求异原则

如果品牌形象与其他已有的品牌过于相似，就难以在消费者心中留下深刻的印象，甚至陷入被认为是恶意模仿的尴尬境地。例如，宝洁公司的洗发水品牌“飘柔”，在品牌塑造时一直突出飘逸和柔顺的效果，如果某新推出的洗发水品牌在广告宣传中也强调飘逸和柔顺的功能，吸引力就难以胜过“飘柔”。由此可见，个性化是品牌形象塑造中非常重要的原则。

4. 长期性和兼容性原则

品牌形象是企业形象的重要组成部分，塑造品牌形象时应该与企业形象保持一致，相互增益，促进企业的长远发展。例如，日本公司非常关注自身形象，常常将公司名称用在许多产品上，使其公司品牌成为终极系列的品牌，保证子品牌与公司品牌形象的一致性，从而延长品牌的寿命，增强品牌的组织形象，使消费者更加信服。

5. 支持品牌战略原则

树立良好的品牌形象就是为了增强品牌实力，塑造品牌优势，最终打造出强势品牌，实现品牌的战略目标。因此，品牌形象必须支持品牌战略，并与其保持一致。

二、品牌形象塑造的过程

品牌形象塑造的过程可依次分为市场调研与分析、策略选择和制定、品牌形象设计、品牌形象传播、品牌形象维护和品牌偏好指数分析。确定品牌形象塑造的过程，并使工作按规则展开，有利于品牌形象的树立。

（一）市场调研与分析

调研是一切营销活动的前提，也是树立品牌形象的前奏。品牌形象塑造工作展开之前，应先做好市场调研和分析工作。市场调研主要是搜集行业内，尤其是竞争者的品牌形象信息，并分析行业特征，特别是竞争品牌形象的优劣，为制定品牌形象塑造的策略做好准备工作。

1. 品牌市场形象调研的原则

品牌市场形象调研是企业了解自己、寻求新发展的有力手段。对品牌市场形象进行调查与分析，是品牌形象战略的一项前提工作。企业长期目标的确定是建立在对品牌全面的、客观的认识基础上的。为保证调查全面有效，必须遵循以下原则。

（1）系统性。品牌市场形象调研不仅应该了解外部市场情况，也应该反映企业内部条件、现状和远景规划，如企业规模、产品状况、人员素质、财务状况和企业中长期目标等。

（2）纵向调研与横向调研相结合。纵向调研是指对品牌所在行业及其在不同历史时期的不同表现所进行的调研；横向调研则是对当前行业内同业竞争者品牌形象的调查研究。二者结合能为品牌找到准确的形象坐标，并使品牌实现准确的形象定位。

（3）客观性。调研方式、调研范围和对象的选择、问卷的设计、调研过程的控制、结果的汇集和整理等，每一个环节的工作都会直接影响调研结果的真实性和可靠性。企业在开展具体的调研工作之前，应认真分析每一环节可能出现的问题，将误差控制在最小范围。

（4）时效性。塑造品牌形象要了解的不是过去，而是现在和未来可能出现的问题，所以，无论是针对竞争者还是针对品牌的实态调研，一定要注意信息资料的时效性，并进行必要的筛选和取舍，以确保其使用价值。

2. 品牌市场形象调研的程序

（1）设计调研方案。确定调研的目的、宗旨，分析有关的基础资料，编制调研方案，确定资料的搜集方式。

（2）拟定问题。品牌形象调研不能就形象论形象，必须对竞争者形象背后的理念、定位、特征和心理暗示等进行全面调研，搜集信息资料并加以系统性分析，以帮助决策者做出准确的判断和选择。在进行品牌市场形象调研之前，要了解企业的现实问题和潜在问题，在分析相关资料之后，拟定企业的问题及其原因，以便确定调研范围。

（3）确定调研内容。要搜集的资料包括竞争者的理念系统、定位系统、视觉形象系统、产品质量特征、营销方法和消费者评价等，其中消费者评价既包括消费者对产品和企业的评价，也包括相关的市场调研，如品牌在市场上的知名度、信誉度、知晓度、市场占有率等。资料的性质不同，搜集的方式也会有很大差别。针对竞争者的市场评价通常采用观察法或询问法获取。

（4）监控调研。监控调研包括开始各项调研前的准备工作，选择调研人员，进行实地调查和监控，并撰写调研报告。

（5）资料整理。搜集并核对调研的数据资料，对资料进行登记和编号，用计算机处理信息并将结果按电子版、文字版和网络版存档。

（6）分析资料。综合资料结果，在完成对行业市场、竞争者及品牌状况的评价之后，撰写调研报告，并向品牌管理部门提交提案。具体步骤为品牌形象调研小组把处理好的行业分析编排好，把竞争者的公司简介和产品形象系统按内容编号，确定提案时间，做好调研报告的提案准备工作。

（二）策略选择和制定

品牌形象是一种感觉、气氛、精神和风格。但它不是华而不实的，而是通过产品或服务的商标、包装等视觉系统呈现，无处不在的，需要战略制定者加以充分挖掘。在竞争激烈的行业，产品功能的差别越来越小，单纯依靠宣传其功能已经难以独树一帜，此时企业应当从更广泛的意义上去挖掘并赋予品牌鲜明的风格。通常有以下几种策略可供选择。

1. 情感导入策略

品牌不是冷冰冰的牌子，它特有的思想、个性和表现力，是联通企业与消费者的桥梁。情感是人们心中最柔软的部分，动之以情是品牌经营的法宝之一。如果品牌能在消费者心中而不是大脑里占据一席之地，那么这个品牌形象的塑造就是成功的。

2. 专业权威形象策略

专业权威形象策略是一种极具扩张性、竞争性和飞跃性的形象策略，一般为处于行业领先地位的企业所青睐，用以突出该品牌的权威性，提高消费者的信任度。例如，宝洁公司惯用此举进行品牌形象塑造。在牙膏产品“佳洁士”系列的广告中，一位中年牙科教授的形象多次出现，她通过向小朋友讲解护齿知识，来肯定“佳洁士”牙膏不磨损牙齿并能有效防止蛀牙的效果；洗发水品牌“海飞丝”也多次借专业美发师之口强调产品出色的去屑功能。

3. 心理定位策略

美国市场营销专家科特勒认为，人们的消费行为分为三阶段：第一阶段是量的消费；第二阶段是质的消费；第三阶段是感性消费。随着现代社会商品的极大丰富，消费者更加注重商品的定位和品位，日益看重商品之于自我的情感因素，更加需要心理满足，而不仅是量和质的满足。企业应该顺应这种变化，巧妙运用心理定位策略，塑造良好的品牌形象。

4. 文化导入策略

品牌文化是企业及其产品的品牌形象综合体，是在历史传统基础上形成的。品牌文化是企业文化的核心。品牌文化可以提升品牌形象，为品牌带来高附加值。

品牌形象所具有的感性色彩决定了文化是品牌构成的重要因素。品牌本身就是一种文化，凝聚着深厚的文化积累。在品牌中导入文化因素，可以使品牌形象更加丰满、更有品位、更具特色。

5. 质量管理策略

影响品牌形象的因素很多，包括产品品质、功能、价格、安全性和创造性等。其中，最基本的还是产品的质量。柯达公司、海尔公司等知名企业成功的关键在于消费者对其品牌质量的充分信任。

6. 形象代言人策略

此处的形象代言人是指为实现企业或组织的盈利性目标而进行信息传播的特定人员。例如，宝洁公司众多品牌的广告都以明星作为代言人，这在消费者心中留下了深刻印象。适当地运用形象代言人策略，能够扩大品牌知名度和认知度，拉近产品与消费者的距离。消费者对代言人的喜爱可能会促成购买行为的发生，建立起品牌美誉度和忠诚度。

（三）品牌形象设计

品牌形象设计是进行品牌营销、推广和广告等经营活动中最关键的因素。任何一类企业活动，其最终目的都是经营品牌，而品牌形象的市场认知度、知名度是品牌达成此目标的重中之重。另外，品牌形象设计要注意品牌的最初印象设计、应用（广告、推广等）必须是统一的形象，否则无法取得良好效果。一旦不完善的品牌形象在消费市场中被定格，消费者固有的态度是很难改变的。

品牌形象设计主要包括品牌基础设计、名称设计、标志设计、吉祥物设计、专用字体设计、品牌专用色彩设计等内容。品牌形象设计是一个系统工程，需要专业人士进行操作。企业可以选择企业内部设计人员实施或者委托专业的 CI 公司或者两者协作完成。

（四）品牌形象传播

品牌形象是消费者对品牌的认知和评价。因此，只有通过销售或宣传活动将品牌形象传达给消费者才有意义。企业可以通过电视、报纸、杂志等大众媒介和微博企业号、微信公众号等社交媒介，有意识地向公众介绍品牌形象。同时，企业要做好公关工作，推动品牌良好形象的线下传播。品牌形象的塑造是一个循序渐进的过程，需要企业在实践中不断修改、完善和提升。

品牌案例4-3

一夜红遍朋友圈，圣罗兰形象是誉是毁

2016 年 10 月中旬，圣罗兰（YSL）圣诞限量款口红“星辰”一夜之间红遍朋友圈。一系列与圣罗兰星辰口红相关的微信文章、图片、段子以刷屏态势持续霸占各大社交媒体。网友纷纷表示：中了口红的子弹。

一系列刷屏在代购中也引发了不小的轰动。营销号的推荐、代购的断货宣言和跟风的消费者三者之间相互联系，密不可分地展现出一派欣欣向荣之景。百度指数和腾讯浏览指数两大平台的统计数据显示：2016 年 10 月 17 日 ~ 10 月 24 日，YSL 的浏览指数大幅上涨，在 10 月 18 日当天达到峰值。圣罗兰星辰系列过去两个月不温不火，突然间自带话题红遍微博、微信朋友圈甚至 QQ 空间，难免有品牌营销操纵的重大嫌疑。

讽刺的是，社交媒体被圣罗兰星辰口红刷屏的同时，也被圣罗兰星辰口红假货的朋友圈截图刷了屏。仿佛有人预料到圣罗兰星辰口红即将大火一把，假货制造者的造假时机简直选择得不能再恰当了。这种类型的营销在让炒高价格的代购赚得盆满钵满的同时，也让假货商有机可乘。营销的套路走歪了，还被假货商坑了一把。在圣诞限量款口红的推广过程中，圣罗兰品牌形象的遭遇也算是够悲惨的。

资料来源：界面新闻，http://www.jiemian.com/article/915473.html。

（五）品牌形象维护

企业进行品牌名称设计、品牌标志设计等一系列品牌形象的塑造，是为了使自身品牌与竞争对手的品牌形成差异化优势，并据此获得超值利益，促进品牌和企业的不断发展。但是，如果企业的优势被竞争对手干扰或窃取，企业则得不到理想的回报，也会令消费者失望，最终被市场抛弃。因此，品牌经营者常常需要通过法律、策划等手段维护品牌形象，保护品牌市场地位，并不断探索多元的品牌形象维护方式。

（六）品牌偏好指数分析

品牌形象塑造的成功与否，不是由企业来判定的，而是由消费者的偏好决定的。消费者品牌偏好指数是一项衡量品牌形象塑造效果的重要指标，利用该指标进行分析的方法叫作品牌偏好指数分析法，该方法具有较强的可操作性和有效性，越来越多地被企业界和理论界所采用。

1. 品牌偏好指数分析法的含义

品牌偏好指数分析法，是指通过调查分析消费者群体对某一品牌的喜好强度（即品牌偏好指数），结合该品牌的市场认知度、市场定位和市场占有率等因素，获得品牌管理的改进策略和措施。

2. 品牌偏好指数计算公式

品牌偏好指数计算公式为

$$\text{品牌偏好指数} = \text{品牌偏好度} / \text{品牌认知度}$$

在该公式中，品牌偏好度是指在某一市场中的消费者对某种品牌的喜爱程度，以实际被调查的消费者总数中喜爱这一品牌的消费者所占比例来表示。

品牌认知度是指同一市场中消费者对该产品的知晓度，以实际被调查者总数中知道该品牌的消费者所占比例来表示。

品牌偏好指数如果以 1 为满分的话，其所反映的情况如下。

（1）品牌偏好指数在 0.6 ~ 1.0，表示该品牌产品较受消费者的欢迎，企业品牌处于良好状态；反之，企业品牌宣传力度不够，需要通过增加广告宣传力度和公共关系策划力度，提升品牌认知度，从而实现销售业绩的提升。

（2）品牌偏好指数在 0.2 ~ 0.5，表示该品牌产品受消费者欢迎程度一般。具体可分为以下两种情况讨论：一种是在品牌认知度高的情况下，分析较低的品牌偏好指数是否与公司目标市场定位有关，如果是，则表明企业品牌处于良好状态，否则公司就需要考虑改进产品品质、包装、款式和服务，以提升产品偏好度，从而达到改善企业销售业绩的目的；另一种是在品牌认知度不高的情况下，需要考虑改进品牌偏好度的措施，不可贸然采用提升品牌认知度的策略，以免造成资源浪费。

（3）品牌偏好指数小于 0.2，表示该品牌不受消费者欢迎。一般来说，企业应该淘汰该产品。

3. 品牌偏好指数的分析过程

（1）选取一定数量的消费者作为样本，对他们进行某一产品的品牌偏好度和品牌认知度调查。

（2）对调查数据进行处理，分别计算品牌偏好度和品牌认知度。

（3）计算品牌偏好指数。

（4）根据品牌偏好指数的大小，结合品牌认知度，制定相应的品牌管理措施。

4. 品牌偏好指数的作用

（1）准确衡量目标市场定位。在一定程度上，品牌偏好指数的高低可以用来判断细分市场是否恰当。除此之外，可以再引入目标市场系数这一指标来判断企业目标市场定位是否准确；引入定位指数判断企业目标市场定位情况。

$$目标市场系数 = 目标市场消费者人数 / 整个市场消费者人数$$

$$定位指数 = 品牌偏好度 / 目标市场系数$$

定位指数的大小反映了企业目标市场定位的准确程度。定位指数小于 0.5，表示企业目标市场定位错误或不准确，存在定位模糊和定位过宽的可能性较大，需要进一步明确定位或对市场重新进行细分；定位指数在 0.5 ～ 1.0，表示企业对目标市场的判断和定位是比较准确的；定位系数大于 1，表示企业可能存在定位偏窄或市场细分标准选择不当的问题，需要重新审视原有定位。

（2）评价市场的占有率。品牌偏好指数反映了某个消费者对某种品牌产品的喜爱程度。市场占有率反映了消费者实际购买该品牌的情况，市场占有率越高，表明实际购买该品牌的消费者越多。用品牌偏好指数和市场占有率两个指标构造二维矩阵，可以比较科学地分析市场，具体情形如下。

情形一：高品牌偏好指数，高市场占有率组合。这种组合表明企业品牌管理和市场营销处于良好状态，消费者所喜爱的品牌和实际购买的品牌是一致的。

情形二：高品牌偏好指数，低市场占有率组合。这种组合表明企业品牌管理良好，消费者对品牌较为认同，但市场营销环节存在较多问题。例如，产品定位偏高，消费者想买但买不起；产品销售渠道不畅或渠道选择错误，消费者想买却找不到地方买；产品供货不及时，市场经常缺货等。

情形三：低品牌偏好指数，高市场占有率组合。这种组合表明企业品牌管理存在问题，主要是售后服务环节比较弱，如服务态度差、服务不及时、没有妥善处理消费者投诉等。从市场环境来看，对企业比较有利，因为同类产品较少或独家经营，或缺乏强劲的竞争对手。在这种情况下，如果有强劲对手介入，极有可能引起该品牌市场占有率的大幅下降。

情形四：低品牌偏好指数，低市场占有率组合。这种组合表明品牌偏好指数低是造成市场占有率低的主要原因。企业想要改变现状的话，要么淘汰该产品，要么重新研究消费者需求，重新进行产品设计和定位，改善产品品质，提高服务质量，以提高品牌偏好指数，推动市场占有率的提高。

由此可见，运用品牌偏好指数，结合该品牌的市场认知度、市场定位和市场占有率情况，比较容易找出该品牌在市场营销中存在的主要问题，有助于管理者制定相应的对策，以提高市场营销和品牌管理的效果。

本章小结

品牌形象是消费者对于某品牌印象和联想的总和，源于消费者对在品牌传播过程中所接收到的所有相关信息的个人选择和加工。品牌形象的概念经历了一个漫长的发展历程，且仍处于不断完善的过程中。

品牌形象的特征主要包括多维组合性、复杂多样性、相对稳定性、可塑性和情景性五个方面。品牌形象由外在形象和内在形象两个方面构成。品牌外在形象主要是指品牌标志系统，品牌内在形象包括产品形象、符号形象、个性形象和组织形象。

品牌形象的塑造需要遵循一系列的原则，包括科学性原则、民族性原则、求异原则、长期性和兼容性原则以及支持品牌战略原则。品牌形象的塑造需要经历一个严谨的过程，该过程可依次分为市场调研与分析、策略选择和制定、品牌形象设计、品牌形象传播、品牌形象维护和品牌偏好指数分析。确定严格的程序并照章办事，有利于品牌形象的有效塑造。

总而言之，品牌形象塑造是一项系统性工程。品牌与消费者接触的方方面面，都可视作品牌形象形成的来源。因此，品牌形象的塑造不仅要从全局上把握，还要从品牌的细节着手，精致地塑造并长久地维护品牌形象。

复习思考题

1. 品牌形象的定义和特征是什么？
2. 品牌形象和企业形象有什么异同？
3. 品牌内在形象由哪几部分构成？
4. 品牌形象的塑造要遵循哪些原则？
5. 试结合案例，分析说明企业如何塑造一个成功的品牌形象。

课后案例

卡萨帝：品牌要素设计的典范

打造了7年之久的海尔高端品牌卡萨帝在“2015年战略及新品全球发布会”上宣布将实现百亿元销售目标。卡萨帝通过渐进模式打造独立专属组织团队，覆盖企划、研发、设计、制造、营销、服务等全流程所有环节，通过全流程每个环节的对内、对外零距离交互，为高端用户提供个性化的产品，目前已进入全球千万高端家庭。

品牌命名：塑造品牌生活艺术的灵魂

卡萨帝（Casarte）名字的灵感源于意大利语，“La casa”意为“家”，“arte”意为“艺术”，两者合二为一就是“Casarte”，意为“家的艺术”。家，是卡萨帝亘古不变的核心，艺术作为一种传承，是卡萨帝的传统。

卡萨帝是源自意式优雅的国际高端艺术家电和嵌入一体化厨电品牌，是海尔集团旗下的高端品牌。它有着优雅的艺术化外观、精益求精的工艺和钻石级品质，创新人性科技，并致力于一体化智慧艺术家居体验，引领家的艺术。

品牌标志：用距离和色彩增加触觉感和视觉感

卡萨帝的品牌标志如同其品牌名称一样，简约、纯净、不花哨。它的品牌标志由英文名Casarte和汉字卡萨帝组成，每个字符间都留有一定的间距且较为突出，因此如果远观，消费者会感觉这些字符是站立在平面上的，很具独立感。这种对于间距的处理增加了该标志的触觉感——消费者会情不自禁地用手指去触摸每个字符，感受指尖的温度，并聆听品牌的声音。与此同时，卡萨帝的品牌标志对颜色进行了精妙使用：英文字母和汉字颜色均为亮度相同的灰色，而整个品牌标志的底色为黑色。这样的背景令字符更耀眼，同时字符也令背景更加沉静和安详，这样的灰黑搭配，和谐融洽，凸显了视觉感。

品牌口号：道出品牌名和标志的心声

秉持“创艺家电，格调生活”的品牌理念，卡萨帝在“汲取精致生活的灵感，缔造永恒的艺术品质”的核心品牌设计语言下，每一件产品都诠释着家电生活艺术化的趋势，致力于为都市精英人群打造优雅精致的格调生活。

“创艺”是对品牌名中“arte”的含义再现；“格调”是对标志中的色彩的演绎：低调不张扬、有品位；“生活”二字表明卡萨帝品牌的目标是引领消费者选择一种卡萨帝式的生活方式：从容地追求生活中的至真、至善、至美。

资料来源：卡萨帝官网，http://www.casarte.com。

案例讨论

1. 卡萨帝品牌除了故事性外，还具备哪些特点？
2. 卡萨帝没有品牌形象代言人，你认为海尔兄弟适合做卡萨帝的形象代言人吗？请说明理由。
3. 卡萨帝的品牌口号是“创艺家电，格调生活”，据此你认为卡萨帝适合向哪些品牌延伸、不适合向哪些品牌延伸？请你为卡萨帝出谋划策。

第五章
CHAPTER 5

品牌设计

§ 本章提要

- 品牌设计的内涵
- 品牌名称分类及其设计原则
- 品牌标志物分类及作用
- 如何设计品牌标志物
- 品牌理念设计的原则

§ 本章案例

- 宝马全新品牌形象 VI 设计升级
- 好记星：心有大未来
- 亚马逊：由从 A 指向 Z 的箭头绘成的微笑形图案
- 海底捞全新 Logo
- 时尚品牌传播瞄准 LGBT 群体
- 小米 MI：品牌设计的大学问
- 香奈儿：永远不灭的活火山

§ 预习案例

宝马全新品牌形象 VI 设计升级

2020 年 3 月 3 日，在德国宝马的官网上，宝马公司首次展示了 2020 年宝马全新品牌形象 VI ㊀设计（见图 5-1），同时也发布了一辆极具未来科技感的概念车——BMW i4。

从 1916 年以来，宝马车标在外形上基本没有太大变化。包含此次变更在内，宝马车标共进行了 6 次版本更迭。从 1954 年开始，“BMW”三个字母才从

㊀ VI 即 Visual Identity，译为视觉识别系统。

衬线字体过渡到无衬线字体；直到1997年，宝马车标中才首次加入了高光和立体效果（见图5-2）。

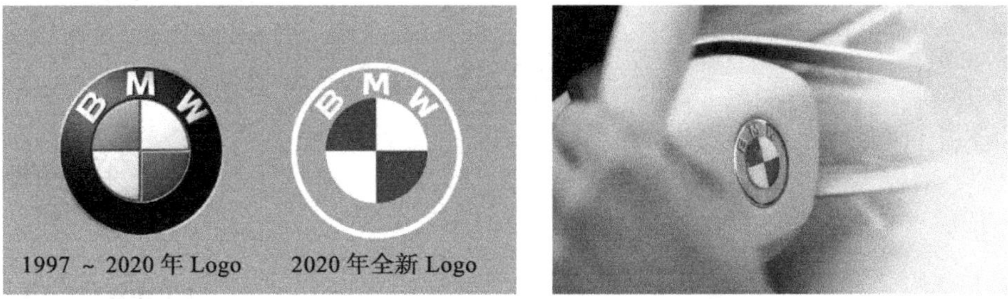

图 5-1

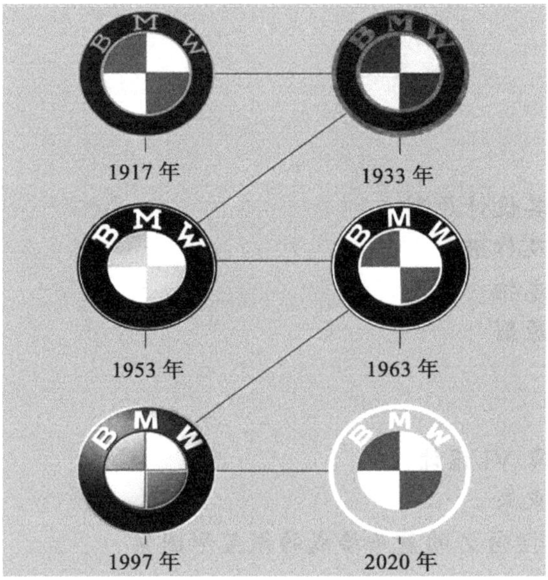

图 5-2

2017年，宝马首次采用经过扁平化处理的单色Logo，当时的版本严格来讲不能算全新设计，只是将彩色版改成黑白单色后将其应用于线上的一些媒体宣传材料中。

现今宝马全新的车标终于甩掉了“质感”，以更加轻盈、现代的风格继续前行。宝马客户品牌高级副总裁延斯·蒂默（Jens Thiemer）表示：“去掉黑环意味着宝马对年轻的购车者更加开放和透明。”蒂默认为，新的标志和品牌设计象征着宝马对于未来出行和驾驶乐趣的重要关注。这一转变标志着宝马正在向“关系品牌”转型。

资料来源：爱卡汽车，http://info.xcar.com.cn/202003/news_2046581_1.html。

宝马首款纯电动四门轿跑车BMW i4，在位于慕尼黑的宝马集团总部进行了全球首发。据悉，采用宝马全新品牌标志的BMW i4概念车，将于2021年推出量产版车型。在品牌名称或标志变化的背后，品牌理念也发生了微妙的变化。宝马公司的发展，不仅依靠最前沿的品牌科技，还得益于其适应时代的品牌设计。品牌设计是文字、标志、符号、图案和颜色等要素的组合，用于提升品牌的可识别度。在今天这个读图时代，吸引眼球的品牌设计在品牌营销中发挥着越来越重要的作用。本章将围绕有形的品牌名称和品牌标志设计，以及无形的品牌理念设计展开详细论述。

第一节　品牌名称设计

品牌名称是指品牌中能够读出声音的部分。它可能是企业名称，也可能是商标名称。品牌名称是品牌的核心要素，是形成品牌概念的基础。纵观全球的著名企业，它们的名称既遵循某些共同规律，又匠心独运，包含着许多精彩的偶然创意。

一、品牌名称分类

品牌名称多种多样。例如，麦当劳是人物式品牌名称；IBM 是缩写式品牌名称；999 是数字式品牌名称等。总体来说，品牌名称可以分为内涵型和内容型两大类。

1. 内涵型

内涵型品牌名称包括明喻式品牌名称、隐喻式品牌名称和空瓶式品牌名称三种形式。

（1）明喻式品牌名称是直接使用产品的属性或功能作为名称，一般应用在药品行业。例如，风湿骨痛膏、维 A 酸乳膏等。这种命名方式除制药行业外，其他行业很少使用，因此应用范围较小。

（2）隐喻式品牌名称是通过含蓄和暗示的手法，将产品的功能或特征表达出来的名称。对企业经营者来说，隐喻是一种非常简洁地表达经营理念的方法。

（3）空瓶式品牌名称。这种品牌名称本身没有任何意义，不会让消费者产生任何联想。

2. 内容型

内容型即根据名称的内容不同，将品牌名称分为商标式品牌名称、数字式品牌名称、人物式品牌名称、动物式品牌名称、植物式品牌名称、时间式品牌名称和地名式品牌名称。

（1）商标式品牌名称是借用产品商标的名称作为品牌名称。商标式品牌名称又可分为全称式品牌名称和缩写式品牌名称两类。全称式品牌名称，如飞利浦电器公司的飞利浦电器；缩写式品牌名称即用商标名称的缩写来为品牌命名，基本做法是将品牌名称每个单词的首字母组合起来，如 IBM（全称为 International Business Machine）。缩写式品牌名称的特点是简单明了，但不容易记忆，因为缩写字母既未能说明企业特质，也难以使人联想到该企业的产品。

（2）数字式品牌名称是指品牌名称由数字或数字与文字组合而成。它的突出优点是便于企业进行国际营销推广，因为阿拉伯数字是世界通用的。著名的数字式品牌名称，如999感冒灵、香奈儿5号香水、7-11便利店等。

（3）人物式品牌名称是直接以人物的名字作为品牌名称。该人物有可能是品牌创始人或设计者，如戴尔电脑、福特汽车和麦当劳食品等。中国的“李宁”牌体育用品，就是“体操王子”李宁利用自己的体育明星效应创立的体育用品品牌。人物式品牌名称可以充分利用名人效应，吸引消费者的关注和认同，容易给消费者留下深刻印象。

（4）动物式品牌名称是以动物名称作为品牌名称。这种方式时常能给消费者留下深刻印象，著名的有熊猫香烟、大白兔奶糖等。需要注意的是，不同民族的风俗习惯有所不同，同一动物在不同民族文化里的象征意义也可能不同。

（5）植物式品牌名称是以植物名字作为品牌名称，如两面针牙膏、苹果电脑等。植物生长深受自然环境限制，不同地区的人们对植物的熟悉程度有差异、对植物的偏好也不同，因此，植物不宜作为全球性品牌的名称。事实上，以植物命名的全球品牌并不多见。

（6）时间式品牌名称是以时间概念作为品牌名称。这种品牌名称的特色不够鲜明，只能用于地区性或地方性品牌，不宜用于世界性品牌。

（7）地名式品牌名称是以产品出产地或所在地的山川湖泊作为品牌名称。例如，青岛啤酒、万宝路香烟等，都是地名或地名的演变。以地名为品牌命名时要注意，地名要有特色、有知名度，还应有利于品牌的推广。品牌设计者根据产品出产地的不同，还可以将地名式品牌名称进一步细分为国产式品牌名称和外来语式品牌名称。

国产式品牌名称，即国内产品的中文名称。这是一种最常见的品牌命名方式，如新飞电器。外来语式品牌名称，即出口产品在进口国的名称，可分为音译和意译两种。音译品牌名称指根据国外品牌名称的发音翻译而得的名称，如香奈儿（CHANEL）、耐克（Nike）等；意译品牌名称指外文品牌原意的中文译名，如花花公子（Playboy）等。除音译品牌名称和意译品牌名称外，还有一种音译和意译相结合的名称，如可口可乐（Coca-Cola）、美宝莲（Maybelline）等。

品牌案例5-1

好记星：心有大未来

2020年8月28～30日，“专注教育、只为加盟”的“EFE2020国际教育连锁加盟展览会”在广州如期举行，展会致力于为教育培训品牌提供最佳亮相场合及面对面的洽谈机会。作为教育行业的知名品牌，好记星在为期仅3天的展会现场受到上百位加盟商的关注与青睐。连续三天高温，馆外热浪袭人，馆内同样是如火如荼的咨询场面。

上海好记星数码科技有限公司，秉承“专注、诚信、创新、共赢”的品牌理念，凭借十多年的教育产品研发经验和庞大的全国顶尖名校师资运营力量，成为移动互联时代教育服务的先行者和领跑者。2014年6月，韩国明星李敏镐签约好记星，成为好记星的助学大使以及形象代言人，李敏镐的明星效应和“敏”而“镐”学的广告宣传，为好记星聚拢了超高人气。好记星最早叫“电子词典”，后来改叫“学习机”，可谓真正意义上的“新品类开创者”。值得注意的是，“学习机”这个名称的创造者不是企业，更不是什么策划公司，而是由消费者叫出来的，后经媒体正式表述，最终被企业确认且强化传播。

OZing是好记星的新英文标志，可以解释为O——OK（优秀）、Z——Zeal（热情）、I——Idea（理念）、N——Novelty（创意）、G——Grope（探索）。好记星品牌名称具有三大优势：一是“好记星”与“好记性”谐音，将电子词典的价值用简朴而最具传播力的语言叫出来，可谓经典；二是好记星朗朗上口，说起来特别顺；三是将品牌名称落在实体——“星”即“明星”上，与孩子需求和父母期望很接近。当父母和孩子面临记单词的共同难题时，解决了现实难题的“好记星”横空出世，无疑会大受欢迎。好记星的第一层，利用品牌名称“好记星”以最短的关联路径满足了父母和孩子“记忆单词”这个迫切且现实的需求；好记星的第二层，将好记星归类为“学习机”，同时以“一台好记星，天下父母情”的经典广告语，将好记星又归类为亲子关系的象征。最终使拥有“英语必备”和“父母必买”双重属性的好记星，完全变成承载英语学习和父母期望的必需品。

早在2012年，好记星便提前布局互联网教育，推出了全球唯一一款可以在线“呼叫老师”，进行一对一语音辅导的产品。好记星用了7年时间，投入了2亿元资金用于技术升级和人才储备。有了“呼叫老师”，即便身处经济欠发达的省市或区域，学生依然可通过移动端随时随地和国内，甚至国际名师在线交流，从而实现优质学习资源的共享，有效缩小了区域、城乡、校际的教育差距。截至2019年，好记星用户总数厚积薄发，突破了9 000万人！令人惊喜的是，“呼叫老师”功能也广受用户好评——累计服务近百万中小学生，日均在线问答13 000多次，日均问答时间近1 100小时！

2019年，好记星不管是传统的硬件销售数量，还是在线教育软件，或是“呼叫老师”的答疑人数和时间，都达到了历史最高峰。2020年，好记星还将重点探索“OMO”教育模式，所谓OMO模式，就是英文全称为Online Merge Offline的全场景教育模式。

资料来源：好记星官网，http://www.hjx.com。

二、品牌名称设计的原则

品牌名称设计的原则，即企业经营者在为品牌命名时应遵循的原则。易读、易记是品牌名称设计中最根本的原则。品牌名称只有易读、易记，才能高效地发挥它的可识别性和传播功能。如何使品牌名称易读、易记呢？这就要求品牌名称的设计遵循以下九项原则。

（1）简洁明快。名字单纯、简洁明快，易于与消费者进行信息交流。名字越短就越有可能引起消费者的遐想，含义也越丰富。多数高知名度的品牌名称都是非常简洁的，这些名称多为两三个音节，如吉普（JEEP）、索尼（SONY）和小米等。

（2）个性独特。品牌名称应具备独特的个性，避免与其他品牌名称混淆。例如，日本索尼公司的原名为“东京通信工业公司”。公司产品准备进入美国市场时发现，美国市场上诸如此类的名称多如牛毛。最后，索尼公司将“SONNY”的一个字母去掉，变为“SONY”。这一名称不仅使SONY公司财运亨通，还成为消费者爱不释手的品牌。因此，为了企业的国际化发展，产品的名称一定要风格独特、醒目简洁，并能用字母拼写，在每个国家都保持相同的发音，以便于品牌名称的广泛传播。

（3）新颖别致。名称要有新鲜感、时尚感，企业设计品牌名称时要跟随甚至引领时代潮流，创造新概念。

（4）读音响亮。品牌名称的文字要易于发音，多音字和音韵欠佳的文字不宜用作品牌名称，朗朗上口的品牌名称才有利于声名远扬。

（5）高雅出众。品牌名称要有内涵、有气魄、有情怀，能够带给消费者耳目一新的感觉。

（6）启发联想。品牌名称要有一定的寓意，能让消费者从中得到愉快而非消极的联想。

（7）与标志物一致。标志物是指品牌中可被识别但无法用语言表达的部分，如可口可乐的红白标志、万宝路的英文字体和麦当劳的黄色“M”等。标志物是企业经营者为品牌命名的重要部分，需要与品牌名称的文字一起考虑。当品牌名称能够刺激和维持标志物的识别功能时，品牌的整体效果就能够得到加强。

（8）适应地域文化。品牌名称对于相关人群来说，可能听起来合适，并使人产生愉快的联想，因为他们总是能从相关的背景出发，根据某些偏爱的品牌特点来考虑该名称。品牌不仅要面向特定的消费群体，还需要面向潜在的消费者。因此，品牌名称需要适应目标市场上广大消费者普遍接受的文化价值观念。文化价值观念是一个综合性概念，包括风俗习惯、宗教信仰、民族文化、语言习惯和民间禁忌等，不同地区有不同的文化价值观念。企业经营者要想开拓新市场，就需要入乡随俗，设计适应当地市场文化环境的品牌名称。

（9）受法律保护。企业经营者应该意识到，所设计的品牌名称必须能够注册，这样才能受到法律保护。因此，在设计品牌名称时应该特别注意两点。一是该品牌名称是否有侵权行为。企业要到有关部门查询是否已有相同或相近的名称被注册，如果有，则必须重新命名。二是该品牌名称是否在允许注册的范围以内。有的品牌名称虽然不构成侵权，但仍无法注册，难以得到法律的有效保护。企业经营者应向有关部门或专家咨询，询问该品牌名称是否在商标法许可注册的范围内，以便采取相应的对策。

第二节　品牌标志设计

品牌标志是公司的重要资产，许多公司花费大量资源保护这些符号。研究表明，图形比文字更容易记忆和识别。长久以来，品牌标志都受到企业管理者的重视。

构成完整品牌标志的要素包括品牌标志物、标志字、标志色和标志包装等。其中，品牌标志物最为重要。品牌标志物是指品牌标志中可以被识别，但不能用语言表达的视觉认识系统，即品牌标志的图形符号。例如，可口可乐的红色圆柱曲线、奔驰汽车的三叉星环和麦当劳的黄色“M”等。品牌标志物能够在很大程度上影响品牌标志体现的产品质量，在消费者形成品牌认知、品牌联想、品牌偏好以及品牌忠诚的过程中发挥润物细无声的作用。

一、品牌标志物分类

品牌标志物是一种视觉语言。它通过特定的几何图案来向消费者传递某种信息，以达到识别企业品牌、促进销售的目的。品牌标志物可以根据不同标准进行多种分类。

（一）表音品牌标志物、表形品牌标志物和图画品牌标志物

1. 表音品牌标志物

表音品牌标志物，就是表示语言音素及拼合语言的视觉化符号。大小写字母、汉字、阿拉伯数字、标点等这些常用的文字、语素或音素等都是表音品牌标志物。

表音品牌标志物的特点应是简洁明了、歧义性低的，但过于普通，个性不突出，标识能力就低。因此，品牌形象塑造者要在表音标志物的构图上下功夫，使其造型新颖别致、颜色醒目。表音品牌标志物可细分为以下三种。

（1）连字品牌标志物。该标志物是由音素、字母、汉字连接而成的相对完整的词语或句子。这种品牌标志物意义明确，不易产生歧义，但标识能力较弱，难以给人留下深刻印象。使用时要加些背景图案、装饰、形象性结构字等。

（2）组字品牌标志物。该标志物取品牌标志名称的字头字母组成。这种标志物的图案性较强，可利用字母的变形和排列来突出形象，简洁且表现力丰富；其缺点是有时容易产生歧义。由于它的图案性较强，所以很容易与表形品牌标志物结合起来，以取得更好的视觉效果。

（3）音形品牌标志物。它是表音品牌标志物和表形品牌标志物的组合。表音的要素可以是连字也可以是组字；表形的要素可以是抽象的也可以是具体的。通常，组字和抽象结合的较多，表现力较强，印象性和辨识性也较高，同时也能避免歧义性。

2. 表形品牌标志物

表形品牌标志物，是指通过几何图案或形象图案来表示标志物。表形品牌标志物靠形而不靠音，形象性非常强，通过适当的设计，能以简洁的线条或图形来表示特定的含义，同时利用丰富的图形结构来暗含一定的寓意；其缺点是不利于消费者将品牌标志物与品牌名称联系起来，因此在使用表形品牌标志物时，最好能配之以品牌名称。

表形品牌标志物的设计要求充分抓住事物的本质、感觉特征、运动规律以及几何图形自身的组合结构规律，充分研究几何图形中的点、线、面、单形、复形的形态组合。它的设计要有意境情调，几何形态也不是呆板虚无的，而是在变化中寻求灵动韵味。表

形品牌标志物可细分为以下三种。

（1）抽象品牌标志物。该标志物是用非形象图案或几何图形来表达一定事物的某种意义和概念。此类设计最重要的是处理好线条，线条的长短、粗细、曲直等都会影响消费者的心理反应。

（2）形象品牌标志物。该标志物是一种直接表达企业或产品特征的符号性标志物，其特点是形象生动活泼、含义清楚、歧义小。因其来源于现实生活，所以能给消费者留下深刻的印象。

（3）形征品牌标志物。该标志物是抽象标志物与形象标志物的结合，使标志物生动活泼而不至于呆板，含义也更容易理解。

3. 图画品牌标志物

图画品牌标志物，指直接以图画的形式来表达企业或产品特征的标志物。早期有些企业用图画来表示品牌，后来日渐简化，逐步向表形品牌标志物靠拢。这种标志物的缺点是画面复杂，不利于传播。

（二）名称性品牌标志物、解释性品牌标志物和寓意性品牌标志物

1. 名称性品牌标志物

名称性品牌标志物，即品牌标志物本身就是品牌标志名称，直接把品牌标志名称的文字、数字用独特的字体表现出来。这类品牌标志物通常将名称的第一个字母或汉字进行艺术化放大，以使其醒目。

2. 解释性品牌标志物

解释性品牌标志物，即对品牌标志名称本身所包含的事物、动植物、图形等，用名称内容中的图案作为品牌的标志物。解释性品牌标志物又可分为图案类品牌标志物和符号类品牌标志物两种。

（1）图案类品牌标志物。该标志物是以一定的图案来解释名称的品牌标志物。它的特点是形象生动、真实；缺点在于其表达的含义容易产生歧义。

（2）符号类品牌标志物。该标志物是用特定的符号作为品牌的标志物，多数是简单几何图形的组合。此类标志物一般由品牌标志名称演变而来，也可以与品牌标志名称无直接关系，后者又称为寓意性标志物，它是企业经营理念的一种图形表达，但对广大消费者而言，它只是某产品的代表符号。

3. 寓意性品牌标志物

寓意性品牌标志物，即以图案的形式将品牌标志名称的含义间接表达出来的标志物。根据文字、图形等组合因素的不同，可细分为以下三种。

（1）字母式品牌标志物。该标志物是在品牌标志名称前面、中间或后面加上一个字母，以构成独特的品牌标志物。

（2）线条式品牌标志物。该标志物是在品牌标志名称周围艺术化地加上一段线条的标志物。这种标志物充分利用了集合图形的内在美感，增加了品牌标志物的艺术性，从而也加强了标志物的视觉效果。

（3）图画式品牌标志物。该标志物是对品牌标志名称进行加工和提炼，然后以一定的图画形式将其表现出来的标志物。许多全球知名企业采用的都是这种品牌标志物。

品牌案例5-2

亚马逊：由从 A 指向 Z 的箭头绘成的微笑形图案

亚马逊公司（amazon.com），是美国的一家大型网络电子商务公司，也是网络上最早经营电子商务的公司之一。亚马逊公司由杰夫·贝佐斯（Jeff Bezos）于 1995 年创立，起初名为 Cadabra，性质是网络书店。具有远见的贝佐斯看到了网络的潜力，当实体大型书店提供 20 万本书时，网络书店能够提供比 20 万本书更多的选择给读者。随后贝佐斯将公司以地球上孕育最多种生物的亚马孙河重新命名。

亚马逊公司的品牌标志直接用其名称作为标志物的主体，是一个由从 A 指向 Z 的箭头绘成的微笑形图案（见图 5-3）。品牌标志简洁亲切，寓意亚马逊愿意向全球各地的消费者递送自己的商品和服务。

amazon

图 5-3 亚马逊的品牌标志

资料来源：搜狐网，https://www.sohu.com/a/404797077_211762?_f=index_pagefocus_2。

二、品牌标志物的作用

1. 激发消费者产生丰富的联想

品牌标志物中的相关信息，特别是那些涉及产品属性的标志物，往往能够激发消费者产生丰富的联想。

2. 促使消费者产生喜爱的感觉

风格独特的标志物能够刺激消费者产生幻想，很大程度上促使消费者对该企业产品产生好感。例如，QQ 的企鹅图像、康师傅方便面上的胖厨师等，这些可爱、易记的标志能够引起消费者的兴趣，激发他们产生好感。一般来说，消费者倾向于把某种感情（喜爱或厌恶）从一种事物上传递到与之相关的另一种事物上。因此，消费者对企业或品牌的标志产生的好感，往往会转移到企业或品牌上。这将有利于企业经营者开展营销活动。

3. 公众识别企业的指示器

别具一格的品牌标志物是帮助消费者记忆的利器。检验品牌标志物是否具有独特性可采用认知测试法，即将被测品牌标志物与竞争品牌标志物放在一起，让消费者辨认。辨认花费的时间越短，说明被测品牌标志物的独特性越强，反之亦然。一般来说，别具一格的品牌标志物会很快地被找出来。但是值得注意的是，当品牌标志物与产品类别联系过于紧密时，很有可能会阻碍品牌的延伸扩展。

品牌案例5-3

海底捞全新 Logo

2017 年 3 月 7 日，上海海底捞大华店正式启用咨询公司“华与华”为其设计的海底捞新形象（见图 5-4）。在一篇题为《华杉就海底捞新标志答“餐饮工会”问》的文章中，华与华董事长华杉解释道：海底捞的第一个字是海，就用了“Hi”，是相互问候的 Hi，也是吃得很“嗨”的嗨。火锅嘛，确实也是吃起来比较嗨的，到海底捞聚餐，就要一起嗨。海底捞是四川火锅起家，所以把“Hi”的字母“i”设计成了一颗辣椒。

图 5-4 海底捞新旧 Logo 对比

还有一点，也是因应海底捞的全球化需要，现在海底捞在美国、日本、韩国、新加坡等国都有分店，而且发展迅速，“Hai Di Lao Hot Pot”这个原来的英文 Logo 以 Hi 这个全球符号为标志也是合乎逻辑的。

新形象会给海底捞带来哪些改变，显然值得期待。

配合形象升级，海底捞子品牌“海底捞外送”也专门推出了全新的吉祥物。通过迎合年轻人求新求变的想法，也让海底捞的整体视觉符号呈现更时尚化的节奏。

作为中国餐饮业的“带头大哥”，海底捞的一举一动都会引发关注。这次的新 Logo 和新门店，也引起了吃瓜群众和业内人士的热议。西南品牌设计人“张小草”评价道，越是专业人士越应该从消费者视角去看待商业性 Logo 的变化。海底捞这个新 Logo 更符合现在信息爆炸的时代特征，像醒目的路标和符号。

首先，海底捞前面加个“Hi”，在与受众产生互动时可以使人在心里念出来，像海底捞亲切地跟你打招呼。其次，每个字母的设计都有讲究。“H”像是一双搭肩的筷子；“i”像一颗辣椒，强化川味火锅属性。此外，整个设计呈现年轻化表达，无疑是想吸引新一代的年轻人。总之它是个有感情也有记忆点的Logo，识别性也很强。

研究品牌标志的“标志控”则表示，上次吃海底捞拍新做的发光Logo的时候，还不知是华与华的作品，圆圈中的Hi像是在对客人打招呼，体现海底捞热情的服务宗旨；从消费者角度又像是在说“海底捞我又来了”，看到它就能产生互动在心里念出来，辣椒是火锅直观的视觉元素，字体设计还挺稳的，这是一个以概念取胜的设计。

资料来源：赢商网，http://news.winshang.com/html/060/8706.html。

三、品牌标志物设计的原则

1. 简洁鲜明原则

品牌标志物不仅是消费者辨认企业的途径，也是提高企业知名度的手段。在设计品牌标志物时，图案与名称应简洁醒目、清晰新颖，呈现独特的造型和出奇制胜的视觉效果，这有助于吸引消费者的视觉注意力，产生强烈的感染力。为了启迪品牌标志物设计的研究思考，下面介绍一些图形所代表的特征。

- 直线代表果断、坚定、刚毅、力量，有男性气息。
- 曲线或弧线代表柔和、灵活、丰满、美好、优雅、抒情、纤弱、犹豫，有女性气息。
- 水平线代表安定、寂静感。
- 垂直线代表崇高、肃穆、悲哀、激情、生命、尊严、永恒、权利，有抗拒变化的能力。
- 斜线代表危险、崩溃、行动、冲动，无法控制的感情和运动。
- 参差不齐的斜线代表闪电、意外事故、毁灭。
- 锯齿状折线代表紧张、压抑、痛苦、不安。
- 螺旋线代表升腾、超然、脱俗。
- 圆形代表圆满、简单、结局，给人以平衡感和控制力。
- 圆球体代表完满、持续的运动。
- 椭圆形代表妥协、中和、不安定。
- 等边三角形代表稳定、中间、永恒。

2. 独特新颖原则

品牌标志物既可以用来表达企业或产品的独特个性，又可以以此为独特标记，让消费者能够识别出品牌独特的品质、风格和经营理念。因此，在设计上必须别出心裁，使标志物富有显著的个性特征，令消费者有耳目一新的感觉。

3. 准确相符原则

准确相符是指品牌标志物要与品牌标志名称相符合，且寓意准确。品牌标志物要巧妙地赋予受众耐人寻味的寓意，这样才有利于扩大企业的知名度。

4. 优美精致原则

优美精致原则是指品牌标志物要符合美学原理，在线、形、大小等方面做造型处理，保持视觉上的均衡感和协调性，使图形兼具动态美和静态美。20 世纪初，劳斯莱斯汽车公司的总经理克劳德·约翰逊邀请《汽车画册》的绘画师查尔斯·赛克斯（Charles Sykes）为劳斯莱斯轿车设计标志。经过多次研究，赛克斯决定以气质高雅的埃莉诺·索斯顿小姐为原型，以“飞翔女神”为品牌标志物。埃莉诺·索斯顿小姐身材修长、体态轻盈、淡金色的长发、深蓝色的眸子、小巧而坚挺的希腊鼻子等体态特征，无不显示出美的旋律。以她为原型的“飞翔女神”代表着“静谧的速度、无震颤和强劲动力”。约翰逊这样描述，“雅致的小女神将公路旅行作为至高享受，她降落在劳斯莱斯车头上，沉浸在清新的空气和羽翼振动的音乐声中”。

5. 稳定适时原则

品牌标志物要为消费者熟知和信任，就必须长期使用、长期宣传，以便在消费者心中扎根。但是，如果标志物使用时间过长，不能跟上时代步伐，就会适得其反。因此，品牌标志物的设计需要不断完善、与时俱进，适应不断变化的市场环境。

第三节 品牌理念设计

一个相对完善的品牌理念设计系统，主要包括六个方面：品牌宗旨、品牌使命、品牌价值观、品牌目标、品牌口号、品牌精神。这六个方面是紧密结合、互相支撑的。品牌理念战略系统是建立在对品牌概念、品牌定位和品牌形象等问题透彻理解的基础之上的。只有这样，品牌理念设计才能饱满有力而不至于沦为空架子。

一、品牌宗旨

品牌宗旨指品牌的主要目的、意图和品牌存在的意义。制定品牌宗旨就是要明确品牌的存在价值，搞清楚要做什么、如何做，使品牌内部成员、相关单位及市场大众能够清晰地认知品牌。品牌宗旨不是一成不变的，它需要随着公司变革、市场环境变化和时代变迁而适时调整。

二、品牌使命

品牌使命指品牌肩负的重大责任，是指导组织行为的总则，它客观地为品牌描绘了建立目标、选择路线和实施战略的框架结构。制定品牌使命就是明确历史赋予的职责，唤起内部成员的工作热情，唤起内部成员、相关单位及市场大众对品牌的认知和识别。

品牌使命的设计是决策层在自身业务分析的基础上，明确品牌所承担的市场职责和社会职责，分析自我扮演的角色，主动赋予品牌以相应内容与形式的过程。企业是社会的细胞，其使命必然存在于社会之中。品牌使命的设计涉及品牌的业务、产品或服务方面的特征。在设计品牌使命之前，要对企业自身有充分的认识，分析市场现状和市场潜力。设计品牌使命不仅要明确品牌短期、中期和长期的目标，还要明确谁是消费者，消费者为什么会购买本品牌，如何接近消费者以及消费者的价值观是什么等问题。

三、品牌价值观

品牌价值观是在一个经营性组织内部形成的，具有一致性的价值体系。它主要反映团队成员对自身以及无形财富的看法和观点，在理念系统中占据重要地位。

价值观是团队的“万能胶”，任何一项伟大的事业都需要这个看不见的发动机。有什么样的价值观就有什么样的经营表现。首先，品牌价值观是企业决策层和全体员工的最高追求，是衡量事物的标准，它对于品牌的发展具有高瞻远瞩的指导意义；其次，品牌价值观存在于品牌的生产、经营和组织生活等一切活动中，对品牌的经营、技术和组织因素具有支配作用。作为一个系统，它包括效益观念、竞争观念、发展观念和社会责任感等。

品牌价值观是沉浸于品牌组织中被成员普遍接受的价值体系，是品牌文化构成的主要部分。它具有规范性的特征，为全体成员制定了评判正确与否的标准。作为全体人员共享的规则体系和评判体系，它决定了品牌创作及实施的全体人员共同的行为取向。

品牌价值观制定的目的是追求一个共同的理想和目标，依靠全体成员对共同信仰的团体力量，品牌才能长盛不衰。要做到员工对品牌价值观的认同，必须把品牌的价值观强化为一种信念，使品牌因此获得强大的内在动力。

四、品牌目标

品牌目标是企业在一定时期内，按照品牌经营思想，综合考虑品牌的内外条件，所制订的经营计划和预期成果。它通常以产量、品种、质量、销售收入、资金利润率和市场占有率等指标作为标准。不同时期、不同类型的企业，确定经营目标的侧重点也各不相同。

品牌目标可分为长期、中期、短期三种，这里主要介绍品牌长期目标的设计。总的来说，品牌长期目标包括生产力、产品结构、财力资源、物质设施、技术开发与创新、人力资源开发、盈利能力、市场占有率和社会责任目标等。品牌长期目标是指导品牌经营策略和各项业务工作的工具，是品牌进行资源分配时考虑轻重缓急的依据，也是衡量企业成就和内部工作成效的标准。长期目标规定着品牌执行其使命时所预期的成果，它通常超出该组织一个会计周期。它是特定的、具体的和可衡量的结果，是品牌在计划时间内可以达到的。在长期目标指导下，短期目标才能避免目光短浅，也为长期目标的实现提供可靠保证。

品牌案例5-4

时尚品牌传播瞄准 LGBT 群体

2017 年 1 月，范思哲发出了“All Love is Love”的口号，以其首饰腕表产品作为依托，很明显是在为 LGBT[⊖]群体发声，获得了巨大的关注。“粉红经济”的力量逐渐显现，尤其是在时尚产业，LGBT 消费群体更是一股不可忽视的强大力量。更何况以爱情平等为名，这个话题本身就是当今的热点。这让人又想起美国大选时的媒体评论文——“得同志者得天下”。

受无性别主义席卷全球的启发，阿玛尼推出了首款无性别产品“HIM/HER LIPCARE”唇膏。这款唇膏具有木棉花、橙花和麝香混合的味道，三个色号，适用于那些追求“My Lips But Better”效果的男性或女性。这个概念似乎更像是一个噱头，更有看点的是阿玛尼在巴黎发布的 2017 高级定制春夏妆容“活力橙色”中，使用全新阿玛尼红管唇釉（301 色号）在眼部和颧骨处大面积运用晕染和橙色的叠加的手法，大胆鲜亮，有可能成为妆容风向标。

资料来源：全景网，http://www.p5w.net/news/tech/201703/t20170301_1725578.htm。

五、品牌口号

品牌口号是品牌表达经营思想的形式，可分为企业口号和产品口号两大类。企业口号指体现企业文化并以企业整体为背景而创作的短句；而产品口号则是针对特定商品而创作的。品牌口号是品牌理念或主张的高度浓缩，是企业理念和产品理念的口语化表达，通常是消费者印象深刻、耳熟能详的。它的核心作用是识别，即在语言层面上让大众能够便捷地进行品牌识别和认知。

品牌口号的创作素材主要来自品牌定位系统和理念系统。品牌口号的内容覆盖面广，从企业的宗旨、精神、使命、目标到产品的档次、形象、质量，各种各样。好的品牌口号通常是品牌定位思想的表达和集中反映，其创作原则为句式精练、诉求明确、富于创造、方便传播。优质的品牌口号往往可以流传几年甚至几十年。

⊖ LGBT 是 Lesbians、Gays、Bisexuals 与 Transgender 的英文首字母缩写。

六、品牌精神

品牌精神是一种能够代表企业且富有个性的精神，是品牌或品牌决策者在长期生产和经营中逐步形成的事业信念、价值观念和经验宗旨。品牌精神受不同领域内容、方式、历史传统和现实追求的制约，具有一定的差异性。品牌精神可以是决策者对品牌的全局性、战略性认识，也可以是全体员工在企业长期发展过程中自觉形成的观念意识。品牌的信念和追求扎根在员工心中，能够促进全体员工形成默契和共识，提高觉悟。

品牌精神来源广泛，表达方式多元。最好的来源渠道存在于品牌组织中。品牌精神应秉持应用精神。品牌精神是在生产经营实践中形成的，并为生产经营提供精神支柱和动力。缺乏应用价值的品牌精神，只是抽象的文字游戏。

品牌精神设计是通过对一个经营组织进行整体观察，再对它最具代表性、最突出的部分进行提炼整合后形成的。它的表现内容可以是具有代表性的，反映品牌凝聚力和活力的任务、事件、信念和思想等。

品牌精神是品牌文化的主体，是实施文化管理的关键。因此，企业不仅要注重其内容，还要讲究表达方式。可以采用具体明了、精练准确的文字形式，生动活泼的表达方式，通过多种渠道进行传播。这对于强化员工的品牌意识和品牌的市场推广都具有重要作用。品牌精神提炼是否成功，不仅要看品牌管理层是否满意，还要看它能否对全体员工起到教育和激励作用，看它对品牌的发展是否发挥了积极作用。

本章小结

品牌设计是文字、标志、符号、图案和颜色等要素的组合，用于提升品牌的可识别度，提高品牌的市场竞争力。品牌设计包括有形的品牌名称设计和品牌标志设计，还包括无形的品牌理念设计。

品牌名称可以分为内涵型和内容型两大类。内涵型包括明喻式品牌名称、隐喻式品牌名称和空瓶式品牌名称三种形式；内容型更为广泛，包括商标式品牌名称、数字式品牌名称、人物式品牌名称、动物式品牌名称、植物式品牌名称、时间式品牌名称和地名式品牌名称。品牌名称设计不是随意而为的，它是一个科学的、系统的过程，需要结合品牌实际，遵循九项基本原则：简洁明快、个性独特、新颖别致、读音响亮、高雅出众、启发联想、与标志物一致、适应地域文化以及受法律保护。

品牌标志物的设计是品牌设计中不容小觑的部分。品牌标志物名目多样，可以按不同标准进行不同分类，大致可分为表音品牌标志物、表形品牌标志物、图画品牌标志物、名称性品牌标志物、解释性品牌标志物和寓意性品牌标志物等。品牌标志物不是虚设的图形，它可以激发消费者产生丰富的联想、促使消费者产生喜爱的感觉，同时还是公众识别企业的指示器。标志物设计需要遵循五大原则：简洁鲜明原则、独特新颖原则、准确相符原则、优美精致原则以及稳定适时原则。

品牌理念设计是品牌设计中不可忽略的部分。一个相对完善的品牌理念设计系统，主要包括六个方面：品牌宗旨、品牌使命、品牌价值观、品牌目标、品牌口号和品牌精神。

复习思考题

1. 简述品牌标志的内涵和意义。

2. 在全球化背景下，企业为品牌命名需要注意哪些因素。

3. 品牌理念设计包含哪些内容?

4. 结合本章内容，思考中国企业在品牌命名和标志设计上存在哪些问题。

课后案例 5-1

小米 MI：品牌设计的大学问

雷军创立的小米公司是一家由曾任职于谷歌、微软、金山、摩托罗拉等公司的顶尖高手组建的，专注于高端智能手机自主研发的移动互联网公司。公司崇尚创新、快速的互联网文化。如今，其旗下国产手机小米系列风靡全国，由于其个性的设计、高性价比等原因深受广大年轻人喜爱，拥有众多忠实的“米粉”。

小米，一个听起来亲切、可爱、平凡的名字，却并不平庸，它是顶尖人才智慧的凝结。小米公司正式成立于2010年4月，是一家专注于智能产品自主研发的移动互联网公司。小米手机、MIUI、米聊是小米公司旗下三大核心产品。“为发烧而生”是小米的产品理念。小米公司首创了以互联网模式开发手机操作系统及60万发烧友参与开发改进的模式。

小米的Logo是一个“MI”形，mi是米的汉语拼音，正好对应其名字称号。大写的MI，不仅仅是小米科技的英文缩写，更有“Mobile Internet”和“Mission Impossible”两层含义。Mobile Internet，喻示了小米所领军的移动互联网领域；Mission Impossible，则强调了小米应对挑战的突破能力。小米的Logo倒过来是一个心字少一个点，意味着小米要让用户省一点心。

小米系列的手机有一个很大的特点就是其产品理念很有趣，因为手机配置很高，容易发热，所以小米手机便以“为发烧而生”作为自己的产品理念，其“粉丝”叫“发烧友”。发烧友本来是指“痴迷”于某件事物的人，小米“为发烧而生”这一理念又蕴含高配置让发烧友极度喜爱到疯狂之意。

小米的吉祥物是具有中国青年文化特色的一款米兔的形象，有着专注的眼神和坚定的信念。米兔戴着雷锋帽子和红领巾的形象颇具中国特色，蕴含自己是国产产品的含义。同时，更深一步的含义是希望通过科技创新，担起民族未来的一份责任，也从这个产品的形象上表现出了小米的方向和定位。

资料来源：腾讯网，https://new.qq.com/omn/20190427/20190427A09SOS.html。

案例讨论

1. 小米品牌标志的设计遵循了哪些原则?
2. 小米品牌标志最引人注目的是哪些方面?
3. 小米是如何通过品牌的设计进行企业定位的。

课后案例 5-2

香奈儿：永远不灭的活火山

香奈儿被称为“法国时装之母”，它在人们心中，不仅是个优雅的品牌，更是一种自信、独立的现代新女性标志。一提到香奈儿，经典的山茶花、5号香水、斜纹软呢料套装、菱格纹金属链皮包、黑头双色鞋、人造珠宝等便会清晰地映入人们的脑海。它不但是时尚界最举足轻重的品牌，香奈儿风格（Chanel Style）更成为社交名媛优雅和时髦品位的象征。

嘉伯丽尔·香奈儿（Gabriella Chanel），毕加索称她是“欧洲最有灵气的女人”，萧伯纳给她的头衔是“世界流行的掌门人”。1883 年 8 月 19 日，香奈儿出生在法国的一户家境清贫的人家。狮子座的她集美貌与智慧于一身，从小自信坚强，充满热情与活力。12 岁时，因母亲去世、父亲离家出走，她被送到孤儿院，连登记的姓氏也被错写为 Chaznel。她在这里磨炼出一种坚韧的个性，并学会了缝纫，18 岁时到镇上的服饰店当助理缝纫师。因在咖啡店驻唱“Qui qu'a vu Coco”（有谁看见了 Coco），从此被昵称为可可·香奈儿（Coco Chanel）。香奈儿的生活背景和艰辛的童年经历，深深地影响了她对流行的看法。她早期设计的服饰一反当时的时尚，看起来简单、利落、前卫，却不怪异。由于她工作勤奋，经她设计的流行服饰不断涌现。香奈儿称自己活泼优雅的服饰风格来自朴实纯真的自然色调。1924 年，她设立了一家专门制作装饰品的作坊。1929 年，她创造的香奈儿 5 号香水成为当时世界销量最大的香水。

香奈儿女士的时装观对当代女性影响深远，她的敢言也成为许多力争上游的女性的榜样。1913 年，她将裙子剪短，令女人首次露出足踝，这被后来的时装大师伊夫·圣·洛朗（Yves Saint Laurent）先生赞美为“解放了女性”。她留下名言“简约就是美”（Less is More），改造黑色“丧服”（也有说是“女佣服”）为只需变换首饰就成了适合日常穿着的“经典小黑裙”（Little Black Dress），打破了当年黑衣服只能当丧服的规定。香奈儿本人非常聪明且敢于挑战传统、解放传统、与世俗唱反调。男女装混穿，把休闲服变成时尚流行，设计肩背式皮包与套装都标志着女性时尚时代的来临，香奈儿创造了一个属于她自己的时代！她的花呢套装（Chanel Suit），以女性化为诉求，集美观、时髦、舒适、端庄、考究于一体，在树立女性职场自信平等的同时，不具侵略性地保留了女性的魅力……这一切的简约美、精致美、叛逆美也都贯穿在日后香奈儿的化妆品中。

香奈儿将自己的艺名“Coco Chanel”开头的两个字母“双 C”交叠作为企业 Logo，认为女人都应该有双面性，她坚信女人要内外双美。“双 C”已经成为一种时尚界的骄傲，体现了高雅、简洁、精美、崇尚自由的特点，它对整个世纪来说是“经典”，是“永远的时尚和个性”，更是一个“浪漫传奇”，香奈儿仅品牌价值就已经高达 56 亿美元。

香奈儿代表的是一种风格、一种历久弥新的独特风格。其品牌走的是高端路线，时尚简约、简单舒适、纯正风范，带有鲜明的个人色彩。放眼新人辈出、品牌繁复的流行产业，香奈儿依然是时尚界一座永远不灭的活火山。

资料来源：搜狐网，https://www.sohu.com/a/249581782_117373。

案例讨论

1. 香奈儿品牌名称属于哪几种分类类型。
2. 香奈儿品牌有什么特点。
3. 你怎么看待案例中香奈儿的设计理念（从品牌精神、使命、价值观等角度分析）。

第六章
CHAPTER 6

品牌文化

§ 本章提要

- 企业文化和品牌文化的异同
- 品牌文化的特征及意义
- 品牌文化的构成
- 品牌文化的形成过程

§ 本章案例

- 方太："让家的感觉更好"
- 金六福与福文化
- 美体小铺：广为人知的品牌文化
- 星巴克的品牌传奇故事
- 海天味业：古酱新生，从颠覆到引领的品牌影响力
- "狼文化"：品牌彰显企业内涵

§ 预习案例

方太："让家的感觉更好"

在中国的厨电领域，一说到自主品牌，人们马上就能想到方太。

业内人士在评价方太的时候，称方太为业界的奇迹，是制造业中鲜有的在高端市场成功阻击洋品牌入侵，并牢牢占据技术和市场话语权的企业。

方太集团创建于1996年，在创业之初，方太通过调研发现，当时中国市场上有250家油烟机厂商，但是都没有解决中国厨房油烟大的问题，而洋品牌还未进入中国市场。于是，方太确立了"三化"的高端定位，即高端化、专业化、精品化，这一定位一直持续到今天。

20多年来，方太始终专注于高端嵌入式厨房电器的研发和制造，致力于为追求高品质生活的人们提供具有领先设计、人性化厨房科技和可靠品质的高端嵌入式厨房电器产品，倡导健康环保、有品位的生活方式，让千万家庭享受更加幸福的居家生活。

有权威调查机构对方太的品牌进行调研，结果显示，方太的品牌价值达到142.7亿元，同时在品牌购买首选率、第一提及、品牌认知度等关键指标上，均在行业内遥遥领先。

方太的核心价值观是人品、企品、产品三品合一，使命是“让家的感觉更好”。方太根据用户需求开发出我国第一台人工智能型吸油烟机，该机具有自动感受油烟、煤气报警、定时显示等多项功能，当检测到煤气泄漏时会自动报警并同时开机，及时把有害气体排出室外。方太始终奉行“三不主义”——不上市、不打价格战、不欺骗；始终坚持高端定位、专注厨电领域，并不追求一时的利润和规模最大化，而是始终以用户为中心，通过持续的产品创新、管理创新、文化创新不断强化用户体验，朝着“让家的感觉更好”的目标不断迈进。

资料来源：家居在线，http://www.jiajuol.com/baike/4504。

上述案例向我们展示了一个拥有旗帜鲜明的品牌文化的公司是如何开拓全球事业的。品牌文化承载着品牌的使命和追求，体现出品牌对消费者的关怀，是品牌与消费者沟通的情感基础。例如，可口可乐、劳斯莱斯、万宝路和迪奥等全球强势品牌，在品牌各要素中都渗透着深厚的文化内涵。离开文化，品牌只会停留在符号代码上，除了可识别功能之外，无法传递给消费者更多的价值，也不能为消费者在心理和情感上带来更多的满足。品牌文化是品牌附加价值的源泉，是品牌个性的基石，也是消费者与品牌关系的纽带。本章将围绕品牌文化的含义、特征和意义展开论述，剖析品牌文化塑造过程，并讨论在新的媒介环境和经济形势下，企业如何塑造成功的品牌文化。

第一节　品牌文化概述

在信息全球化、产品同质化的今天，消费者在选择某一品牌时，不仅考虑产品对物质需求的满足，更希望借此展现自己的品位和身份。当企业在产品价格和销售渠道方面越来越难以制造差异来获得竞争优势时，品牌文化正好提供了一种解决之道。只有消费者在消费品牌产品时能体验到品牌文化，产生愉悦感，企业才能真正建立起消费者的品牌忠诚。品牌文化的内涵越深厚，个性形象就越鲜明，市场潜力和辐射力也就越大。品牌文化已经成为未来企业的核心竞争力。

一、品牌文化的含义

何谓品牌文化？不同学派的学者有不同表述。约翰·鲍恩（John Bowen）认为，品牌文化包括品牌及其创造者所代表的意识形态及哲学，影响着品牌与生俱来方方面面的和谐，并在某种程度上代表了其创造者的信仰。美国哈佛大学商学院教授道格拉斯·霍尔特（Douglas Holt）指出，品牌文化本身是“故事、形象”，是由公司、主流文化、影响势力和顾客这四类创作者共同讲述的。还有学者从品牌社区角度阐述品牌文化的作用，认为品牌文化是凝结在品牌中的企业价值观的总和，品牌所蕴含的文化内涵深藏在品牌里层，是品牌价值的核心和源泉。通过文化识别，品牌与周围文化属性相同或相近的消费者结合成一个文化联盟。同时，品牌受企业营销手段和社会主流消费文化的共同影响，所以品牌可以帮助消费者识别品牌个性。

国内学者对品牌文化的定义也不尽相同。陈放指出，品牌文化指文化特质在品牌中的积淀，是品牌活动中的一切文化现象。李光斗则指出，品牌文化是文化特质，如经营观、价值观、审美观等观念形态，在品牌中的积淀，以及它们所代表的利益认知、情感属性、文化传统和个性形象等价值观的综合。还有学者认为，品牌文化是品牌在消费者心中的印象、感觉和附加值，它能带给消费者心理满足，具有超越产品本身的使用价值并使产品区别于其他竞争品的禀赋。

尽管学者们理解品牌文化的角度各不相同，但是一般说来，品牌文化（Brand Culture）被认为是文化特质在品牌中的沉淀，它代表了企业和消费者的利益认知和情感归属，是品牌价值观和企业形象等观念形态以及经营行为的总和。

二、品牌文化的特征

品牌是一个具有文化属性的概念。品牌的物质基础是产品，其精神力量是企业文化。品牌文化作为企业文化在品牌中的集中体现，既受到企业文化的制约，又能从企业文化中获得有力的支持。但是，两者的本质有着明显的区别：企业文化的内部凝聚作用更为明显，而品牌文化的外向沟通与扩张作用更为显著，它将企业的品牌理念有效地传递给消费者。品牌文化不能简单地等同于企业文化，品牌文化的独特性在于品牌本身所具有的强大营销动力和市场价值带来的文化共融。品牌文化具有以下特征。

1. 差异性

现今的消费者喜欢独特、个性化的产品。产品在造型设计和营销模式上的差异只是外在表现形式，而文化价值理念上的差异才是深层次的差异，更加符合消费者的心理诉求。文化的多元性反映在品牌中就是品牌文化的差异性和多样性。品牌文化的差异主要体现在两个方面：一是企业所拥有的不同品牌之间的文化差异；二是不同企业之间的品牌文化差异。

2. 层次性

根据市场细分原理，企业很难满足所有消费者的需求。因此，品牌倡导的价值主张有多个层次，以满足不同的消费群体。品牌文化的高层次价值主张满足消费者的情感需求、自我实现需求等；品牌文化的低层次价值主张满足消费者对品牌产品质量、功能和服务等需求。

3. 系统性

品牌文化寻求和体现的是一种整体优势，它把品牌的经营目标、经营理念、道德规范和行为方式等因素融合成一个有机整体，形成一种文化力量，对品牌运作产生综合作用。品牌文化由相互作用、相辅相成的多层次的品牌子文化结合而成。构成这个整体的各要素既有相对独立性，又有轻重主次之分，它们按照一定的结构排列组合，体现严密有序的系统性。

4. 一致性

品牌文化的一致性表现在以下两个方面：品牌文化与社会价值标准的一致性；品牌行为与品牌文化的一致性。正如可口可乐文化不可能产生于中国一样，五粮液文化也不可能形成于美国。任何品牌的创建和运作都是在一定的时空条件下进行的，总要受到一定的政治、经济和社会环境的制约。企业的品牌文化建立在特定的社会价值标准之上，与经济社会的总体文化趋势相一致，这体现了品牌文化发展的社会趋同性。当然，企业建立在新产品基础上的经营理念，往往会促进新的社会文化的形成，影响着社会文化的发展。同时，品牌所倡导的文化体系需要与品牌行为相吻合，避免出现行为违背理念的现象。只有做到表里如一、言行一致，品牌文化才会得到消费者的认可。

5. 民族性

每个民族都有自己独特的文化个性，有特定的心理性格、风俗习惯、道德风尚、宗教信仰、价值观念和行为方式。这种文化个性反映在品牌文化上就是品牌文化的民族性。民族文化是品牌文化的根基，任何品牌文化都被深深地打上了本民族文化的烙印。品牌要想获得健康的发展，就要从本民族文化中汲取营养，同时借助于其他国家和民族的文化来充实自己，但必须以本民族的文化为根本。

6. 相对稳定性

品牌文化一旦形成，便会以稳定的形态长期存在，对各项经营活动产生潜移默化的指导作用，不会因个别因素的变化而发生彻底改变。例如，有的企业虽然已经倒闭，但其品牌文化却还会继续存留一段时间。然而，品牌文化的稳定性是相对的而不是绝对的。积极的品牌文化能够对品牌的发展产生持续的正面作用。但是，没有一成不变、一劳永逸的文化，当品牌文化无法促进品牌的发展时，就要对它进行改革。品牌文化在形成与发展的过程中，应当随着人们的消费理念、消费习惯和消费模式的变化而改变，适应社会环境的需要，不断以新观念、新知识、新管理和新技术对其加以完善。

三、品牌文化的意义

现代营销学之父科特勒曾说：“品牌最持久的吸引力来自品牌所包含的文化，这是知名品牌之所以深入人心的魅力所在。”具有良好文化底蕴的品牌，能够给人带来心灵的慰藉和精神的享受。品牌文化一旦形成，就会对品牌的经营管理产生巨大作用。品牌文化是品牌附加值的源泉，是品牌保持竞争优势的原动力，它有助于增强企业凝聚力，实现品牌个性差异化，建立消费者的忠诚。一流企业都十分重视品牌文化的建设，并努力以此促进企业的发展壮大。

品牌案例6-1

金六福与福文化

福文化是中华民族特有的传统文化精华，金六福公司从“福文化”的表现和发掘入手，对金六福品牌进行了深入的研究和准确的定位，充分展现了金六福的品牌核心价值，使金六福成为福文化一个绝妙的载体。在“金六福”品牌内涵里，“金、六、福”表现出了祝福、吉祥、美满，寓意体会到生活的幸福味道。中华民族的传统文化以及中国人的文化观、价值观和思维模式都在金六福品牌价值的诠释中得到了凝聚和体现。“金六福酒”承载着深厚的文化积淀，“金六福”所代表的六福是：一曰寿、二曰富、三曰康宁、四曰攸好德、五曰佳和合、六曰子念慈。金六福确定“福文化”核心价值之后，在其整个营销传播活动中，自始至终通过形式多样的对消费者的销售推广（SP）、公关（PR）等品牌体验营销活动，不失时机地将其“福文化”品牌的塑造推向了一个新的高潮。

资料来源：赶酒会，http://www.ganjiuhui.com/news/1020.html。

1. 品牌文化是品牌价值的不竭源泉

强势品牌之所以能够享受溢价带来的丰厚利润，是因为品牌价值使得消费者愿意付出额外代价。品牌文化是品牌价值和情感的自然流露，代表了人们的生活方式和价值观念，是物质和精神的高度统一，是品牌最核心的DNA。品牌价值取决于消费者的购买意向和购买行为，如果没有消费者的认同和接受，品牌即使有完美的设计、质量和价值，也是没有价值的。在品牌文化的指导下，企业的营销努力会对消费者的心理和行为产生一定的影响，品牌的文化内涵可以强化或改变消费态度，影响消费者的品牌选择，从而提高品牌价值。因此，企业在培育品牌时，需要重视品牌文化的建设，传播品牌文化的精髓，以提高品牌的价值。

2. 品牌文化是品牌保持竞争优势的原动力

产品的价格、质量、服务和信誉等方面构成了品牌竞争力的基本要素。随着市场竞争的日趋激烈，企业在这些基本要素方面已日趋相同，难以建立起品牌忠诚，形成稳定的市场占有率。低价格能提高知名度，但不能提高美誉度；高质量能提高美誉度，但不一定带来忠诚度。产品质量分为技术质量和认知质量：技术质量（Technical Quality）指产品在设计过程中应遵循的技术标准；认知质量（Perceived Quality）也称消费者认知质量，是指消费者对产品功能特性及其适用性的心理反应和主观评价。技术质量作为一种科学性的可辨识标准，具有客观性，而认知质量是消费者对产品技术质量的主观反应。

只有被消费者感知到的质量才能转化成品牌的竞争力。然而，在市场营销实践中，很多企业只看重技术质量而忽视认知质量，导致产品失去竞争优势。品牌文化所代表的功能和利益一旦得到消费者的认可，便会与消费者认同的价值产生共鸣，从而将无形的文化价值转化为品牌价值，把文化财富转化成品牌的竞争优势，使产品在激烈的市场竞争中保持强大的生命力。而且，消费者如果认同某种品牌文化，往往不会轻易改变。这就意味着，品牌文化不仅能够带来价格溢价，还为品牌设置了较高的市场壁垒，提供了竞争品牌难以模仿的竞争优势。

3. 品牌文化是增强企业凝聚力的重要保障

管理学大师彼得·M. 圣吉（Peter M. Senge）指出，一个缺少共有目标、价值观和使命的组织，必定难成大器。优秀的品牌文化，可以把企业价值观念和追求目标等渗透到生产经营中，激发全体员工的荣誉感、责任心和创造力，使员工有明确的价值观念、理想追求和共同认知。这样可以加强员工之间的交流，增加他们之间的相互信任，使企业内部各项活动更加协调，从而增强企业的凝聚力。可口可乐公司以“动感、激情、富有个性”的品牌文化著称，其企业文化也离不开员工的激情和创新。红塔集团品牌口号由“天外有天、红塔集团”改为“山高人为峰”，使之与企业文化中折射的人文气息相一致，并丰富了企业文化的内涵。品牌文化还具有辐射作用，能吸引大量的外部优秀人才为实现自身价值加入企业团队中来，推动企业品牌的发展和壮大。

4. 品牌文化是实现品牌个性差异化的有效途径

营销大师科特勒一针见血地指出：“面对竞争激烈的市场，一个公司必须努力寻求能使它的产品产生差异化的特定方法，以赢得竞争优势。”麦肯锡公司的研究结果表明，强势品牌与一般品牌的重要区别不是与众不同的产品、持之以恒的优良品质，而是其中的文化因素。品牌因文化而独具个性，有个性的品牌才会有竞争力。个性越鲜明，竞争力越强，在消费者心中留下的印象就越深刻。例如，奔驰“自负、富有、世故”；柯达“淳朴、顾家、诚恳”；锐步“野性、户外、冒险”；百事可乐“年轻、活泼、刺激”等。企业的产品和服务正是通过这些生动鲜明的品牌文化展现出与竞争对手之间的差异，增进消费者对品牌的好感度，从而提升品牌附加值的。

5. 品牌文化是建立品牌忠诚的基础

品牌忠诚是维系品牌与消费者关系的重要手段。品牌在创建过程中的巨大投资使消费者相信，越是强势品牌，其产品质量与服务的承诺就越可靠。卓越的品牌文化能够使消费者借助于品牌诠释自己的社会角色并得到心理满足。当消费者使用这些品牌时，他们不仅获得了品牌价值，还从中得到了文化与情感的渲染，进而建立起对该品牌的信任。一旦消费者对某种品牌文化形成心理认同，就会强化其对该品牌产品或服务的消费偏好，这种持续的品牌文化刺激不仅能使消费者形成消费行为定式，成为该品牌产品或服务的忠诚顾客，还能通过其消费行为产生示范效应，吸引其他消费者，扩大该产品或服务的消费群体，间接推动企业的发展。因此，品牌文化的本质是建立有效的消费者品牌关系，与消费者进行品牌对话，让消费者体验品牌、理解品牌、接受品牌、钟爱品牌，真正参与到品牌建设中来。

第二节 品牌文化的构成

品牌文化是在品牌创建和培育过程中通过不断发展积淀起来的。品牌文化系统由品牌精神文化、品牌行为文化和品牌物质文化三部分组成。精神文化是价值观和文化心理，属核心文化；行为文化是一种活动，处于浅层；物质文化，最为具体实在，属于表层文化。精神文化是核心，决定着行为文化和物质文化的发展方向；行为文化是物质文化和精神文化的动态反映；物质文化是精神文化和行为文化的基础和外化。各层次之间相互影响、互相渗透，形成了品牌文化由表层至深层的有序结构。

一、品牌精神文化

正如所有的文化都是建立在其自身哲学理念的基础之上一样，品牌文化也是建立在该品牌哲学理念基础之上的。品牌精神文化是在品牌长期经营过程中，受社会经济和意识形态影响而形成的文化观念和精神成果，是企业管理品牌的指导思想和方法论。品牌精神文化是品牌文化的核心，也是品牌的灵魂，它决定品牌的形象和态度，是品牌营销行为的信念和准则。品牌精神文化对内是调节和指导品牌运作、优化资源配置和促使品牌健康发展的驱动力；对外具有丰富品牌联想、提升品牌形象和激发消费者购买欲望的扩张力。缺乏精神文化的品牌不能称为品牌，也难以有广阔的市场前景。在市场竞争日趋激烈的今天，赋予各类组织、系统或产品以精神内涵，使之实现差异化、个性化，是提升品牌竞争力的根本保障。品牌精神文化主要包括以下几个方面。

1. 品牌价值观

品牌价值观是指品牌在追求经营成果的过程中所推崇的基本信念和目标，是品牌经营者一致赞同的关于品牌意义的解读。品牌价值观是企业价值观的深化，是企业价值观的市场化体现，反映了品牌的精神和承诺。品牌价值观对内为员工提供坚定的精神支柱，给员工以神圣感与使命感；对外决定品牌的个性和形象，驱动品牌关系的健康发展，影响消费者品牌关系的建立和品牌忠诚的产生。可口可乐“欢乐自由”，戴比尔斯钻石“钻石恒久远、一颗永流传”，SK-II 护肤品“高雅贵族”的文化气息等都展示了品牌的基本性格和经营宗旨，构成品牌的根本信念和发展导向，影响员工的共同愿景和行为规范。

2. 品牌伦理道德

品牌伦理道德是品牌营销活动中应遵循的行为和道德规范，如诚信经营、公平竞争、符合社会期望、履行社会责任和服务消费者等。品牌伦理道德作为一种内在规定，是品牌宝贵的道德资本，具有教育、激励、协调、监督和评价等功能。在一些法制建设相对落后的国家或地区，品牌伦理道德还处于萌芽阶段，比较模糊，还没有被广泛接受。我国的品牌经营目前处于品牌伦理建设的初级阶段，引导并强化品牌伦理观的工作刻不容缓。结合我国民族文化格局和当前经济形势，企业在品牌运作中应倡导并遵守诚实守信的原则，肩负责任，维护公平、公正、公开的伦理道德观。

品牌案例6-2

美体小铺：广为人知的品牌文化

美体小铺（The Body Shop）是在1976年诞生的，第一家门店位于英国布莱顿，成立至今，全球已有超过2 070家门店，服务了数千万顾客，如此的成就背后，包含了许多坚持及热忱。创办人安妮塔·罗迪克（Anita Roddick）女士落实节约原则，以重复使用回收瓶的做法，捍卫环保理想。多年来，天然成分和环保精神的创业理念发展成为如今美体小铺的五大核心品牌理念：反对动物实验、支持社区公平交易、唤醒自觉意识、维护人权、保护地球。具体举例而言，美体小铺坚持不用动物测试化妆品，而是采用其他科技方法代替并严格审核原材料；美体小铺相信天赋人权，用实际行动表示其对基本人权的支持与维护，为此，美体小铺还专门成立了美体小铺基金，专门为人权和环保组织提供基金；此外，美体小铺崇尚自然，坚持产品开发源于自然的原则，尊重环境，主张环保，中国台湾的美体小铺董事长黄慧娟一直坚持执行3R原则：再回收（Recycle）、再利用（Reuse）、再填充（Refill）。

美体小铺通过实际行动赢得了广大消费者的支持，同时使其品牌文化广为人知。

资料来源：美体小铺官网，http://shop.thebodyshop.com.tw。

3. 品牌情感

品牌情感可以理解成掌握目标消费者情绪的一种品牌承诺，并远远超过他们的一般期望。品牌承诺代表着品牌所追求的忠诚，因此，品牌情感是品牌忠诚的构成元素。品牌具有情感，可以加深消费者对品牌的认知，丰富消费者的体验，强化品牌形象。传递品牌情感的广告随处可见。例如，三九胃泰颗粒在宣传疗效不凡的同时，没有忘记塑造“悠悠寸草心，报得三春晖”的感人形象；果珍饮品不仅是“富含维生素的太空时代饮品”，还蕴含着“冬天喝果珍，一家人暖在心头”的温馨联想；养生堂龟鳖丸不仅是“100%纯正、功效卓著的保健品”，还是“献给父母的爱”；南方黑芝麻糊“一般浓香、一缕温暖”等。这些广告都以情暖人，用温馨备至的情感诉求来感染消费者，以赢得消费者的品牌忠诚。

4. 品牌个性

品牌个性是有关品牌的人格特质的组合（Aaker，1997）。品牌个性是生产者和消费者在相互交流中共同赋予的，并不是产品本身内在的（Keller，1993）。品牌个性能通过人、物、图景或产品角色的承载，使消费者产生许多联想。奥美广告创始人奥格威在其品牌形象论中指出，“最终决定品牌市场地位的是品牌总体上的性格，而不是产品之间微不足道的差异”。美国整合营销专家唐·舒尔茨（Don Schultz）认为，“品牌个性是品牌的生命与灵魂，能让消费者轻易地将它与竞争品牌区分开来，能给消费者一种既熟悉又亲密的朋友般的感觉”。例如，哈雷–戴维森把“爱国”作为品牌的个性特点；雀巢在消费者心中注入了“慈爱、温馨、舒适和信任”的个性；舒肤佳建立起“关爱、以家庭为重”的品牌个性。品牌个性能够深深地感染消费者，这种感染力会随着时间的推移形成强大的品牌感召力，使消费者成为该品牌的忠实顾客。

5. 品牌制度文化

在品牌精神文化的指导下，企业形成了品牌的制度文化。品牌的制度文化指品牌营销活动中形成的、与品牌精神和价值观相适应的企业制度和组织结构，它是品牌文化中品牌与企业结合的部分，又称“中介文化”。品牌制度文化包括企业领导体制、组织结构、营销体制以及与日常生产经营相关的管理制度等。品牌制度文化反映了企业的性质和管理水平，是为了实现企业目标而制定的一种强制性文化。

二、品牌行为文化

每一种价值观都会产生一套明确的行为含义。品牌行为是品牌精神的落实，是品牌与消费者关系建立的核心过程，是企业经营作风、精神风貌和人际关系的动态表现，也是品牌精神和品牌价值观的折射。品牌行为文化主要包括以下几方面。

1. 品牌营销行为文化

品牌营销行为文化是从文化层次研究营销活动，从文化高度确定市场营销的战略和策略，以增加品牌的竞争力，发挥文化在品牌营销过程中的软资源作用。品牌营销行为文化既包含产品构思设计和广告包装，又包括对营销活动的价值评价、审美评价和道德评价。

2. 品牌传播行为文化

从品牌文化的角度看，品牌的营销行为既是在推广产品，又是在传播文化。品牌传播行为包括企业通过广告、公共关系、新闻和促销活动等行为活动传播品牌资讯。得体的品牌传播行为有助于品牌知名度的提高和品牌形象的塑造。

3. 品牌个人行为文化

品牌是多种身份角色的市场代言人。品牌个人行为不仅包括品牌形象代言人、企业家的个人行为，还包括员工和股东等相关人员的个人行为。他们的行为构成了品牌个人行为，品牌个人行为又代表着他们的行为。

三、品牌物质文化

品牌文化的最外层是品牌物质文化，是包括品牌产品在内的物质文化要素。尽管它处于品牌文化的最外层，但却是消费者对品牌认知的主要的、直接的来源。品牌物质文化主要包括以下几个方面。

1. 产品文化

产品文化可以反映企业的价值观和理念，折射出一个国家和民族的文化传统。产品文化包括企业在长期生产经营中自然形成的价值取向、思维方式、道德水平、行为准则、规范意识和法律观念等，是品牌文化的一个重要组成部分。

2. 包装文化

包装是产品的一面旗帜，是产品价值的象征。产品包装蕴含着品牌个性，体现着品牌形象，规定着品牌定位。包装只有综合利用颜色、造型、材料等元素，突出产品与消费者的利益共同点，对消费者形成较为直观的冲击，表现出品牌和企业的内涵，才能有效吸引消费者的注意，并塑造他们的品牌认知。例如，法国莱俪香水的包装瓶由著名设计师玛丽–克劳德·莱俪（Marie-Claude Lalique）采用彩色水晶、玻璃制作，这些包装瓶充分体现了莱俪的个性：光亮、自然和阴柔等。女用莱俪香水，瓶身有花果图案，并有龙涎香和香子兰的芳香，令人记忆深刻。

3. 名称和标志文化

品牌名称作为品牌之魂，体现了品牌的个性。品牌名称是品牌中能够读出声音的部分，是品牌的核心要素，是形成品牌文化概念的基础。品牌名称不同于产品名称，它具有社会属性和人文属性，可以反映品牌的道德修养、文化水准和远景愿望，是经济领域的一种文化现象，是一笔宝贵的文化财富。品牌标志是品牌中可以被识别但不能用语言表达的部分。它通过一定的图案造型和色彩组合来展现品牌的个性形象和文化内涵，如童真的米老鼠、快乐的海尔兄弟、标致汽车威风凛凛的狮子标志等。

第三节　品牌文化的塑造

品牌文化的魅力是诱人的，但是品牌文化的塑造是一个循序渐进的过程，它需要企业集合人力、物力和财力资源，以品牌的核心价值为主线，不断注入与品牌相符的文化元素，进行合理的整合、演绎和传播。

一、品牌文化塑造的误区

我国企业进行品牌管理和品牌文化建设的时间较短，在理解和运用品牌文化相关知识方面尚不成熟，在品牌文化的塑造过程中难免存在一些误区。

1. 品牌文化建设表面化

现阶段我国企业在品牌开发时往往只注重品牌的经济价值，品牌文化的开发深度远远不够。品牌文化建设应该从一点一滴做起，从每一个细微之处着手，通过外在的、显性的符号来体现品牌内在的、隐性的含义，通过有效的传播手段向消费者传递品牌文化。如果把品牌文化建设简单地理解为视觉识别（Visual Identity，VI）设计，仅仅规范企业的标志物、标准色和标准字体，缺少品牌理念和文化价值的支持，只会导致品牌文化建设流于形式，有形而无神，成为无本之木。

2. 品牌文化建设手段单一

一些企业将品牌文化建设片面地理解为提高品牌知名度，通过在媒体上大量投放广告，将广告作为品牌塑造的单一工具。广告宣传固然是品牌文化传播的重要手段，但不是唯一手段。市场上标王争夺战、价格战、明星战之所以此起彼伏，就是因为这些广告只能达到短期效果，难以在消费者心中树立鲜明的、持久的品牌文化。

3. 品牌文化缺乏个性

目前我国很多企业塑造的品牌缺乏个性，往往人云亦云，千篇一律。别人说“没有不可能”，我就说“一切皆有可能”，这样难以塑造出个性鲜明的品牌文化。在产品属性差异较小的情况下，品牌文化是实现品牌个性差异化的有效途径。企业应该从品牌的性质出发，根据品牌的发展历程和品牌所处行业的竞争现状来塑造品牌文化，而不是进行简单模仿和抄袭。

4. 品牌文化脱离本土化

文化对人们的思维方式和生活方式具有深远的影响。人们生活在特定的文化背景中，消费偏好和消费行为必然受到特定文化背景的影响。因此，将优秀的民族传统文化融入品牌文化，更加容易让消费者产生共鸣，这是提高品牌持久生命力和市场竞争力的有效方式。

5. 品牌文化内涵老化

品牌营销大师卡普费雷尔认为，品牌老化有两层含义：一是指品牌缓慢退化；二是指品牌所反映的消费者形象也在逐渐衰退。相关资料显示，目前国内市场上共有“中华老字号”2 000余家，分布在全国各地，然而，如今仍能正常营业的不到30%。品牌如果固守旧形象、缺乏创新，不能主动、及时地适应市场变化和消费者需求变化，那么将不可避免地老化，最终被市场淘汰。品牌文化的维护如逆水行舟，不进则退。企业应随时补充、及时调整其文化内涵，避免在竞争中被淘汰。

品牌案例6-3

星巴克的品牌传奇故事

星巴克（Starbucks）是美国一家连锁咖啡公司的名称，拥有全球规模最大的咖啡连锁店，其总部坐落于美国华盛顿州西雅图市。星巴克成立于1971年，是世界领先的特种咖啡零售商、烘焙者和星巴克品牌所有者。旗下零售产品包括30多款全球顶级的咖啡豆、手工制作的浓缩咖啡和多款冷热咖啡饮料、新鲜美味的各式糕点以及丰富多样的咖啡机、咖啡杯等。1987年，星巴克原董事长霍华德·舒尔茨先生收购星巴克，从此带领公司跨越了数座里程碑。1992年6月，星巴克作为第一家专业咖啡公司成功上市，迅速推动了公司业务增长和品牌发展。当前，公司已在北美洲、拉丁美洲、欧洲、中东地区和太平洋沿岸37个国家拥有超过22 000多家咖啡店，拥有员工超过117 000人。长期以来，公司一直致力于向顾客提供最优质的咖啡和服务，营造独特的“星巴克体验”，让全球各地的星巴克门店成为人们除了工作场所和生活居所之外温馨舒适的“第三生活空间”。与此同时，公司不断地通过各种体现企业社会责任感的活动回馈社会，改善环境，回报合作伙伴和咖啡产区农民。鉴于星巴克独特的企业文化和理念，公司连续多年被美国《财富》杂志评为“最受尊敬的企业”。

表面看来，星巴克只是把咖啡店装修了一下，它并没有改变咖啡。其实星巴克把什么都变了，它把喝咖啡这种西方饮食中最古老的日常行为，用心重新设计了一遍。制作咖啡饮品这样古老的行业，过去从来没有标准，现在不仅仅是咖啡的标准，还有水的标准、温度的标准、奶的标准、杯子的标准，星巴克都重新设计过了，标准化了。甚至是咖啡机发出的声音，都成了制造气氛、展示产品服务的一部分。更重要的是，过去大部分人喝咖啡都是生理性的，今天则多了一些情感的需要。生理性的需要是有限的，情感的需要则是无边的，星巴克击中了消费品定位的要害。星巴克公司出售的不仅是优质的咖啡、完美的服务，更重要的是顾客对咖啡的文化体验。

在星巴克看来，人们的滞留空间分为家庭、办公室和除此以外的其他场所。麦当劳努力营造家的气氛，力求与人们的第一滞留空间——家庭保持尽量持久的暧昧关系；作为一家咖啡店，星巴克则致力于抢占人们的第三滞留空间，把赚钱的目光紧紧锁定于此。现场精湛的钢琴演奏、欧美经典的音乐背景、流行时尚的报纸杂志、精美的欧式饰品等配套设施，都力求给消费者营造高贵、时尚、浪漫、富有文化的感觉氛围。让喝咖啡变成一种生活体验，让喝咖啡的人感觉到自己在品尝咖啡的同时，也体味着星巴克所宣扬的咖啡文化。文化给较高的价格一个存在的充分理由，不但顾客可以获得心理上的莫大满足，而且星巴克可以获取高额的利润。

霍华德·舒尔茨说：“品牌是终身事业。”品牌活在员工与上门的顾客的互动中。而对于新产品的要求是强化原有品牌的核心价值，扩展顾客与品牌核心价值之间的情感联系。星巴克十分看重顾客的看法与评价，尤其是对于新产品，所以每当推出一款新产品的时候，衡量其是否受欢迎的方法就变得相当简单，而顾客也能从中感觉到新产品或服务与星巴克品牌的关系，在不知不觉中便能让人潜移默化地接受星巴克所带来的品牌文化。

资料来源：品牌网，“Starbucks 星巴克”，https://www.chinapp.com。

二、品牌文化塑造的步骤

根据品牌文化的形成机制及成功品牌的经验，企业可以通过以下环节塑造品牌文化。

（一）品牌文化的设计

企业应根据品牌定位筛选与品牌定位相关的文化因素，包括企业名称、企业形象识别系统（Corporate Identify System，CIS）、商品名称、企业家及员工代表等。在收集和整合企业的各种文化资源之后，根据品牌战略定位对各种文化因素进行提炼，确定品牌的价值体系。例如，通用电气的“进步乃是我们最重要的产品”，杜邦的“通过化学使美好的生活变得更加美好”，海尔的“追求卓越、敬业报国”等品牌价值。当然，品牌也可以随着企业的壮大不断完善品牌文化的表述。例如，惠普公司最初的价值观是“企业发展资金以自筹为主，提倡改革与创新，强调集体协作精神”，在多年的市场经营中进行了多次演变，最后凝练为著名的“惠普之道”，这样一来，惠普公司品牌文化的表述就更加丰富饱满了。

企业应该在品牌核心价值观的基础上，延伸形成完整的价值体系。品牌价值体系的建立可以围绕以下几个方面展开。

（1）企业的核心竞争力。这种品牌价值体系常见于技术型等知识含量高的品牌中，它们由于技术领先、成熟而具有较明显的、持续的、相对或绝对的竞争优势，其价值体系以体现并保持这种优势为主要内容。例如，海信的“创新科技、立信百年”等。

（2）企业的社会责任。在消费品品牌中，企业往往可以通过强调自身的社会责任来表现关爱人类的生活质量。例如，TCL 的“为顾客创造价值”、立邦漆的“处处放光彩”等。

（3）消费者满意度。企业的价值体系还可以围绕消费者满意度来建立，划分主要消费群体，衡量消费者价值，评估并提升消费者关系。例如，家乐福以“开心购物”赢得全球 29 个国家的顾客忠诚；宝马以“使驾驶成为一种乐趣”、沃尔沃以“安全驾驶”为品牌价值观开拓了全球市场。我国也有大量品牌持有类似价值观，例如，海尔以“真诚到永远”成为家电业名副其实的龙头老大，娃哈哈以“健康下一代”为价值主张称雄儿童饮料市场。

（二）品牌文化的传播

企业要塑造一种独具个性的品牌文化，就需要通过多元传播渠道向消费者表达个性诉求，在他们心中植入有分量的、有亲和力的品牌文化。品牌文化的传播包括内部传播和外部传播。

1. 品牌文化的内部传播

品牌文化的内部传播十分重要，它既具有辅助品牌文化形成和确立的功能，又兼有使品牌文化得以继承和发扬的功能。事实上，品牌文化的形成、发展与积累，都与品牌文化的内部传播有着密切的关系。

（1）企业的高层管理者要身体力行，发挥示范作用。企业的高层管理者是品牌文化建设的龙头，他们的示范行为是一种无声的信号，对员工起着重要的示范作用。管理者是品牌文化的实践者，需要率先垂范，处处注意自己的“角色形象”。因此，要塑造和维护品牌的共同价值观，管理者就应该首先成为这种价值观的化身，通过自己的言行举止向全体成员传递品牌的价值观。

（2）树立典范，发挥表率作用。模范人物是员工评判自己思想行为的一面镜子。发挥模范人物的表率作用是建设品牌文化的重要方法，把那些最能体现品牌价值观念的个人和集体树立为典型，通过他们的号召力和感染力，影响并统一员工的行为和价值观。

（3）加强培训，提高员工素质。如果员工的素质不高，或者缺乏良好的职业道德，企业将难以持续健康发展。在这种情况下，品牌文化建设也只是纸上谈兵。在合理设计品牌文化之后，还要督促员工参加培训，使品牌文化对员工的思维方式和思维取向起到规范作用。同时，还可以开展各种文化活动，增强员工对品牌的认同感和自豪感，提升品牌精神，丰富品牌文化的内涵。

（4）健全组织机构，完善规章制度。文化的行为规范力往往具有至高无上的地位。它告诉人们什么样的行为是被许可的，什么样的行为是不被许可的。在特定品牌文化的影响下，企业员工往往会遵守规范，而这个规范也许并不是条文或规章制度，而是品牌文化对员工行为的规范力。

2. 品牌文化的外部传播

品牌文化的外部传播主要通过各种媒体，围绕品牌文化核心进行传播。在品牌文化的传播过程中，广告是最直接、最有效，也是运用最广泛的手段。广告本质上是一种文化现象，它像一只无形的手，深深地影响着消费者的消费意识和审美心理。通过广告，品牌文化得以具体化、外在化、形象化、延伸化地表达与呈现。消费者认同了广告中为他们设计的文化感受，也就会迅速地与品牌文化产生共鸣。许多强势品牌都十分注重强化广告的文化内涵，通过具有创意的设计，使广告富有高雅情趣和无穷魅力。广为传颂的广告语，可以表达出一个品牌的主张、理想与文化内涵，甚至可以成为一个时期的精神标志和文化象征。

企业作为社会组织，其为树立良好的组织形象、改善与社会公众的关系而实施的传播与沟通活动，在社会生活中发挥着日益重要的作用。在准确把握目标消费者文化心理诉求的基础上，借助具有品牌精神代表性的公关活动，演绎品牌的文化内涵，这种泛文化型公关方式在品牌文化的塑造方面往往能达到事半功倍的效果。以轩尼诗“文化使者卖酒”为例，轩尼诗于20世纪末重返中国内地市场之时，采取了文化造势的公关手段。这次文化造势的公关活动的巧妙之处在于轩尼诗是以文化使者而不是以商人形象出现的，采用非商业场合的文化环境，突出古老、典雅、友情和尊贵的文化内涵，树立品牌文化使者的形象，顺利开拓了中国市场。

3. 品牌文化的审核

品牌文化的塑造不是一蹴而就的。这个过程不仅需要很长的时间，还需要不断地强化。在这一过程中，企业的品牌负责人要对品牌文化的实施进行全面的监控，在各种载体上对品牌文化做全方位的检验，防止品牌文化发生变异。评估品牌文化可以从以下五个方面进行。

（1）品牌价值观。品牌价值观是品牌文化的核心。值得倡导的价值观包括重视管理者和员工的能力、团体合作精神和革新意识，尊重消费者的利益，关注技术更新等。对品牌价值观的评价需要综合考虑以上因素。

（2）品牌行为规范。除了规章制度等成文规定，品牌行为规范更多地表现为传统、习惯、禁忌和时尚等不成文的行为规范。它具有法律所不具备的积极示范效应和强烈的感染力和约束力，并体现品牌价值观。对品牌行为规范的评价需要综合考虑规章制度、职业道德、工作态度和工作作风等。

（3）品牌文化网络。品牌文化网络包括品牌文化传播的各种渠道，既包括“硬件”媒体，如广播、电视、报刊、会议和社交媒介等，也包括“软性”传播，如文体活动和演讲比赛等。

（4）环境的适应性。品牌文化对环境的适应性取决于品牌对竞争环境变化的敏锐性。品牌文化所面临的外部环境包括经济环境、政治环境、科技环境和社会文化环境等，内部环境包括物质条件、经营管理水平和员工素质等。企业应当评估品牌文化应对环境变化的能力。

（5）品牌形象。品牌形象是社会公众对品牌的综合印象，企业可以从产品质量、服务质量、领导形象、员工精神及品牌知名度、信誉度和美誉度等方面对品牌形象做出评价。

4. 品牌文化的优化管理

优化品牌文化的关键在于企业在塑造品牌文化的过程中能否关注并满足消费者的物质与精神的现实需求和潜在需求，不断审视和检验品牌文化培育体系的目标定位和市场渗透，以实现品牌文化塑造体系的创新和完善。首先，企业应不断强化品牌个性，在品牌营销中寻求准确的品牌特性，并将之贯穿于品牌文化塑造的各个方面；其次，企业应不断提升品牌形象，缩短品牌与消费者之间的距离；最后，在品牌文化的塑造过程中，还要注意保持品牌的一致性。所有品牌要素在视觉传达和传播上应保持一致，营销行为与品牌形象保持一致，这样才能在消费者心中形成统一形象，建立消费者的品牌忠诚。

本章小结

品牌文化是品牌研究的新领域。它是企业文化在营销过程中的集中体现，对提升产品竞争力具有显著作用。品牌文化具有显著的差异性、层次性、系统性、一致性、民族性和相对稳定性。它是品牌价值的不竭源泉，是品牌保持竞争优势的原动力，能够有效地增强企业凝聚力，实现品牌个性差异化及建立消费者忠诚。

品牌文化是在品牌塑造过程中积淀起来的，由品牌精神文化、品牌行为文化和品牌物质文化三部分构成。品牌文化设计好之后，还需要通过内部传播和外部传播获得企业利益相关者的认同。在塑造品牌文化的过程中，企业应该随时关注并满足消费者的需求，随时审视和检验品牌文化的培育，推动企业品牌文化不断完善和优化。

复习思考题

1. 品牌文化的含义及特征是什么？
2. 品牌文化的构成要素有哪些？
3. 企业文化和品牌文化有何区别？
4. 企业如何成功塑造其品牌文化。

课后案例 6-1

海天味业：古酱新生，从颠覆到引领的品牌影响力

一瓶酱油，上市6年炼成10倍牛股，总市值逾5 000亿元，该企业成为名副其实的造富工厂；惠及亿万消费者餐桌，18%的酱油单品市场份额远超同行，产销量连续23年稳居全国第一；明明是加工企业却鲜有工人，技术人员占比更是高达1/7，并提出打造全员工匠……这些都是我们在有着“酱油巨无霸”称号的海天味业身上看到的。

“卖酱油的是如何打败卖房子的？”是近年来不少人的疑问，是先人一步引进自动化实现行业颠覆，还是由于不断进击的扩张脚步，抑或是因为全员工匠的人才战略？《证券时报》“上市公司高质量发展在行动”大型系列报道采访团走进海天味业，透视“酱油界茅台”是如何炼成的。

1. 工匠精神：引领行业晋级之路

“北纬23.18度，靠近北回归线，位于热带，每年太阳直射2次，是酱油晒制发酵的理想场所。”醒目的黄色弧线及身边的文字提示着这里的纬度。因其适宜的晒制条件，这里是有着300年历史的佛山古酱园发源地，也是当下餐饮界巨无霸——海天味业所在地。

1955年，佛山的25家著名酱园合并组建酱油厂，即海天酱油前身。展览区还专门有一片古酱园的酿制流程模型，为参观者展示出酱缸散布、工人劳作其间，酱油厂到底是什么样子。据参观者中的老一辈人回忆，古代酿酱场所并没有那么规范，酱缸露天排开，卫生标准较难控制。而今日的海天正是行业的颠覆者，可以说给予了酱油行业新的生命力。这瓶市值逾5 000亿元的“酱油”究竟是如何炼成的？

无论听过多少自动化的传闻，也只有置身其中方知震撼。作为瓶装的大众消费品，酱油需要经过复杂工艺流程酿制而成。走进海天酿造厂，约5层楼高、直径超10米的绿色、黄色大桶林立，说它们数以百计一点也不夸张，管道相连处是世界最大的阳光晒场，海天晒场一共有1万多个玻璃晒池，总面积超过60万平方米，相当于100个足球场那么大。但整个厂区，记者仅在晒场上空闻到轻微的酱香味，还不如茅台镇街道上空飘荡的酱香味浓烈。“晒制60天的酱油颜色略淡，90天的酱油则酱色更浓”，阳光底下放眼望去，一个个玻璃晒池排排坐，让人仿佛置身海洋牧场。

跟着管道继续走，就来到海天的包装车间外侧，让人难以相信的是这里竟然就是瓶装调味品的包装车间。即便在可口可乐等饮料巨头的工厂，记者也未曾见到如此少的工人，一路走下来，在目力所及的数百平米车间内和十几条生产线上仅有几十个人，这些人主要是对机

器检测出的部分包装有问题的产品进行人工辅助。效率有多高，海天味业董秘张欣指着一条生产线介绍，“每条生产线的生产速度最高可达每小时52 000瓶”。更让记者惊奇的是，在装瓶流水线之外的装箱、堆叠、搬运箱子这些需要人工的环节上，竟然看不到一个工人，只看到箱子从一个个变成一摞摞，再由间隔分明的轨道车连续不断地运向远方。

“世界领先，甚至在所有同品类企业当中领先。”说起海天目前的酱油自动化流水线，张欣颇为自豪地讲道，“我们整个生产线的设计就花了3年，在自动化方面，海天做了行业颠覆式的设计，既保留了所有传统工艺环节，同时又实现了设备化、自动化，而且全部连续化了。现在很多公司都来我们这里参观指导，包括茅台、五粮液等同属酿造业的知名公司。他们说中国最尖端的酿造设备都集中在海天了，中国调味品协会几乎每年都会组织一次行业内公司来海天参观。”

海天的腾飞乃至对行业的颠覆，其实与董事长庞康在20世纪90年代的一个决策密切相关。1993年，庞康力排众议，花费3 000多万元引进国外先进生产线，从此海天将古酱酿造与现代自动化技术相结合，受地域限制极大的传统古酿行业从此不断突破，向全国扩张。2005年，海天又斥资10亿元建立100万吨产能的高明生产基地，海天也正式开启了不断扩张的步伐。

2. 进击之路：纵横双向的扩张

2005年，广东高明生产基地的建成成为海天味业产能逐渐扩张的起点。2009年至今，海天不仅在酱油、蚝油、调味酱领域进行扩产，也开始不断加码小品类调味品的产能建设，探索多样化与高端化之路，不断进行着纵横双向的扩张。

如今，仅有4 000多名员工的海天味业，年产酱油220万吨、蚝油80万吨、其他酱料约30万吨。根据相关数据，海天酱油单品市场占有率在2018年末已超过18%，是后三名产品市场占有率之和的近1.5倍，在整个酱料行业的市场占有率，海天味业也达到了4%左右，海天一度被称为餐饮界的巨无霸。根据公司2019年发布的三五计划，海天味业将再增加100万吨的酱油产能。

在扩张的过程中，除了酱油外，海天味业蚝油和调味酱两个产品的销量也增长迅速。2019年，海天味业蚝油的营业收入达34.9亿元，调味酱的营业收入达22.91亿元，其中蚝油营业收入同比增长22.21%。“目前海天在酱油、蚝油和发酵酱三个子品类里面都是龙头。”张欣介绍道。

除了三个龙头产品外，多元化也是海天近几年推进的重点。张欣表示：“我们是一直专注于调味品赛道的，未来几年依然会在调味品行业里选择其他一些子品类，慢慢做到行业前列，比如说醋、料酒、火锅底料、酱腌菜等，这些在中国都有较大的市场和群众基础，在老百姓日常消费和餐饮行业消费中都有较大的量，都是比较大的子行业。”就在2020年8月中旬，海天味业推出了旗下首款火锅底料产品，正式入局火锅底料市场。

3. 行稳致远：品质＋效率铸就的壁垒

海天无疑已是调味品界的巨无霸，但仅仅用“大和快”无法解释这瓶酱油是如何创造逾5 000亿元市值的，更无法解释市场给予其高于同行溢价的状况。在采访中，张欣多次提到“行稳致远”。在谈到管理层对公司的期待上，张欣也直言“希望打造百年老店”。正是在与时间同行的过程中，海天通过一瓶普通酱油铸就出难以复制的壁垒。

“酱油可以说是在调味品的金字塔顶端”，但在张欣看来，制造位于“金字塔顶”的酱油其实门槛也是不高的，即便在行业集中度已经大幅提高的情况下，每个地方也都还有自己的本土酱油厂。一份2014年的酱油企业名录显示，当时全国在册酱油企业多达1 599家。说到海天的壁垒，张欣指出，高品质铸就的品牌力，以及精细化管理和规模化效应下的成本管控是打造壁垒的关键所在，“大众消费品就是你要做到能比别人做得好，又能比别人成本低，正是把小事、简单的事做到极致，海天才能够做到即使被看懂却依然难以被模仿”。

记者也发现，无论是毛利率还是净利率，海天都明显高于同类上市公司。而且在整个食品饮料行业大类企业中，海天76.9的市盈率，也明显高于其他同类企业，比贵州茅台50倍的市盈率也高出不少。张欣介绍道：“酱油这个产品，整个生产工艺流程非常长，从黄豆到酱油出厂大概需要3～9个月的时间，这么长时间里，如果整个生产工艺控制得好，产品技术应用到位的话，对整个生产成本的控制会非常有利。海天的自动化水平是非常高的，对整个生产流程有着严格的控制，所以我们的生产能耗低，生产效率高，这是我们毛利率不断上涨的重要原因。同时，我们整个产能规模及使用率又在增加，这对于成本的控制就更加有利了。”

2020年，受新冠肺炎疫情的影响，餐饮行业可谓一落千丈，但海天一季度实现逆势增长，营业收入达58.84亿元，净利润增长9.17%。据张欣介绍，为了复工，海天直接带动了产业链的24家企业，并将防疫经验复制给上下游企业，一起报备、一起等待政府验收，“到2020年2月底，我们公司整个产业链上的企业都复工了”。

从数据上我们也可以看到，正是由于较强的成本控制能力和议价能力，海天的直接材料成本增长较为稳定，大部分时候，成本增速低于营业收入增速，其成本占营业收入的比例也从2015年的49.65%下降到了2019年的44.4%。另外，海天的管理费用率也维持在较低水平，2017年为4.16%，2018年为1.4%，2019年为1.5%。

张欣表示：“海天之所以能够在消费者那里有越来越高的信赖度和品牌力，主要还是源于海天一贯对品质的严格要求和对安全的严格把控。”对于食品行业来说，安全是绝对的生命线，张欣介绍，海天的整个生产过程是全程监控的，特别是一些重要的投料环节，员工的进入有着严格的限制。在车间还有专门的留样室，样品都会保留2年以上，海天产品的保质期是18个月，也就是说市面上所有流通的产品，所有批次都可以在留样室找到样本。加上大数据等现代技术的应用，使得海天全部产品实现了可追溯。“从一粒黄豆进场到产品的出厂，我们总共有494个检测点来保证产品质量，只有检测点全部过关了，产品才能顺利出厂，可以说海天产品的生产有着严格的规范，包括严格的监控机制、检测机制、追溯机制，如果市面上的产品出现问题也能第一时间快速进行对应检测和快速追溯。”

文化铸就品牌影响力，同时，一个企业的发展壮大与其企业文化密不可分。海天坚持“守拙择善、务实创新”的企业文化理念，历经千年的调味文化和海天三百多年的酿味历史，赋予海天品牌更多的文化内涵。“守拙”是海天立足的根本，三百多年来，海天一直坚持传统的“阳光酿晒”工艺；“择善”是海天对产品质量的一种标准，更是一种常态，也是一种海天锐意进取的企业发展状态；海天人的“务实”，就是要“实事求是，实干求成”，在产品生产中坚持高效率生产，在工作中坚持高效率工作；“创新”是海天发展壮大的根本生产力。通过科研与实践相结合，保证了海天“以品质为本”的核心竞争力，稳固了其市场地位。

未来几年，在国内调味品市场激烈的竞争环境下，海天将在智能化、数字化的转型升级的道路上进一步提升产品质量，实现转型升级，进一步稳固品牌影响力。

资料来源：百家号，https://baijiahao.baidu.com/s?id=1675316429900707899；中国网，http://science.china.com.cn/2016-05/30/content_8801287.htm。

案例讨论

1. 海天味业品牌文化的核心价值是什么？
2. 海天味业如何传导其品牌文化？

课后案例 6-2

“狼文化”：品牌彰显企业内涵

福建七匹狼集团在纷繁芜杂的男性消费品市场上独树一帜，并使得“七匹狼”品牌越来越具有影响力，其品牌文化的魅力给人的启示是深远的。20 多年一路风雨走来，从手工小作坊发展成为正在走出中国、走向世界的实力集团公司，七匹狼正是以塑造品牌文化魅力为出发点，才成就了今日的辉煌。

业内人士指出，如今的中国服装市场呈现出国际化和开放化的特点。国际品牌的抢占冲击，本土品牌的激烈竞争，日益多变细分的消费者需求，对中国民族服装品牌的发展提出了新的要求。企业竞争体现在从产品、管理、营销、科技到品牌、文化等的方方面面，但品牌竞争的最高境界无疑是文化竞争。七匹狼敏锐地观察到了这一点。“服装企业的市场之战，说到底是品牌之战和文化博弈。服装企业要想获得长足的发展，必须将文化与品牌建设作为经营发展的战略支撑和牵引。”七匹狼董事长周少雄曾指出，品牌文化的建设，不仅能够赋予品牌个性与特色，提高品牌价值，更是保持和扩大市场占有率，使品牌形象获得消费者认同和忠诚的关键所在。

深谙此道的七匹狼自成立以来便一直致力于自身品牌文化的建设。从“奋斗无止境”，到“相信自己，相信伙伴”，再到“男人不止一面”……七匹狼通过深耕细作，逐步将自身品牌文化进行系统升级，为中国服装品牌文化的深层积淀，创造了典范。

根植于狼性族群精诚团结的文化，从 20 世纪 90 年代中期起，七匹狼改变传统销售渠道和经营方式，另辟蹊径制定出以“狼文化”概念为核心的“名牌、文化与企业”为一体的市场营销战略，演绎形成独有的男性族群文化理念。这期间，七匹狼导入 CIS 企业识别系统，把商标图案“卧狼”改为“奔狼”，并迅速引进新的营销手段，将批发渠道改成总代理制，开创出全新的特许专卖经营模式。

在导入品牌文化的过程中，七匹狼没有停留在文化的表层，而是随着市场竞争的变化不断地发展“七匹狼”品牌文化，通过对男士消费时尚的深入研究，不断地酝酿出主题文化观念，使企业从单一的男式休闲服装，逐步进入皮具业、酒业等领域，从而走上了同一品牌的多元化经营之路，这种同一品牌下跨行业经营的经营战略，使七匹狼品牌在延伸中所隐藏的经营风险不断得以化解，也逐渐奠定了“七匹狼”倡导男士族群新文化的品牌文化定位。

除此之外，七匹狼更是力争从不同的角度进行文化再造，赋予品牌更加新鲜的活力。借助陆川的求近思远、张涵予的隐忍激扬、张震的时尚经典、孙红雷的铁骨柔情、胡军的锐意进取五大男星广告里的时尚演绎，淋漓尽致地阐释了新时代中国男人不止一面的风貌。“七匹狼提倡打造男士的文化生活观念，打造铁骨柔情、积极向上的男人生活观念，不但让消费者享受到七匹狼产品的国际品质，还让消费者享受到七匹狼产品所带来的文化价值提升。”周少雄坦言，七匹狼转变经营方式的关键，是要为消费者创造来自物质和精神文化层面的双重价值。从卖产品到卖品牌，从创造服务到创造文化，这本身就是一个升值。七匹狼用品牌、用文化促转型的方式，受到不少精英人士的认可。

资料来源：晋江经济报，http://www.jjjjb.com.cn/html/2016-06/21/content_366463.htm。

案例讨论

1. 请归纳案例中七匹狼的品牌精神。
2. 七匹狼是如何诠释自己的品牌文化的？
3. 谈谈你对七匹狼品牌的认识和理解。

第七章
CHAPTER 7

品牌传播

§ 本章提要

- 品牌传播的概念
- 品牌资讯的类型
- 品牌传播媒体的主要类型
- 品牌传播媒体计划
- 口碑传播的定义、作用、类型和设计

§ 本章案例

- 一场没有 iPhone 的苹果发布会
- 农夫山泉“有点甜”
- “三马”争锋
- 凭借吆喝赚市场：脑白金
- OPPO 跨界合作共赢，助力销量猛增
- 海底捞火锅：每日微信订单量超 100 万元
- 一半靠口碑，一半靠新媒体
- 以口碑裂变撬动高票房，微博能否助推《流浪地球》流浪成功
- 潘婷：内心强大，外在闪耀

§ 预习案例

一场没有 iPhone 的苹果发布会

2020 年 9 月 16 日凌晨，苹果在线上举行了新品发布会，新款 iPhone 12 并未亮相，本次发布会共推出了 iPad Air（第 4 代）、iPad（第 8 代）、Apple Watch Series 6 和 Apple Watch SE 4 款新产品，以及 Apple Fitness+ 健身服务和 Apple One 订阅捆绑包服务。

此外，全新的 iOS 14、iPadOS 14 和 watchOS 7 系统都在 9 月 17 日推送了

正式版更新。

Apple Watch Series 6 采用 S6 芯片，它还加入了 U1 芯片和超宽频天线，支持短距离无线定位；显示屏也有所改进，在户外环境下，亮度可达上一代 Series 5 的 2.5 倍。Apple Watch Series 6 的外观没有大变化，主要新增了蓝色和红色的铝金属表壳版本，不锈钢款则将原来的深空灰版本改为石墨色。考虑到环保因素，Apple Watch 将不再提供 USB 电源适配器。Apple Watch Series 6 加入了传闻已久的血氧监测功能，通过表盘背部发出的光，测量人体的血氧饱和度。血氧饱和度作为人体一大生命体征，是反映呼吸和循环功能的重要生理指标。因为新冠病毒的关系（COVID-19 有可能引起肺炎，导致病患呼吸困难，血氧下降），该产品的这一功能最近被广大民众所熟知。

Apple Watch SE 采用了和 Apple Watch Series 4 相同的显示屏（不具备常亮功能），配备了和 Apple Watch Series 5 相同的 S5 芯片，以及和 Apple Watch Series 6 相同的加速感应器、陀螺仪、全天候高度计等功能，使消费者感受到 Apple Watch SE 虽然价格更低，但性能不差。

介绍完新款 Apple Watch 之后，苹果公布了 Apple Fitness+ 的健身服务。用户将能够通过 Apple Fitness+ 观看由苹果制作的健身课程，屏幕上还会显示用户的实时身体数据。Apple Fitness+ 的课程将由世界级健身教练进行教学，并根据不同的健身类型匹配合适的音乐进行播放，用户还可将这些音乐存入 Apple Music 歌单。在课程方面，Apple Fitness+ 将包含骑行、跑步机、高强度间歇训练、力量训练、瑜伽、舞蹈、核心训练和放松训练（Mindful Cooldown）课程，课程和音乐会在每周进行更新，用户将能够在 iPhone、Apple Watch 和 Apple TV 上通过健身应用参与健身课程。

本次发布会上，苹果还推出了之前传闻已久的 Apple One 订阅捆绑包服务，服务分为个人版、家庭版和高级版（Premier）。其中，个人版 Apple One 包含 Apple Music、Apple TV+、Apple Arcade 和 50GB iCloud 存储空间，定价 14.95 美元 / 月，比单独购买各项服务减少 6 美元 / 月。家庭版 Apple One 包含的服务与个人版一致，只是 iCloud 存储空间增加至 200GB，定价 19.95 美元 / 月，比单独购买各项服务减少 8 美元 / 月。Premier 版本 Apple One 在包含上述服务的基础上，还将增加 Apple News+ 和 Apple Fitness+ 订阅服务，其中 iCloud 存储空间增加至 2TB，定价 29.95 美元 / 月，比单独购买各项服务减少 25 美元 / 月。

按照苹果的惯例，秋季发布会侧重硬件，春季发布会侧重软件。但看完这场发布会，观众势必会感受到苹果转型的决心。

资料来源：搜狐网，https://www.sohu.com/na/418875523_115865。

作为全球颇具影响力的手机品牌，iPhone 能在竞争日趋激烈的手机行业中脱颖而出，取得炫目的销售佳绩和行业地位，甚至在中国市场，似乎没有很多的宣传即可吸引消费者，让不少国内品牌难以望其项背，这让无数广告人士赞叹不已。市场上没有无缘无故的成功，苹果的品牌传播在很大程度上成就了苹果。苹果通过不断进行产品升级和推出新产品，引发消费者的好奇心，激发其购买冲动。苹果也就无须费力吸引媒体报道，便能得到超越广告的传播效果。品牌是企业的无形资产，传播是品牌力塑造的主要途径。品牌传播是创建和发展强势品牌的有效手段，它既是建立消费者品牌认知的重要方式，也是提高品牌美誉度和品牌忠诚度的有效途径。品牌营销者只有深谙各类品牌传播工具的传播特点，才能运用自如，进行有效的品牌传播活动。

第一节 品牌传播概述

一、品牌传播的概念

品牌传播在建立消费者与品牌的关系中起到了桥梁的作用。通过品牌传播，可以让消费者产生认知上的差异，有利于企业建立差异化优势。企业可以利用品牌传播建立并维护品牌与消费者的关系，传达企业的经营理念与文化，并通过向消费者提供超出产品本身的功能价值，培养消费者的品牌忠诚。

传播是指传递和接受信息，是所有关系的基础。美国社会学家库利（Cooley）认为，传播是人际关系借以成立的基础，又是其得以发展的机理。品牌传播涉及符号学、传播学和市场营销学等学科的内容。品牌传播的理论基础包括USP理论、品牌形象理论、品牌个性理论、360度品牌管家和IMC理论等（见表7-1）。一般说来，品牌传播是指品牌所有者通过广告、促销活动、公关关系、人际沟通等多种传播策略及各种传播工具，与外部目标受众进行的一系列关于品牌资讯的交流活动。它以构建品牌、维护品牌与消费者及其他利益相关者之间的正向关系为目标，旨在促进目标受众对品牌的认知、体验和信任，从而最大化地增加品牌资产。简单来讲，品牌传播就是品牌信息的传递或品牌信息系统的运行。任何一种传播都是某种信息的传递，或者说“传递信息”是传播的本质所在。至于传播的手段，不管是通过广告、新闻、公关，还是其他，说到底都是信息的传递。同时，作为传播手段重要组成部分的传播媒介也是随着社会的发展而不断变化发展的。例如，过去用“实物”“招牌”作为媒介，后来有了报刊、广播、电视，现在又有了互联网、手机、网络电视、移动电视，还有在新的技术支撑体系下出现的媒体形态，如电子杂志、电子报纸、数字传播、短信、数字电视、数字电影、触屏媒体，以微信、微博、个人日志、个人主页为代表的自媒体，以及以开心网、聚友网、人人网、Facebook、Twitter和Qzone等为代表的社交平台。

表7-1 品牌传播理论分析

理论及提出者	主要观点
独特的销售主张理论[Unique Selling Proposition（USP），20世纪50年代由美国人罗瑟·里夫斯（Rosser Reeves）提出]	强调产品具有的特殊功效和利益：每一个广告都必须对消费者提出一个销售主张，这一主张，必须是竞争对手无法或没有提出的；必须具有独特性；必须有强劲的销售力
品牌形象理论（Brand Image，20世纪60年代中期由大卫·奥格威（David Ogilvy）提出）	广告就是要力图使品牌具有并且维持一个高知名度的品牌形象；广告应该尽力去维护一个好的品牌形象，而不惜牺牲追求短期效益的诉求重点；随着同类产品的差异性减小，品牌之间的同质性增大，消费者选择品牌时所运用的理性减少，因此描绘品牌的形象要比强调产品的具体功能特性重要得多；消费者购买产品时追求的是“实质利益＋心理利益”，对某些消费群来说，广告尤其应该重视运用形象来满足其心理需求

（续）

理论及提出者	主要观点
品牌个性理论 [Brand Character，20 世纪 50 年代，美国葛瑞（Grey）广告公司提出了“品牌性格哲学”，日本小林太三郎教授提出了“企业性格论”，从而形成]	品牌个性比品牌形象更深入一层，形象只是造成认同，而个性可以造成崇拜；为了实现更好的传播效果，应该将品牌人格化；塑造品牌个性应使之独具一格、令人心动、历久不衰；寻找能代表品牌个性的象征物很重要
360 度品牌管家 [360 Brand Stewardship，20 世纪 90 年代由奥美国际（O&M）提出]	一个品牌的抽象面，应该包括消费者如何接近品牌、消费者的使用经验、消费者的友谊和感受、消费者的想法和态度、消费者的需要和欲求。所谓 360 度，就是每一个与消费者的接触点都能达到预期的效果；每一个接触点都能准确地传达信息；经验更加容易获取、信息更加丰富
整合营销传播理论 [Integrated Marketing Communication（IMC），在 1992 年《整合营销传播》一书中首次提出，作者为美国西北大学教授唐·舒尔茨（Don Schultz）、斯坦利·坦南鲍姆（Stanley I.Tannenbaum）、罗伯特·劳特朋（Robert F. Lauterborn）]	整合营销传播是将与企业进行市场营销有关的一切传播活动一元化，指将所有传达给消费者的信息，包括广告、促销、事件营销、包装等以有利于品牌的形式呈现；所有通过不同营销传播工具，在不同媒体传播的信息都应彼此关联呼应

作为企业传播行为的一种，品牌传播具有所有传播活动所共有的特征——动态过程。这就决定了企业的品牌传播是一项开放的、系统的、长期的工作，它需要企业做好品牌战略规划，并保持一定的连续性，持之以恒地向目标受众传达品牌信息，还需要企业根据市场变化及时对品牌做出调整，使品牌保持活力。

品牌案例7-1

农夫山泉“有点甜”

1998 年，娃哈哈、乐百氏以及其他众多的饮用水品牌大战已是硝烟四起，而且在娃哈哈和乐百氏面前，刚刚问世的农夫山泉显得势单力薄；此外，农夫山泉只从千岛湖取水，运输成本高昂。

农夫山泉在这个时候切入市场，并在短短几年内承受住了众多国内外品牌的冲击，稳居行业三甲，成功要素之一在于其差异化营销之策。其差异化的直接表现来自“农夫山泉有点甜”的概念创意。

农夫山泉真的有点甜吗？非也，这只是品牌传播概念而已。一个“甜”的简单概念不仅传递了良好的产品品质信息，还让人直接联想到了甘甜爽口的泉水，此种营销策略可谓一石二鸟。

资料来源：无忧考网，http://www.51test.net/show/1632753.html。

二、品牌资讯的类型

消费者和其他利益相关者每次与企业发生直接或间接联系时，其视觉和听觉都会获得各种信号，这些都属于品牌资讯。企业销售的产品发送了有关产品的质量、价格和价值的信号，这些信号进入消费者的大脑集成为对该品牌或企业的印象、想法和感觉，正是这些大量的品牌资讯构成了消费者心目中品牌的基本要素。产品的设计、材料、性能、价格及分销，连同企业的客服、工厂或店铺的位置和营业时间、人员聘用的惯例、慈善活动及营销传播等，都传递了有关品牌或公司的资讯。具体而言，品牌资讯有以下四个主要来源。

（一）计划资讯

计划资讯是由广告、促销、个人销售、新闻发布、事件、赞助、包装以及年报等传递的品牌资讯。消费者不是计划资讯的唯一接受者，企业也利用这些资讯来解答员工、投资者或其他股东关注的问题，主要通过使用大量的媒体，如新闻发布会、演讲、年报、招聘广告、年会、销售会议、工资单上的通知、布告牌（在线或在墙上）及实时通信等方式来实现。品牌资讯来自企业的多个部门，包括财务部门（如发布新股东或各种财务报告）和研发部门（如为行业杂志撰写的文章或企业内部工程师的访谈），而不只是来自营销和营销传播部门。

1. 广告

广告是商品经营商或者服务提供者承担费用，通过一定的媒介形式直接或间接地介绍自己所推销产品或所提供服务的商业广告。广告是买方市场的必然产物，是消除信息不对称的重要手段。作为消费者了解品牌资讯的主要渠道，广告在产品的宣传推广中具有一系列推动和促进作用，例如，介绍产品功能、培育初级市场需求、引导消费文化等。这些作用可归结为两大类：塑造品牌和刺激销售。前者是企业摆脱价格战，更好地实现销售的必经之路；后者是广告的终极目标。奥格威曾指出："每一次广告都应该为品牌形象做贡献，都要有助于整体品牌资产的累积。"广告是企业对品牌的长期投资，它能够带来品牌价值的提升、品牌资产的累积和消费者忠诚的建立，是实现有效品牌传播的有力工具。

2. 包装

随着自助服务概念在零售业的扩展，包装对于消费品而言已经成为非常重要的品牌资讯。正如一个商店的装潢设计会传播关于商店的信息一样，包装和标签也会传播产品种类、品牌销售以及品牌身份和形象等重要讯息。每天在商品通道间走过的人有上百万，远远超过在黄金时间看电视的人数，这表明品牌包装就像微型的户外广告牌，每天有数百万次的展示机会。事实证明，包装在消费者进行品牌选择时起到最后的品牌资讯展示作用，这表明它是品牌传播中重要的组成部分。在琳琅满目的商品中，改进包装与减少现代包装和标签设计的成本，已成为节约市场营销传播费用的有效手段之一。

3. 促销

促销具有通过增加品牌的有形价值来激发消费者购买行为的品牌传播功能，旨在激发并促进最终购买行为的短期增值诱因。促销强调增值，例如，赢得奖金的机会、价格折扣（如8折、买一送一）、奖品、数量折扣（如加量不加价）、免费试用品和赠品等。一直以来，促销都被视为一种获得销售额短期增长的手段，甚至被业界认为是广告主忽视品牌建设、重视短期效应的做法。实际上，并非所有的促销活动都会造成品牌价值的损失。乔治·贝尔奇（George Belch）认为，重视促销对品牌建设有重要意义，因为它能带来有特色的品牌偏好，并能使品牌本身得到发展和增强。

4. 人员销售

人员销售是面对面的沟通，透过人员沟通使顾客接受产品品牌的特征，进而产生购买行为。现在的人员销售不仅仅是卖东西，还必须注重解决顾客的问题并为顾客创造价值。这意味着，为了达到降低顾客成本或提升产品竞争力和吸引力的目的，需要与顾客保持一种伙伴关系。现代的各种信息技术使专业销售人员意识到他们是整个品牌传播系统中的一部分，并且其行为必须与各种品牌资讯保持一致。

5. 品牌叙事

品牌叙事是通过品牌的相关宣传资料透射出来的品牌内涵，包括品牌背景文化、价值理念以及产品利益诉求点的生动体现等方面的内容。美国品牌战略专家劳伦斯·维森特（Laurence Vincent）指出，品牌叙事可用来传达一种世界观，一系列超越产品使用功能和认知产品特征的神圣理念。作为品牌的外在表现形式，品牌叙事巧妙地将所要表达的品牌背景、品牌核心价值理念和品牌情感串联起来，用一种美的形式将这些品牌资讯传递给目标受众，以此达到与目标受众的心灵沟通并得到他们的认可，令消费者感到一种物超所值的心灵愉悦与美的享受。

6. 事件或赞助

事件或赞助被设计为创造参与和扩大品牌传播的体验范围。一些企业开始意识到成功的体验在将客户和品牌联系在一起中所发挥的作用，于是出现了事件营销和赞助活动的“爆炸性”发展。事件或赞助比其他品牌资讯传播的类型具有更强大的影响力（除了个人销售），这是因为事件的参与性不同。一个事件或赞助比被动的品牌资讯（如广告）更有可记忆性和激发性，因为顾客参与到了事件中或者是事件的一部分。通过事件或赞助也可以将品牌与某个活动（如奥运会）联系起来，从而帮助品牌定位或重新定位。

品牌案例7-2

“三马”争锋

提到汽车，法拉利（Ferrari）自是首当其冲，它的跃马标志让人印象深刻。但在标志背后，却有着一段壮烈而哀伤的故事。创始人恩佐·法拉利的哥哥有个战友——意大利皇家骑兵少尉法兰斯科·巴拉卡，他曾在第一次世界大战初期因一人击落奥地利5架战机成为英雄。巴拉卡机身中部的跃马便成为胜利的标志。后来，他升任为91中队指挥官，跃马自然成了队徽。然而，恩佐的哥哥和巴拉卡随后在执行任务中双双牺牲。

若干年后，在恩佐与巴拉卡母亲的牵头下，跃马成了法拉利汽车的车标，以告慰两位英年早逝的国家英雄。对车标重新设计后，才有了现在的雏形——高昂的马微张着嘴，后足单腿立地，马尾上扬。

法拉利商标的故事颇让人感动，同样是超跑的保时捷车标说来也有一段故事。

保时捷（Porsche）的商标，采用公司所在地斯图加特市的盾形市徽。主体是一匹骏马，代表该地盛产的一种名贵种马；鹿角则表示该地适合狩猎；黄色条纹是成熟麦子的颜色，寓意五谷丰登；黑色代表肥沃的土地；红色则象征人们的智慧和对大自然的钟爱，由此组成一幅精湛意深、秀气美丽的田园风景图。

与前两匹马的腾跃姿势不同，福特野马（Mustang）的标志倒是野性十足。

1962年，福特公司开始研发野马系列第一辆概念车——野马I型车，它是一部发动机中置的两座跑车，由于该车是为了纪念在第二次世界大战中富有传奇色彩的北美P57型野马战斗机，这辆跑车遂被命名为野马。

"Mustang"是美国加利福尼亚州和墨西哥出产的一种名贵的野马，以它作为车标，象征着青春洋溢、无拘无束的神韵，以及无人能敌的速度。

资料来源：新华网，http://news.xinhuanet.com/fortune/2014-02/09/c_126101774_2.htm。

（二）非计划资讯

非计划资讯包括与品牌有关或与企业有关的新闻、故事、流言、谣言、特殊利益群体的活动、交易的评价和竞争者的评论、政府机构或研究所的发言及口头传闻等。企业希望这些非计划资讯是正面的并与其他品牌资讯一致，但是这样的资讯很难控制，因为它们来自企业外部。这些资讯可能来自企业的专家（如员工）、公共利益保护者（特殊利益群体、媒体、政府机构），也可能来自与企业没有利益关系的第三方（朋友、协会、媒体）。

1. 新闻媒体

这是非计划资讯最主要的来源，它往往触及大量的受众，而且被视为具有很高的可信度。媒体报道可以来自私下聊天的员工、特殊利益群体、金融分析师及营销传播经理无法控制的其他渠道。借助新闻传播的公信力和权威性，可以成功地塑造品牌形象。由于新闻媒体的公信力和新闻报道的客观性，它更容易形成尾随效应，诱发消费行为，并使消费者产生品牌信赖感进而形成品牌依赖。

2. 员工资讯

员工是重要的信息传播源，对于他们认识的人及采访他们的记者而言，他们的看法是非常可信的，特别是当企业处在危机状况时，企业几乎无法阻止员工谈论他们的工作经历，而且这些谈论有时会无意中传递有关品牌的负面信息，而这些负面信息很容易影响到消费者对品牌的态度。因此，员工的非正式信息交流和留言可能严重破坏精心制作的计划资讯，损害品牌的形象。

3. 危机

危机、灾难或紧急事件是企业最不希望看到的非计划资讯，但又是生活中存在的事实。尽管企业存在危机的可能性并不相同，但是每个企业都应该有危机管理计划，该计划用于处理各种危机（详见第十章）。

（三）产品资讯

产品资讯包括通过产品设计、性能、定价和分销等传递的所有信息。

1. 产品设计

一个产品的产品设计能传递强有力的品牌资讯，例如，零售商店认为店铺的设计充分展示了零售品牌向消费者传递的品牌资讯。联邦快递也认为干净的货车可以传达一种具有专业服务水准的品牌资讯，所以它专设了一个固定地点，每晚清洗送货卡车。

2. 性能

虽然产品设计能够直观地传递品牌资讯，但是产品性能在传递品牌资讯方面更为重要。正如大多数营销人员所知，对于消费者的期望而言，产品性能如何、提供的服务如何，都是决定消费者能否成为重复购买者的关键。为了确保购买者能使用产品中尽可能多的功能并从中获益，复杂的产品（如电子产品、计算机和汽车等）需要提供易于理解的产品说明。通过消费者把产品的使用价值发挥到最大，来提高企业品牌的感知价值。

3. 定价和分销

在整个品牌传播中，企业还可以通过价格和分销传递品牌资讯，然而，这两种方式往往得不到重视。例如，在超市出售的化妆品和在百货公司出售的化妆品在购物感受上存在较大差异。既然对于大部分产品大类而言都有许多品牌可供选择，那么特别的产品价格将是一个与竞争品牌进行比较的敏感信息。值得注意的是，折扣定价或者降价作为阻止销售额下降的有效手段，往往会传递负面的品牌资讯——消费者会把该品牌的产品视为廉价货。然而，定价信息很少能单独存在，如定价 8 000 元一套的西装是“标价太高”还是“高质量”？因此，为了给消费者传递连贯的、有意义的信息，价格信息就像其他所有的品牌资讯一样，必须放到相关的环境中，并与其他的品牌资讯进行战略整合。

（四）服务资讯

服务资讯是从与一个企业的服务代表、接待人员、秘书、送货人员及其他相关人员的接触中获得的。服务资讯通常是由企业和消费者之间实时的界面来传递的，并且正是服务资讯加强了两者之间的关系。与该企业的广告相比，销售人员和客户服务代表交谈会更能影响消费者，因为互动的沟通更具个性化，因此也更有说服力。“服务”在这里指的是支持一个产品的所有活动，无论这个产品本身是一件物品还是一项服务。例如，理发店所提供的服务主要是美发，但是支持服务会使得消费者的美发经历变得好或不好，如在接待处获得礼貌招待、整洁的环境、悦耳的音乐、经过消毒的理发工具以及与理发师愉快的谈话等，都是能传递品牌资讯的支持服务。

以上四种类型构成了品牌资讯的主要来源，虽然计划资讯（如广告、公关关系等）能够有效地传播品牌资讯，但企业也不能忽视另外三种类型的品牌资讯。一旦其他类型的品牌资讯与计划资讯存在矛盾，就会对公司的财力和精力造成浪费。只有当营销传播经理考虑到了所有种类的品牌资讯及资讯间相互增强或抵触的方式时，才能够使这些品牌相互之间协调一致。

第二节　品牌传播媒体

一、品牌传播媒体的主要类型

就品牌实际操作而言，品牌传播就是利用各种传播媒体进行品牌资讯传递的过程。在这个过程中，如何利用好这些品牌传播形式，使其共同作用于消费者，使消费者对品牌有深入的心理认同，成为品牌传播制胜的关键。一般而言，品牌传播媒体主要分为大众传播媒体和口碑传播媒体，其中大众传播媒体主要包括广告媒体、公关关系和促销。

1. 广告媒体

有数据表明，央视广告招标总额从 1995 年的 3.3 亿元发展到 2015 年的 192 亿元。20 多年来，央视广告助推了无数企业、行业和地区的品牌崛起，见证了中国市场的蓬勃发展。放眼当今中国各行各业的顶级品牌，无不在央视平台上闪耀，因此一年一度的央视广告招标预售也有“品牌奥运会”之称。2015 年，全国的广告投放规模达 5 973.41 亿元，而 2003 年的这一数字仅为 1 030 亿元。广告由多种多样的媒体承载，通常是品牌传播预算中的主要部分，对消费者品牌而言尤其如此。大众媒体广告由特定赞助者支付，向广大受众发布及传播非个人、单向和有计划的资讯，以影响他们的态度和行为。

（1）广告媒体传播品牌资讯的优势。

1）提升品牌知名度，营造品牌的社会氛围。在较短时间内迅速提升品牌知名度，是广告的功能。人们知晓一个新品牌，往往是通过广告获知信息。品牌知名度在一定程度上象征着企业的实力、产品的品质，服务的质量，会对消费者和经销商的选择造成影响。

2）塑造品牌美誉度。广告所传递的资讯承诺了品牌品质，通过对产品性能进行讲解或使用演示，打造“优质高效”的品牌认知，以此提升品牌美誉度。除了对产品品质进行塑造外，企业还可以通过广告建立具有社会责任的品牌形象，公益广告就鲜明地体现了这一点。另外，一些展现品牌优秀业绩的广告也是对品牌美誉度的直接提升。

3）传播品牌核心价值，强化或改变品牌定位。在同质化市场中，广告是实现市场细分，打造品牌差异化的重要传播手段。通过反复诉说品牌的核心价值，品牌定位在消费者心中的印象会得到强化。因成长的需要而改变品牌定位时，广告又是宣传新定位的有力手段。例如，沃尔沃汽车的广告均将“安全”作为主要体现元素，叠加效应使沃尔沃成为安全的代名词，沃尔沃安全的核心价值深入人心。

4）提供购后支持，培育品牌忠诚。持续性的广告投放是品牌实力的表现，消费者往往认为能够在权威媒体上斥巨资投放广告的品牌有着雄厚的资金实力，且通过媒体筛选的广告信息更值得信任。消费心理学认为，消费者为了寻求购后平衡心理，往往会更多地关心他们使用过或正在使用的品牌的广告，将他们已有的关于品质认知的体验和广告中的品牌承诺进行对比和联系，如果吻合，则会加深消费者对所购买产品原有的好感度和信任度，增加重复购买和使用的可能性，最终形成品牌忠诚。

5）传播形式丰富多样，具有多种品牌功效。广告的形式多样，既可借助视觉、听觉，也可借助味觉、触觉等感官体验，既能使用文字、图片，也能使用视频、声音等表现元素。它不仅可以借助传统的传播媒介，还可以利用新兴的传播媒介。网络传播作为逐渐发展起来的新兴媒体，改变了以往我们既有的传播方式，将多种传播形式融为一体，它让大多数的消费者通过网络这个媒介参与到品牌所营造的文化氛围中来。当消费者置身其中感受品牌所传递的品牌文化理念时，品牌自然而然地在消费者心灵深处逐渐成长起来，而这种成长已经脱离了品牌的载体——产品层面，到达了品牌的精神层面。因此，消费者与品牌关系更加牢固和长远。面对多样化的传播形式，企业应该围绕品牌个性和传播目标，进行创意表现和组合搭配，以达到最理想的传播效果。在运用广告进行品牌传播的过程中，企业可以根据预定目的组合运用各种媒体，发挥各种媒体的优势（见表 7-2）。

表 7-2　各广告媒体传播的优劣势

媒体类型	优　势	劣　势
报纸	（1）阅读人群广泛；（2）发行量大；（3）可进行详细文字说明；（4）可进行各种不同形式的版面设计；（5）信息容量大	（1）发行区域小；（2）重复阅读率低；（3）不易保存；（4）色彩单调，视觉冲击力小；（5）时效性短
杂志	（1）发行区域广；（2）色彩炫丽，视觉冲击力较大；（3）保留时效长；（4）重复阅读率高；（5）信息容量大	（1）阅读目标群区分间隔大；（2）发行量较小；（3）版面较小；（4）传递信息慢
广播	（1）具有广泛性，接收不受地域、时间限制；（2）用于接受的媒体（如收音机等）较为廉价，普及性强；（3）传播速度快；（4）具有同时性，可在同一时间内使不同地域的受众同时接收到	（1）接收具有被动性，受众只能按信息的先后顺序被动地接收；（2）时效性短，不能重复或放慢；（3）只靠声音传送，不能出现事物的外观形状
电视	（1）信息传递快；（2）覆盖范围广；（3）视觉冲击力强，有声有色	（1）时效性极短；（2）接收被动；（3）不能重复
网络	（1）传播范围广；（2）具有互动性；（3）目标明确；（4）成本较低	（1）受硬件环境限制；（2）具有被动性；（3）网络管理法规不完善，广告真实性、安全性需考证
户外媒体	（1）反复诉求效果好；（2）对地区和消费者选择性强、传真度高；（3）费用较低；（4）具有一定的强迫诉求性	（1）传播区域小；（2）创造力受到限制
直邮广告	（1）针对性、选择性强；（2）注意率、传读率、反复阅读率高；（3）灵活性强，无同一媒体广告的竞争，人情味较重	（1）相对成本较高；（2）容易造成“垃圾”邮件现象

（2）广告媒体传播品牌资讯的劣势。

1）成本较高。使用这种传播方式有较高的成本，包括广告制作费用、媒介费用、调查费用等，企业在运用广告进行品牌传播时，需要衡量投入产出比，优化组合，寻求创新。

2）传播环境恶化。目前大量广告信息冗余、信息趋同、易模仿、难识别等问题严峻，广告边际效益递减已经是一个不争的事实，广告制作水平良莠不齐，浮夸虚假广告普遍存在，这些都对品牌广告的可信度、格调等产生消极影响，广告传播环境因种种因素恶化。对广告产生审美疲劳的消费者，自动过滤了大量的广告信息，最终被消费者注意和记忆的广告很少。

3）消费者存在排斥心理。由于虚假广告、浮夸广告造成的恶劣影响，消费者对广告普遍存在怀疑、厌烦等心理壁垒，形成品牌资讯有效传播的障碍。

品牌案例7-3

凭借吆喝赚市场：脑白金

在中国，如果谁提到“今年过节不收礼”，随便一个人都能说出下句“收礼只收脑白金”。脑白金已经成为中国礼品市场的第一代表。睡眠问题一直是困扰中老年人的难题，因失眠导致睡眠不足的人比比皆是。有资料统计，国内至少有70%的妇女存在睡眠不足现象，90%的老年人经常睡不好觉。“睡眠”市场如此之大，然而，在红桃K以“补血”、三株口服液以“调理肠胃”概念创造中国保健品市场销售奇迹之后，在保健品行业信誉跌入谷底之时，脑白金单靠一个“睡眠”概念不可能迅速崛起。

作为单一品种的保健品，脑白金能以极短的时间迅速启动市场，并登上中国保健品行业“盟主”的宝座，引领我国保健品行业多年，其成功的最主要因素在于找到了“送礼”的轴心概念。

中国作为礼仪之邦，有年节送礼，看望亲友送礼，看望病人送礼，公关送礼，结婚送礼，下级对上级送礼，年轻人对长辈送礼等种种送礼行为，礼品市场何其浩大。脑白金成功的关键在于，定位于庞大的礼品市场，而且先入为主地得益于“定位第一”法则，第一个把自己明确定位为“礼品”——以礼品定位引领消费潮流。

资料来源：新浪博客，http://blog.sina.com.cn/s/blog-ae4368ad0102z51i.html。

2. 公关关系

公关关系（Public Relations，简称“公关”）是指企业或组织为改善与社会公众的关系，促进公众对组织的认识、理解及支持，达到树立良好组织形象、促进商品销售目的的一系列活动。公共关系有助于吸引公众关注，加强品牌认知，并能够巩固品牌形象，强化品牌传播的影响力。艾·里斯（Ai Ries）和劳拉·里斯（Laura Ries）指出，广告缺乏创建品牌的关键要素——可信度，只有公关关系才能提供这种可信度，广告人员应该通过公关关系逐步创建品牌。公关关系传播品牌资讯的工具形式主要有新闻、演讲、事件、赞助、展示、影像影视、出版物、公共服务活动、标志媒介、年度报告、企业评论等。

（1）公共关系传播品牌资讯的优势。

1）传播成本较低。公关传播的资讯在大众媒体上占用的时间和空间一般是不收费的，这使得公关的传播成本比起大众媒体广告和其他大众传播方式而言显得相对低廉。

2）提升品牌的可信度。广告有助于建立品牌的知名度，而公关则有助于提升品牌的可信度。在品牌维护阶段，当品牌通过广告建立起广泛的知名度后，利用公关使品牌保持良好的形象就显得至关重要。公关宣传采用新闻方式，更易强化品牌资讯的可信赖性，带来传统广告所无法树立的美誉度和公信力。

3）协调关系，优化品牌营销环境。公关通过建立和保持与消费者、投资者、政府、媒体及公众之间的良好关系，形成一个和谐的外部环境，从而为组织的运行和营销提供支持。一方面，通过为决策者提供反映公众态度、信仰及其背后原因的信息，影响企业决策；另一方面，通过传媒公关、资源整合、事件链接、公益赞助等有效方式，积极促进品牌与市场的良性互动，不仅能为企业提供反馈信息以预测公众舆论，同时还能影响和引导舆论。

（2）公共关系传播品牌资讯的劣势。

1）信息需要经过媒体的过滤。营销人员能够控制大部分广告信息以保证它们的内容、到达方式和对目标受众的影响，并通过不断重复加深消费者印象。但是，营销人员很少能控制品牌的公关宣传，因为这些信息都要通过媒体的过滤。

2）传播效果难以测量。在公关领域里，常用被提及的次数、专栏的篇幅或者品牌故事在媒体中占用的时间总量来衡量公关的效果。然而，把这些衡量信息与消费者的行为联系起来却非常困难。

3. 促销

促销能够强化品牌资讯，使品牌得到增值。当消费者或潜在顾客处在购买阶段时，促销信息能强化品牌接触，尤其在消费者评价品牌并做出最终选择的时候起到关键作用。虽然促销的主要任务仅是对消费者的购买行为施加影响，但它还有助于建立品牌认知和巩固品牌形象。如果消费者在面对一个产品类别中的众多商品时，很难在短时间内做出选择，那么，也许企业就需要更多的促销信息来帮助更多的消费者和潜在顾客完成选择，这些类型的品牌资讯往往具有高度的说服力，因为它们要在消费者最需要的短时间内及时地传递信息，如发放赠品样品、优惠券折扣活动、特价包装、返现、抽奖、游戏、竞赛、现场演示等，从而为产品提供有形的增值。

促销信息通常是单向的公共信息，旨在激励交易而设计的针对中间商的促销，不仅是为了让他们更多地购买产品，还力图使他们采取其他措施鼓励最终的消费者购买更多的产品。培育顾客忠诚度也是一种促销形式，其关键作用是有助于维持现有顾客，并增加他们的重复购买。

（1）促销传播品牌资讯的优势。

1）容易吸引消费者注意，影响其购买决策。促销活动往往具有一定的刺激性和趣味性，能够获得消费者的关注，成功的促销活动能够吸引消费者的广泛参与，形成一定的社会影响，较为广泛地吸引消费者的注意，影响其购买决策。

2）互动性强，与目标顾客直接接触。促销可以拉近品牌与消费者之间的距离，直接与消费者进行沟通，因此易于获得消费者的信息和反馈意见，这些对于企业的营销战略和品牌传播策略来说都是宝贵的信息。

3）回应竞争对手的市场行为。为了还击竞争对手的市场行为，可以向消费者提供特别的产品或优惠的价格以促使消费者购买比平时更多数量的产品。

（2）促销传播品牌资讯的劣势。

1）长期促销将影响品牌形象。过度的促销易导致品牌的价格敏感度上升，有损品牌形象，甚至伤害老顾客的情感，降低品牌忠诚度。

2）很多促销活动并未真正创造价值。虽然促销活动可以促进销售额增长，但并不是所有的促销活动都是经济合理的。有关资料显示，仅有16%的促销活动能够真正创造价值。

3）易于模仿。在同类产品中，一旦某个品牌搞了一次非常成功的促销活动，其他的竞争者马上就会竞相效仿。这通常会使品牌在附加值上获得的竞争优势化为乌有，并且无形中增加运营成本。

以上三种类型是大众传播媒体的主要形式，大众传播可以实现面对面传播，但无法使消费者参与品牌传播；口碑传播无法使品牌传播兼顾大多数，但可以实现品牌与消费者之间点对点的传播。

品牌案例7-4

OPPO跨界合作共赢，助力销量猛增

2018年3月31日，OPPO联手浙江卫视共同打造了"'年轻造未来'春季盛典暨OPPO R15新品发布会"。

这次与浙江卫视合作背后的实质是，OPPO积极冠名现象级综艺IP的新型营销手法。OPPO所冠名的综艺节目受众正是其目标用户群体——年轻人群。一方面，OPPO通过冠名与自身形象相契合的综艺节目，向用户传递品牌的理念精神与思考；另一方面，OPPO还提供了包括穿插互动的品牌相关玩法，以泛娱乐的营销模式进行传播扩散，助力提升品牌资产与品牌知名度（见图7-1）。

此次发布会邀请了周杰伦、王俊凯、杨幂、迪丽热巴、陈伟霆等深受年轻人喜爱的当红明星组成OPPO明星家族。这不仅实现了品牌与明星双方的粉丝效应叠加，引发共鸣，还让明星和品牌双方都获得了积极有效的曝光。通过洞察明星特质和粉丝喜好，

OPPO 还得以在明星粉丝群中形成良性口碑，带动粉丝进一步扩大传播面与影响力。

图 7-1

借助多元跨界营销的模式，OPPO 将年轻用户群体最为青睐的时尚元素持续注入品牌，进而不断丰富和扩展品牌形象的外延，以更具新鲜感的方式吸纳了更多消费者群体。

事实是，近年来智能手机行业早已是红海市场，中国智能手机出货量在 2017 年首次出现整体性下滑。反观 OPPO 却实现了逆势增长，这得益于 OPPO 通过专注于年轻用户群体的情感搭建与不断沟通，十年如一日地坚守年轻时尚定位，抓住年轻人，就抓住了商业的未来。

使公司强大的不是规模，而是品牌在用户心中的地位。在消费升级大势所趋的今天，营销的意义已经远不止于传播，通过合作共赢的营销方式获取用户数据、树立品牌形象、连接用户情感乃至搭建沟通桥梁是当今营销的新出路。OPPO 的多元跨界合作，让合作双方都获得了积极有效的曝光，实现了合作双方特有优势的效应叠加。

OPPO 在国内的销量，近年来一直处于前三位。这个数据还是值得骄傲的，根据市场调研公司 Gartner 公布的 2020 年第二季度全球智能手机销量数据，OPPO 的全球市场占有率为 8%，排在 OPPO 前面的是华为、三星、苹果、小米，与 OPPO 差不多的是 vivo。

OPPO 2020 年下半年销量大增，主要是因为 OPPO 的海外市场取得惊人进展。2020 年第二季度，OPPO 已跃居东南亚手机市场销量第一；在印度，OPPO 手机的市场销量也处于前五位；在欧洲市场，OPPO 的销量则是 2019 年同期的三倍。

资料来源：百家号，https://baijiahao.baidu.com/s?id=1596756963595041318。

二、品牌传播媒体计划

媒体费用是营销预算中最大的一笔支出，例如，通用汽车一年在全球范围内花费 30 亿美元在各种媒体上。如果所选的媒体不能使品牌资讯产生最大影响力，那就会既浪费资金又损害品牌价值。选择媒体的关键是平衡资讯的效果和成本，为达到这一平衡，企业有必要对品牌传播媒体进行策划，形成一个有效的品牌传播媒体计划。品牌传播媒体计划主要有以下几个步骤。

1. 识别媒体受众

开发有效的品牌媒体传播计划的第一步是清楚地界定媒体受众，媒体受众主要包括企业产品和服务的潜在顾客、现实顾客、购买决策者或影响者、个人、团体和社会公众。企业根据确定好的媒体受众选择与他们特征最为匹配的沟通工具。匹配的程度取决于媒体受众与一般人群的差异。企业可以按照人口统计学、心理学（生活方式）和产品使用来划分受众。媒体受众的共性越高，就越有可能找到一种媒体可以到达大部分的媒体受众，并且越是紧密地瞄准受众，媒体的传播效果越显著；相反，如果媒体受众的共性较差，大众媒体的成本往往较高。

2. 设定品牌传播目标

营销者在制订媒体计划时需要考虑以下问题。

（1）企业应该确定采用的促销方式、执行时间以及实施人员。例如，优惠券通过印刷媒体分发。

（2）企业还要选择计划采取的直接反应方式。例如，直邮、电话营销。同时还要确定计划是否需要其他媒体的支持。在其他媒体的支持下，直邮与电话营销往往能够提高反应比例。

（3）确定计划的主要宣传活动以及新闻发布应该针对的目标受众。

（4）在新产品或改进产品上市时，企业如果进行地区性首次展示而不是全国同时上市，那么生产者就能够逐步提高生产效率，并测试传播计划。

（5）企业还应该确定品牌对于不同的媒体受众的重要性。在大多数情况下，营销者必须考虑媒体受众中的不同群体（如经常与较少使用者、已婚和未婚的人群等）。对于活动的总体目标来说，应该为每个群体制定不同的到达率和频率目标。到达率是指在一段时间内特定的受众一次或多次同某一特定传播工具接触的百分比；频率是指在一定时段中媒体受众接触到品牌资讯的平均次数。有效频率则是为了给消费者留下印象或达到某种程度的品牌认知，而将一条信息重复传播的次数。

（6）其他影响品牌资讯传播效果的因素：媒体自身的关注价值；资讯对注意力的吸引力；媒体受众对品牌了解的渴望程度；个人影响（即口碑，见本章第三节）；竞争品牌资讯的数量；产品的季节性、周期性以及地区差异等。

3. 设计媒体组合

确定媒体组合涉及两个基本决策：采用何种媒体和每一种媒体所占比重。许多品牌媒体传播计划同时包括单向和互动式媒体，大多数品牌传播计划更侧重于单向媒体，如大众传媒广告、公关关系、促销、特别事项、销售、包装。人员销售和直接营销、电子商务、客户服务表现为个人接触，直接互动；事件传播和赞助、商业展览则为参与式接触，表现有单向，也有互动。

媒体组合单一的优点在于方法简单，而采用多种复杂的媒体则易于产生协同效应。媒体的组合因品牌的状况各异，而且依赖于媒体和品牌传播的目标。概括来说，影响品牌传播媒体组合的因素主要有以下几个方面。

（1）媒体成本或价值。一般而言，到达率以及对目标受众的影响越大，媒体成本就越高；反之，媒体成本越低。

（2）筹划时间。决定媒体组合的另一个因素是可以利用的筹划时间，它根据制作资讯需要的天数计算。同时，媒体预算还需要保持一定的灵活性。

（3）关注。比较到达率和频率目标以做出决定，即使用广泛的组合（注重到达率）还是采取集中组合（注重频率）。

（4）关系的建立。集中的媒体组合往往易于同当前的消费者建立牢固的关系，而广泛的媒体组合则易于到达更多的潜在顾客。

（5）媒体受众的数量。计划中确认的媒体受众越多，越需要一个更为广泛的媒体组合。

（6）目标的数量。传播媒体的目标越明确，通常越需要各种媒体为不同的目的服务。

（7）协同效应。通过使用各种不同的信息来说明相同的事物或者在各种媒体中采用相同的信息来产生影响。

（8）品牌差异化。集中的组合往往易于使产品或服务为人所熟悉。

（9）制作成本。传播工具越多意味着制作成本越高，因此企业有必要分析媒体预算并决定可利用的制作成本的水平。

（10）资讯的复杂性。品牌资讯越复杂，企业越应当注重组合的频率和集中程度；反之，则应当注重在广泛的组合中追求更高的到达率。

第三节　品牌口碑传播

品牌口碑传播是利用人与人之间直接交流信息的这种沟通方式来传播品牌资讯。由于网络的普及和媒体的多样化，从总体来看，通过广告使“认知转变为关注、兴趣”的过程已经没有以前那样容易了。虽然广告实现了消费者等目标顾客对产品的认知，但由认知转变为购买的比率却在大大减少。这使得只靠广告诱发购买变得越来越困难。口碑传播作为一种不同于大众传播的传播方式，开始备受关注。因为家人、朋友的推荐会产生一种亲切感，而且专家、体验者、使用者的推荐会让人放心地接受。因此，购买者、使用者将会呈螺旋式增加。如果采用这样的口碑传播，那么品牌、产品和服务不仅能够被消费者感知，还将成为诱发购买的直接因素。随着企业通过广告等媒体发出的信息量的增加，消费者之间交换信息的意义也将越来越重要。

一、口碑传播的定义

在品牌营销领域，口碑的传播者和传播的信息有其特定内容，正如伊曼纽尔·罗森

（Emanuel Rosen）在《口碑营销》中所说，“口碑是关于品牌的所有评述，是冠以某个特定产品、服务或企业的所有人日常交流的总和”，它是一种在企业自身、竞争对手、媒体、渠道成员、意见领袖和消费者等各群体内部及群体之间形成的，关于品牌信息的非正式的人际传播。根据密歇根大学尤金·安德森（Eugene W. Anderson）的定义，口碑传播是指个体之间关于产品和服务看法的非正式传播，包括正面的观点和负面的观点，但不同于向企业提出正式的抱怨或赞赏。口碑传播是由生产者以外的个人，通过明示或暗示的方式，不经过第三方处理加工，传递关于某一特定或某一种类的产品、品牌、服务、厂商、销售者，以及能够使人联想到上述对象的任何信息，从而导致受众获得信息传播的内容，主要包括：企业、产品及品牌活动的相关信息；消费者对品牌的体验和评价；媒体对品牌的宣传报道，等等。在传播途径上包括直接或间接的口头传播，以及基于互联网和其他通信工具的人际交流。

一般来说，品牌口碑的形成方式有两种：一是纯粹的依靠人们的自然传播；二是借助大众媒体进行传播。在此，将口碑作为品牌传播的工具，一方面需要加强品牌自身对消费者的影响力，另一方面则需要积极地介入传播过程、塑造有益于品牌的口碑。

二、口碑传播的作用

现在的媒体资源往往太过昂贵，而且由于信息渠道的多元化和可选择的空间增大，无论是电视、报纸、广播还是杂志、路牌，对消费者的影响力都大大降低，品牌资讯传递收效不足。由零点公司进行的一项有关口碑传播的专项调查显示，39.5% 的受访者经常会和别人交流关于“购买及使用商品的经验”，这些消费者不仅会相互“介绍购物场所”（48.7%）、“介绍购买和选择商品的经验”（37.6%）、“推荐品牌”（37.4%）、“交流价格信息”（34.8%）、“推荐打折促销活动”（31.8%）、“介绍产品性能”（29.6%）、“推荐具体的产品”（18.0 %），也会传播“产品使用中失败的经验或不好的感受”（25.7%）。可以看到，品牌相关资讯及体验是消费者相互交流的重要内容。相对于传统媒体传播渠道，口碑传播是既节省成本又富有生命力的一种工具，往往能够对品牌传播产生独特的作用。

1. 口碑传播具有可信性

广告和销售人员宣传产品一般是站在企业的角度，为企业的利益服务，所以人们往往对其真实性表示怀疑。而口碑传播者也是消费者，与企业没有任何关系，独立于企业之外，推荐产品也不会获得物质收益，因此，从消费者的角度看，相比广告宣传而言，口碑传播者传递的信息被认为是客观独立的。

2. 口碑传播具有针对性

由于口碑传播是消费者之间一对一的信息交流，传播者对信息接收者的爱好和需求都很了解，因此可以随时调整信息内容，满足对方需求，增强说服力，提高传播效果。

3. 口碑传播具有抗风险性

在交易过程中，消费者和企业之间存在着信息不对称的问题，消费者往往处于信息劣势，对产品的真实性能并不了解，需要承担一定的购买风险。消费者有两种方法可以减少购买风险：一种方法是购买少量产品先试用一段时间，这种方法要付出一定的成本，而且相当多的产品都无法少量购买，如家用电器、手机等；另一种方法是向购买过类似产品的人寻求意见，这些人已经试用过产品，对产品的性能价值有着最直接和最真实的体验，他们对产品的评价将预示着其他消费者试用产品后的感受，因此会对消费者的购买决策产生重要影响。

4. 口碑传播能够发掘潜在顾客

专家观察发现，人们出于各种各样的原因，热衷于把自己的经历或体验转告他人。例如，新买的家用电器有哪些新的使用功能，刚买的新车的燃油情况，新购房屋的居住和物业管理情况等。如果消费者的经历或体验是积极的、正面的，他们就会热情主动地向别人推荐，从而帮助企业发掘出潜在的消费群体。美国的一项调查表明：一个满意顾客会引发 8 笔潜在的交易，其中至少有 1 笔可以成交；一个不满意顾客可以影响 25 人的购买意愿。由此可见，“用户告诉用户”的口碑影响力十分强大。以空调为例，在购买过程中，消费者会较多地关注使用效果、售后服务、价格、品牌和用电量等因素。潜在顾客中对于价格的忠实和对品牌的相对忽视，主要来自第一次购买群体的使用体验。第一次购买群体的口碑传播，是最值得潜在顾客信赖的传播形式和执行购买决策的依据。

5. 积极的口碑传播有利于缔结品牌忠诚

有效的信息传播能够改变消费者头脑中对某一品牌已形成的认知与情感，形成新的认知与情感，由此影响人们的购买行为。通过口碑传播的正面品牌信息，将强化消费者已有的正面品牌态度，或是弱化其负面品牌态度，说服其重复购买，形成品牌忠诚。然而，一旦消费者接收到负面的品牌信息，则很有可能会破坏原先良好的品牌体验，导致品牌转换。有关传播对消费者态度和行为影响的研究证实：口碑传播的影响力比媒介广告的影响力高 7 倍，比人员推销的影响力高 4 倍。消费者转换品牌更多是受口碑传播的影响，而非广告的影响，前者的影响力是后者的 4 倍。在促使消费者态度由否定、中立到肯定的转变过程中，口碑传播所起的作用则是广告的几倍。

6. 口碑传播能够使企业有效地避开对手的锋芒

随着市场竞争的加剧，价格战、形象战、技术战、质量战不断升级，竞争者之间往往会形成正面冲突。口碑传播可以有效地避开这些面对面的较量。富士公司就是这种运用渗透式人际传播的高手。不知从何时起，在上海流传开一种说法，“室内摄影用柯达，室外摄影用富士”，这种似是而非的说法很快流向全国。这句看似平淡的“说法”，不仅使富士在较大的“室外”市场站稳脚跟，而且对人们的消费习惯产生了深刻而持久的影响，甚至会影响到几代人，极易引导消费者形成潜在的消费定式。

7. 口碑传播能够有效地节约费用，降低成本

与传统品牌传播方式相比，企业利用各种群体间的口碑展开品牌传播要廉价得多。尤其是在当今传统媒体费用上涨但效果弱化的情况下，口碑传播的成本优势体现得更为明显。据统计，一般的广告投入有 50% 的费用被浪费，在现实生活中，大多数人已对商业广告日复一日地轰炸变得无动于衷，再加之任何产品的广告费用最终都会转嫁给消费者。因此，从消费者的角度来讲，消费者在购买商品时相当于将部分成本花在了产品广告上。与此相比，口碑所运用的人际关系的传播是不需要成本的，或只需要很少的成本，但却能形成巨大的宣传效应，更重要的是，人们对口碑这一信息渠道的信任程度要远远超过其他方式。调查显示，在电器、日用品、房屋等产品的购买过程中，分别有 53%、49% 和 32% 的消费者会通过朋友介绍获得相关产品信息；另外，分别有 35%、28% 和 18% 的消费者最相信朋友的介绍。

8. 口碑传播更具亲和力和感染力

口碑传播与传统的传播手段相比，具有与众不同的亲和力和感染力。传统的传播手段通常只能引起消费者的注意和兴趣，往往并不能促成购买行为的发生，消费者会仔细地在同类产品之间做出对比、比较、鉴别，抱着观望、等待的态度。口碑传播则完全不同，如果有亲戚朋友极力推荐某一品牌或产品，消费者会跳过怀疑、观望、等待、试探的阶段，充分信任该品牌，因此能够轻易地促成购买行为。

品牌案例7-5

海底捞火锅：每日微信订单金额超 100 万元

作为国内最具口碑的餐饮服务业连锁机构，海底捞火锅很早就开始试水 O2O 营销。凭借在微博、微信、点评网站等互联网平台的口碑，海底捞聚焦起了大量忠实粉丝。而海底捞也把加强客户关系管理作为重要工作高度重视，这主要体现在以下几个方面。

首先，创意活动吸引。你一关注海底捞火锅的微信公众号，就会收到一条关于发送图片可以在海底捞门店等位区现场免费制作、打印美图照片的消息，是不是瞬间就感觉自己被吸引了呢？

其次，自助服务全。通过微信可以实现订位、送餐上门甚至去商城选购各色底料，还可以和送货小哥简单互动。当然，海底捞微信页面上的菜品图案确实令人垂涎欲滴，加上线下优质的服务配合和顾客同时能享受到的“微信价”，怎么能没有吸引力？在如今几乎人手一部智能手机的互联网时代，海底捞每日通过微信预定就能获得超 100 万元的订单金额。

资料来源：作者根据有关材料编写。

三、口碑传播的类型

1. 意见领袖

在人际传播过程中，有些消费者会比其他消费者更频繁或更多地为他人提供信息，从而在更大程度上影响别人的购买决策，这样的消费者被称为“意见领袖”（Opinion Leader）。企业在开展品牌传播时必须重视意见领袖的存在，使品牌资讯通过大众媒体传播后，通过意见领袖进行进一步的人际传播，使得人际传播能一级级地扩散出去，这样不仅能提升知名度，还能建立品牌的美誉度。传播级数的多少，取决于推动人际传播的力量大小。意见领袖对品牌的评价越高，其推动品牌多级传播的力量就越大。因此，企业需要生产出高品质的品牌产品来赢得意见领袖的认可，从而推动多级的品牌人际传播。

人类的传播活动包括人际传播和大众传播两种类型。在传播效率上，大众传播要胜过人际传播，但效果却明显不如人际传播，所以在传播学中人们往往将两者结合起来研究。传播学者保罗·拉扎斯菲尔德（Paul Lazarsfeld）等人在1944年提出了将大众传播与人际传播联系在一起的“两级传播”理论，并提出了意见领袖的概念。他认为，来自大众传媒的信息，首先是品牌传播给意见领袖的，再由他们转达给相对被动的大众，这个次一级的传播就是以人际传播的方式来完成的。事实上，大众传播作为信息传递过程的“信息流”，可以由媒体直接“流”向一般受众，但如果作为效果或影响产生和波及过程的“影响流”，则需要经过人际传播中许多环节的过滤。在社会的每一个阶层都可以发现意见领袖的存在，并且他们与受其影响的人非常相似。意见领袖比非意见领袖更多地接触媒体获取信息，他们将信息经自己的解释后，再传播给那些不常直接从媒体上接收信息的人。同时，意见领袖自己也会受到其他意见领袖的影响。进一步的研究还发现，意见领袖的影响也仅仅限于特定的时间和特定的话题。意见领袖之所以有影响力，不仅与他们是谁（社会地位、年龄、性别等）有关，还与他们所属群体的结构和价值观念有关。

在人们的日常生活中，年轻漂亮的女性是“时尚”和“选看影片”两个议题的意见领袖，男性主要为“公众事物”的意见领袖。社会接触越频繁，则越有可能成为意见领袖。事实上，除了消费者层面和专家层面的个体型意见领袖外，还存在着消协、质检、科研部门层面的机构型意见领袖。

2. 已使用的消费者

如果已使用的消费者的品牌体验是积极的、正面的，他们则有可能主动地向他人推荐该品牌，帮助企业发掘潜在顾客。

对北京、上海、广州、成都、武汉、南京、西安、沈阳、郑州和大连10座城市4 851位18 ~ 60岁的普通居民进行的一项有关口碑传播的专项调查显示，39.5%的受访者日常经常会和别人交流关于“购买及使用商品的经验”，仅次于经常交流社会热点问题（50.7%）、子女教育问题（44.5%）及生活小常识（41.1%）的人群比例。在商品购买决策和购买过程中担当重要角色的女性及35岁以下的年轻人当中，互相交流“购买及使用商品的经验”的比例更高，显示口碑传播在商品信息传播中的重要位置。根据零点调查的相关资料进一步分析可以发现，不同年龄、不同性别的人交流的产品种类在分布上有所不同：越年轻的人越经常谈论有关“服装鞋帽”的信息，尤其在18~25岁的受访者中，有61.7%的人经常与其他人交流“服装鞋帽”的信息。此外，“手机”(50.7%)、“化妆品”(41.5%)、“计算机”(40.9%)及“音像制品”(38.8%)在25岁以下年轻人中的信息交流程度远远高于其他年龄层的人，随着年龄的增大，“家用百货”“食品”及“住房”逐渐成为人们交流的主要产品。“服装鞋帽”(65.3%)、“家用百货”(54.8%)和“化妆品”(44.2%)等产品构成女性彼此最爱交流的话题，而男性则经常谈论“家用电器”(50.6%)、“手机”(45.3%)及“住房”(42.0%)的有关信息。

面对白热化的市场竞争，口碑传播利用已使用的消费者进行品牌资讯的人际传播，可以有效地避开与竞争对手的正面冲突。

3. 参照群体

所谓群体是指两个或两个以上具有特定共同目标和共同归属感，并以一定的方式联系在一起进行活动的人群。处于该群体中的个体之间具有相似性，这种相似包括信仰、所受教育程度和社会地位等方面的相似。参照群体指的是能够代表人们某种模糊价值观的模仿对象，该群体的看法和价值观被个人作为其当前行为的基础。消费者不是每时每刻都处于自主思考的状态，并且按照自己的自主思考行事，他们深受周边环境及周围人们性格的影响。人们的行为可以相互传染并由某几个人蔓延至整个群体，形成潮流。心理学家认为，人们对人际暗示比对环境暗示要敏感。大多数人看起来好像性格稳定一致，那是因为他们能够很好地控制他们的环境。而事实上，消费者并不是总能够很好地控制他们所处的环境，他们要与不同的人交流信息，要生活在不同的群体中，一旦人们在群体中生活，他们就很容易受到外界的影响。对口碑传播有影响的主要参照群体有三种类型：主要群体，包括家庭成员、亲朋好友、同事、邻居等；次级群体，包括与消费者有关的各种群众团体和组织，他们对消费者行为产生间接影响；渴望群体，主要是消费者渴望加入或作为参照的个人或组织，如电影明星、流行歌手等社会名人及交际圈。参照群体为消费者提供了新的消费模式和生活模式，影响到消费者对某个事物或商品的看法，导致消费者审美观和价值观的变化，促使人们的行为趋于“一致化”，从而影响消费者对产品、品牌及使用方式的选择。

品牌案例7-6

一半靠口碑，一半靠新媒体

棕榈大道原本指通往斯坦福大学校园的一条长达1英里⊖的路，路两边植有166棵

⊖ 1英里＝1 609.344米。

棕榈树。以这条笔直和壮观的路来命名学业之路寓意着：通往理想之路。所以，当几位斯坦福和伯克利的校友决定创业，投身互联网教育行业时，就自然而然地选择“棕榈大道”作为公司名字。

目前的互联网留学产品的形态有许多种，无论是智能选校工具、拿学校返佣的“免费留学”中介，还是连接留学顾问和学生的C2C平台都不稀奇。而棕榈大道则选择了将传统的B2C模式搬到互联网上，并同时融入了C2C的元素。

棕榈大道的CEO弗兰克（Frank）说：“棕榈大道没有在搜索引擎上花过一分钱进行关键词推广。46%的客户是靠学生口碑介绍来的，49%的客户则是通过棕榈大道的微信公众号转化而来的。”在一年的时间内，棕榈大道的微信公众号成长为拥有16万“粉丝”的留学教育大号。两年内，棕榈大道的专业导师一共参与举办过350多场高质量微信线上讲座，收获学生无数好评，也为棕榈大道带来初期用户。目前，棕榈大道在市场推广上的运营成本只占总收入的5%。弗兰克希望，棕榈大道在未来能有70%以上的客户通过服务口碑推荐获得。

靠微信传播和口碑推荐，棕榈大道在2014年共服务了100名学生，这个数字在第二年达到了300，并在2016年共有超过800名学生选择棕榈大道的服务。

资料来源：网易教育，http://edu.163.com/17/0122/14/CBD1A2TT00294KHN.html。

四、口碑传播的设计

设计口碑传播的关键在于：寻找对品牌满意的目标群体；加深消费者对品牌的印象；提供口碑传播的机会和场所；验证口碑传播的效果。

1. 寻找对品牌满意的目标群体

企业首先应该从消费者、权威人士、共同体或社团等人群中找出能够正确地对某一品牌进行口碑传播的目标群体。寻找这些目标群体的方式如下。

（1）寻找对品牌满意的目标顾客。企业可以从顾客名单中抽出有希望进行口碑传播的顾客。根据购买记录中的购买频率、购买总金额等推测他们对该品牌的产品或服务的关心程度，通过访谈或问卷调查等来把握他们有无口碑传播的意向。因为挑选的范围是现有顾客，所以这是最有效率的方式。

（2）寻找对目标市场有影响力的权威人士。如果没有顾客名单，或很难把握顾客对产品的关心程度，那么可以寻找对产品的使用、购买有影响力的权威人士。例如，可以选择医生或大学教授等专业人士和一些权威机构、在杂志或电视上受欢迎的人，等等。企业选择权威人士的关键在于他们对品牌的产品和服务的目标顾客影响力的大小。

（3）在共同体或社团中寻找。网络的出现，使寻找存在目标顾客的共同体或社团变得更加容易，只要使用搜索引擎输入“驴友俱乐部”“育儿会”等关键词就可以找到目标顾客活动的团体。在得到团体成员协作意愿的基础上，还要以潜在顾客、期望顾客等有望成为忠诚顾客的群体为对象，广泛地促进他们对口碑传播的协作。

2. 加深顾客对品牌的印象

企业选出能够进行口碑传播的顾客之后，还必须将企业希望目标顾客传播的信息传递给他们。企业在提供信息时，可以将产品开发的时机、经历的困难、产品的优越性等具有补充价值的信息，通过某些“话题”提供给顾客，让他们成为品牌的忠实拥护者。例如，企业使顾客参与到产品开发的过程中，在产品完成之前增加顾客与产品的接触机会，这样不仅创造了顾客需要的东西，还增加了这些顾客对产品的了解，同时向他人进行推荐。于是，产品开发过程本身就成了话题。

3. 提供口碑传播的机会和场所

受人之托的口碑传播无法产生“自发的推广”，因此，顾客需要选出已经了解的东西，“用自己的话表达出来”才有说服力。企业可以通过以下两种方式引入谈论。

（1）让已经选出的目标顾客而不是企业派发样品。顾客在把样品分发给朋友、熟人的时候，自然会将一系列的派送理由以及推荐该品牌的理由传递给接收方，这样既提供了使用产品的机会，又传播了品牌的正面信息。

（2）举办集会活动。企业可以通过集会活动为顾客提供交流的机会，如厨房集会（Do House）是指让使用网络的操作者在自己家中举行的理解促进型宣传活动。通过讨论和体验，对产品的软件进行理解、传达，就可以从参加者派生出口碑传播。以某保险公司为例，公司若想开展关于汽车保险方面的集会，首先要从目标顾客的朋友和熟人中找出想了解汽车保险详细信息的人，再从中一次挑选出 6 人召集到目标顾客家中。然后，以汽车保险为话题开始闲聊，拿出汽车保险策划者准备好的宣传册，在很轻松的气氛中一边学习，一边让大家就保险相关的疑问和不满进行自由发言，而疑问点往往集中在保险费用不透明的地方。如果大家对于保险费用的疑问点感觉一致，则可以通过网上费用比较系统实际体验一下保险费用到底便宜到什么程度。参加者通过该公司清晰易懂的费用比较系统，体验到该公司的保险费用低于现在所缴的费用，则会感到满意，进而转换保险的品牌。类似的集会可以经常举行，由于参加者向他人进行口碑传播，可以预料到参加者以外也有人会更换为该品牌的保险。而且，通过讨论加深了参与者对汽车保险的理解，关于汽车保险的口碑传播就成了他们闲聊时很容易提起的内容。投资信托、寿险、车险等金融和保险产品，或网络服务商、手机等通信、信息类的服务等是需要在销售时进行说明的产品。这些产品和服务不只难以进行比较，还是普通人理解得很浅、很难进行口碑传播的产品和服务，因此，企业可以通过厨房集会的讨论和让人心动的体验来促进顾客转换品牌，并使口碑传播成功地扩散出去。

企业不仅要让顾客传播对品牌有利的信息，还要让多数人接受正面的口碑传播。企业可以采取举办座谈会等活动，或者在一般顾客面前谈论实际体验、进行试验等方法，还可以把希望人们看到的“口碑传播标题”登载在大众媒体上。除了广告之外，还可以使用企业网站主页让顾客、读者留下自己感想的方法。在网络上进行复制、转载非常容易，信息传播到企业网页上也是可以预期的，而且可以得到长时间保存。

4. 验证口碑传播的效果

企业可以通过问卷的形式，调查口碑传播的程序和效果，并将其作为以后进行口碑传播的依据。在人们对扑面而来的正面信息应接不暇的时候，负面信息对消费者的影响却在加强。有关企业和产品的负面信息相对于正面信息来说是稀缺的，人们对负面的信息更敏感，印象也更深刻，这也正是“好事不出门，坏事传千里”的道理。乔治·西尔弗曼（George Silverman）认为：“人们往往更愿意跟别人谈起自己的负面经历，而不是正面经历。”正面经历往往在大家的预期范围内，很容易被忘却；而一些未能解决的产品负面问题却往往令人生气，感到沮丧失望，从而激发人们将这些经历拿出来告诉别人，口口相传。一些研究结果还显示，出人意料的特殊服务也能引起人们奔走相告的强烈欲望，从而出现口碑传播的积极信息。事实上，当消费者表现出对产品或服务不满意时，如果供应商能做出一些特殊的反应，使消费者转怒为喜，那么这时会引发消费者最强烈、最频繁的口碑传播。

消费者传播负面信息的主要原因有以下四个方面（Sundaram 等，1998）。

（1）购买后不满意的消费者希望通过传播负面信息来告诫他人不要重复同样的错误。

（2）消费者通过向别人诉说来减轻自己购买后由于不满意而产生的失望感。

（3）购买后不满意的消费者由于没有得到企业补偿而希望劝说别人不再买该品牌来达到报复企业的目的。

（4）消费者通过别人得到有价值的建议，来解决自己遇到的问题。

由此可见，不断提高顾客满意度、建立完整的顾客档案系统和有效反馈机制，是消除负面口碑传播的关键，对购买的产品不满意是消费者传播负面信息的根源。首先，企业应该从产品质量入手，降低产品出现问题的概率。其次，明确有关产品问题赔偿的承诺。当消费者对索赔的结果感到满意时，就不再向别人传播负面的信息，甚至反而会向别人推荐这个品牌。所以，企业应该在产品包装的显著位置标明产品问题的赔偿条款以及联系方式，为消费者的投诉提供方便。最后，加强危机管理能力，无论多么周密的防范都存在疏漏的可能，企业需要建立危机管理机制来应付可能出现的问题。一旦产品出现了影响范围比较大的问题，企业应该及时通过公开的、统一的信息渠道以统一的口径向公众解释问题出现的原因及公司的解决方案，避免负面信息以口头传播的形式蔓延。

没有任何一个企业能够完全避开消费者的批评与不满，无论这是否属于企业的责任。但如果企业对此予以充分重视，通过对已出现问题的关注和及时解决，不仅能使批评和不满造成的潜在危害尽快消除，还能赢得消费者对企业更深的信任。

本章小结

品牌传播是创建和发展强势品牌的有效手段，它既是建立消费者品牌认知度、忠诚度的重要方式，同时也是提高品牌知名度、美誉度的有效途径。品牌传播是指品牌所有者通过广告、促销活动、公共关系、人际沟通等多种传播策略及各种传播媒体，与外部目标受众进行的一系列关于品牌资讯的交流活动。品牌资讯主要包括计划资讯、非计划资讯、产品资讯和服务资讯。

品牌传播就是利用各种传播媒体进行品牌资讯传递的过程。一般而言，品牌传播媒体主要分为大众传播媒体和口碑传播媒体。大众传播媒体主要包括广告媒体、公共关系和促销。企业在设计有效的品牌传播媒体计划时，应该首先识别媒体受众，设定品牌传播的目标，然后根据品牌传播的目标来设计媒体组合。

口碑传播利用人与人之间直接交流信息的这种沟通方式来传播品牌资讯。口碑传播的主要作用包括：口碑传播具有可信性；口碑传播具有针对性；口碑传播具有抗风险性；口碑传播能够发掘潜在顾客；积极的口碑传播有利于缔结品牌忠诚；口碑传播能够使企业有效地避开对手的锋芒；口碑传播能够有效地节约费用，降低成本；口碑传播更具亲和力和感染力。在口碑传播过程中，意见领袖、已使用的消费者和参照群体是对潜在顾客产生影响的关键人物。设计口碑传播的关键在于，寻找对品牌满意的目标群体，加深顾客对品牌的印象，提供口碑传播的机会和场所，验证口碑传播的效果。

复习思考题

1. 品牌传播的含义是什么？
2. 广告媒体的优点和缺点主要有哪些？
3. 口碑传播的概念是什么？它具有哪些作用？

课后案例 7-1

以口碑裂变撬动高票房，微博能否助推《流浪地球》流浪成功

在《流浪地球》票房一路高歌猛进的背后，离不开微博的宣传作用，经过多年的探索，微博如今已经有了一整套适合电影推广的完整宣传流程，在电影营销中愈发显现出强大的功效，将几乎覆盖各圈层受众的口碑传播变现为实实在在的票房。

1. 电影口碑在微博上的裂变效应

（1）映前口碑强力发酵。对于广大网友来说，专业性的影评就像岔路口的路标，指引着我们选择哪部电影。可以说，这些专业影评在很大程度上影响着影片的票房和舆论的导向。比如，微博电影“叨光荐影”大V观影沙龙的成功举办，就对《流浪地球》的口碑发酵至关重要。

作为新浪潮论坛和大V推荐度联合举办的线下电影沙龙，“叨光荐影”邀请来自科普、读书、互联网等微博大V与电影从业者、主题电影主创等，进行观影及映后交流，为观众提供有趣、多元、多视角的影评，提升大众对电影的认知。

天文科普大V“@Steed的围脖”在观影结束后立刻肯定了《流浪地球》的价值，“抛开科幻这一部分，它就是一部大片，非常典型的爆米花片，哪怕你不懂科幻，也不知道大刘，完全不知道概念就来看，也觉得非常燃”。

微博大V推荐度科普领域评委“@小姬AI”也认为，《流浪地球》极大地尊重了原著又继承了刘慈欣的气质，有望开启中国科幻电影元年。微博大V推荐度跨界评委代表、广告导演“@flypig”认为，这部电影激活了一整代中国科幻迷、影迷还有影视业者

的想象力。

在微博电影举办的“叨光荐影”沙龙上，这些大V的影评一炮打响了《流浪地球》硬核电影的名声。并且，天文科普大V、广告导演大V、科幻迷大V等评委的选取并不局限于电影领域，而是跨界多元的，突破了电影传播的圈层限制，开启了《流浪地球》迈向多阶层受众的步伐。

《流浪地球》超前点映后，微博大V推荐度升至**94%**；点映后，登顶微博电影想看榜，并首次冲进热搜。微博的榜单还有跨界大V的影评，成为电影上映后最重要的口碑风向标之一，令原本在宣传上并无优势的《流浪地球》凭口碑杀出一条生路。

（2）映后热度急剧上升。映前，专业性的影评先行，奠定了电影的口碑基础。映后，用户自来水式的推荐、跨界大V的口碑背书、明星互动等各种社交玩法带来一个个热点，让《流浪地球》这匹黑马在微博上彻底走红。

影片放映之后，《流浪地球》的热搜几乎天天可见，共计登上热搜榜42次，覆盖人次超25亿。微博相关话题阅读量48亿，微博影评阅读量11亿，热度在贺岁档电影中一骑绝尘。

热搜榜上，“木不转京”“重庆朝天门广场行星发动机”“手绘流浪地球讲解图”等热点，皆来自广大网友的创作，因其趣味十足而被广泛传播。

作为现象级传播事件的最佳媒体平台，微博具有聚合不同细分受众及跨领域意见领袖的特点，能有效深挖、发酵不同人群的兴趣点，创作出多种带有狂欢性质的周边内容，助力电影宣传。

吸引了众多网友参与的“流浪地球造句大赛”话题阅读量破4亿，讨论量7万多，各界微博大V和广大网友都参与到这场好玩的电影宣传中。一句“北京市第三区交通局提醒您”可以改成各种有趣的提示语，刷屏网络（见图7-2）。

除了“造句”，网友还为电影创作了“主题曲”，当《流浪地球》遇上《当》，在广大网友的剪刀手下竟然毫无违和感。除了重新安排背景音乐，微博网友也为韩朵朵的台词操碎了心，发起“韩朵朵台词重写大赛”，甚至连木星也不放过，让它有了心声，“流浪地

图 7-2

球木星心声”又是一个梗。

而明星间的互动，如吴京调侃导演郭帆“空手”套了他这匹“战狼”，郭帆发文感谢韩寒和宁浩都大大加深了人们对电影的兴趣（见图 7-3）。原本以为离大众很远的电影主创人员，通过微博这个纽带，实现了相互间的“思想碰撞”，吸引人们主动了解电影的幕后故事。

映前主要是微博大V发声，映后看完电影的网友回到微博来讨论电影，扩散热点。从映前到映后，微博形成了一个完整的闭环，令电影的口碑在微博上产生裂变效应，使电影突破圈层、挖掘潜在受众的可能性在微博得以实现，最终推动电影票房上升。

2. 多维呈现的媒介平台

近年来，微博不断完善生态功能，从专业性的电影大V推荐度、汇聚网友大量注意力的热搜话题榜，到时下热门的短视频播放，电影可以介入微博上任意一个产品版块进行宣传，多维的呈现方式让电影宣传与发行的手段更加立体多元。

基于微博用户规模大、更新速度快、传播维度广的平台特点，电影方的各种优质物料也第一时间在微博上发布，微博已经成为用户对电影理解的第一认知入口，通过热搜榜、话题榜结合长图文、短视频等逐步展现电影台前幕后的魅力，让用户对电影有更加深刻的认知印象。

电影上映前，《流浪地球》主创带头发起奇思妙想的话题讨论，声称太阳急速老化，地球将被吞没，让大家一起拯救地球离开太阳系，参与“手推地球”挑战。这些视频在电影走红后，被网友挖出并做成合集无情调侃剧组。被逗乐的网友也想象力发散，“戏精”上身拍短视频参与挑战。

此外，《流浪地球》的视频物料也跨领域激发全民关注。孟美岐献唱推广曲，视频播放量超 2 000 万，覆盖人次达 5 亿。电影官方微博征集的推广曲背景音乐混剪，得到各圈层回应，从体育到航天各界创作的视频燃爆了网友们的首页。

魔性短视频、科普彩蛋、“手推地球”短视频等营销玩法一时间霸屏网友手机，让电影得以辐射更广阔的观影人群。据统计，《流浪地球》微博视频总播放量已经超 5 亿次，微博上的短视频传播成为电影宣传极其重要的一环。

作为庞大的流量池和最细分的垂直兴趣领域，微博已建立起独特的“内容—粉丝—用户—变现”商业生态闭环。媒体、自媒体、

图　7-3

片方、品牌都能从电影中挖掘、匹配各自需要的内容做传播。微博平台通过运营资源投入对内容传播做流量分发，形成电影营销的兴趣共振，精准触达兴趣用户，拉升电影映前的喜爱度和认知度，让电影走进网友的生活。

国内电影市场日臻成熟，口碑发酵更直接影响电影票房走势，而亲民化、大众化的微博是电影口碑发酵的最佳平台，更能将电影口碑辐射潜在观影人群，已成为中国电影产业不可或缺的宣传与发行平台。

资料来源：搜狐网，https://www.sohu.com/a/295253333_359734。

案例讨论

1. 浅析微博口碑传播的特点和优势。
2.《流浪地球》是如何进行口碑传播设计的？

课后案例 7-2

潘婷：内心强大，外在闪耀

近年来，潘婷的品牌形象在中国的年轻女性心目中逐渐老化，市场份额被竞品不断侵蚀。基于此，如何拉近与年轻女性的关系，赢得她们的芳心，成为潘婷当下最大的营销课题。公司希望通过潘婷品牌精神的传递，建立与年轻女性的深度共鸣，重获女性消费者对潘婷的青睐。

通过深度观察，潘婷发现现代女性在社会压力下有对自我成长的渴望以及具有被认同、被点赞的需求。透过三位女性 KOL 的亲身故事和一个综合篇微电影诠释“内心强大，外在闪耀”的潘婷精神，“内心强大，外在闪耀”的广告词同时形象地传递出“内在强韧，外在柔亮”的潘婷产品特性。

潘婷为提升微电影营销精准度，在腾讯全平台资源引流的基础上，利用腾讯大数据标签精准定义用户人群，推送相应主题微电影，用户可通过点赞微电影、点亮勋章等一系列动作表达对潘婷理念的认可。

同时，潘婷将女性渴望被认同、被点赞的心理融入创新的指纹点赞互动，通过微博、微信朋友圈得到社交传播。通过全平台资源推广、大数据精准推送、创新社交互动、跨平台趣味体验顺利实现消费者与潘婷的深度沟通，让礼赞强大女性的价值观得到社会化认可和扩散。

1. 整合全平台资源引流观看潘婷品牌微电影

通过分析年轻女性在腾讯平台的媒体接触习惯，通过目标受众喜欢和经常停留的频道及资源位（腾讯网、AIO、QQ、QQ 空间、腾讯微博、广点通）引流用户进入活动网站观看微电影。

2. 腾讯大数据精准挖掘用户人群，根据不同人群推送不同族群微电影故事

基于腾讯独有的 QQ ID 系统，通过用户在腾讯平台的网络习惯获得用户标签，根据标签（如触网时段、终端、兴趣、社交爱好等）精准定义妈妈、白领和“90 后”人群，在消费者进入活动网站观看微电影时，根据用户人群精准推送对应族群的微电影，大大提升消费者对微电影内容的共鸣度，微电影点赞量提升 15%。

3. 移动端创意指纹心意卡，引爆朋友圈“点赞”传播热潮

深入洞察年轻女性渴望被认同、被赞赏的心理，将现实中竖起大拇指点赞的行为融入互动中，消费者观看微电影后，可直接在 PC 端或扫描二维码进入移动端，录取个人指纹制作心意卡，向身边内心强大的女性献赞，如此新颖有趣的互动形式得到消费者积极参与，在社交圈引发传播热潮。

4. 腾讯微博“向女性献赞”勋章上线，消费者积极点亮勋章表达价值观认同

通过微博勋章的形式让潘婷的品牌主张在社交媒体上得到广泛的认可和传播。约236万人通过活动网站或登录微博秀出了个人态度，点亮“向女性献赞”微博勋章，对潘婷的品牌精神表达认同。

潘婷的理念得到目标受众的认可，微电影播放总量达3 331万次，获得点赞1 037万次。

潘婷与受众实现良好沟通，获得用户积极参与，活动期间用户累积制作986万个心意卡，并获得社交媒体传播，仅腾讯微博就获得1 222万次以上传播（微信朋友圈转发量无法监测）。

资料来源：艾瑞网，http://a.iresearch.cn/5350.html。

案例讨论

1. 潘婷是如何实现品牌再塑造的？
2. 潘婷品牌传播的策略有哪些借鉴意义。

第八章
CHAPTER 8

品牌延伸

§ 本章提要

- 品牌延伸的含义及作用
- 品牌延伸的策略
- 品牌延伸的准则及步骤
- 品牌延伸的风险及规避

§ 本章案例

- 跨界风潮来袭：路易威登跨界合作英雄联盟，法拉利联合阿玛尼
- 阿玛尼的品牌延伸之路
- 云南白药的品牌延伸
- 念慈菴：“润”物要有“声”
- 宝洁品牌延伸的败笔：“润妍”和“激爽”的退市
- “999”品牌盲目延伸导致失败
- 《功夫熊猫》品牌延伸的尝试

§ 预习案例

跨界风潮来袭：路易威登跨界合作英雄联盟，法拉利联合阿玛尼

近几年，品牌跨界联名的营销活动开始在国内流行起来。越来越多全球知名的奢侈品牌和时尚品牌，通过各种意想不到的跨界元素，争相创造全新空间，爱马仕（Hermès）、阿玛尼（Armani）、法拉利（Ferrari）等世界知名品牌的品牌影响力正从主营领域扩展到更广阔的领域。

2019 年路易威登（Louis Vuitton，LV）与 Riot Games ⊖达成跨界合作，为全球英雄联盟总决赛召唤师奖杯定制独一无二的 S9 奖杯旅行硬箱。

这是 LV 首次跨界电竞游戏领域，本次合作定制的 S9 奖杯旅行硬箱，也将

⊖ Riot Games 是一家美国网络游戏开发商，“英雄联盟”是其代表作品。

成为电子竞技赛事领域首个冠军奖杯特制手提箱。此外，LV女装艺术总监尼古拉斯·盖斯基埃（Nicolas Ghesquiere）将操刀设计英雄联盟决赛冠军皮肤系列，并将于2019年总决赛临近时正式发布联名胶囊系列，以及其他英雄联盟的相关虚拟产品设计。LV与英雄联盟的跨界合作，被业内称为时尚行业与电子竞技赛事的里程碑式拐点。

举世闻名的赛车和运动跑车生产厂家法拉利，通过强强联合的跨界合作，升级自有品牌的低价周边产品。

2019年11月4日，法拉利宣布与意大利奢侈品集团乔治·阿玛尼（Giorgio Armani）合作升级服饰系列。双方签订了长期协议，未来，阿玛尼将为法拉利生产一系列服装和配饰。法拉利希望通过此次合作将旗下服饰系列（含手袋、服装）进一步推向高端市场，提供更多的意大利制造商品。为此，法拉利特别聘请了意大利设计师罗科·扬诺内（Rocco Iannone）作为全球品牌多元化创意总监，他将负责法拉利自有及授权许可的服装和配饰的创意、设计以及品牌形象的提升与发展工作。

资料来源：凤凰网财经，http://finance.ifeng.com/c/7sGKvtJUi2f。

当一个企业的品牌在市场上取得成功后，该品牌具有的市场影响力会给企业创造超值利润。随着企业发展，企业在推出新的产品时，自然要利用该品牌的市场影响力，品牌延伸就成为自然的选择。这样不但可以省去许多新品牌推出时的费用和各种投入，还可以借助已有品牌的市场影响力，将人们对品牌的认识和评价扩展到品牌所要涵盖的新产品上。近年来品牌跨界联合及延伸到更多领域已成为一种大趋势，如上述LV、法拉利等奢侈品牌的跨界营销更是蔚然成风。再比如，饮料界可口可乐几乎每隔几个月，就会以潮牌联名方的身份出现在时尚圈。“可口可乐”（Coca-Cola）似乎正在变成一个时尚品牌。可口可乐与很多品牌都推出了联名款，以及联合营销，在延展品牌价值的同时，也保持了自身品牌的活力，为品牌不断注入青春特性。

第一节　品牌延伸的含义及作用

一、品牌延伸的含义

作为一种经营战略，品牌延伸在20世纪初就得到广泛的应用。当时诞生的一些国际品牌，如“沙驰”（Salchi）、“奔驰”（Benz）等，都采用过类似的策略。但是，作为一种规范的经营战略理论，品牌延伸在20世纪80年代以后才引起了国际经营管理学界的高度重视。现在我们所能见到的绝大多数品牌延伸战略方面的著作，都是20世纪80年代乃至90年代末的。一般来说，品牌延伸是指将某一著名品牌或某一具有市场影响力的成功品牌使用到与成名产品或原产品完全不同的产品上，凭借现有品牌产生的辐射力事半功倍地形成系列名牌产品的一种名牌创立策略，有人形象地将其称为“搭名牌列车”策略。例如，将“雀巢”品牌使用到奶粉、巧克力、饼干等产品上，将“万宝路”品牌使用到箱包等皮革制品上。

实际上，品牌延伸有狭义和广义之分。狭义的品牌延伸是指现有品牌延伸使用到新产品上的经营行为，美国品牌战略专家爱德华·陶伯（Edward N. Tauber）称其为“特许延伸”（Franchise Extension）。这里，新产品的概念是标准的市场营销用语，即与公司原有产品在原理、技术和工艺结构、所使用的主要材料上存在巨大差异的产品。例如，生产彩电的企业进入洗衣机、空调等领域；生产服装的厂商进行鞋类、箱包的生产与销售；从事房屋租赁的商家开发婚姻介绍服务等。

广义的品牌延伸不仅包括将现有品牌延伸使用到新产品上，还包括将现有品牌延伸使用到经过改进的现有产品上的行为。我们所说的“改进”包括口味、包装、容量甚至形状的变化。这里所说的产品不再是一种具体的产品，而是一条产品线。在这条产品线上，单个产品与产品之间既存在着工艺、技术和结构上的相同之处，又存在着容量、口味、颜色等方面的差异。大部分生产面点的大公司卖的产品都差不多，只是形状上有意大利长条面、贝壳面点、烘烤用的面皮和一般面条等，还有其他奇形怪状的产品，有的像手肘，有的像领结。一个品牌包含多种不同形状的面点也算一种产品线延伸、一种品牌延伸。一个品牌一旦推出到市场上之后，接着就会有大、中、小等不同包装出现，这也是一种延伸。接下来，厂商还可能推出超大型经济包装和完全相反的“迷你”包装，以迎合消费者的不同需求。应该说，同一产品有五六种大小不同的包装也是产品线的延伸。实际上，在企业营销实践中，我们更多应用的是一个品牌在某一条产品线上进行移动的这种策略，我们称为品牌的“产品线延伸”。一次针对以产品生产为主导的公司的调查发现，89% 的新产品都属于产品线延伸。

为了便于大家深入体会品牌延伸广义与狭义含义的区别，特举一个全面的例子。“康师傅”在中国方便面市场上独领风骚已经多年，到 1997 年，在方便面市场上占有率已高达 58.37%；近几年虽然受整个行业影响，但相关数据显示，2016 年第二季度康师傅的市场占有率依然为第一名，按销售额计算市场占有率为 55.2%，按销量计算市场占有率为 46%。在成为品牌的同时，为了充分利用这一品牌的巨大资产辐射功能，“康师傅”在原“康师傅”碗面的基础上推出了“康师傅面霸 120”，与原有产品相比，后者只是容量发生了变化，而产品类别等并没有任何变化，这就是一种典型的“产品线延伸”，属于广义的品牌延伸。与此同时，“康师傅”纯净水也于 1998 年进入市场，之后又分别推出康师傅冰红茶、绿茶、果汁饮料，康师傅“3+2”饼干等。这些将原有品牌延伸使用到新产品上的经营行为就是我们所说的狭义的品牌延伸。

品牌案例8-1

阿玛尼的品牌延伸之路

1975 年，乔治·阿玛尼用其名字创立了公司。作为一名设计师，他凭着对美学、奢侈品的直觉，吸引了众多社会精英。乔治·阿玛尼不仅仅是一个在时尚和奢侈品领域最受尊敬、最具知名度的品牌，它也是当今最有价值的时尚公司之一，品牌价值约为30亿欧元。

乔治·阿玛尼在社会精英群体及时尚细分市场里也运用类似的方式延伸品牌。如今，乔治·阿玛尼的品牌由一个主品牌和五个子品牌构成，这些品牌可以在不同的价格水平上满足不同的目标消费者。

署名乔治·阿玛尼的产品线是由阿玛尼成衣和奥斯卡礼服等组成的衣饰系列，该系列售价极高，其主要目标消费人群在35～50岁。

Armani Collezioni品牌进入的是消费能力稍低的市场区域。基本上，这个品牌满足了两类人：一类是那些热衷于穿着阿玛尼品牌的服装，但负担不起乔治·阿玛尼高价的人；另一类是渴望为自己的衣橱增加新衣裳的人。售价比乔治·阿玛尼低20%的Armani Collezioni品牌向消费者提供了一条极好的并且消费得起的时尚产品线。

Emporio Armani特别瞄准了25～35岁的专业人士群体，并提供与目标人群相关的具有时代感的设计。

Armani Jeans是阿玛尼服饰最低层次的品牌，主要面向大众市场。Armani Jeans充分满足了18～30岁年轻人的需要，它提供具有时尚和奢华倾向的服饰。

Armani Exchange是阿玛尼产品链上特许外包零售的品牌，它主要向消费者提供一些尽显品牌魅力的服务。Armani Exchange通过向消费者提供全套服饰和配饰尽显乔治·阿玛尼全部的奢华时尚感。

以上这些子品牌帮助乔治·阿玛尼在许多不同的时尚成衣市场运作，但这还不是全部，它令阿玛尼不仅得以跨越相同品类的众多细分区域，而且跨越了不同品类。

但是，阿玛尼没有在这些品类上止步，而是将品牌延伸到其他品类，比如阿玛尼之家（家具）、Dolci（糖果）以及阿玛尼之花（花卉）。阿玛尼和伊玛尔（Emaar）集团达成一项地产投资协议，在2011年建立14家以阿玛尼为品牌的连锁酒店。此举又为阿玛尼扩充了品牌。

乔治·阿玛尼集团从2016年开始精简销售网络和旗下产品线，并于2017年2月正式宣布，从2018年秋冬季新款开始，将只保留高端时装和生活方式品牌Giorgio Armani、定位轻奢的时尚品牌Emporio Armani和街头品牌Armani Exchange三大品牌，而原有的Armani Collezioni和Armani Jeans将并入这三条主线。2017年8月，该集团预警称，这一内部重组将导致销售额三年内持续下滑，从2020年开始，销售额才能恢复增长。

乔治·阿玛尼集团2019财年核心财务数据显示，截至2019年12月31日，其净销售额同比增长2.3%，达到21.58亿欧元，该增长主要受益于直营门店和线上可比销售额增长7%，包括授权业务在内的总销售额同比增长9%，达到41.57亿欧元。

资料来源：全球纺织网，http://www.tnc.com.cn/info/c-013003-d-225731-p1.html。

二、品牌延伸的作用

经济学讲究资源的合理配置，只有经过合理配置，各种资源才能充分发挥作用。企业或者产品成为名牌，意味着企业品牌资源迅速增加，企业资源中的有形要素与无形要素的比例平衡被打破，过多的品牌资源被闲置。品牌延伸恰恰能增加企业的有形资源，恢复资源平衡，充分利用名牌资源，促进企业发展。

行为科学研究表明，公众往往对名牌情有独钟，而对于陌生品牌则总是抱有戒备和观望的态度。品牌延伸能为新产品扫清障碍，使新产品迅速打开局面，有所作为。同时，还可节省费用，为消费者提供多样选择。

总之，品牌延伸是企业发展的重要手段，如果运用得当，会大幅提高产品的竞争力和企业效益，进而推动品牌的进一步升值。具体而言，品牌延伸具有下述几个方面的作用。

1. 品牌延伸有利于新产品迅速进占市场

新产品冠以企业的初始品牌，可以借初始品牌的声誉使消费者对延伸产品产生好感。心理学告诉我们，人的情感归属、人对某些事物的好恶是有传递性的。品牌延伸中的原有品牌是受消费者欢迎和信赖的，消费者对这些品牌的总体态度和质量评价都比较高，消费者对原有品牌的这种好感可以消除消费者面对新产品时的心理抵触情绪，并且可以诱导消费者将其对初始品牌的印象和好感转移到新产品上。

2. 品牌延伸有利于降低新产品的市场导入费用

西方企业创建一个名牌平均需要花费 5 000 万美元，我国需要数亿元人民币，而在一个已建成的品牌下发展一种新产品则可使市场导入费用大为减少。企业借力某一强劲的品牌可使新产品很快获得认知，企业便因此节省了包括使消费者熟悉新品牌在内的所有广告费，当新产品或重新定位的产品有消费者熟悉的成分时，消费者便会对此定位所传达的信息有一种熟悉的感觉，这种感觉是通过对原有产品的认知和品牌联想的延伸获得的，这就是原有品牌积淀的广告效果对后续延伸的产品存在的波及效应。另外，在品牌伞下，对核心品牌做广告，就意味着对企业同品牌的所有产品都进行了宣传。例如，海尔在成功推出冰箱、空调、洗衣机等产品后，又相继把品牌延伸到吸尘器、洗碗机、电视机、计算机、手机等产品上。“海尔，中国造”“海尔，真诚到永远”的广告将这些产品高质量、高品位、高水平服务的相同承诺统一地传递给了所有消费者，取得了以点带面的效果，这自然比一对一的广告宣传节省费用。

3. 品牌延伸有利于增加新鲜感，为消费者提供完整选择

成功的品牌延伸能为现有的品牌或产品带来新鲜感，可以丰富企业的产品组合，壮大企业声势，为它们增强活力，同时也可以为消费者提供更充分的选择。一般说来，消费者很容易“喜新厌旧”，很少有消费者会对某一品牌忠诚到对其他品牌不想试一试的程度，面对这些品牌转移者，最好的方法就是品牌延伸。随着品牌伞下聚集的延伸产品的增加，品牌的声势日渐壮大，消费者在同一品牌下对不同用途产品的选择将更加完整。例如，可口可乐公司推出的第一个延伸品牌“健怡可口可乐”，就获得了极大的成功，受此鼓舞，可口可乐公司开展了第二次重大品牌延伸计划。现在，消费者可以选择的“可口可乐”系列产品包括可口可乐、不含咖啡因的可乐、健怡可口可乐、不含咖啡因的健

怡可口可乐、樱桃可口可乐，还有不属于可乐系列的产品，如雪碧、芬达汽水和皮鲁先生等，这些品牌的推出极大地丰富了产品的组合，为可口可乐家族注入了新的活力，提高了品牌竞争力。

4. 品牌延伸有利于形成规模经济优势

品牌延伸能够提高整个品牌家族的投资效应，即当一个品牌整体的有效投资达到一定经济规模时，每个产品线都会从整体的投资中受益，从而提高品牌家族的经济效益。例如，美国的师林·普飞公司从科普特防晒品牌到水宝贝品牌就是成功的品牌延伸。由于消费者对日光浴的观念发生了变化，新的细分市场也由此产生。师林·普飞公司及时抓住这一市场机会，决定进行品牌延伸。经过长期准备，公司不但成功地进行了品牌延伸，同时也巧妙地将核心品牌的定位由“晒黑肌肤”转换为“防晒”。这次品牌延伸不仅丰富了科普特品牌家族，同时也为师林·普飞公司带来了规模效应。

5. 品牌延伸有利于品牌保护

当一种品牌只包含一种产品时，品牌越成功、越强大，就越有可能形成以品牌名称取代产品类别名称的趋势，这是品牌名称的死亡陷阱。因为一旦品牌名称变成产品类别名称，就不再具有保护性，任何人都可以用它来做产品的通用名称，而这必将导致品牌原先具有的市场力减弱甚至消亡，等于为他人做了嫁衣。如阿司匹林、沙发、摇摇（YO-YO）都是这样的例子。所以，品牌延伸能使消费者认识到品牌与产品的联系与区别，充分发挥品牌的强势作用，并保护品牌不被竞争者利用或钻空子。

第二节 品牌延伸的策略

一、产品线延伸策略

产品线延伸策略实际上是从品牌延伸的广义含义而来的。20 世纪 70 年代以后，国际企业界推出新产品的风险急剧增加，即使是使用狭义上的品牌延伸策略，其风险与成本也逐步增加，从而迫使企业更加依赖以产品线延伸的方式来获得规模经济效应。1991 年，美国食品市场上推出的 6 125 种“新”产品中，只有 5% 采用了新品牌、新产品这种经营形式。另外 95% 是在充分利用老品牌辐射力的基础上，以品牌延伸特别是产品线延伸的方式推出的“新”产品。现在产品线延伸是常见的形式，事实上，几乎所有的产品类别都有自然的产品线延伸。产品线延伸是企业常用的产品策略，采用该策略一方面是为了增加消费者的选择范围，另一方面也是为了争夺销售现场的展示空间。

产品线延伸有三种具体的形式：向下延伸、向上延伸和双向延伸。向下延伸指原有品牌定位于市场顶端，即高档产品定位，为了更好地开拓市场，企业将高档品牌向中低档品牌方向延伸的一种策略；向上延伸正好相反；而双向延伸则是指企业将品牌定位于中档产品，为了大幅度拉长品牌线，同时将品牌向上下两个方向延伸。下面就这三种具体形式分别进行阐述。

向下延伸，比较通俗地说，就是对于高档和豪华品牌的扩展。高档品牌，从其本质来说，限制了自身的延伸范围。因为这些品牌在消费者心目中被定位为高档品，所以，通过降低质量标准或降价来进行延伸是危险的。正是由于这些品牌体现了人们的身份地位，因此显示出它们的独特性。用市场术语来讲，这些品牌被称为象征性品牌。如果派生出一个中低档的大类，利用高档品牌产品的声誉，吸引购买力水平较低的顾客慕名购买这一“品牌”中的低档廉价产品，就会使品牌贬值，极易损害品牌高品位的信誉，风险很大。因此，唯一可行的办法是将品牌与其延伸品牌拉开距离，采用不同名称，但是同时对品牌的核心价值予以保留。劳力士用帝舵（Tudor）品牌就是很成功的实践。

向上延伸是在产品线上增加高档产品生产线，使产品进入高档市场。日本企业在汽车、摩托车、电视机、收音机和复印机行业都采用了这一方式。目前，发展中国家从国外引进类似产品生产线都是高档生产线。20 世纪 60 年代，率先打入美国摩托车市场的本田公司将其产品系列从低于 125cc 的摩托车延伸到 1 000cc 的摩托车，雅马哈紧跟本田陆续推出了 500cc、600cc、700cc 的摩托车，还推出一种三缸四冲程轴驱动摩托车，全面在大型旅行摩托车市场上展开了有力的竞争。

双向延伸是指定位于中档产品市场的企业在掌握了市场优势以后，一方面增加高档产品，另一方面增加低档产品，扩大市场阵容。在 20 世纪 70 年代后期的钟表业市场竞争中，日本“精工”采用的就是这种策略，当时正逐渐形成高精度、低价格的数字式手表的需求市场。精工以“脉冲星”为品牌推出了一系列低价表，从而向下渗透到了这一低档产品市场。同时，它也向上渗透到高价和豪华型手表市场，它收购的一家瑞士公司，连续推出了一系列高档表，其中一款售价高达 5 000 美元的超薄型手表进入最高档手表市场。

品牌案例8-2

云南白药的品牌延伸

20 世纪 90 年代以前，云南白药公司的主打产品还是传统的散剂，其核心功效是止血，可就在这个强项上，它也摔了跟头。1992 年，强生公司的邦迪创可贴进入我国市场，让许多中国人都知道了这个神奇的小玩意能够快速止血。由于它简单易用，满足了消费者内在的需求，在短短几年的时间里，中国快速止血市场上便到处都是邦迪创可贴，云南白药公司散剂的身影逐渐消失。

痛定思痛，云南白药公司开始觉醒。在市场竞争中，如果不进行品牌延伸，无异于慢性自杀，不仅现有的局面难以维持，而且老品牌的市场地位也会被竞争对手蚕食，直至丧失。因此，20 世纪 90 年代末期，云南白药公司开始有意识地围绕其传统的白药生产线大做文章，实施品牌延伸策略。

2001年，云南白药公司投资成立上海透皮技术研究有限责任公司，主要负责云南白药创可贴与云南白药膏的研究、生产和销售，这两种白药延伸产品充分利用了消费者对云南白药品牌的认知优势，保持了传统白药的核心功效；同时，结合消费者对使用便利的要求，公司还对传统白药进行了深度挖掘改造，保证了产品的创新性和实用性。这两种产品一经推出，很快就获得了成功。例如，在创可贴市场上，云南白药在不含药创可贴市场的份额居第二位，在含药创可贴市场的份额高居首位。据有关调查，在国内市场几种创可贴产品的评比中，云南白药创可贴以其特有的止血、消炎等组合功效，获得综合得分第一。另外，云南白药还以传统白药为基础，先后开发出胶囊剂、酊剂、硬膏剂、气雾剂、喷雾剂等新剂型，逐步形成了围绕云南白药内服和外用的立体化产品系列。通过这一连串的品牌延伸，云南白药重新恢复了活力，为进一步发展打下了坚实的基础。

随着公司的发展，云南白药公司发现日化行业有较高的利润率，而且通过日化行业，可以非常有效地进行品牌延伸，扩展公司的业务范围。基于此，云南白药公司强势进入了日化行业。2004年，在一片质疑观望中，云南白药牙膏被开发出来，投向牙膏的高端市场。云南白药牙膏的市场定位为非传统的、生物功效型的高端牙膏。这个市场定位与其既有品牌“白药”的特性密切相关，因为白药能够治疗牙周炎、牙龈炎等牙病，而且云南白药还能够很好地保护牙龈、促进毛细血管再生，把具备治疗和保健双重功效的白药用于牙膏这个载体，就形成了云南白药牙膏。此时的牙膏就具备了和市场上普通牙膏不一样的特质功效，可以成功地和其他品牌的牙膏相区分，并且形成良好的门槛。

在竞争高度激烈的高端牙膏市场，云南白药公司硬是抢占了相当大的市场份额，和传统的高端牙膏巨头（佳洁士、高露洁和中华）鼎足而立。正如云南白药前董事长王明辉所言：“对于云南白药而言，无论进入哪个领域，产品只是一个载体，其中所蕴含的白药活性成分及其所具备的独特功效才是云南白药的真实卖点。这就是云南白药品牌延伸的核心实质！在牙膏市场，云南白药还在不断推出各种新型牙膏，以满足不同的细分市场，拓展品牌延伸的广度和深度。

此外，云南白药公司还开发了沐浴露、洗发水、“鞋爽”气雾剂、“车爽”气雾剂等产品。这些不断推出的新产品既丰富了云南白药日化产品线，也能够在整体上实现较强的产品销售协同效应，达到品牌延伸的目的。

资料来源：陈升麒，段万春．云南白药品牌延伸策略研究[J]．中国商贸，2013(22).

二、主副品牌策略

主副品牌策略是指一个主品牌涵盖企业的系列产品，同时给各个产品打造一个副品牌，以副品牌来突出不同产品的个性形象。一般是同一产品使用一主、一副两个品牌。主副品牌策略的基本特征和运用如下。

1. 广告宣传的中心是主品牌，副品牌处于从属地位

这是由于企业必须最大限度地利用已有的成功品牌，这与品牌延伸的出发点是一致的。广告受众识别、记忆以及对品牌认可、信赖和忠诚的主体也是主品牌，因此，企业必须最大限度地利用已有成功品牌的形象资源，否则就相当于推出一个全新的品牌，难

度很大。比如“海尔—神童”洗衣机，其副品牌“神童”传神地表达了该洗衣机“电脑全自动”“智慧型”等产品特点和优势，但消费者对“海尔—神童”的认可、信赖乃至购买，主要是由于对海尔的信赖。因为海尔作为一个综合型家电品牌，已拥有很高的知名度和美誉度，若在市场上没有把“海尔”作为主品牌进行推广，而是以“神童”作为主品牌，那将是十分困难的，因为一个电器品牌要被消费者广泛认可，没有几年的努力是不可能的。

2. 主副品牌之间的关系不同于企业品牌与产品品牌之间的关系

这主要是由品牌是否直接用于产品以及刚才提到的认识、识别主体所决定的。例如，“海尔—帅王子”冰箱和“三星—名品”彩电，海尔、三星是企业品牌，同时也直接用于产品，它们也是产品品牌的识别重心，故“海尔”与“帅王子”以及“三星”与“名品”都是主副品牌关系。

3. 副品牌具有口语化、通俗化的特点

副品牌不仅能生动形象地表达产品特点，而且传播快捷广泛，易于较快地打响主品牌。“康佳—画王”“TCL—巡洋舰”超大屏幕彩电均有这一特点。

副品牌由于要直接表现产品特点，与某一具体产品相对应，所以大多选择内涵丰富的词汇，因此副品牌使用面比主品牌窄，主品牌的内涵一般较宽泛，有的甚至根本没有意义，如海尔等。副品牌则不同，“小厨娘”用于电饭煲等厨房用品就十分贴切，能产生很强的市场促销力。

副品牌一般不用额外增加广告预算。采用副品牌后广告宣传的中心仍是主品牌，副品牌从不单独对外宣传，都是依附于主品牌联合进行广告活动。这样，一方面副品牌能尽享主品牌的影响力；另一方面，副品牌识别性强、传播面广，而且张扬了产品的个性形象。

品牌案例8-3

念慈菴：“润”物要有“声”

念慈菴作为一个拥有近300年历史的中药品牌，在2007年夏斥巨资高调进入草本饮料行业，并且在深圳成立独资子公司“东城建业食品（深圳）有限公司”，负责“念慈菴润”饮料的推广与销售。

中药品牌进入饮料行业，是存在较大风险的，但念慈菴凭借在中药领域的高口碑，成功进军饮料市场。表面看其进入的是全新的饮料领域，但并没有完全脱离自身优势产业和优势区域。念慈菴进入的是饮料细分市场，主推草本植物饮料，并没有脱离中药优势区域，而是依托在中药领域的强大研发能力和技术优势，进行关联性延伸，打造草本饮料品牌。

念慈菴通过市场调查了解消费者的需求，从而开始研发念慈菴的草本饮料。念慈菴与念慈菴润，两者借力发力，诉求点一脉相传，品牌资源得到了有效整合和充分利用。凭借自己的中药优势，强调自己的饮料与市场中的降火饮料有着本质不同，润肺是其主打功能，可以在市场推广和销售中获得消费者的认可，进而促进购买。

在饮料市场竞争如此激烈的情况下，念慈菴充分利用自身优势，开辟出一条新的道路，成为饮料行业中草本饮料细分市场的老大。

资料来源：现代快报，http://dz.xdkb.net。

三、特许经营策略

遍及世界各个角落的“肯德基”和“麦当劳”凭借其优质的服务、整洁明快的用餐环境、可口的快餐食品享有盛誉。它们的成功有许多相似之处，其中重要的一点在于它们都是特许专卖权所有者，都成功地应用了特许经营方式。可以说，没有特许经营，麦当劳和肯德基快餐店就不可能如此迅速地在全世界繁衍，也难以成为全球性品牌。

特许经营作为以品牌连锁为核心的品牌延伸方式，欲使特许人与受许人共享的品牌能够得到发展，使品牌在特许经营这个品牌延伸方式下得到增值，不仅需要塑造统一的外部形象，而且要有维系品牌内在质量和外在形象的专有技术、独特配方和有效的经营方式、管理控制手段等的继承与发扬，这是品牌的灵魂所在。在特许经营过程中，在规范共性的同时还要考虑保持个性。虽然追求一致性是特许经营方式最基本的原则，但这与各加盟店具有个性并不矛盾。因为受文化等因素的影响，各加盟店所面对的目标市场不尽相同。在保持一致性的同时，为适应市场的需要，各地的加盟店存有一定程度的个性是保障品牌在异地做“活”的客观要求。例如，“全聚德”这个拥有135年历史的老字号，要求各加盟店除了必须按统一标准经营其特色烤鸭及22种标志性菜品以外，可以为适应市场经营其他菜肴（四川全聚德可以经营川菜、广东全聚德可以经营海鲜），将全聚德的共性与各加盟店的个性有机结合起来，使消费者既有目标性又有选择性。需要注意的是，个性化程度不宜过高。

对于特许人来说，特许经营可谓一种低风险、低成本的品牌延伸或市场扩张模式。一方面，在特许经营方式下，特许人可借助他人的财务资源实现品牌扩张或市场扩张。这样，特许人能以更快的速度扩展业务、拓展市场，而不受资金限制，这使得特许经营成为迅速扩大品牌影响力、提高市场占有率的较佳方式。另一方面，特许经营可使特许人节省资源，降低运营成本。

对于受许人来说，特许经营意味着必须放弃自有品牌。受许人冒此风险而乐于加盟，是因为特许经营能给受许人带来许多益处。其一，借助特许人的品牌优势，可迅速获得良好的市场效益；其二，成为加盟者的企业，借助特许人的品牌优势，增加了抗风险能力，易获得条件优惠的贷款；其三，通过引进特许人成功的经营管理模式，能够提高自身的经营管理水平。必须注意的是，作为有意扩展自己品牌的特许人，必须考虑特许经营对于品牌、市场声誉等无形资产可能带来的负面影响，应对构建特许加盟体系或系统预先进行理性而深入的调查分析，这是确保特许经营健康发展并在特许过程中实现双赢的必要前提。另外，还要选择合适的加盟者，建立统一的经营管理制度和严格的检查监督制度，注意专有技术的保密工作。

第三节　品牌延伸的准则及步骤

一、品牌延伸的准则

1. 有共同的主要成分

主要成分是指商品的价格档次、品牌定位、目标市场等。品牌的资产就是品牌的最大优点，这个优点必须沿用到延伸品牌中，让目标消费者一看就能知道这个品牌有什么个性。如果品牌资产是属于视觉的，诸如包装、颜色、图案等，那么传递延伸品牌的优点对消费者而言就是模糊不清的；如果这些优点是深层次的，如来自产品的效用、品质、售后服务、性能等，对消费者而言，它就是一些清晰的概念，他们会将对原有品牌的认知和联想潜移默化地转移到延伸品牌上来。例如，皮尔·卡丹服装在消费者眼里是成功者的品牌，如果将这一品牌延伸到中低档服装市场，那绝对不是明智之举。延伸的主要目的是要与品牌的好印象连接起来，共同的成分强化了这一连接点，延伸就容易成功；若两者共同的主要成分太少，延伸就失去了效果，同时也将给主产品的品牌带来负面影响。例如，派克笔是高档产品，是象征体面身份的品牌，但彼得森上任后不是把精力放在改进派克笔的款式和质量、巩固发展已有的高档产品市场上，而是热衷于品牌延伸，将“派克”这一金子般的品牌用于每支售价在 3 美元以下的钢笔上，于是，派克钢笔作为“钢笔之王”的形象和声誉受到了损害。这正中克罗斯公司等竞争者的下怀，它们趁机大举进军高档笔市场。结果，派克公司不仅没有顺利打入低档笔市场，反而使自己在高档笔市场的占有率下降到 17%，销售额仅为克罗斯公司的一半左右。

2. 有相同的服务系统

服务系统相同是指延伸产品与核心产品的售前服务和售后服务应该完全一致，使消费者不会产生差异感，使他们产生“和原来一样好”的感觉，这样延伸品牌就不会伤害核心品牌的定位。如果延伸品牌的服务系统明显不如核心品牌的服务系统，这必将导致消费者改变对核心品牌原有价值的认知。问题的关键就是要找出在服务系统中消费者最赞赏的某一环节，而这一环节又是延伸产品服务体系中最重要的环节，企业为找到这一环节，可能会花费很大的精力进行调查研究。例如，巨人集团从汉卡延伸到营养保健品“巨人脑黄金”，蓝宝石集团从手表延伸到营养保健品“生命景天”，饮食行业和机械行业在服务体系上难以找到相同部分；而雅戈尔从衬衣延伸到西服，达利园从香脆饼干延伸到宜人月饼，由于营销和服务存在相同之处，品牌延伸就可能成功。因此，企业经营者在进行品牌延伸决策之前，必须对延伸品牌的目标市场进行调查，以识别消费者最重视的主要服务项目及其相对重要性是否与核心品牌的相同，如果不同，就不宜进行品牌延伸。

3. 技术上密切相关

主力品牌与延伸品牌的产品在技术上的相关度是影响延伸成败的重要因素，新产品与名牌产品技术相近易使人产生信任感，若相差很大，延伸就会失败。像三菱重工在制冷技术方面非常优秀，将“三菱”冰箱延伸到三菱空调上就理所当然。海尔品牌、东方红机车的延伸也都是如此。然而春兰空调与其“春兰豹”摩托车在技术上相关度低，这种延伸就没有多大意义。

4. 相似的使用者形象

将使用者置于同一消费层面和背景下，品牌延伸也易于成功。例如，三笑从牙刷到牙膏，大宝从化妆品到洗面奶，都是面对同一消费群，因而能够成功；金利来从领带到腰带、衬衣、皮包，都紧紧围绕白领和绅士阶层进行延伸，自然容易成功。

5. 回避已高度定位的品牌

若某品牌已成为这个产品的代名词，在消费者心目中已经确立固定的形象，就不应冠之他物。提到好莱坞，人人都知道是美国电影城，谁也不会接受好莱坞饭店。某品牌高度定位后，在人们心目中便会以一个完整的形象存在，这时品牌完全取代了产品的作用，是容不得一点节外生枝的，若强求，外溢品牌便会受到影响。索尼公司的产品系列化细到不能再细的程度，成了家电视听产品的代名词，提到索尼自然会想到收音机或彩电。

6. 质量档次相当

质量是名牌的生命，是其存在和发展的基础，新开发产品的质量应相当于或高于原名牌产品的质量，借名牌促进产品上市，容易得到广大消费者的认同和赞赏，容易达到延伸的目的，同时还能提升原名牌的“价值”。如果新开发的产品质量低劣，只会骗取一次消费，终将被消费者遗弃。

7. 品牌名称联想所及

品牌名称联想所及就是基于相同主体部分而延伸的产品，用主体的品牌。例如，提起 IBM，人们自然会想到电脑而非其他物品，可以将它延伸到各种与电脑相关的产品上去，如个人电脑、笔记本电脑乃至周边设备，这种产品的知名度、美誉度越高，所延伸出的产品给消费者的可信度就越高，延伸就越成功，因为主力产品和延伸产品的主体是相同的部分。

总之，延伸要使消费者能接受，这是考核品牌延伸最基本也是最重要的原则。

品牌案例8-4

宝洁品牌延伸的败笔:“润妍”和“激爽”的退市

对于中国本土日化公司，宝洁是个难以战胜的对手，即使有昙花一现受宠的产品出现，宝洁的战略和实力总是叫本土企业无可奈何。实际上早在20世纪末“标王”出现以前，中国媒体最大的广告客户一直是宝洁，2005年宝洁成为中央电视台标王，更把对于国内企业来说是死境的一场场危机化为乌有，宝洁是个真正的大家，中国本土日化企业处处在模仿宝洁、研究宝洁，但就是难以真正实现品牌超越。研究失败其实更有意思，对于中国本土企业而言，“润妍”和“激爽”的失败可能对我们研究宝洁、超越宝洁更具有价值。

“润妍”推出的主要原因就是当时国内“植物一派”洗护发产品的兴起，对于飘柔形成了较大的压力，而当时因为占有率和推广原因玉兰油的市场并不被看好，“润妍”是作为一个竞争性产品出现的，目的就是通过宝洁一贯的占据高层和策略优势挤压“奥妮”和“夏士莲黑芝麻”的市场空间。在终端和海报上，润妍“黑发更黑更有生命力”的主题的确给人强烈的视觉冲击，但是过于看重广告的唯美，没有把握好中国消费者的心理，使顾客的尝试性购买降低是润妍操作上最大的一个败笔。其次，润妍背离了宝洁一贯做一线品牌的初衷，是标准的跟随性（跟随黑发市场、跟随国内的植物洗护市场）产品，而跟随性产品和冠军产品的思路应该是截然不同的。

当“激爽”上市的时候，正是润妍作为宝洁在国内第一个创意品牌失败后不久，激爽当时在香港市场表现一般，进军内地的目的就是针对更年轻、更时尚、更富有激情的群体，广告表现职场人士希望通过沐浴找回激情和自信，从策略层面和表现方式上看，其实没有问题，但市场反馈却不理想。实际上“激爽”的失败很大原因就是没有确定自己的竞争对象在哪里，而“确定”是准确营销的第一要务。激爽只看到了六神的清凉提神，而没有看到更广泛的“音乐营销”“足球营销”的激情演绎，当一个企业有更多异类竞争的时候，要么拉拢或者进行捆绑营销（例如，手机和音乐的联合，就是为了避免手机的时尚概念被音乐概念冲击或淡化），要么就是再细分市场。可惜，激爽既没有做到和音乐、足球联姻，更没有做到“激情市场”的细分，用区区几亿元广告费和“捆绑流行音乐营销”或者“体育营销”争市场，激爽必败无疑。

激爽自2002年6月上市以来，3年时间大概投入了10亿元广告费，但其市场份额始终在3%偏下徘徊。大广告的背后没有大销售的支撑，激爽的地位也有些尴尬，退市大局已定。

宝洁的成功肯定在于对中国市场的熟稔，在于品牌的影响力，失败当然来自上述二者做得不够深入，虽然奥妮、舒蕾的生命力未必长久，但是中国本土企业依然有很多的机会和宝洁竞争。

资料来源：品牌315，http://www.pp315.com.cn/2015/sbjx_1022/1471.html。

二、品牌延伸的步骤

品牌延伸是一个系统过程，它主要包括以下四个步骤。

1. 确定品牌联想

发展延伸品牌的第一步就是确定由核心品牌名称产生的品牌联想。对品牌联想的识别可通过多种技巧达到。例如，名称联想法，即选定一组消费者，向他们询问当品牌被提及时，有什么东西进入脑海（如可口可乐一被提起，人们就会想到一种有特殊口感的饮料及其特殊包装等）；放映技巧法，即询问消费者吃下亨氏番茄酱后，对该产品的印象如何；探寻智力差异法，即探询某品牌同其他品牌有何区别，例如，香奈儿产生了昂贵、品质、典雅、时尚等联想，索尼产生了优质、日本、家电等联想。一种品牌往往会产生一整套联想，包括了许多种类，此时企业必须以与品牌的联想强度为准，将重点放在仅有的几种或十几种联想上。

2. 选择最好的候选者

在此过程中，先假设品牌是适于延伸的，它应当提供一些有优势的立足点，然后从产品结果的清单中选择有限的数量来进行概念测试和检验。检验的主要内容之一是延伸品牌的适应性，即消费者对延伸品牌感觉是否舒适。对适应性进行检验的方法之一就是简单地询问受调查的某种品牌名是否适应一系列可选择的产品。当然，低适应度并非一定致命，有些产品看着不适应，但如果以强化品牌和产品间的联系方式来看，实际上可能是适应的。检验的内容之二是延伸是否提供一些具有优势的立足点，品牌名称是否能成为购买的原因，它是否能成为一种类似更高的质量、更多的价值、更可靠的性能或有地位之类的立足点。然后从产品系列中选择最好的候选者。根据调查检验的结果，如果有较少甚至没有相同的部分，则说明两者之间的联系不紧密或者无联系，核心品牌就不应该向该产品延伸，应另选延伸产品。

3. 选择候选品牌名称

在确定了延伸产品之后，紧接着要为其选择相应的品牌名称，选择延伸品牌名称时，要从以下两点出发。

（1）消费者从心理上是否接受延伸品牌的名称。如果核心品牌准备通过转移一种质量感受或消费者的一种强劲有利的品牌联想来帮助延伸，那么延伸品牌名称就比较容易使消费者感到愉快。例如，长虹彩电给消费者的主要印象是优良的品质，他们也会因此认为该品牌的音响具有同样的品质水准。如果消费者觉得延伸品牌名称使他们感到不舒服，他们就不希望原有品牌名称转移到新产品上，判断延伸品牌名称是否让消费者感到舒服的方法是选择一组消费者，询问他们某品牌名称是否适应一系列可供选择的产品，例如下面一个例子。

下列产品中，您认为哪类产品应以“索尼”命名：书籍；文化产品；计算机；摩托车；化妆品；香烟。

（2）延伸品牌名称是否能为延伸产品提供一些好处。这些好处主要来自消费者对延伸品牌名称的感觉。由于核心品牌是成功的品牌，一般能给消费者留下良好的印象，而延伸品牌应该是这种良好印象的延续或加强，它应该成为消费者购买延伸产品的原因。或者说延伸品牌相对于核心品牌而言，就应当成为一种具有更高质量、更多文化附加值、更可靠的性能或有一定地位的品牌。当品牌名称有助于在一个混乱的市场上树立消费者的品牌意识或者增加产品销量时，品牌延伸就会在某个已成熟的产品市场上具有更大的比较优势。在产品市场还不成熟时，品牌延伸将有较大的风险。

4. 进行战略考量

由于品牌延伸是一个战略性的问题，在采取这种行动时，有必要对战略性的问题加以考量。

第四节　品牌延伸的风险及规避

一、品牌延伸的风险

品牌延伸给许多企业带来了成功，如索尼进入文化市场扩张了自己的实力。诱人的巴芬碧香水是以圆珠笔闻名于世的法国比克公司（BIC）的杰作，这使比克公司这一文具日用品公司打入了香水市场。品牌延伸并非完美无缺，一旦出现失误，延伸不当，后果不堪设想，甚至会置企业于破产境地。所以，著名营销专家艾·里斯和杰克·特劳特不无遗憾地认为：品牌延伸不是错误，而是一个可能置企业于死地的充满诱惑的陷阱。这方面，中外都有很多实例佐证。

1. 损害原品牌形象

品牌是属于消费者的，这是把握品牌延伸的精髓。企业收集许多资料来描述、定义它们的品牌。但消费者却以不同的观点对品牌进行区分。每种商品就是人们心目中的一个梯子，而该种商品的不同品牌则代表着梯子上的不同阶梯，这个梯子上的某个品牌如果成为该种商品的名牌，那么当人们提到这个品牌时，指的也就是这种商品。这时，品牌已不仅仅是商品的牌子，它已成为一类产品的代称。随之而来的是品牌方魔力的消失，对许多交易来讲，质量声誉是可靠的竞争优势，因此应当有这样一种忧虑，如果延伸的产品质量不好，会损害原品牌的好声誉。当可能出现这种危险时，企业应对向这种低档产品延伸的计划加以慎重考虑。例如，“皮尔·卡丹”时装一度与“香奈儿”香水、“路易威登”皮包齐名，以高贵的品质拥有自己优越的地位。为了吸引更多的消费者，皮尔·卡丹品牌延伸到日用品上，从家具到灯具，从钢笔到拖鞋，甚至包括廉价的橱巾。结果是“皮尔·卡丹”在大多数市场上丧失了高档品牌的形象，也丢掉了追求独特的品牌忠诚者。

2. 品牌个性淡化

品牌具有三大特征：独特性、单一性、持续性。品牌要像刀锋一样，一定要把它磨得锋利，才能顺利进入消费者的意识。当延伸品牌概念时，可能正在使刀锋变钝。错误的品牌延伸会使企业无力回应竞争对手的攻击。长期而言，品牌的不当延伸会摧毁消费者对核心产品、核心利益以及核心概念的支持，当品牌过度延伸时，品牌在消费者心中的印象会越来越模糊，失去原来的焦点，导致竞争对手乘虚而入。例如，拜耳阿司匹林镇痛剂的推出并未带来新产品的市场成功，反而使拜耳阿司匹林原有的市场领先地位被对手泰宁诺夺走。20 世纪 50 年代，在美国市场上有较强品牌优势的“金龟车”(或称“甲壳虫”）一则“想想还是小的好”这句经典绝妙的广告语使它声名鹊起。“甲壳虫”作为小型坚实汽车的化身，得到了美国消费者的广泛认同，成为当时美国进口车之王。就在“甲壳虫”获得品牌强势的时候，德国大众汽车公司做出了品牌延伸的决策，将“甲壳虫”扩展到较大型、较昂贵的汽车上，甚至还延伸到了公共汽车和吉普车上，试图大规模地占领美国汽车市场。结果事与愿违，“甲壳虫”非但没能扩大市场，相反却使原有市场萎缩。20 世纪 70 年代，“甲壳虫”从美国进口汽车第一的王位上被竞争对手——日本产的本田拉了下来，其原因主要是改变了品牌个性。品牌有如橡皮筋，越延伸就可能变得越疲软，致使品牌个性淡化，一些产品之所以被消费者选购，关键在于其独特而明晰的品牌个性，如果盲目地延伸品牌，由延伸而产生的品牌联想往往将原有的品牌个性模糊化。一旦品牌个性被弱化，也就失去了吸引消费者的基础。因此，如果品牌延伸会弱化品牌，企业最好不要盲目地进行。

3. 产生不好的心理联想

有些企业在进行跨行业的品牌延伸过程中，不顾核心品牌的定位和“兼容性”，把同一品牌用在两种不同行业的产品中，当两种产品在用途上存在矛盾时，消费者通过联想就会产生心理冲突。美国斯科特公司生产的舒洁卫生纸在市场上是头号品牌，但随着舒洁餐巾纸的出现，消费者心理发生了微妙的变化，正如美国广告学专家艾·里斯在介绍这一案例时所做的幽默评价：“舒洁餐巾纸和舒洁卫生纸到底哪个才是为鼻子策划的？”结果舒洁卫生纸的头牌位置很快被宝洁公司的恰敏卫生纸所取代。如果不审慎地选择适合延伸的产品，而是随意将已成功的品牌延伸到不适合的产品上，那么，品牌延伸将成为一种最快地自我摧毁品牌的做法。因为，如此延伸品牌实际上内含了一个前提，即品牌只是一个名称、标记或符号。可以想象，将“活力 28”延伸到厨房、厕所的清洁剂上可能会成功，但如果延伸到香水或矿泉水上，恐怕就没有成功的把握。因为“活力 28”已被大部分消费者固化在“洗涤用品”上了，当消费者饮用“活力 28”矿泉水时，潜意识中会想到洗衣粉的味道。山东烟台的荣昌公司原来是一家生产“肛泰”的知名企业，后来转而生产荣昌食品，致使消费者心理发生了微妙的变化，“肛泰”与食品实在不能同时接受，结果导致品牌延伸一败涂地。娃哈哈以“喝了娃哈哈，吃饭就是香”的广告语成为家喻户晓的儿童口服液品牌，之后却推出“感冒康宁”，这让本以回避儿童最忌讳的药物作为切入点的娃哈哈，又沾上了真正的药味，让儿童消费者如何适应？

4. 跷跷板效应

一个名称代表两种甚至两种以上的有差异的商品，必然会导致消费者认知的游离和模糊化。当延伸品牌的产品在其市场上具有绝对竞争优势时，消费者就会将原品牌类别定位在延伸品牌上。这样，随着延伸品牌产品的崛起，无形之中就削弱了原品牌产品的竞争优势。这种强力品牌产品与延伸品牌产品竞争态势的交替升降变化，即为“跷跷板效应”。在美国，亨氏（Heinz）原本是腌菜的品牌，且占有最大的市场份额，后来公司转战番茄酱市场也十分成功，使亨氏番茄酱的市场份额占据市场首位，然而与此同时，丧失了腌菜市场上的头把交椅，由 Vlasi 取而代之，这就是艾·里斯所说的跷跷板效应。一个名称不能同时代表两个完全不同的产品，当一种上来时，另一种就要下去。当然更可悲的是堡垒从内部攻破，竞争对手费尽心机也没有能够把亨氏从腌菜第一品牌的位置上挤掉，它却被自己挤下去了。登喜路原是一家很著名的烟草公司，登喜路羊毛衫是登喜路品牌下的著名产品，因为登喜路有计划地将自己定位为横跨许多不同商品种类的高级奢侈品，它所付出的代价是不再被认为是一家致力于生产烟草的企业，同时失去了烟草市场的领导地位。

5. 产生株连效应，影响整个品牌的声誉

所谓“株连”效应，是指当延伸的品牌经营不善时，会影响核心品牌在消费者心目中的形象。许多产品使用同一品牌或同一系列品牌，其品牌关联度大，一旦某种产品或一个领域的经营出现危机，将引起连锁反应，危及其他产品或其他领域，而这些往往是品牌延伸的决策者始料未及的。例如，美国 A. C. 吉尔伯特公司有着 58 年儿童玩具制造商的形象，但 1961 年公司决定进行品牌延伸，改变公司原来只制造男孩玩具的传统，把目光瞄准女孩。但由于其生产的女孩玩具价格低、质量差，加之对女孩玩具市场缺乏了解，结果使顾客非常失望，导致公司高质量男孩玩具制造商的形象受到了极大损害，1966 年，公司不得不宣布破产。

综上所述，企业在进行品牌延伸时，应抓住延伸时机，正确应用延伸的步骤和方法，谨慎地避免陷入延伸的陷阱中。

品牌案例8-5

“999”品牌盲目延伸导致失败

我国三九集团以“999”胃泰起家，企业的品牌经营非常成功，以至于消费者把“999”视为胃泰这种药物的代名词，这正是品牌定位所追求的最高境界。

然而，三九集团随后进行的品牌延伸却并不理想。如果说，企业把“999”品牌延伸到感冒灵上，消费者尚可接受的话，那么把“999”品牌延伸到啤酒上可就让消费者不知所措了。虽然广告上说的是“999 冰啤酒，四季伴君好享受”，但是消费者一拿起

“999”啤酒，第一个潜意识的反应恐怕是联想起“999”胃泰这种药，喝带有“心理药味”的酒自然不是一种享受。如果进一步联想到饮酒过量会伤胃，那“999”冰啤酒还会有好的销路吗？换另一角度考虑，“999”分明在劝人喝酒，还算是“胃泰”吗？

资料来源：道客巴巴，http://www.doc88.com/p-5951648372545.html。

二、品牌延伸风险的规避

在有些消费市场上，一种新品牌的介绍需要5 000万～1.5亿美元的投资，然而如此巨大的支出也并不能保证品牌延伸的成功。实际上，新产品的平均水平很难令人满意，即使在有众多支持的情况下。比较而言，已建立起来的品牌名称的运用能相当可观地降低投资并增加成功的可能性。因此，成功的品牌延伸能够把品牌放大，进而使品牌资产得到充分利用，并在利用中增值。但品牌延伸毕竟有很多陷阱，存在潜在的风险，企业必须从长远发展的战略高度审视品牌延伸，要了解品牌延伸的陷阱，认清品牌延伸的负面影响，理智权衡品牌延伸的利弊得失，就要采取一些措施降低甚至避免品牌延伸的风险，以确保品牌延伸成功。

1. 正确评估原品牌实力

在品牌延伸之前，评估品牌实力，正确认识现有品牌，是确保品牌延伸成功必要的基础性工作。既然品牌延伸的目的就是要借助已有品牌的声誉及市场影响力，向市场推出新产品，那么拟延伸的品牌必须是具有较高知名度和美誉度，在消费者心目中有很高的地位的品牌。如果拟延伸的品牌尚无延伸优势就强行将品牌拉长、拉宽，结果必然适得其反。例如，巨人集团原本在最初的计算机行业就没能取得较大的品牌优势，在其市场影响力不足的情况下，过高地估计品牌实力，贸然进军生物保健品市场和房地产市场，最终是“只开花，不结果”，致使“巨人”品牌风光不再，企业陷入重重危机之中。所以，企业在做活品牌时，一方面要重视品牌外部形象的设计和塑造，另一方面要练好支撑品牌形象的“内功”。只有品牌的“内功”足、外部形象佳、品牌知名度和美誉度高，才能使品牌为延伸的产品提供一种附加价值，也才有可能使延伸富有成效。

2. 考虑现有品牌的定位及其适用范围

产品定位准确，往往会起到事半功倍的效果。它就像一杆秤的“定盘星”，“差之毫厘，谬以千里”。我国古代商人有句行话，叫作“斥候问市”，意思是，企业的产品要定位，首先要进行市场调查研究。按现代市场学的要求，就是要做好这样几方面的工作：运用定量分析和定性判断的方法分析消费者的心理需求；周密研究有关国家和地区的政治、经济、市场、流通渠道等情况；深入调查同行业同类和相似的产品等。同时，除了一个国家或地区的文化传统和生活习惯外，民族心理也是必须考虑的一个重要因素。瑞士雀巢公司的一位经理说：“我们花费了10年的时间，才在印度找准了自己产品的定位。”雀巢公司在1962年就打进了印度市场，但一直没有很大起色。1983年，雀巢公司向印度市场推出了“麦吉”牌方便面，而且将它作为正餐之间的“点心”来推销，结果销量大增。考虑到印度人的收入水平和节俭风尚，雀巢公司的产品大多采用小包装以降低价格，因此在印度市场销售的19种雀巢产品中，有一半以上的产品价格低于25卢比，由于把握住了市场的“定盘星”，雀巢公司1998年在印度市场的销售额比5年前增加了一倍多，盈利增加了50%。把握好产品市场的“定盘星”是搞活企业的法宝。因此，企业在研制、开发新产品之前，就要确定好自己产品的市场定位，选准所开发新产品的目标市场，有的放矢地将新产品推向市场、占领市场。这样既可规避竞争对手的竞争，又能起到“投资少，见效快”的效果。

3. 谨慎延伸个性强的品牌

如果一个品牌个性极强，即已成为某一种或某一类产品的代名词时，最好放弃品牌延伸策略。如果将这一类品牌用到另一类产品上去，那么品牌延伸将是一种最快捷地自我销毁品牌的做法。例如，可口可乐几乎成为可乐饮料的代名词，该公司百年以来没有进行过品牌延伸，实践证明这种策略是值得国内某些企业效仿和借鉴的。一般来说，每一个品牌尤其是知名品牌都有自己独特的个性，这是由品牌标识下的产品属性决定的，也是品牌在消费者心里形成的思维定式。“劳力士”就是手表，它与豪华、昂贵、富有、成就相联系；“Jeep”就是汽车，它是勇敢、强壮、拼搏的象征（真正的男人世界）……若将“劳力士”延伸到低端手表上，消费者将难以接受，因为从新的延伸产品上已找不到原有“劳力士”的崇高形象了，也就敬慕不起来了，以至于影响原有“劳力士”手表的销售。所以，为了不使品牌延伸落入陷阱，确保延伸成功，对个性较强的品牌更要注意形象的统一，使新延伸的品牌与原品牌具有一致的形象。

4. 勿忘产品的市场生命周期

产品的市场生命周期理论揭示了产品更新换代是市场竞争的必然结果。随着科技水平的提高、消费者需求的改变以及市场竞争的加剧，产品市场生命周期大有缩短之势，如果新延伸产品已进入产品市场生命周期的成熟期甚至是衰退期，就会加大品牌延伸的风险。因此，进行品牌延伸时，要考虑新延伸产品的市场生命周期。不仅如此，市场生命周期理论还告诉我们：应该通过采用新材料、新工艺、新管理方式等创新活动来提高原产品的质量与服务水平；或通过实施产品地域转移战略，放弃市场需求趋于饱和的市场，转而向其他新市场进行延伸，从而使同种产品的品牌延伸获益。

5. 采取给延伸品牌更换名称的策略

为了避免品牌延伸的风险，减少对原品牌的消极影响，通常的做法是在保持原品牌名称不变的情况下，再为新产品取个名字，即副品牌（又称小品牌）。这样不仅可以引导消费者突破原有观念接受和认可新产品，而且能迅速地将对主品牌的信赖与忠诚转移到新产品上来，从而有效地减少“株连”的危险性。例如，红豆集团在成功地做活“红豆”品牌以后，并未将这一名称延伸到新产品摩托车上，而是给摩托车起了一个新名字——“赤兔马”。由于历史名著《三国演义》已为“赤兔马”无偿做了1 700多年“广告”，与摩托车这一新产品属性相吻合的新品牌“赤兔马”很快获得了市场回报，经过短短两年的市场开拓，“赤兔马”便跃入中国摩托车十强行列。再如，“画王”形象地表达了“松下—画王”彩电“显像管采用革命性技术、画面逼真自然、色彩鲜艳”的优点。其次，副品牌大多轻松活泼、灵性十足、直白通俗，能有效地弥补稳健、持重的主品牌在此方面的缺陷，因而在媒体传播上快捷广泛，易于形成市场影响力，如“红太阳”“小厨娘”“小金刚”等。又如，“可口可乐”不仅是世界驰名商标，而且是碳酸饮料的代名词，于是可口可乐的其他饮料则不使用“可口可乐”而是冠以“雪碧”“芬达”的名字。这两个非可乐品牌的成功运作，举世瞩目，有口皆碑。事实证明，这种做法是行之有效的。

6. 与企业的长远规划相一致

过分倚重品牌延伸战略会影响到企业开创新品牌的进度，因此必须以企业长远规划为中心，及时分析企业内部资源和外部营销环境的变化，结合新品牌的开发，全面发展企业的品牌战略。例如，健力宝集团推出“强力”芒果汁，就是在健力宝品牌延伸到适当的程度时，审时度势，成功地扩展了集团整体实力，同时又避免了原来以电解质碳酸饮料为主要定位的品牌形象。

总的来说，品牌要立足于不败之地，发展是硬道理。要把品牌延伸作为产品向新领域和新市场开拓的手段。唯有如此，企业的影响力才会不断上升，品牌才会保持永久的吸引力。

本章小结

品牌延伸有狭义和广义之分。狭义的品牌延伸是指现有品牌延伸使用到新产品上的经营行为；广义的品牌延伸不仅包括将现有品牌延伸使用到新产品上，还包括将现有品牌延伸使用到经过改进的现有产品上的行为。品牌延伸的作用：品牌延伸有利于新产品迅速进占市场；品牌延伸有利于降低新产品的市场导入费用；品牌延伸有利于增加新鲜感，为消费者提供完整选择；品牌延伸有利于形成规模经济优势；品牌延伸有利于品牌保护。

品牌延伸的策略包括：①产品线延伸策略：向下延伸、向上延伸、双向延伸；②主副品牌策略；③特许经营策略。在品牌延伸的过程中，延伸要使消费者能接受，这是考核品牌延伸最基本、最重要的原则。在品牌延伸过程中，要遵循正确的步骤：确定品牌联想；选择最好的候选者；选择候选品牌名称；进行战略考量。

品牌延伸都存在一定的风险，但风险是可以进行一定程度的规避的，所以在品牌延伸的过程中应谨慎前行，注意应遵循的准则和步骤，规避风险。

复习思考题

1. 品牌延伸的实施步骤有哪些？
2. 品牌延伸准则中最重要的是什么？
3. 产品线延伸和主副品牌延伸，哪个更容易成功，为什么？
4. 如何正确、有效地规避品牌延伸过程中可能出现的风险。
5. 是否所有品牌都适合做品牌延伸，理由是什么。

课后案例

《功夫熊猫》品牌延伸的尝试

"IP需要为自己不同层次的受众提供差异化的视觉和产品体验；电商平台是IP从内容向产品转化最有效的平台；而线下的零售点则可以与娱乐化结合，为消费者提供娱乐体验。"

东方梦工厂由华人文化产业投资基金、上海文化广播影视集团、上海联和投资有限公司以及梦工场动画强强联手共同打造，致力于为全球观众创造世界级的家庭娱乐内容。

公司业务涵盖电影制作、电影市场推广及发行、版权运营、衍生业务（消费品、联合推广、互动娱乐、实体娱乐）的开发和运营等多个领域，曾制作和发行了首部中美合拍动画电影《功夫熊猫3》，该片也是中国最卖座的动画电影之一。

在总体业绩上，《功夫熊猫3》在中国取得了超过10亿元的票房，这在动画电影的票房排名上也是名列前茅的，值得一提的是这部电影的衍生业务，也就是我们所说的泛娱乐范畴。伴随着《功夫熊猫3》的热映，该片的衍生商品销售业绩甚至超过了电影票房本身，这是中国10亿元体量的电影首次达到的成绩。

首先从品牌的角度来看，《功夫熊猫》品牌在电影、电视和手机渠道，接触的用户群体存在差异。针对不同用户群体，东方梦工厂对这个品牌做出了不同的诠释，电影受众和它在泛娱乐领域的受众不尽相同，所以东方梦工厂对这个品牌进行了不同年龄群体的定位。在低龄群体中，更多传递欢乐可爱的形象；在较高龄群体中，更多传递酷炫时尚的形象，这是东方梦工厂对IP进行泛娱乐改造的第一步，即品牌定位。对不同年龄群体、不同媒介进行重新定位。

下一步，东方梦工厂就是将《功夫熊猫》品牌视觉化。针对《功夫熊猫》在不同年龄的定位做了二次视觉化。比如：针对学龄前儿童，视觉表现就往萌萌可爱方面改造；在男女学生这些年龄更高的青少年当中，就要往更加时尚和炫酷的方向进行视觉化改造。完成改造之后，就奠定了这个品牌向其他领域延伸的基础，再针对延伸商品进行图案设计。一个品牌要成为可以用泛娱乐方式运营的品牌，核心在于对品牌内涵的二次创造，对故事的二次诠释，对打动消费者触动点的精细化运营。东方梦工厂将把《功夫熊猫》从一个很受欢迎的电影变成消费者可以购买的产品，即进行产品化改造。

《功夫熊猫》尝试跟大量知名品牌进行联合推广，与合作伙伴深度结合，不仅仅限于品牌，还在电影上进行联合推广。其他合作伙伴对《功夫熊猫3》的媒体推广价值达到了15亿元，对电影的宣传与发行产生了很大的帮助。东方梦工厂邀请电影创意人员一起，用《功夫熊猫》的故事，诠释他们的故事。给他们定制了各种微电影和互联网视频，把视频和《功夫熊猫》的元素无缝连接在一起。东方梦工厂在上海建立了一个世界级的动画和创意团队，就是基于合作的角度。

在时下泛娱乐背景下，《功夫熊猫》尝试建设全方位的体验。

（1）商品角度。开发了大量《功夫熊猫》的商品，跟阿里巴巴旗下天猫阿里鱼协作，把所有《功夫熊猫》的商品结合起来，在天猫上做天猫年货节，取得了很大的成功。天猫累计零售销售额达到1.6亿元，单品超过500个，这是天猫历史上规模最大的一次衍生品售卖。在线下，也跟各个渠道合作，包括大卖场和专卖店。

（2）互动娱乐。开发微信表情包，在微信中累计下载超过7 000万次，发送次数更是惊人。

（3）游戏角度。与网易合作，开发两款《功夫熊猫》手机游戏，取得了不错的成绩。

（4）商业地产角度。迪士尼乐园将品牌、人物、情感在实体空间呈现给用户，让用户获得实体空间里的故事体验，这就是二次故事创作。在这方面，东方梦工厂也做了一些尝试，尤其在商业地产方面。在今天中国的城市发展程度和用户生活形态下，商业地产或购物中心已经成为用户首选的实体娱乐空间。所以，东方梦工厂选择商业地产作为突破口。《功夫熊猫》已经出现在全国10个城市的核心商业地产，包括上海的港汇广场、北京的颐堤港等，成为实体的娱乐方式。

资料来源：和讯商学院，http://bschool.hexun.com/2017-03-02/188348187.html。

案例讨论

1.《功夫熊猫》选取了哪些品牌延伸的路径？
2. 你认为《功夫熊猫》品牌延伸会成功吗？可能会有哪些风险？

第九章
CHAPTER 9

品牌创新

§ 本章提要

- 品牌老化的危害
- 品牌老化的原因及防范措施
- 品牌创新的含义与意义
- 如何进行品牌创新

§ 本章案例

- 飞利浦不断创新，助力大众居家健康
- 鞋王达芙妮为何盛极而衰
- 面向未来，宜家如何应对行业新趋势
- 中国工商银行跻身大数据：人脉挖宝
- 时尚品牌频频出新招
- “叫人想家”的孔府家酒，如何叫人想起来
- 亚马逊为什么能够成为创新力最强的公司
- 进入中国22年，稳居女装市场第二，绫致时装凭什么留住年轻人

§ 预习案例

飞利浦不断创新，助力大众居家健康

飞利浦，1891年成立于荷兰，主要生产照明、家庭电器、医疗系统方面的产品，是世界上最大的电子品牌之一，在欧洲名列榜首。在彩色电视、照明、电动剃须刀、医疗诊断影像和病人监护仪器、单芯片电视产品领域世界领先。飞利浦拥有166 500名员工，活跃在60多个国家的照明、消费电子、家用电器和医疗系统等领域。

飞利浦每年生产24亿只节能光源；世界上每年有约250万次利用X光设备进行的心脏程序（包括扫描和干涉程序）运用飞利浦的技术；世界上每7台电视

机中就有一台使用了飞利浦的彩色显示器件；而全球 60% 的电话都含有飞利浦的配件；世界上有 30% 的办公室采用飞利浦照明产品，飞利浦还同时为世界上 65% 的主要机场、55% 的足球场和 30% 的医院提供照明。

2020 年，“居家健康”理念加速发展，尤其在新冠肺炎疫情下，该理念更是渐入人心，人们对于自身健康问题的重视加速了大众对于预防性保健和健康生活方式的迫切需求。飞利浦推出互联健康解决方案，凭借精准洞察，赋予消费者个性化的居家健康生活。新冠肺炎疫情的影响推动了数字化发展进程，病患与护理人员实现网络互联的需求十分迫切。基于此，在 2020 年柏林国际电子消费品展览会上，飞利浦举办了一场别开生面的在线新闻发布会。发布会上，飞利浦宣布将进一步扩大其在消费者健康领域的业务组合，凭借一系列创新产品和解决方案帮助人们建立和保持健康的生活习惯，并通过数字互联的方式，帮助大众在无法面对面就诊的情况下实现与医护人员的实时沟通。飞利浦推出的“Pregnancy+”和“Baby+”应用程序及配套服务，更是可以依据疫情发展做出相应调整，能够根据宝宝不同的发育阶段，为父母提供个性化的专家建议和可靠的就诊信息。这些应用程序在开发过程中参考了众多健康医疗人士的专业意见，满足了父母和准父母们的切实需求，总下载量已达 4 000 万次，可见其服务的普及性和影响力。

飞利浦还表示，更多创新成果将在 2020 ~ 2021 年在全球各市场相继推出，涉及睡眠健康、空气净化、口腔护理、衣物护理、地板护理、男士理容和美姿。例如，飞利浦钻石亮白型智能声波震动牙刷、飞利浦智能感温直发器，以及搭载肌肤智能科技的飞利浦 7000 系列电动剃须刀等多款个人及家庭护理产品和解决方案。

资料来源：美通社，https://www.prnasia.com。

第一节 品牌老化

一、品牌老化的危害

当今是信息的时代、品牌的时代，中国早已进入了品牌竞争时代，品牌是企业制胜的法宝、国家强盛的标志之一。但是，中国的民族品牌却上演着“各领风骚二三年”的流行话剧。造成秦池的红极一时，爱多的闪亮一瞬，三株的红颜薄命，达芙妮等传统鞋服业频频亮起的巨亏红灯等局面的原因很多，其中一个很重要的原因就是不注重解决品牌老化问题。

何谓品牌老化？由于某种原因，品牌在市场竞争中的知名度、美誉度下降以及品牌销售量、市场占有率和覆盖率降低等，这些品牌“受冷落”的现象即为品牌老化。品牌是一个企业商品和服务的个性，是用来和其他商品或服务区别的标志，是企业产品质量和企业信誉的保证书。品牌发展的高级阶段是强势品牌，它具有高知名度、高美誉度和强大的市场号召力，这些特性是由企业的产品质量、管理水平、技术水准和营销策略等多种因素合力打造的，同时它们也是巩固品牌地位、推动品牌进一步提升的不可或缺的力量。逆水行舟，不进则退。如果这些因素的某个环节出现重大差错或缺陷，都会使品牌止步不前，黯然失色，甚至导致品牌崩溃。

品牌老化现象非常普遍。太阳神、健力宝、霞飞、孔府家酒等曾红极一时的品牌，由于种种原因，在20世纪90年代纷纷受挫。这些品牌或发展步伐缓慢，或销量严重下滑，显出老化之态，成了市场上被遗忘的一族。被誉为山东酒类“五朵金花”之一的孔府家酒曾是中国白酒行业的骄傲，其广告词“孔府家酒，让人想家”随着电视剧《北京人在纽约》的热播而走红，产品连创销售佳绩。但随后多年不改的广告词使人觉得单调乏味，缺乏生气和活力，虽然后来勉强改为“孔府家酒，让人爱家”，但产品还是被消费者遗忘。“霞飞”曾是中国护肤品行业的名牌，但因产品缺乏创新，在20世纪90年代面对双倍保湿的“小护士”、快速美白的“玉兰油”、物美价廉的“大宝”以及“欧莱雅”等品牌的挑战时，显得无力招架，现在已经老气横秋了。

严重的品牌老化现象使中国著名品牌排行榜在十几年甚至几年内就要大换血一次。20世纪80年代以来，如雨后春笋般破土而出的中国品牌，经过市场竞争和大浪淘沙，时至今日，昔日的品牌明星除了海尔、联想、五粮液等少数几个之外，大都已经销声匿迹了，很多是“来也匆匆，去也匆匆”。有关资料表明，1995年国内家电品牌超过200个，到2000年时仅剩下20多个，5年时间90%的品牌夭折。这些逝去的品牌有很多是由于老化而风光不再的。

国际品牌老化的现象也并不鲜见。王安计算机公司在美国文字处理机的产销上仅次于IBM，但因为王安决策武断，过于自负，而不得不于1992年8月18日向政府申请破产，中国香港《信报》对此发表的评论很中肯，引人深思：王安计算机公司在生产对数计算机、小型商用计算机、文字处理输送机及其他办公室自动化设备上，都走在了时代前列。但王安的固执使他在1985年做出致命的错误决策——不顾助手反对，放弃生产低价且能与IBM计算机兼容的个人计算机，而坚持发展高价且不能与IBM计算机兼容的产品。这不但违背了计算机系统化及软件标准化的趋势，无法吸引新客户，就连老客户也抱怀疑态度；而且因独立开发新产品成本太高，导致产品及售后服务索价过高，令老客户也转用其他品牌计算机。

即使是世界顶级品牌，也要不断抗老防衰。在当今知识经济高速发展的信息社会里，像可口可乐、麦当劳等国际名牌也加快了新产品开发的步伐，并且大力引进信息技术，提高管理效率，不断提高企业的竞争力，使企业永远保持旺盛的生命力。

品牌老化不仅使企业自身效益下滑，而且影响国家整体经济实力的提高，这是关系到中华民族崛起、强盛的大事，应该引起高度重视。

品牌案例9-1

鞋王达芙妮为何盛极而衰

达芙妮国际控股有限公司发布业绩报告，2020年上半年，达芙妮销售额同比大跌

85% 至 2.12 亿港元，净亏损达 1.41 亿港元。公司计划彻底退出中国中高档品牌实体零售业务。

从 2012 年巅峰时期的 6 881 家门店缩减至不到 300 家，达芙妮的崩塌速度之快令人咋舌。仅 2019 年，达芙妮门店总数就从 2 820 家收缩至 425 家，日均关店 6 家。曾经令业界仰望的“鞋王”被业界调侃为“关店王”。

事实上，达芙妮曾是下沉市场路线的先行者。从 2002 年开始，达芙妮就以每年新开业百余家门店的速度扩张，并且将这一扩张速度保持了 10 余年之久。它采用“直营＋联营＋加盟”方式“攻城略地”，在一线城市的门店数量接近饱和后，又将目光转移到二三线城市，甚至县城与乡镇；它不走高端购物中心的“高冷”路线，主攻海量且精巧的“路边店”；其主力产品一直维持在 100 ～ 400 元的价格区间，性价比远远高于其他知名品牌。由于既符合年轻都市白领的消费习惯，又不超过其消费能力，达芙妮获得了巨大成功，总市值一度达到 170 亿元。

可惜的是，达芙妮显然没能在巨大的成功面前保持冷静。

首先，随着网购兴起，达芙妮的线下门店海量铺货模式被电商与其他新兴零售渠道分流。可是，达芙妮并没有迅速转变思路。至于网店，达芙妮倒是很早就开了，但仅仅定位于销售尾单，运营效率不仅远逊于专注线上渠道的“网红”品牌，甚至连一般官网商城都不如。

其次，达芙妮并没有对品质给予足够重视。作为曾经引领时尚潮流的女鞋品牌，近年来达芙妮鞋子的设计渐显老旧、舒适度也未改善，让辛苦累积起来的品牌价值受损。

最后，当门店过多带来难以负担的资金压力时，达芙妮选择了清仓甩卖等简单粗暴的处理方式去库存。就消费者体验来说，刚花 400 元买的鞋过两天就卖 100 元了，这让消费者情何以堪？

林林总总的错误决策加在一起，达芙妮被迫开始关店，从此进入恶性循环。而迟缓的转型步伐则是达芙妮的另一个“致命伤”。

达芙妮在 2020 年的中报中称，将坚持“轻资产”业务模式，将重点放在核心品牌业务上。问题是，核心品牌不是靠嘴说的，而是要靠竞争力支撑的。在设计、产品谱系等方面均落后于市场的达芙妮，核心价值还剩下多少？能支撑起“轻资产”的梦想吗？

如今，达芙妮终于准备大力发展线上渠道了。达芙妮国际表示，作为新的业务增长点，线上业务将是集团重点发力的方向之一。时至今日才开始重视线上渠道，达芙妮的反应已经不是一个“慢”字可以形容的了。而线上业务包括什么，怎样才能在已经白热化的市场中脱颖而出，达芙妮还没有给出答案。

此外，达芙妮在回应亏损一事时特别强调了新冠肺炎疫情对店铺运营及消费市场的严重影响。可是，达芙妮关店潮早在疫情发生前好几年就已经开始，这个理由着实难以令人信服。2020 年，大量快消企业迅速转战社群交易、直播带货等领域，已经实现触底反弹，相形之下，达芙妮的反应又慢了好几拍。

达芙妮国际在中报中表示，电商部门将协同设计团队，开发更多“线上专款”，并以“小单快反”的供应链系统为支撑，更好满足快速变化的消费者需求。这一想法当然不过时，但也谈不上超前。很多品牌已经走在了前面，姗姗来迟的达芙妮能否后来居上，尚未可知。

由此可见，再好的品牌也禁不住长年累月的消耗，再坚实的护城河也需要持续不断地维护与加固。

资料来源：百家号，https://baijiahao.baidu.com/s?id=1677761049990702669。

二、品牌老化的原因

品牌老化的原因多种多样：既有宏观方面的原因，也有微观方面的原因；既有主观原因，又有客观原因。下面，就其来源从内外两方面进行分析。

（一）内因

1. 企业经营管理落后

我国市场经济体制建立的时间不长，现代企业制度还没有真正建立起来，企业经营机制不活，效率低下，不能完全适应市场经济背景下的经营环境。不少企业的管理还停留在商品经营甚至产品经营阶段，难以从市场的角度、企业发展战略的高度来确定企业的发展目标。一份权威调查显示，中国150家企业中，注重制定品牌战略管理的只有三家。世界著名未来学家阿尔文·托夫勒（Alvin Toffler）说，对于没有战略的企业来说，就如同在险恶的天气中飞行的飞机，始终在气流中颠簸，在暴风雨中穿行，最后很可能迷失方向。企业品牌管理还处于初级阶段，在品牌运营方面，由于莽撞蛮干、缺乏现代品牌理念的指导导致品牌受损老化的现象屡见不鲜。例如，巨人集团、爱多、环宇电器、绵阳长城特殊钢厂等的衰败或破产，原因虽然是多方面的，但缺乏战略设计是企业衰退的关键原因。

在这样的背景下，企业凭暂时的冲劲，也许能创立自己的品牌，但创业容易，守业难。创品牌容易，保品牌难，提升品牌更难。没有一套科学、系统的企业管理方法，创出来的品牌也不会长久。20世纪80年代红极一时的衬衫名牌“唐人”“三毛”的制造者浙江海盐衬衫总厂，在当时的厂领导的带领下发展迅速，品牌在当地首屈一指。但企业的进步使得领导人头脑发热，再加上该厂缺乏严格的管理决策体系，致使未通过市场调研就做出武断决策，引进新西装生产线。就是领导人的这一错误决策，最终使该厂陷入困境，几个著名品牌也从此退出市场。再以三株公司为例，该公司倒闭的原因很多，但其贸然将服装市场上积累的营销经验、简单配方技术、人海战术复制到人才、技术、资金密集的行业，结果都以失败告终，不得不说这是该公司崩溃的一个重要原因。

2. 品牌缺乏创新

品牌陈旧老化主要体现在产品质量和性能上。创新是品牌的灵魂，质量是品牌产品的生命，它影响着品牌的寿命和竞争力。由于缺乏创新导致产品的质量和性能下降从而损害品牌的情形很多，一般可以分为两种：一种是绝对下降；一种是相对下降。产品的质量和性能绝对下降很好理解，相对下降主要是指品牌形成以后，企业由于过于注重生产规模的扩大，忽视了产品创新或者产品创新跟不上市场变化的步伐，与此同时，竞争者的新产品不断出现并且质量在竞争中相对提高，使得其产品显得陈旧老化，使品牌缺乏活力，在竞争中失去优势。

雪花冰箱是国内首个自行研制、生产的冰箱，20 世纪 80 年代初期，在国内的市场占有率达 60%。由于该冰箱在 5 年内只开发了两个系列、17 个新品种，导致品牌衰退。而同期的广东容声冰箱开发了 37 个系列、70 多个新品种，很快占领了市场。

即使世界著名品牌也会遭遇缺少创新的窘境。享誉全球的福特公司在 1908 年研制出 T 型车，它以物美价廉的优势和强大的广告攻势获得了较大的市场份额，到第一次世界大战结束时，福特公司已控制了北美的汽车市场。巨大的成功使亨利・福特陶醉起来，忽视了汽车市场对性能更优越、乘坐更舒适、外形更美观的汽车的需求。竞争者已在努力满足这种需求，而福特仍然醉心于生产外形比较粗陋的 T 型车，几乎没有任何改进。不仅如此，受二手车市场迅速发展的影响，T 型车也失去了价格优势。福特汽车的市场占有率从 1923 年的 57% 迅速下滑到 1925 年的 25%。福特品牌形象也大打折扣，若不是后来研制出新产品，福特公司可能要关门大吉了。

在品牌创立阶段，企业一般很注重产品的质量，当品牌迅速扩张并取得一定的市场地位以后，企业对产品的质量要求开始放松，同时随着企业规模的扩大，不可避免地显现出"大企业病"的症状：肌体臃肿，管理漏洞百出，导致产品质量下降。一直被国外企业看好、曾经是中国乡镇企业一面旗帜的科龙集团在 2001 年出现亏损，总裁徐铁峰说："科龙近年来虽然产销量还在持续增长，但已经出现危机征兆，增长速度放缓、赢利能力下降。企业规模大了以后，都会碰到大企业病的问题，即所谓内耗太多等。"长虹电器集团公司总裁倪润峰坦言："长虹得了'大企业病'，表现为：一是'高烧'，企业的高速增长让企业的管理者头脑发热，缺乏冷静；二是'肥胖'，企业组织结构膨胀，管理层次增多，决策执行的有效性大打折扣。"两家企业虽然仍处于辉煌时期，但都意识到了企业潜在的危机。

3. 营销策略不当

许多曾经响当当的品牌在市场竞争中显出疲态，消费者逐渐对它们失去兴趣。造成这种局面的原因，除了产品质量下降、名气不大外，还有企业缺乏现代营销观念、营销策略不当。营销力是品牌形象的核心竞争力之一，名牌产品若没有强大营销力的支撑，就会在市场中失去光芒。中国品牌营销的最大问题是分散，表现为品牌营销的短视和投机行为。企业在塑造品牌时，往往急于扩大产品的知名度，要么在广告方面的投入不遗余力，要么通过降价促销，扩大销量。殊不知，这种单一的营销行为的效果不会长久。做广告简单、见效快，但在提高品牌知名度的同时，品牌美誉度没有跟上来，品牌的根基不稳，而且广告的号召力呈下降趋势。在短缺的经济时代，消费市场不成熟，消费者缺乏理性，容易受到广告和促销的诱导，再加上中国消费人群的基数大，这些为商家单纯依靠广告和不务实的品牌投机提供了温床。随着中国经济的日益成熟，市场步入正轨，消费趋于理性，品牌投机已失去往日的威风，依靠投机炒作所形成的品牌泡沫会很快破灭。降价销售可以暂时提高销量，但会给品牌带来负面影响，使品牌贬值。因为随着生活水平的提高，产品品质的完美始终是消费者选择品牌的终极目标。美国总体系统咨询机构所做的调查表明，认为品质比价格重要的消费者越来越多，1998 年比 1978 年提高了 50%，占调查对象的 80%。品牌市场竞争是企业整体实力的竞争，企业只有制订科学、系统的营销计划，协调各个职能部门的行为，整合营销的各个因素，形成一致面向市场的合力，才能为消费者提供优质的产品和服务。与消费者进行真诚的沟通，使品牌得到他们的认同，获得他们的好感，从而建立较高的美誉度，获得消费者对品牌的忠诚，如此才能防止品牌早衰。

4. 企业家素质欠佳

众所周知，企业家对品牌的发展很重要。世界上有很多知名品牌是和著名的企业家相联系的，例如，吉列公司的创始人坎普·吉列（King C. Gillette）及其继任者等都对公司的发展影响很大；一提到海尔，我们就会想到张瑞敏。在品牌的发展过程中，企业家无疑是最重要的角色。但目前，中国企业家的素质参差不齐，一些企业家的自身素质不高，在市场经济发展初期还能应付，但市场运作日益规范、国际竞争加剧后，就显得力不从心。这不利于品牌的塑造。

（二）外因

1. 科技进步和社会发展要淘汰旧产品

科学技术是第一生产力。科学技术物化为劳动工具和劳动产品，成为推动社会发展的重要力量。随着科技进步和社会发展，原有产品的技术含金量会大为贬值。同时，伴随着经济的日益繁荣和人民生活水平的提高，消费观念的变化也在加快。相应地，品牌也黯然失色，显得陈旧，逐渐被消费者淡忘，甚至被迫退出市场。随着科技革命的加快，产品市场周期有缩短的趋势。例如，“英雄”牌打字机曾因电子式英文打字机畅销一时，但后来随着个人计算机技术及任务系统的推出，机械式及电子式打字机由于缺乏通信端口而被市场淘汰，该品牌也因此被 IBM 等计算机公司的品牌替代。

2. 激烈的市场环境和不正当竞争使品牌未老先衰

随着我国经济形态从卖方市场变为买方市场以及中国加入世界贸易组织（WTO），市场竞争更加激烈，产品的差异性逐渐缩小，可替代性增强。一种新产品刚刚问世，马上就会出现类似的产品，因而要想成为市场竞争中的佼佼者实属不易。国际品牌在中国市场的抢滩登陆更激化了这种竞争态势。国际品牌无论在资金、技术和管理等方面都具有国内品牌无法比拟的优势，在与国内产品竞争中显然占上风。在国产品牌和外资品牌双重的竞争压力下，品牌自由生长的空间被空前挤压，容易早衰。

实际上，跨国公司的产品在国内许多行业已经独占鳌头，国货市场被蚕食的情况非常严重。以餐饮业为例，2015 年北京餐饮企业 50 强的前三名均为洋品牌，分别是北京必胜客比萨饼有限公司、北京肯德基有限公司、北京麦当劳食品有限公司。国产品牌在洋品牌的攻击下，节节败退，有的在苦苦挣扎，有的已从市场上消失。1994年联合利华和上海牙膏厂合资，1997年联合利华停止在媒体上投放上海牙膏厂的老品牌——“美加净”牙膏的广告，同时在“洁诺”牙膏的广告上竭尽全力；合资以前出口量居全国第一的美加净牙膏，现在的市场地位已远不及当年。2008年强生收购大宝后，没有像人们夸大的那样为其带来先进的技术、投入巨额研发资金。到目前为止，大宝的业绩依旧平平，最新推出的新产品也不过是洁面乳、防晒霜和沐浴露之类。这些不过是强生对低端成人化妆品市场这一生产线的补充。由此可见，无论是收购后的那几年还是将来，强生都无意对其大力发展，甚至不排除将大宝“雪藏”的可能。国际品牌的大举入侵无疑恶化了国产品牌的生存环境，加速了品牌新陈代谢的过程。

我国经过多年市场整顿和法制建设，虽然市场秩序日益走向成熟和有序，但市场管理不规范和不正当竞争现象仍然大量存在，这不仅威胁品牌的生存环境，而且对品牌的生机构成重创。

（1）假冒伪劣产品的冲击。尽管中国加入WTO，加大了对假冒名牌的打击力度，但假冒伪劣产品仍不时冲击市场。大量的仿冒名牌产品既严重干扰了企业正常的经营活动，也严重扰乱了市场经济秩序，侵害了名牌商标形象，使消费者真假难辨，对真正的名牌也望而生畏。玉溪卷烟厂为了保护自己的合法权益，于1993年、1994年、1995年共花费1.87亿元进行打假。甚至有些名牌产品就这样失去了市场，使企业面临停产，甚至陷入破产的窘境。哈尔滨市塑料集团公司医疗器械厂的一次性输液器由于受假冒伪劣产品的冲击，1990年被迫停产；武汉黄鹤楼酒厂生产的小黄鹤楼酒被假冒后，昔日门庭若市的酒厂变得车少客稀，假酒横行于市，真酒被挤进仓库。“老干妈”辣酱创立之后，假冒“老干妈”的产品多达五六十种，造假地遍及贵州、湖南、四川、陕西、甘肃等地。老干妈一度被逼到生死存亡的关头，而不得不派出一批又一批的打假人员进行维权。最轰动的例子莫过于“陶华碧老干妈”与“刘湘球老干妈”之争。在陶华碧老干妈刚兴起时，湖南的华越公司几乎在同一时间申请了“刘湘球老干妈”商标，双方均得到国家商标局的认可。一时间，多地货架上同时出现两种有着红底黄字瓶贴、身着白色围裙的“老干妈”辣酱。近年来，老干妈公司每年都要安排两三千万元用来“打假”。有些经济学家干脆称假冒现象是一种地下的“黑色经济”，是仅次于贩毒的世界第二大“公害”。

（2）同行业竞争不规范。同行业企业间仍存在竞争行为不规范，恶意竞争，相互诋毁，损害名牌形象的行为。最为典型的是20世纪90年代初期红极一时的果茶产业全军覆没，当时300多家茶厂恶性竞争，最后只能同归于尽，生产果茶的最有名的几个名牌也已经被人淡忘了，“耐可特”减产严重，“大亨”果茶也早已日落西山。

再比如，1992年郑州的几家商厦进行降价大战，各大商场如紫荆山、商城大厦、华联、亚细亚等都不顾一切地参与其中，无限度的降价虽然使销售额上升，但是利润普遍下降，各方利益都严重受损，商场形象也大打折扣。2009年天猫推出的“11·11”获得喜人的销售业绩，让11月11日成为众多电商眼中的“黄金节点”，更是国内电商企业年末争夺最为激烈的战场，随着苏宁、国美等企业全力进军电商领域，电商之间的竞争日趋激烈。“11·11”之前，一些电商平台逼迫商家促销引发商家不满，甚至撤店。价格大战的确能让消费者得到实惠，但也有少数商家“浑水摸鱼”，玩起了“假打折”等伎俩。久而久之，这样的降价竞争会让商家失去消费者的信任，从而失去市场。

（3）地方保护主义的存在给名牌产品的脱颖而出设置了重重障碍。狭隘的地方保护是妨碍品牌发展的阻力，这已经被实践证明。在我国，有些地方为保护地方利益，制定了种种政策，对自己的产品大加推荐，进入市场不受限制，而对外地的名牌产品则百般刁难，不准进入本地市场。这种画地为牢的行为，不利于交流，与名牌本身的发展规律也格格不入。企图通过保护来使企业占领市场只会让企业失去竞争力，最终被市场淘汰。

三、品牌老化的防范措施

品牌老化对企业的危害是很大的。企业重振和提升老化的品牌，要付出很大的成本，会非常吃力。因此，就需要建立品牌老化的预警机制，随时掌握品牌的成长和运营状况，及时发现品牌老化的苗头，并且采取相应的对策，扭转品牌老化的势头。

品牌老化的监控有以下几种方法。

（一）市场营销的监控

品牌的根基是产品，品牌老化的许多迹象都可以从产品中显现出来。市场营销是旨在满足消费者的需要，实现企业目标的商务活动过程，其实质是通过商品交换实现企业效益的最大化。市场营销过程以商品流通过程为中心，对产品营销过程的重要环节进行监测，可以掌握商品的总体情况，从而把握品牌的运行状况。

1. 销售额分析

销售额是判断产品处于生命周期哪一阶段的重要参考指标。对产品年度间销售额的比较，可以看出产品销售的变动，从而了解产品的市场行情。如果产品销售额呈下降趋势，就应该引起高度警觉，认真、深入地分析原因，搞清楚下降是暂时的现象，还是背后有深层的原因。一定要追根溯源，要求相关部门自查自省，发现问题立即整改，避免影响品牌地位。

2. 市场占有率分析

单纯的销售额并不能完全说明产品的市场地位状况。产品销售额上升，企业的经营不一定成功，因为这可能是一个正在迅速成长的市场。只有企业的市场占有率上升时，才能说明它的竞争力在上升，才能说明企业品牌处于良好的发展阶段。市场占有率分析有三种指标。一是总体市场占有量，用本企业产品销售额在全行业销售额中所占比例表示。这一指标能体现企业产品在全行业中的地位。二是有限地区市场占有率，它是指企业在某一地区内的销售额占该地区市场销售额的比例。这一指标对大多数仅在局部地区市场上从事经营活动的企业十分有用，也是衡量企业在局部地区市场上取得成功的尺度。毕竟，大多数企业总是努力先在局部地区市场上取得大的占有率，再进入新的地区市场。三是相对市场占有率，即将企业的市场占有率与行业内领先的竞争对手的市场占有率进行比较，若相对市场占有率不断下降，则表示企业正不断远离领先的竞争对手。

3. 销售额 / 费用比分析

销售额的大小和市场占有率的高低，只是判断企业效益的一个方面，还需要把市场营销的成本费用和销售额进行对比分析，得出市场营销的实际效益。如果两者的比率总是在一定范围内波动，说明是正常的。如果超出了这个范围，说明该企业产品销售业绩和利润不稳定，必须立即找出原因，并采取措施。

4. 顾客态度跟踪

顾客态度跟踪主要包括顾客投诉和建议制度、典型用户调查、定期用户随机调查。这三种方法主要以财务和量化分析为特征，为了更真实、形象地了解产品在市场上的状况，企业还要建立跟踪顾客、中间商及市场营销人员态度的制度。顾客投诉和建议制度是指通过设置意见簿、建议卡，企业记录分析和答复来自顾客的信函及口头抱怨，来了解产品、服务在顾客心目中的地位及存在的问题，以便企业及时改进和提高。典型用户调查是由那些同意定期通过电话和信函向企业反映他们的意见和建议的顾客组成典型用户小组，这类用户反映的意见比前期投诉系统更完整、更全面。定期用户随机调查是通过随机抽样了解顾客对企业服务质量满意程度的调查，以评价公司工作人员的服务态度、质量等。三种方式直接面向市场终端，是市场对产品和品牌的最直接的反映，深入了解顾客的意见和需求是监测品牌竞争力和生命力的重要手段。

（二）品牌价值的监控

品牌资产是一种无形资产，是企业资产的重要组成部分。品牌资产是企业营销业绩的主要衡量指标，品牌资产的大小是综合营销的结果。通过对品牌资产的评估，可以给企业品牌运营以警示，鞭策企业品牌运营活动，为企业进行科学化、规范化决策提供依据。品牌评估的是企业和产品。品牌价值是品牌拥有市场占有力、市场份额、消费者群体等的表征，品牌价值评估虽然不是十分精确的品牌价值认定，但能充分反映品牌的竞争力，如品牌拓展市场的能力、超值盈利能力、决定品牌强度的生存力和品牌的辐射力等。适时对品牌价值进行评估，可以了解企业品牌在品牌排行榜上的地位和变动，从而及时发现品牌老化的迹象。

（三）建立品牌监测信息系统和品牌研究机构

很多企业都十分注重树立品牌老化的危机意识，但是，企业还要有建立在危机意识基础上可供操作的机制。建立高度灵敏的信息监测系统，可以及时收集相关信息并加以分析处理，根据捕捉到的品牌老化征兆，制定对策，把老化危机隐患消灭在萌芽之中。

品牌监测信息系统要内通外达，便于对外交流，适于内部沟通。其信息内容要突出、准确、全面、真实，信息的传递要快捷，能够把分析后的结论及时上报给主管领导，以便及时采取对策。

品牌研究机构可以是一个关注品牌、研究品牌的综合研究部门，密切关注品牌运营状况，通过收集各种信息和资料，经过科学的分析，找出品牌老化的症结，上报给有关领导。品牌研究机构和品牌监测信息系统要紧密联系，互相配合。

第二节　品牌创新

一、品牌创新的含义

（一）品牌创新的界定

品牌创新概念有狭义和广义两种。狭义的品牌创新，是指围绕品牌视觉系统、品牌名称、品牌延伸、品牌理念、品牌形象、品牌战略与策略等的创新行为。例如，江苏海澜集团在2001年以前名为江苏三毛集团，主要生产和经营各种面料，随着国际国内形势的发展，集团董事长周建平决定对品牌名称、品牌视觉系统、品牌形象等进行创新，启用新的企业品牌名称——江苏海澜集团，并以一艘航行于大海的船为企业标志，从单纯生产和经营面料延伸到以面料为辅、以名牌西服为主的新的品牌延伸战略，给企业注入新的品牌内涵。此即为狭义的品牌创新范畴。

广义的品牌创新，是指通过运用新的技术，采用更科学的生产和服务方式，借助新市场的开拓和新型组织形式的引入，新的品牌延伸和新的品牌理念的融入，或者品牌的重新定位，抑或新的品牌战略的实施来增强品牌的核心竞争力，以及对品牌内外部资源的控制力，从而达到厚积品牌资产的各种创新行为。

世界汽车工业的强势品牌——德国的梅赛德斯-奔驰，是自始至终致力于广义范畴品牌创新的典型。这位代表着世界汽车业“高技术、杰出表现和非凡成功”的“品牌伟人”认为，奔驰的基本价值就是产品高质量、高可靠性、高安全性以及技术超前，并将古典的优雅和令人振奋的感觉及动力融合在一起。1991年末推出的O404型旅游客车代表了设计和技术创新的最新潮流；1991年春季推出的S型轿车具有宁静、优雅和新潮的品牌形象。奔驰坚持实施品牌差异化战略，通过品牌创新，使产品具有特别的造型和气质，以与公路上的其他车相区别。其简洁而内涵丰富的品牌商标徽章骄傲地立在汽车引擎盖上，表明该品牌的汽车具有奔驰品牌代表的所有特质，也承载着奔驰人持之以恒地在各个方面进行创新的卓越贡献。

品牌创新是塑造一个成长型的、有前景的品牌的最佳途径，也是强势品牌保持强势的不二法宝。

（二）品牌创新含义的四个层面

广义的品牌创新有以下四个层面的含义。

1. 品牌产品层面

品牌就像一个有机体，产品是这个有机体系统的子系统，只有每个子系统通过创新都达到最优，才能产生 1+1 ＞ 2 的效果，才能实现母系统的整体最优。产品是品牌的载体，也是品牌创新的第一着眼点，产品创新主要集中在新产品的开发、新包装的设计和运用、技术的创新和应用、新产品的市场推广等方面。产品创新有四种类型：一是结构创新，它重新界定产品和工艺的结构，为以后的竞争和创新勾画了基本框架，比如早年民航客机 DC-3 的设计、IBM 计算机的 360 系统和 Windows 操作系统；二是空缺式创新，使用现有的技术打开新的市场机会是这类创新的核心，比如日本索尼的“随身听”就是这方面的典型例子；三是渐进性创新，这是一种隐性的创新，在火箭发动机、计算机、合成纤维等领域表现明显，它对产品成本、可行性和其他性能都有着显著的影响；四是根本性创新，它是指首次向市场引入的、能对经济产生重大影响的创新产品或技术，比如电灯的发明与应用，计算机和晶体管的发明与应用等。

2. 企业组织层面

品牌是一个综合性的、内涵丰富的符号。在这一符号背后，有很多构成这一符号的组成部分，比如企业组织就是其中一个方面，因而企业组织层面的创新也属于品牌创新的范畴。组织创新是企业一切创新活动的源泉和根本。没有一个不断创新的组织，企业的创新活动就不会有效，也不会持久。建立健全、高效、科学的企业组织是塑造强势品牌的前提和保证。“没有最好，只有更好”，品牌企业只有根据经济和社会环境的进步以及企业的实际需要，不断地进行组织创新，才能提高效率、降低成本、增强品牌的核心竞争力，从而塑造更加强大的品牌。

组织本身的演变历程，就是一部随着实际的需要而不断创新和渐进地演变的历史。第一次世界大战期间，欧洲最大的煤矿公司总裁亨利 · 法约尔认为，制造业组织的目的就是使企业围绕目标有序运转，它需要有一种结构来做类似的工作，如工程、制造、销售。艾尔弗雷德 · 斯隆重组通用汽车以后，将法约尔模式中的结构叠加成所谓的“经营单元”，以此来平衡内部管理的效率和效益以及外部市场的服务。未来的品牌企业组织方法正在应运而生，这种方法不是取代传统方法，而是附加某些东西——组织的目的是取得外在的结晶，即取得外部市场上的成功和社会综合效益的增加，并不局限于法约尔结构中的机器功能，它超越由市场成效所决定的经济性功能，组织最主要的目的是发挥社会的、人文性的功能，因此必须让品牌扬长避短、发挥优势、增强核心竞争力。

3. 品牌自身层面

依据狭义的品牌创新的定义，我们能够很容易地理解这一层面的含义。例如，当年日本的丰田公司为了与奔驰汽车竞争，对其高档轿车——凌志重新进行品牌定位：可与奔驰相媲美的高档车。丰田公司在美国宣传凌志车时，将其图片与奔驰并列在一起并加上大标题："用36 000美元就可以买到价值73 000美元的汽车"，这在历史上还是第一次。又如，宁波的雅戈尔集团为了增强其品牌力，先后三次在品牌视觉领域进行创新，更换更合适本企业的商标图案；海尔集团也曾屡次更名，最后确定为海尔。

这一层面的创新主要集中在品牌视觉、品牌形象、品牌延伸、品牌理念以及品牌化策略和战略等方面，它的直接目的就是增加知名度，提升品牌形象，提高品牌忠诚度和品牌联想，它的最终目的是提高重复购买率，厚积品牌资产，塑造强势品牌。

4. 利用品牌进行扩张层面

一个成长型的、有前景的品牌在内部强大之后，自然会产生"品牌效应"，必然会扛起品牌的大旗向外扩张，这是品牌经营的最高层面，是品牌创新的结果，也是品牌创新的又一领域。

这一领域的品牌创新主要集中在依据品牌战略对品牌扩张的方式和方法的创新上。例如，麦当劳的品牌特许经营和耐克的代工制造（OEM）。耐克依据自身的优势和外部环境条件，对原有的以生产和销售为主的经营模式进行大胆创新，转变为只侧重两端（产品设计与品牌推广和销售）的品牌经营模式，以品牌为旗帜，以代工制造的方式把生产基地转移到生产成本很低的发展中国家或地区（比如中国的福建省）。

品牌经营的方式和方法的创新有一个最大的原则："合适的才是最好的"。这方面的创新由于是外部的扩展，因而必须与自身的优势和外部环境的条件相结合，但是又不能囿于固有的框框画地为牢，故步自封。

（三）品牌创新与知识源泉

知识是创新之源，创新使知识生生不息。

品牌创新是使品牌发展、强大的核心。明确品牌管理中品牌创新与企业日常行为之间的关系，为品牌管理的实践提供理论依据与技术指导是品牌创新的任务之一。

品牌创新的知识财富，初听起来很抽象，实际上它有具体的内容，并且很重要，品牌与品牌之间就像人与人之间一样，竞争取决于他们使用知识进行创新的能力。因此管理知识与管理金钱一样重要，品牌创新就是在创造财富。换句话说，品牌是经济载体，也是知识的载体。它们是知识的源泉和仓库。品牌企业聚集了雇员的智慧，并使之在日常品牌创新中体现出来。在这些关于品牌的知识和技术中，有些仅仅是为了企业生存或者是为了保持竞争力，而那些品牌创新中的核心能力决定了企业的生死存亡。

进行品牌创新不是简单的事情，尽管人们希望一蹴而就，但是，领悟品牌创新的精髓并科学合理地将其运用于具体的品牌管理实践中需要一个过程。适应需求的能力是品牌对品牌创新的要求，也是品牌创新的本质属性。要想在21世纪全球化的潮流中生存和发展，品牌必须具有这样的能力。但是，卓越的品牌创新适应能力并不是对外界刺激产生像变色龙一样的反应——立即转换为一个新品牌或迅速改变整体的品牌战略，而应该是审慎地增强品牌创新的技能并不断积累和更新品牌管理的知识基础，使今天的技能转变成为明天的实际能力。我们不可能预知未来，因而我们必须通过不断地更新品牌的战略知识即核心能力来迎接未来的挑战。

品牌企业好比品牌管理知识的蓄水池，不是一潭死水，而是不竭的创新源泉，新观念、新知识不断涌出并汇入其中。在今天的品牌企业里，品牌知识既是品牌创新的原材料，又是品牌创新的最终产品。

品牌案例9-2

面向未来，宜家如何应对行业新趋势

2020年突如其来的新冠肺炎疫情对整个家居行业都产生了巨大冲击，宜家也响应防疫要求对线下门店进行关停，这对其业绩产生了消极影响。发布于2019年的宜家数字化转型战略可谓正当其时，有效帮助宜家迅速铺开了线上销售渠道。

2020年3月，宜家天猫旗舰店上线第一天，店铺粉丝数即超过34万，开业一周销售额便达到100万元，而宜家购物App每日活跃用户量达到15万人次。宜家购物App和天猫旗舰店满足了消费者足不出户逛宜家的愿望，有效地提升了宜家中国的线上销售业绩。

作为全球领先的家居零售商，除了拓展全渠道，积极进行数字化转型之外，宜家如何应对智能家居、定制家居等新趋势也受到广泛关注。随着5G基础设施的全面铺开，智能家居作为物联网的重要一环也备受瞩目。宜家在智能家居领域又有怎样的布局呢?

据宜家中国副总裁张丽娜介绍，智能家居一直是宜家产品系列的重要板块之一，宜家也曾经推出过智能灯泡和智能音响等智能家居产品。与其他智能家居领域玩家不同的是，宜家并不注重对智能家居流量入口的抢占，而是借用科技手段，融合宜家积累多年的对“家”的理解，解决用户切实的痛点。

在智能家居的战略布局上，宜家更多地选择在智能家居全板块，与不同类型的合作伙伴，打造开放的智能家居生态体系，将宜家的理念真正渗透到产品中去。以宜家和小米合作的智能灯泡为例，小米负责“智能”，而宜家则基于自身对家庭环境、灯光设计的深入理解，提供更理想的灯光解决方案。

宜家面对家居产业的新变化和新挑战，始终保持对自身优势的清醒认知，“宜家最核心的竞争优势就在于，我们是家居生活服务的专家”。张丽娜曾在采访中这样表述宜家的核心竞争力。

面对家居行业势头正猛的定制家居，宜家也发觉了消费者更加个性化和自主化的家居生活需求。基于对消费新需求的认知，宜家在2019年推出了全屋设计服务，目前这一服务已经覆盖了宜家全部门店。

与定制家居企业不同的是，宜家的全屋设计更多围绕其自身产品来做“搭积木”的工作，用现有的品类繁多的家具和配件，针对不同家庭风格进行搭建。这使得宜家无须为满足各种不同的家居空间而进行非标生产，但也对空间设计师对宜家产品的熟悉程度提出了更高的要求。

随着众多云设计软件的出现和应用，定制家居为消费者提供个性化设计效果图的时间大大缩短了，而宜家当前的设计服务效率则明显落后。大受欢迎的全屋设计服务供不应求，许多消费者要排队等候才能预约服务。如何提高服务效率，提升服务品质，满足消费者的家居设计需求，是宜家仍需思考和解决的问题。

无论是面对智能家居的新潮流，或是面对定制家居的冲击，宜家始终围绕自身产品布局，深入挖掘自身作为家居生活服务专家的竞争优势。

在竞争越来越激烈的家居市场，到底是新潮流可以迅速占领市场份额，还是经典产品可以历久弥新，或许还需要市场的进一步检验。

资料来源：房讯网，http://www.funxun.com/news/76/2020828155455.html。

二、品牌创新的意义

（一）与时俱进的话题

奔驰汽车、戴尔电脑、麦当劳、美林证券等，这些完全不同类型的品牌为什么有着同样成功的辉煌业绩？品牌企业怎样才能在保持高效率、低成本、大批量生产的同时，持续地进行品牌创新，给顾客提供个性化服务，累积品牌资产，增加品牌价值是一个重要课题。

巴特·维克托（Bart Victor）在其所著的《创新的价值》一书中总结出“创新”的一般规律：认识已有的优势，确认顾客真正想要什么，决定公司需要具备的特殊能力，再根据这一切进行组织改革、管理程序和营销手段等方面的创新。创新必须从企业自身和顾客的实际出发，照搬其他优秀企业管理模式往往导致失败。

我们生活在一个国际品牌横扫全球、经济增长打破纪录、急剧的全球扩张以及技术创新和管理创新令人头晕目眩的时代。在21世纪的国际经济洪流中，或许你已有足够的资金、领先的技术、丰富的人力资源，而且面对着极大的机会，但是，还要在品牌创新方面寻找出发点和突破口。

在过去的30多年间，很多在管理方面的创新探索和新的管理方法不断涌现。在这些探索中，品牌创新的正确路径是战略道路，沿着这条路径，必须以十分专注的目光注视公司真正在干什么；要了解商务活动中什么已经发生变化了，什么还没有变；要关注顾客真正想要什么，而不是认为或希望他们想要什么；应该确定，完成现有工作的管理能力与将来所需要的有特色的管理能力，为了培养这种管理能力，要制定出所要进行创新的目标。沿着正确的路径，依靠现有的管理能力，为明天创造更多的价值，这就是创新的指导手册。

并不存在一种最佳的竞争模式，也没有一条每个品牌在建立有效的管理能力和创造更多品牌价值时都必须走的道路。然而，成功的强势品牌在其管理方式中的确有一定的模式。当看到并理解这种模式后，你也许能看到，每家公司要走的路径确实是一条别无选择的单行线。国际品牌在其管理方式中的确有其独特的适合自身的模式，这其中的典型是美国品牌管理的鼻祖宝洁（P&G）。看看20世纪最成功的品牌，它们都有自己独特的成功之处。但是，所有强势品牌在选择管理方式、品牌创新、生产能力、市场和品牌价值创造时都遵循一种共同的模式，即正确路径。

但是，那些带来教益的品牌和品牌经历也十分明确地告诉人们，找到并追随正确路径并非易事，不要指望一蹴而就。沿着路径走需要时日，可能使人筋疲力尽，也可能要求最大限度地利用资源（Bart Victor，1995）。这条正确路径就是品牌创新。

变革本身并不可怕，在一定的条件下它可能还会成为组织学习与成长的原动力。值得我们深思的问题是，当面对这种势不可当的浪潮时，一个组织如何看待浪潮及其对自身即将产生的种种影响，组织是否能够基于这样的态度对本组织未来的生存与发展战略做出准确的定位，组织是否能够预测未来趋势并做出相应的组织战略调整以及组织是否能够在一定的时间内学习、培养并提高这种能力。

在品牌创新过程中，会经历品牌竞争优势的高潮和低谷。品牌竞争优势的高潮是前一阶段成功的品牌创新和品牌管理的结果，品牌竞争的低谷则几乎完全归结为前一阶段没有及时进行品牌创新或品牌创新不成功的结果。我们知道或通过查阅可知什么时候国际品牌IBM被认为是最安全的计算机、什么时候复印被称为“施乐复印”。当这些高新信息技术的品牌巨鳄的财富开始下滑，品牌评论家和品牌管理者有时候会感到失望。20世纪80年代，AT&T和施乐是反面评论的主要目标。20世纪90年代早期，又开始流行批评IBM的“管理模式”以及柯达的失败。批评的焦点就在于前一阶段的品牌创新没有进行或品牌创新失败了，批评的归宿是品牌竞争优势的低谷期，更是品牌创新应科学合理地大力进行的时期，得之则全得，失之则全失。中国有两句俗语：“一步走错百步难回”“一招得则全局胜”，其中的哲理就是指品牌创新在品牌发展过程的最关键时刻的作用。

（二）差异化与替代性

在大多数人尤其在学者的头脑中深信不疑地认为“任何市场上具有竞争关系的品牌在功能方面都是难以相互区分的”。这种被广为接受的观点致使这类市场中的产品被称为“类似产品”或“包装雷同产品”。这类产品的改进也被称为“化妆的改变”，或被认为是由广告宣传造成的“诱导性的产品差异”（R. Polli，1969），因为大多数消费品市场都是由少数几个竞争性的大生产商垄断的。不言而喻，寡头垄断的性质以及可被仿效的产品功能改进得相对简单是导致新品牌和重新崛起的品牌大量地充斥市场的原因。但是，“从寡头垄断竞争的特征和影响来推断，如果所有品牌在功能上是（或变得）能够相互替代的，这不仅是错误的，而且是危险的，因为这种思维方式会诱使市场参与者推出在功能上与竞争对手完全相同的新品牌产品。而随后，大多数情况下，其失败的概率太高，又使人不忍心预测了”。（John Philip Jones，1998）成功的新品牌总是需要差异性的。

（三）静态与动态

英国的市场研究专家科林·麦克唐纳（Colin McDonald）认为市场是稳定的。他用一个非常贴切的比喻来说明为什么对广告创建品牌的研究只能是实证性的，并且他一个案例一个案例地分析了“市场之间的反应模式如何存在差异，并且如何以此为基础来推测在类似情况下将会发生的结果”。因而，对广告作品的分类应该按照一种类似昆虫学家对昆虫进行分类的方法“将数千个不同的物种联系在一起，来寻找共同的因素”（Colin McDonald，1980）。

我们知道，“静态”是动态的对立面，“表面上的静态”这个短语指的是表面上的稳定性，也就是说，即使不是处于稳定状态，也至少有一种强大的均衡倾向。从短期和中期来看，当我们衡量总销售额和品牌的市场份额时，大多数市场都处于均衡状态。新产品一般不会成功，但在极为罕见的情形下，如果某个新品牌获得了成功，这可能给市场带来一些微小的总体波动。各竞争者们的市场份额会出现几个百分点的变动，然后很快稳定下来，而整体市场同时也容纳了新品牌。

虽然麦克唐纳这一比喻非常贴切，然而它的寓意中缺乏非常重要的动态因素。表面看来，市场似乎是稳定的（“表面上的静态”），但是，实际上所有市场都处于一种不断变化的状态之中。“品牌不是静止的，应该是动态的”（Jean-Noël Kapferer，1995），这种市场的不断变化源于市场的构成方式，市场是由每天每时每分都在发生的大量购买决策所产生的交易构成的。实际上，从经济的实践中我们可以知道，寡头垄断条件下所发生的品牌创新非常广泛，因为正是少数成功的新品牌导致了市场所描述的各种变化，而在这一过程中，又总是有大量的新品牌走向失败。而消费者同时会做出积极的反应，去购买那些少数取得了成功的新品牌或新的产品类型，因为这些产品满足了他们的需要。在短期内，购买习惯和购买惯性在购买决策中起着主要作用。但由于重复购买的原因，消费者购买行为的适度变化将产生非常大的长期影响。品牌创新步伐的主要动力是市场竞争的压力。垄断市场存在的最重要的一种压力是这样一个虽然错误但实际上却被广泛认可的观点，即现有品牌不可避免地会发生周期性衰退。其他的压力包括技术变革的要求和成长发展的需要等压力。而约翰·菲利普·琼斯（John Philip Jones）认为，行动（有时是突如其来的行动）的触发几乎全部是竞争压力所导致的。不付出大量的竞争性的努力，要想在寡头垄断市场中争得一席之地是极为困难的。我们不止一次地听到寡头垄断厂商引用红骑士的一句话：“你要全力以赴，才能待在原处。”

三、品牌创新的诱因

1. 功能性

功能性差异是建立品牌的基础。品牌刚出现于市场时是一无所有的。如果某品牌的产品在任何一个方面都不具有优良的和具有竞争性的功能特性，那么这个品牌几乎是不可能成功的，对于那些试用品牌的人，或者那些免费使用样品的人来说，将无法说服他们再购买这种品牌的商品。产品的包装设计、各种前期的促销手段以及广告，它们其中的一个作用就是清晰有力地宣传这种功能特性。英国尼尔森（Nielsen）公司曾经研究过53个进入市场两年就取得了极大成功的新品牌，它发现，在这些品牌取得成功的11个原因中，最重要的原因显然是功能性特性。佩卡姆得出过一个重要的结论：“可能取得成功的品牌，它所具有的功能性优势同时为其他有助于成功的因素提供了基础和支持。”如果某个品牌成功的希望不大，那么销售队伍再努力也不足以弥补其功能上的弱点。尼尔森公司的资料还增加了时间变量，认为随着时间的流逝，作为品牌失败的功能弱点这一因素可能变得更加明显。

2. 品牌定位

品牌定位是新品牌打开消费者心灵的钥匙。品牌学者将品牌定位视为品牌创新的关键。推出新品牌首先要进行品牌定位，品牌定位决定品牌特性和品牌发展动力。当宝马汽车的驾驶者转动钥匙第一次发动这部“终极驾驶机器”时，他不仅从驾驶一部机械性能优异的轿车中得到了享受，而且成了一个标志的所有者，这个标志体现了唯一性、表现力、高质量和技术创新等价值（Leslie de Chernatony，1986）。最有效的新品牌成长的策略应使新品牌打入细分市场的各板块中去（John Philip Jones，1998）。这种策略的前提假设是市场总是会被分割的，或者可以通过广告和促销把市场分割成可识别的不同板块。这种通常可行的策略是以产品功能上的差异为基础的。

品牌案例9-3

中国工商银行跻身大数据：人脉挖宝

不久前，微信朋友圈里一个名为“人脉挖宝”的小游戏得到广泛关注，记者了解到，该游戏是工商银行（简称“工行”）为宣传金融产品e支付而推广上线的。游戏形式十分简单，即在九宫格中任选一格“挖宝”，用户挖到的奖品可申请领取。不过，在领取奖品时，用户需要向工行支付1分钱。通过采用这种形式，工行使用户体验到了e支付作为交易平台的便捷及安全，从而避免了由于第三方支付工具操作烦琐而导致的安全隐患。

简单的游戏背后，却是工行作为传统金融企业，对于新形态社会化营销的大胆探索。

活动机制上规定，凡购买游戏道具“金铲子”的用户，可将信息分享给10位朋友，而这10位朋友在二次购买后，依然可以等值传递，以此类推，共计4层好友能享有该道具。照此推算，实际上该游戏只要有一人花钱购买“金铲子”，游戏信息将至少传播至10人，至多能影响万人。不难看出，这即是应用了斯坦利·米尔格兰姆（Stanley Milgram）所提出的六度空间理论：最多通过5个中间人你就能够认识任何一个陌生人。工行将此进行变形，变“联系”为“达及”，以利用最低的成本进行最大的宣传。

工行相关人士透露，目前社会化营销生态圈整体呈现出一种浮躁的状态，无论微博还是微信，网友一般很难接受扑面而来的广告，甚至会对此嗤之以鼻，但利用“人脉”交换信息，做内容传播，尤其是有切身利益可以给到朋友，那就会呈现另一种状态：高度参与。

这位负责人同时向我们展示了一些数据，在奖品集中发放的特定一小时内，参与人数高达18万人；自2014年10月8日上线后的34天里，单日最高参与人数突破50万。其中河南、贵州分居参与人数排名前两位，而美国以505人参与数位居海外榜首。工行在向行业展示互联网营销战绩的同时，以上数据也充分说明了河南、贵州两地对于社会化营销的响应——二三线城市早已不在社会新潮流布局之外，随着营销范围的拓展，商业边缘城市也将成为品牌商、营销人的新目标，想必工行也会在今后的金融布局中重点撒网以上两地。

“人脉挖宝”活动合作商户达到21家，其中部分商户在不到两周的时间里，因人脉挖宝而产生的订单就接近11 000份。“人脉挖宝”在其社会化营销过程中成功运用了“一个挖宝平台”和“两大传播机制”(“多层级分享激励机制”和“抢如意金铲”传播机制)，并融入了“三大互联网思维”(平台思维、平等思维、零门槛参与思维)。

资料来源：和讯网，http://bank.hexun.com/2014-10-23/169625192.html。

四、如何进行品牌创新

（一）品牌创新时机的选择

世界著名的品牌领域的权威戴维·阿克教授总结了在品牌发展过程中必须着力进行品牌创新的五种情况。

1. 品牌认同或执行表达不佳

一个表达差劲或未对准目标的认同或执行经常可以根据早期对于顾客兴趣、品牌认知、品牌态度和销售状况的测量而诊断出来。令人失望的销售趋势是特别强烈的信号。

2. 品牌认同或执行过时

即使品牌的认同或执行可以产生作用，市场也不是静止的，品牌并非存在于一个时间胶囊中，脉络会改变，因为消费者的品位和公司的文化紧密相连，科技带来新的挑战，而且竞争者在市场当中进进出出，因此在品牌的环境中会有基本的典范转变。结果则是，曾经成功的认同或执行可能会变得没有效用。

3. 品牌认同或执行吸引的市场有限

即使品牌认同或执行的效果不错，但是只对一个有限的或正在缩减的市场产生效应，就有必要改变认同以达到更广大的市场。一个品牌可以重新定位以寻求其他群体。

4. 品牌认同或执行缺乏当代性

即使是切中要旨且有意义的认同，也可能会显得落伍或索然无味。

5. 品牌认同或执行趋于疲乏

随着时间的改变还会产生另一个问题，对消费者而言，它可能变得无趣，即使在执行上做变化还是无济于事。结果它不再能够吸引注意力，最后丧失影响力。更有甚者，当一个品牌维持了几年，用以呈现这项认同的好创意也会变得不足。拥有较能令人惊奇的认同和传播做法的竞争者因此有了好处。一个品牌认同或执行的改变可以是具有新闻价值的。一个重新定位品牌成功的公司很可能会制造头条新闻，并因此扩充该品牌的销售数字。品牌保护创新者，赋予他们暂时的优势并对他们承担风险的勇气给予回报。随着时间的推移，经过创新的品牌会显出自身优势，获得较高回报。所以，品牌绝对不只是产品的一个标记、一个图像，它是一个周而复始的品牌创新过程，创新出一代又一代的新产品。产品可以更迭交替，而品牌则是永恒的，这个创新过程的持久效应也是品牌的意义、目的、内容和特点。品牌是需要时间积累的，更需要持续不断的品牌创新以保持永久辉煌。

品牌案例9-4

时尚品牌频频出新招

香奈儿2017春夏彩妆系列“Coco Codes”正式发布，主推限量作品“可可印记修颜粉”，该产品分四大色块（棕、金、米、红），均是由其全球彩妆创意与色彩设计总监露西亚·皮卡对香奈儿的标志性颜色创新后得到的。MAC则是另一个路子，“Work it Out”全新运动系列美妆抓住了时尚界流行的运动休闲风潮，推出39种风格艳丽并具有防水抗汗性能的产品在专柜销售。

为赢得中国新时代消费者的青睐，雅诗兰黛选择了人气与时尚度双高的杨幂作为中国区新任代言人。2016年，全球高端化妆品集团销售额排行显示，雅诗兰黛集团以约774亿元位居第一，欧莱雅集团第二（561亿元），路易威登集团香水美妆部第三（366亿元）。同时，雅诗兰黛刚刚任命了新的全球创意总监和营销副总裁，相信在一段时间内将会有不少新动作。

2018年，优衣库与日本著名漫画杂志《周刊少年Jump》推出了联名款T恤，一经上架便被抢购一空。同年Supreme与路易威登联名合作，大家刚开始很难把奢侈品牌LV和街头潮牌Supreme联系在一起。但是Supreme作为年轻人疯抢的心头好，LV也不能免俗地向其伸出了橄榄枝。作为时尚行业不同风格的顶级品牌，尽管合作产品仅仅是将两者的Logo放在了一起，但消费者们依然对联名款趋之若鹜，这个引起发售当天各个门店上万人排队的系列现在价格已经被哄抬到了原先的数倍。

目前，欧莱雅集团大部分品牌在中国的线上销售占比已超过20%。欧莱雅集团正在数字转型的路上，下一个目标是中国200多个正在崛起的新兴城市的5亿多尚未接触到欧莱雅产品的消费者，以电商为主渠道的数字营销是其抢占这些新市场的主要手段。集团还会用AR、VR等技术为消费者提供线上线下结合的全渠道体验，并通过社交平台等手段将消费者向线下实体店引流。路易威登也一直在用彩妆撬动中国电商，馥蕾诗

（Fresh）将在天猫上开设旗舰店。

资料来源：全景网，http://www.p5w.net/news/tech/201703/t20170301_1725578.htm。

（二）品牌发展过程中的品牌创新策略

许多品牌在发展中都表现出了令人惊奇的活力。全球著名的半导体芯片和蜂窝电话制造商品牌摩托罗拉最初主要生产汽车收音机和无线电话。世界最先进液晶显示器的制造商夏普最初是出售自动铅笔的商店。哈里斯公司是多媒体新兴行业的一个有力的竞争品牌，它在创立时是生产印刷设备的。这些全球著名的品牌的成功主要归功于在其品牌发展的全过程中持续不断的创新。

市场环境的变化，尤其是消费者喜好的变化，促使品牌做出反应。品牌的内涵和外观都应随之做出相应的变化，只有这样才能不断地适应消费者的心理需求。

海尔，中国的家电之王，其发展历程即是因变而变的典范。海尔的名称经历了从“琴岛—利勃海尔”到“利勃海尔”再到“海尔”的因时而变的过程；海尔品牌的发展战略也经历了从“冰箱”到“制冷”，到“白色家电”，再到“家电之王”的战略转变过程。在这些过程中，无不充满着品牌创新的智慧。吉列品牌之所以始终保持长盛不衰的品牌生命力，就在于它在“刀片”这个品种上源源不断地创新出新产品。

1. 品牌初创期

每个品牌都必须由这个时期开始，这时品牌传播由零开始，这时的品牌创新强调的是创造出不同于竞争对手的鲜明的个性化品牌。品牌个性是界定品牌的重要因素。BMW界定“驾驶的乐趣”，沃尔沃界定了“安全的空间”。此时，应用战略的眼光将创意放到整个市场中去，理智地看待市场和竞争，依靠细致的分析找到准确的出击点，寻求不同于竞争对手的立足点，同时发扬自己所具备的独特优势，实事求是，量力而行。

众所周知，百事可乐与可口可乐竞争激烈，但百事可乐避其锋芒，为自己选择了一个新的消费群体。它看到了新生代与其父辈之间的“代沟”，这不仅意味着因价值观的迥然不同而形成的心理隔阂，而且孕育着十分诱人的商机。百事可乐极具洞察力地把握住这一商机，亮出“新一代的选择”这一旗帜，从年轻人入手，建立“新一代的选择”，对可口可乐发起了攻势。百事可乐把握住了新生代对偶像的喜爱，选择了瑞奇·马丁、珍妮·杰克逊、王菲等作为形象代言人。这个创意使百事可乐比可口可乐历史短的劣势化为优势，使其品牌激发出强劲的影响力。“新一代”这一概念的建立，其不同凡响之处就在于从文化心理层面上把握住了一代年轻人的脉搏。因此，在品牌初创时期，传播中的创意取向应从产品的优势入手选出市场空当，通过媒体策略做介绍性工作，以求得到消费者的认同，并区别于其他的竞争对手。也就是说，品牌在该状态下的创意，首要的是对产品、市场、消费者有明确的定位，整体上运用各种手段和方法。具体来讲：一是快速提升品牌知名度，力争在较短的时间和目标区域内，将广告信息送达目标消费群体；二是要快速提高品牌认知度，并适当建立和引导联想。

2. 品牌成长期

品牌的成长也是分阶段的，应根据品牌实际发展阶段状况有计划地进行科学的审核，确立每个环节的创意策略，从整体的角度创新品牌，推动该品牌的提升。步步跟进才能够平衡地发展。美的空调在竞争日益激烈的空调市场能站稳脚跟，原因就在于注重品牌创新下的创意策略。美的原来的主打产品是风扇，空调是后来推出的产品，但在发展策略上，美的每一步都诉求一个字，环环相扣，紧紧把握消费者的心。首先是“静”，大多数人对空调的噪声大感到反感，美的广告的创意以层层遮罩去除噪声的形象比喻打动人心；其次为“大”，美的广告的创意为其吉祥物将居室空间“开拓”得更广，很能说明变频一拖二空调的优点；最后是“康”，当今的环保话题在家电产品中随处可见，美的广告的创意又紧紧把握住这一点，用负离子发生技术的“炮弹”攻击烟尘中的“飞机”，使空气更洁净。这三步，每一步都抓住了人们的需求，真实有效，层层深入，对美的的发展和产品系列及其体现的品牌认知是大有促进作用的，这些创意对品牌成长功不可没。相反，有些本来发展不错的品牌，因无整体意识，缺乏系统的创意策略，诉求趋向紊乱，加之创意平淡，制作不到位，逐渐使品牌失去了原有的市场，导致品牌受挫。在品牌成长阶段，创意策略应从进一步提升品牌知名度、加强品牌认知、明晰品牌联想上下功夫，并从整体上进行把握，平衡区域市场之间的认识差别，扩大重复购买人群，加强与消费者的当面沟通和直接利益沟通，检索各项方案及品牌状态，不断做出调整，灵活运用创意策略，推动品牌更好更快地发展。

3. 品牌成熟期

到了这一时期的品牌已容不得半点歇息，因为它正处于一个历史的分界线上，稍微放松就会前功尽弃，加把劲就会柳暗花明，成为同行业的佼佼者，成熟期的品牌创新应在不失原有风格的基础上进行大胆的突破，体现其气势，展现其实力，瞄准既定品牌目标，坚定地走下去。当然，创意策略也要注意整体统一，否则，稍不注意就会对品牌造成不良的影响，对品牌发展不利。企业要在不断探索的过程中，分析品牌在消费者心目中的地位及其存在的问题，进而调整创意策略。海尔这一品牌在国内家电行业已是如雷贯耳，其广告创意一直体现为消费者着想和高科技的氛围，给消费者以很强的信任感。当现代人的消费观念已转变到健康的消费时，海尔的创意策略马上发生变化，给予表述诉求，广告宣传处处体现健康、环保的概念。在我们的生活中，一些很成熟的品牌，由于在产品宣传方面盲目跟风，贪大求全，以致个性全无，导致失败。还有一些企业，没有品牌策略，在宣传和广告中的策略也没有特点，花费了大量的资金和精力，结果在市场上依然默默无闻。

在品牌成熟期，产品的改进和更新必不可少，创新策略也应随之做相应的调整，确保其青春活力。而且，本阶段的创意策略应在不同区域认识融合、品质认识及品牌联想完整化上下功夫，尤其要在上一阶段的基础上，下大力气巩固消费者的品牌忠诚度，让越来越多的消费者认同品牌方的观点，从根本上形成购买和再购买的理由，形成高转移成本及转移惰性。当然，要达到这一目的，并非只是形成相应创意策略并执行所能做到的，虽然这是核心。当品牌成熟到一定程度以后，其管理与维护就要提到日程上来。

一个品牌有生长、壮大、成熟的过程，但完全不同于产品的生命周期，原因在于，品牌的生命与产品的生命并非完全合二为一。品牌可以不断地创新，产品却必须不断地更新和改进乃至死亡。其根据是，该品牌的原有产品因为不合时宜而被新的产品所代替，从而使品牌延续。品牌的长久不衰也依赖于其下一个产品或几个产品的良好销售，好的产品对品牌建设提供强有力的支持，如果产品不好，品牌就成了无处可依的空壳。

品牌创新的目的最终在于使消费者形成对品牌的忠诚，产生重复购买，从而使品牌得以长生不老，为企业带来持续不断的销售和利润。借助大数据和互联网在各行业的快速渗透，品牌运营商可顺势而为，数字化、网络化的智能产品层出不穷，在此过程中，消费者的参与程度大幅提升，以用户和产品为中心，推动效率提升、渠道创新和服务创新应成为推动品牌创新升级的核心动力所在。

第三节　品牌短命现象解析

一、经济转型与品牌危机

自20世纪80年代以来，中国市场上诸多品牌如雨后春笋般破土而出，并有相当一部分品牌在很短的时间内由无名小卒一跃成为知名品牌。众商家“你方唱罢我登场”“一夜成名”的神话在中国市场上似乎成了最易排演的小品剧。好像中国企业已参透了现代市场的玄机，得到了品牌打造的秘籍，能轻而易举地在短期内造就大量的“成功”品牌。

但审视今日的中国舞台，昔日的明星中除了海尔、联想、五粮液等少数几个品牌仍在健康运营外，大部分已经陨落无踪，其衰败也如其“成名”一样迅速。珠海巨人、山东秦池的倒闭已成为旧事陈谈，三株、爱多也在市场大战中纷纷落马，乐百氏则被外资品牌收入囊中。众多瞬间成长起来的名牌都成了闪烁一现的流星，品牌短命成了中国市场上的流行瘟疫。在此，笔者希望对中国品牌的病体进行一次深入透视，剖析其病理，以求良方。

与西方发达国家上百年的市场经济发展相比，中国市场经济刚刚起步，尚处于由计划经济向市场经济转型的时期，市场体系还不完善，经济运行机制不够规范，法律监管机制亟待加强。转型期的中国市场大门洞开，商机比比皆是，刺激了商家的投机心理。

首先，宏观经济环境不成熟，市场运行机制不完善，市场潜力巨大，存在着让商家心驰神往的暴利空间。一个市场成熟的标志是微利和理性经营，而投机和暴利“圈钱”则是转型期经济的常见病。在刚刚放开计划管制而市场机制尚未成熟的市场上，一旦投机成功，便可一夜暴富。巨大的利润空间驱使成批商家变投资为投机，把品牌建设视为市场豪赌。中国的保健品行业就是典型代表。20世纪80年代，太阳神口服液的横空出世照亮了中国市场的半边天，也成为众商家追逐暴利的航标灯，点燃了保健品市场大战的导火索。据悉，在中国，一种保健品从研制、开发、报批到出成品，再到商标注册只需要20万元，而行业利润则高达100% ~ 200%。高额利润吸引大批投机商蜂拥而入，一时间，保健品市场鱼龙混杂，狼烟四起。众企业不惜投入巨额资金造名，要在新兴市场上挖一桶金。

其次，中国的消费者长期生活在以经济短缺为特征的计划经济中，消费心理很不成熟，消费行为缺乏理性，很容易受到广告、促销的单向诱导。加之中国的消费人群基数大，一人买一件商品，也足以让商家大赚其钱。这就为中国企业单纯依靠广告造名而不务实的品牌投机提供了温床。靠着大造声势，跟电视机前的消费者混个脸熟，秦池也做成了一笔又一笔"桑塔纳换奔驰"的便宜买卖。一时间，品牌投机似乎成了中国市场上最简便易行、屡试不爽的致富捷径。

如果说潜力巨大、商机无限是经济转型期的一大特点，那么发展迅速则是这一时期的另一特征。30年时光飞逝，中国市场日益走向成熟，经济运行逐渐步入正轨，曾经头脑发热、以广告为指南的消费者花钱买了教训，消费行为渐趋理性，品牌投机正在失去往日的神威，众多一夜间成长起来的品牌面临着严峻的考验。其中不乏精明之士，成名之后依然保持着旺盛的斗志，随着市场发展积累经验，根据市场变化运筹帷幄，积蓄力量维护、巩固、发展名牌。数十年的风雨历程擦拭出了美的、李宁、TCL等一批闪亮的品牌，但大批乌合之众却在持久战中纷纷落马，全然失去了当初豪赌的骁勇。它们或在品牌战略上决策失误，或面对险情束手无策，从而导致品牌短命。例如，春都集团在品牌迅速发展的过程中，贸然以1.6亿元投资参股和控股24家非相关性企业，这些被控制的企业中有相当一部分亏损或已关门停产，"包袱"企业吸干了春都火腿肠这头金牛的乳汁，致使春都集团倒闭。与春都一样曾盛极一时的三株、三鹿则因面对媒体的负面报道束手无策、反应迟缓，未能进行有效的危机公关而使自己"命丧黄泉"。

大浪淘沙，市场无情，曾经依靠投机行为在市场转型期的混战中抢到第一桶金的人却在迅速成长的市场中急剧衰老。早期有"太阳神"的消逝，"巨人"的倒下，近年一些电商（如凡客诚品）的危机也有蔓延之势。经济转型期这一特定的经济背景决定了投机品牌由骤兴走向速崩的必然命运。品牌短命之痛在当代中国延续时间过长，波及范围甚广，给我们的经济躯体造成了严重创伤，使中国在品牌之路上刚迈出第一步就付出了损兵折将的巨大代价。

二、长官意志与品牌独断

当成熟的外国企业纷纷进行层级缩减，发展网状组织，力求管理结构扁平化、分权化的时候，中国企业却在执着地构建集权化的组织结构和官僚化的管理模式，实行经验为王的能人管理，把打造品牌的千钧重担压在核心领导一人身上，以个人决策代替群体决策，在品牌营造的重大问题上实行个人独断，使企业背负致命的风险。例如，郎酒集团重金礼聘的销售公司总经理，擅自做出转换品牌经营模式的重大决策，武断地颠覆了企业多年以来构建的"亲善型"的模式，致使郎酒销量下降，中国白酒业的一个驰名品牌在短时间内便从高峰跌入低谷。

品牌案例9-5

“叫人想家”的孔府家酒，如何叫人想起来

“孔府家酒，叫人想家”这句广告语至今被奉为经典，也拉开了鲁酒大兴的序幕。然而它们曾经的辉煌去哪儿了，如今是否能够再振雄风？我们要从“标王”之成败，鲁酒之兴衰中寻找答案。

“叫人想家”叫好又叫座，孔府家酒的广告效果显著，产品爆红之后，有的经销商甚至为提货要等上7天。当地人提到当年的孔府家酒，无不自豪：“想当年，前来拉酒的车在这条路上排队排了好几百米，那场面……”“一个酒厂带动了周围多少相关产业啊，造纸箱的，收酒瓶的，搞包装的……那时候整个县都跟着沾了光。”

这个“一夜成名”套路给全体山东白酒企业打了一针鸡血。适逢央视推出第一次广告竞标，发明了“标王”之誉——大概跟如今拍卖papi酱的“首次广告”一个性质。争当“标王”随后成为山东白酒企业间的较量。1994年，首届“标王”是与孔府家酒仅一字之差的孔府宴酒，以3 079万元夺得“标王桂冠”；随后连续两届夺得“标王”的亦是山东白酒企业——秦池酒厂，令人咋舌的是其在1996年为“标王”一名开出了3.2亿元天价。

但是，孔府家酒这个鲁酒的带头大哥出现了品牌战略的误判。从10 ~ 300元的产品，孔府家酒的品类全线扩充，虽然短期来看销量提升不少，然而这种“高中低”各档次的盲目扩张让长期的品牌形象被拆解得四分五裂，这种弊端在后来的销量上慢慢开始体现。

2000年前后的孔府家酒发展极其坎坷，雄心满满的两次“振兴”都铩羽而归。

先是孔府家酒“铁厂长”孙建成请来国内极具传奇色彩的策划大师叶茂中振兴孔府家，随即聘请刘欢代言，推出了“盛世大陶”等品类，然而遗憾的是，“大陶”并未奏效；孙建成也因调任中联水泥而前功尽弃。

2004年，国内著名资本大鳄深圳万基入主孔府家。白酒行业最具实力的职业经理人刘敏牵头，在全国招募并组建了当时最具实力的营销团队。但是，在资本领域长袖善舞的“万基”并不能静下心来，耐着性子运作需要慢工出细活的白酒。2006年底，“万基”无奈离去，孔府家也因此元气大伤。

2012年，孔府家酒迎来了最大的变革。9月16日，联想酒业与孔府家酒正式签署合作协议，联想酒业斥资4亿元全资收购孔府家酒。2012 ~ 2016年，孔府家酒陆续收购板城烧锅酒、文王酒、武陵酒并成立红酒公司，投资酒品便利店。孔府家酒在联想风格的管理下，大刀阔斧，将传统跨界，开始重塑品牌影响力，试图再次打造鲁酒国优品牌。

然而自收购后，孔府家酒三年多的时间便更换了三位高管，酒业寒冬之中，牵手联想控股的孔府家酒并未给外界带来“枯木回春”的感觉。联想控股的财报显示，包括孔府家酒在内的四家酒水企业未能逃脱全行业下滑的趋势并且亏损严重。2012 ~ 2014年，联想控股白酒业务的收入分别为9.1亿元、12.97亿元和11.21亿元，2014年的营业收入相比2013年下滑了13.56%。联想控股2016年的半年报显示，丰联酒业白酒板块终于实现了扭亏为盈，实现营业收入5.68亿元，净利润1 300万元，但营业收入较前一年同期

下降 9%。

命途多舛的曲阜孔府家酒业有限公司（简称“孔府家酒”）如今正面临再一次易主。被联想“入主”4年的孔府家酒在2016年12月20日完成股东变更，丰联酒业将其股权全部交由安徽文王酿酒股份有限公司。

资料来源：搜狐财经，http://business.sohu.com/20161017/n470516588.shtml。

三、品牌误读与品牌浮躁

除了经济体制的客观原因外，中国企业自身对品牌的误读而导致的“浮躁症”也是造成品牌短命的重要病因。

首先，品牌是消费者认知中有关产品经验的总和，从产品性能、品质、包装、价格到销售环境，从产品陈列、售点广告、卖场气氛到销售说词、服务态度、员工行为，从企业声望、媒介舆论、大众口碑到广告气氛、设计风格，所有这一切共同构成了完整的品牌形象，传达一致的品牌理念。但目前的中国企业却将品牌概念过分虚化，仅将其肤浅地理解为企业或产品的名称，轻飘飘地浮在品牌表面上做文章。将立体化、人性化的品牌误读为单一化、符号化、缺乏个性内涵的空心怪物；将品牌价值与品牌剥离，使品牌丧失了永葆活力的生命之源；将产品与质量仅作为品牌次之又次之的附属，使品牌缺乏强有力的支持；单纯依靠广告造名，最终形成的只是看上去很美的品牌气泡，一旦与消费者进行实实在在的亲密接触，其虚弱本质便会暴露无遗，再美丽的泡沫也会一戳即穿，瞬间消失得无影无踪。中国家电行业十几年来大批品牌倒地身亡，就是因为产品缺乏差异化、个性化的支持，使得整个国产家电行业被笼罩在虚化的品牌阴影下，难以突围。

其次，中国企业在品牌树立问题上心情急躁，缺乏长期的品牌战略规划，只期望着跑步进入品牌成长期、成熟期，快速回收利润，对于品牌本身的塑造却从不多想。很多企业急于“生孩子”，却不考虑如何“养孩子”，更谈不上未雨绸缪，为自己的品牌度身打造成长计划、培养方案。早在奥格威时代，品牌就被描绘成兼具独特形象与个性气质的人，俗话说“十年树木，百年树人”，人性化的品牌需要长期的精心呵护与着力塑造才能成长、成熟，为企业创造源源不断的财富。品牌崭露头角，羽翼尚未丰满，企业却撒手不管，试问这样的品牌怎么能健康成长，怎么能拥有“美丽人生”？短命自是必然的了。回想当初金正的三位美少女闪亮登场、艳惊四座，但在观众一阵叫好之后，却没了下文。号称“真金不怕火炼”的人却在市场的大熔炉中现了浮躁症的原形。

此外，品牌浮躁症还表现为对品牌传播横向发展空间的视而不见，单纯依赖广告，缺乏整合品牌传播。当年巨人集团的兴衰史曾被概括为“成也广告，败也广告”，其实并非广告自身惹的祸，怨只怨企业将品牌成败的赌注一股脑投在了广告上，对其他诸多传播手段（如促销、公关、营销终端建设、产品包装等）不屑一顾。广告作为营销组合中的一小部分，只是品牌传播的多种途径之一，绝非“服用方便，起效快”的灵丹妙药。

企图以广告的单薄之躯支撑品牌塑造、维护、巩固、发展的浩大工程，除了注定的品牌短命之外，我们很难想象出第二种结果。

本章小结

品牌老化主要有两方面原因：内因和外因。内因主要分为四个方面：一是企业经营管理落后；二是品牌缺乏创新；三是营销策略不当；四是企业家素质欠佳。外因主要有两方面：一是科技进步和社会发展要淘汰旧产品；二是激烈的市场环境和不正当竞争使品牌未老先衰。品牌老化对企业的危害很大，防范品牌老化有以下三种监控措施：一是市场营销的监控；二是品牌价值的监控；三是建立品牌监测信息系统和品牌研究机构。

品牌创新概念有狭义和广义两种：狭义的品牌创新，是指围绕品牌视觉系统、品牌名称、品牌延伸、品牌理念、品牌形象、品牌战略与策略等的创新行为；广义的品牌创新，是指通过运用新的技术，采用更科学的生产和服务方式，借助新市场的开拓和新型组织形式的引入，新的品牌延伸和新的品牌理念的融入，或者品牌的重新定位，抑或新的品牌战略的实施来增强品牌的核心竞争力，以及对品牌内外部资源的控制力，从而达到厚积品牌资产的各种创新行为。

品牌创新有五个选择时机：一是品牌认同或执行表达不佳；二是品牌认同或执行过时；三是品牌认同或执行吸引的市场有限；四是品牌认同或执行缺乏当代性；五是品牌认同或执行趋于疲乏。品牌在不同时期要有不同的品牌创新策略，在品牌发展过程中，即品牌初创期、品牌成长期、品牌成熟期，通过不同的品牌创新策略提升品牌内涵和外观，不断适应消费者的心理需求。

复习思考题

1. 什么原因导致企业的品牌老化。
2. 怎样理解广义的品牌创新。
3. 一个品牌的成长、壮大、成熟的过程是否完全适用于产品生命周期，为什么？
4. 简述品牌创新的选择时机。
5. 如何在品牌初创期、品牌成长期进行品牌创新。

课后案例 9-1

亚马逊为什么能够成为创新力最强的公司

《快公司》（*Fast Company*）曾经公布一份榜单，评选出全球 50 家最具创新力的公司。排在第一位的正是亚马逊。为什么？因为亚马逊的规模迅速膨胀，但是庞大的体积并没有影响它的行动速度。创新力最强的 10 家公司是亚马逊、谷歌、Uber、苹果、Snap、Facebook、Netflix、Twilio、Chobani、Spotify。第 11 ~ 20 名依次是阿里巴巴、腾讯、小米、BBK 电子、华为、大连万达、Airbnb、BuzzFeed、Open Whisper Systems、Illumination Entertainment。

想象一下，最理想的街区是怎样的？是不是应该修剪整齐，建筑布局遵循一定的模式，设计完美？或者选用沙粒，崇尚自然，餐厅深入，占据了原本属于干洗店的位置？无论是哪一种，亚马逊包裹都可以送到门口，不过对于亚马逊的创始人兼CEO杰夫·贝佐斯来说，他更喜欢后一种。

2016年11月，面对记者采访，贝佐斯公开说：“我认为，现在的邻居、城市、城镇越来越有趣，越来越讨人喜欢，以前不是这样的，以前更加倾向于自上而下的规划。”简言之，现在更加人性化。

贝佐斯是一个严格遵守“六西格玛”、推崇“数据决策”的人。在过去若干年里，亚马逊闯入一片又一片新领地，不断改变格局，即使调整公司的现有架构也在所不惜。当Fire Phone失败之后，亚马逊Echo从火焰中崛起。

亚马逊Music Unlimited是亚马逊推出的新流媒体音乐服务，它建立在亚马逊MP3之上。亚马逊Studios制作的电视剧拿到了艾美奖，最开始时，电视剧用众筹平台融资拍摄（2010年众筹平台推出）。摩根士丹利的报告显示，在美国亚马逊已经成为第二大服装销售商，公司的时尚业务初具规模。2004年，亚马逊进入户外家具市场，2008年进入家居用品市场，2009年进入电子配件市场，2014年进入尿布市场，现在它还销售咖啡。

和苹果、谷歌、微软不同，亚马逊没有一个精密设计的生态系统，将App与服务绑在一起。贝佐斯强调说，每一个平台都拥有自己的客户，要用最好、最快的方式服务自己的客户。他说：“我们的客户很忠诚，直到有人提供更好的服务。我们很喜欢这种局面，它刺激我们前进。”正是因为这种刺激的存在，亚马逊才能不断创新。

在2016年，Prime Video已经覆盖200多个国家和地区。2014年，亚马逊收购流媒体游戏视频播放平台Twitch，不仅如此，亚马逊还向创业公司投资，这些公司为智能助手Alexa开发语音App，增强Alexa的功能。另外，亚马逊还在全球建设了20多个订单履行中心，在印度它已经成为最大的在线零售商，在英国它首次使用无人机送货。

贝佐斯的战略就是不断实验，在相邻的产业实验。曾经亚马逊只卖图书，现在所有人都可以在亚马逊开设网站，销售各种商品。亚马逊建造仓库和物流设施，给图书分类、打包，然后出货。AWS（Amazon Web Services）已经成为每年营业收入130亿美元的大业务，不只Airbnb和Netflix使用，亚马逊还用AWS存储Kindle电子书，驱动Alexa。

亚马逊之所以被《快公司》评选为最有创新力的企业，主要是因为它的规模虽然很庞大，但是行动仍然很敏捷。2017年，贝佐斯是怎样将规模与敏捷融为一体的？如果你真的想理解，可以看看销售额，2015年约为1 000亿美元，在过去5年里，亚马逊的股价增长了3倍多；再看看今天亚马逊正在发展的业务：

一是Prime业务，每年交99美元就可以成为会员，亚马逊Prime用户正在快速增长。亚马逊所有的创新似乎都与Prime有关，如果统计亚马逊网站销售的所有商品就会发现，按价值计算销售额的60%来自Prime服务。在美国使用Prime的用户为4 000万～5 000万，每位客户平均每年在亚马逊花费2 500美元，比非会员多了4倍。

二是开设实体店，使消费者进入线下世界。以前亚马逊不愿意开设实体店，2016年，亚马逊在美国开了30多家店铺，展示亚马逊电子设备，包括Kindle、Echo、Fire和Dash。接着又开了亚马逊书店（Amazon Books），书店展示评级高于4颗星的图书，旁边还有网站专家的评论。2016年12月，亚马逊宣布推出“Amazon Go”，它相当于便利店。2017年年初，Amazon Go在西雅图设立。在入口通道十字转门处，购物者拿出手机扫一下代码就能拿到自己喜欢的商品；商品会加入数字购物车中，离开时自动付费（用现有账户付费）。如此一来，在出口处没有必要划线，也没有必要放置收银机，有亚马逊云计算技术、机器学习技术、语音控制技术和物流技术就行了。亚马逊打造了一个技术平台，可以卖给其他企业使用。亚马逊还提出了另一个概念：食品杂货店概念。

三是打造物流系统，亚马逊建造新的物流中心，距离西雅图只有一小时的车程，里面安装了高科技机器人，它与人类员工一起工作。在华盛顿DuPont有一个军事基地，亚马逊在基地附近建了一个订单履行中心，整个流程从“视觉管道”（Vision Tunnel）开始，它是一条传送带，像帐篷一样，穹顶上面到处是摄像头和扫描仪。当盒子从卡车上搬下来时，系统会给盒子拍照，从各个方位扫描。然后亚马逊用图像识别算法给包裹分类，比如按产品类型、尺寸、重量分类。在老式的订单履行中心，如果让员工用条形码扫描器扫描商品，完成工作可能要一个小时，现在只要一半的时间。

亚马逊的业务并非毫无挑战。为了提高送货速度，亚马逊年出货成本已经超过110亿美元，为了节省成本，亚马逊只好优化流程，压榨员工。2016年底假日购物季来临之时，Prime Air运输承包商的飞行员罢工，他们要求加薪，缩短工作时间。2015年，《纽约时报》刊文谈到了亚马逊工作环境的苛刻。

公司正在改变。2017年1月，亚马逊承诺在未来18个月创造10多万个全职职位，它还在西雅图市中心建造新总部。2018年新总部完工之后，中间是三个玻璃密封球，周围由5座建筑、一个礼堂（座位2 000个）包围，里面还有来自全世界的3 000多种植物。

移动第一，按需提供服务，这就是当今世界的现状。电子商务将会颠覆市场，亚马逊的创始理念正在于此，移动第一、按需提供服务与亚马逊的创始理念不谋而合。亚马逊带来的影响已经很大了。2017年1月，非营利机构Local Self-Reliance调查了3 000家独立企业，当中一半是零售商，调查者问企业它们面临的最大威胁是什么。连锁企业和大型超市的竞争，卫生保健，寻找员工，租金上涨，所有这些因素都排在最后。Local Self-Reliance联合主任斯泰西·米切尔（Stacy Mitchell）说：“亚马逊的竞争才是大家最担忧的。”

几十年来，虽然充满曲折与惊奇，新企业更年轻、资金雄厚、充满热情、埋头苦干，亚马逊仍然是无可争议的领导者，从本质上讲，它仍然是一家创业公司，不断打破预期。一路走来，亚马逊不断改造自我。

资料来源：搜狐网，https://www.sohu.com/a/126651390_115207。

案例讨论

1. 什么是品牌创新。
2. 亚马逊在哪些层面上进行了品牌创新。
3. 从亚马逊的创新中可以得到哪些启示。

课后案例 9-2

进入中国22年，稳居女装市场第二，绫致时装凭什么留住年轻人

绫致时装，或许听起来有些陌生，但若提及其旗下时装品牌——ONLY、VERO MODA、JACK&JONES，熟悉感便扑面而来（见图9-1）。

自1997年进入中国市场，这家丹麦时装集团一直发展迅猛。截至2019年，绫致时装不仅在线下拥有超过8 000家直营门店，线上战绩也非常突出，ONLY、VERO MODA占据天猫品牌榜前三名，“11·11”成交额连续3年破10亿元，超越ZARA、H&M，仅次于优衣库。

2020年新冠肺炎疫情期间，绫致更是迅

图 9-1

速将全盘业务向线上倾斜，鼓励员工在线开展销售和服务，2月份实现线上总GMV[⊖]破2.1亿元，“6·18”期间ONLY官方直播间直播近40场，总成交金额超千万元。

眼看着拉夏贝尔陷入巨额亏损、美邦走向没落，同为快时尚出身的绫致，是如何逆势突围的？

1997年，丹麦服装零售品牌Bestseller公司的员工王沛德（Allan Warburg）和丹飞（Dan Friis）在中国创建了绫致时装，为中国引进了第一批中档国际服装品牌。

凭借着先发优势以及出色的设计理念和产品质量，绫致迅速发展壮大。旗下品牌ONLY、VERO MODA、JACK&JONES一度是拉动各商场业绩的三驾马车，占据着金角银边位置。曾几何时，绫致旗下的几大品牌就是国内服饰时尚潮流的风向标，对欧美服装品牌知之甚少的国人曾掀起一股JACK&JONES和ONLY热，穿上这几大品牌的衣服可以即刻变身为大众眼中的“潮人”。

彼时，国内的休闲服饰品牌美特斯邦威、森马都是刚刚成立的“毛头小子”，对绫致几乎构不上威胁。而当时快时尚大军中的“先头兵”优衣库还未进入中国市场，ZARA、H&M等其他品牌的身影也很遥远。

对于绫致来说，彼时的中国市场可谓形势一片大好：国内消费者对于风格迥异的欧美风格服饰还缺乏认知，其他国际品牌又尚未加入竞争，所以绫致几乎可以独享整块蛋糕。

也正因如此，该公司旗下的几大品牌迅速攻城略地，短短几年内在全国的店铺数量就已将近千家。最新的公开资料显示，绫致的系列品牌已覆盖中国300多个城市，门店数量已逾6 000家，销售额也超过300亿元，业内甚至有“无绫致，不商场”的说法。

资深服装专家程伟雄对记者说，绫致此前是“只要开店就会有销售、就有钱赚”，因此便一路高歌猛进地开设了大量店铺，殊不知背后已经潜伏危机。

2007年后，ZARA、H&M、优衣库等快时尚品牌开始大举进军中国市场，同样的欧美风格和款式、更快的上新速度、相近乃至更低的售价，让它们迅速博得了国内消费者的欢心。反观绫致公司的几张“老面孔”，店面形象多年如一日，营销手法单一且一成不变，原本出彩的欧式风格也在这些新进国际品牌的冲击下变得模糊、平庸起来。此时这

⊖ GMV：Gross Merchandise Volume，是指一段时间内的成交总额，该用语多用于电商行业，一般包含拍下但未支付订单金额。

家时装巨头也遭遇了品牌老化的危机。意识到问题的绫致迅速调整了方向，积极拥抱电商，将重心放到了全渠道建设上。

自2016年起，绫致就开始了数字化变革。在两年多的时间里，绫致完成了所有数字化架构，包括全中国7 000多家门店的基础硬件架构（见图9-2）、官网电商平台、微信小程序平台、内部的BI平台、数据仓库、DMP、大数据平台、CRM、阿里巴巴的新零售、腾讯的智慧零售等。

数字化是线上化的基础，在完成数字化建设后，绫致就着手进行了“人、货、场”的解构重建。在这次新冠肺炎疫情中，绫致时装之所以能掌握主动权，得益于早已建立的私域运营闭环。具体做法包括：第一，门店改造。早在2018年，绫致就对门店进行了改造，运用多种工具，包括扫码购、人脸支付、智慧试衣间等，为消费者提供新奇的购物体验，让用户愿意到店体验和消费。第二，线上引流。绫致线上端主要为“导购＋小程序”的社交电商模式，集合门店体验工具的使用，引导用户注册小程序会员，并绑定专属导购进行业绩划分，增加后续用户运营触点。第三，运营转化。通过门店导购，基于微信生态运营三板斧，包括私人微信、公众号和小程序等，对用户进行持续运营。而内容是由总部统一提供，服务全国4万名导购（见图9-3）。

图 9-2

图 9-3

正是基于对用户的长期运营，保持品牌和顾客之间的密切联系，绫致才实现了疫情期间强劲的线上购买力。疫情期间，绫致快速布局小程序直播，全品牌直播场次高达203场，有效拉动了2～3倍的线上GMV增长。

绫致集团智慧零售业务负责人牟楠希表示："可持续性的私域运营和公域获客一直是我们的目标，我们希望通过小程序直播、小程序商城，与我们庞大的线下门店体系实现流量联动。通过线上直播反哺线下，拓展获客半径。

"除此以外，绫致还计划开拓新的流量来源，尝试更多的流量玩法。将社交广告、微信支付、视频号、搜一搜、小程序直播等多种触客手段分别进行精细深耕后，通过经典IP、跨界合作、明星效应等诸多创意手法进行整合传播，打好市场营销组合拳。"

资料来源：腾讯网，https://new.qq.com/omn/20200910/20200910A0C18700.html?pc。

案例讨论

1. 绫致服装在不同发展阶段经历了怎样的市场变化。
2. 结合本案例谈谈品牌老化和创新需要注意哪些问题。

第十章
CHAPTER 10

品牌危机

§ 本章提要

- 品牌危机的概念
- 品牌危机形成的原因
- 品牌危机的特征和类型
- 品牌危机的管理

§ 本章案例

- “奔驰女车主哭诉维权”，奔驰正式道歉
- 美团外卖回应“骑手被困在系统里”：对系统的问题责无旁贷
- 遭消费者差评陷品牌危机，狗不理集团凌晨发声与加盟方解除合作
- 携程“泄密门”
- 特斯拉“串车”事件：汽车行业的智能化危机
- 滴滴就温州乐清滴滴乘客遇害事件发布道歉声明
- 味千拉面“骨汤门”
- 美的燃气灶爆炸事件引发质量危机

§ 预习案例

“奔驰女车主哭诉维权”，奔驰正式道歉

2019年4月，西安一女子为庆祝自己30岁生日，在西安利之星4S店购买了一辆奔驰CLS300型运动轿车，费用共计66万元。提车当天发动机漏油，女子与该4S店多次协商，从退车到换车再到换发动机，店家利用此种方式拖延时间，在拖过七天包退期后变脸。女子申诉无门，无奈使用“泼妇”手段“大闹”4S店。在网络上热传的视频中，女子被逼坐在红色引擎盖上控诉4S店的行为，引发全民共鸣。

视频中女子哭诉自己硕士毕业，受过良好教育，跟人讲道理却被欺负，无奈

豁出面子，用这种手段讨一个说法。由于该女子较高的学历背景和行为表现形成的巨大反差，引发受众对该事件的广泛关注，也将以该4S店为代表的销售行业推到风口浪尖。

自媒体由于眼球经济，敏锐地察觉到此次事件可能带来的经济利益，纷纷进行报道，其中尤以梨视频为代表。梨视频从4月11日开始跟进报道该事件，除常规事件报道外，梨视频还通过律师解读、联系旧事件（一位曾在2018年维权的车主）、揭秘领导层等最大限度吸引网友，扩大讨论热度。同时主流媒体也纷纷跟进。4月13日，新浪财经和凤凰网财经分别推出题为“律师解读西安奔驰车维权”和“奔驰女车主打脸4S店”的文章开始跟进报道该事件。

继质疑新车发动机漏油存在质量问题之后，这位坐在奔驰引擎盖上哭诉维权的西安女车主还揭开了汽车金融消费领域的黑幕。对于媒体热议奔驰女车主被收取“金融服务费”问题，中国银保监会高度重视，已要求北京银保监局对梅赛德斯–奔驰汽车金融有限公司是否存在通过经销商违规收取金融服务费等问题开展调查。

梅赛德斯–奔驰发表声明表示，不向经销商及客户收取任何金融服务手续费。梅赛德斯–奔驰官网在所推荐的金融方案中，在网页最末端的补充事项中提及：“奔驰金融公司金融产品的具体价格及细节以客户与授权经销商协商一致的最终零售价格为准。具体的零售交易价格、产品配置及金融产品相关信息请与授权经销商确定。”4月16日，西安利之星和车主进行协商并最终达成和解。梅德塞斯–奔驰为车主更换了同款新车；退回车主支付的金融服务费；邀请车主到德国工厂参观，为女主车提供十年的“一对一”VIP服务以及补过生日等多项内容。

对于备受争议的金融服务费用，5月23日，北京梅赛德斯–奔驰销售服务有限公司、梅赛德斯–奔驰汽车金融有限公司和梅赛德斯–奔驰品牌乘用车及Smart品牌乘用车授权经销商宣布推出《服务公约》，禁止“捆绑销售”行为，要求经销商不得以提供金融服务为由收取费用；同时推出“新三包”政策，自开具购车发票之日起60天内或行驶里程3 000公里内，如因产品质量问题导致需要更换主要零部件，消费者可直接要求免费更换同款、同型号新车。奔驰明确要求经销商不得以奔驰金融公司的名义或以为客户提供奔驰金融公司的金融服务为由收取费用，明确“绝不捆绑销售”等明令禁止的行为。

资料来源：搜狐网，https://www.sohu.com/a/307995870_100274233。

上述奔驰车主维权的案例告诉我们，处于市场经济中的企业在经营中会遇到各种各样的危机，有来自外部的自然灾害，有来自政治、法律、媒体和市场等方面的危机，有来自内部供应链、生产、销售以及人力资源、财务等各个环节的危机。一旦发生，就会使企业内、外都产生恐惧和怀疑，对企业在公共关系上的应变能力提出严峻挑战。近两年来，中国市场的品牌危机接连不断，波澜频起：阜阳毒奶粉事件、肯德基苏丹红事件、三鹿奶粉事件等。一件件危机让企业措手不及，也引发人们的思考。品牌危机形成的原因是什么？有哪些特征及类型？如何进行品牌危机的管理？这些正是本章所要讨论的重点内容。

第一节　品牌危机的概念

一、危机的概念及重要性

无论企业如何维护自己的品牌，总会有一些意想不到的事情发生。如果对事件没有足够的重视，事态就可能进一步扩大，从而引起公众的关注，并演化成危机。

什么是危机？从汉语字面上看，“危”是指危险，“机”就是机遇。危险和机遇伴生，这就是所谓危机。托马斯·巴顿（Thomas Barton）认为，危机是一个会引起潜在负面影响的具有不确定性的大事件，这种事件及其后果可能对组织及其员工、产品、服务、资产和声誉造成巨大的损害。英国危机管理专家里杰斯特·迈克尔（M. Regester Michael）认为，危机是一种能够使企业成为普遍的和潜在不适宜的关注的承受者的事件，这种关注来自国际和国内媒体以及其他群体，如消费者、股东、雇员及其家庭、政治家、工会会员等。

危机具有以下特征。

（1）意外性。危机爆发的具体时间、实际规模、具体态势和影响深度是始料未及的。

（2）聚焦性。进入信息时代后，危机的信息传播比危机本身的发展要快得多。媒体对危机来说，就像大火借了东风一样。

（3）破坏性。由于危机常具有“出其不意、攻其不备”的特点，不论什么性质和规模的危机，都必然不同程度地给企业造成破坏，引起混乱和恐慌，而且由于决策的时间和信息有限，容易导致决策失误，从而带来无可估量的损失。

（4）紧迫性。对企业来说，一旦危机爆发，其破坏性能量就会被迅速释放，并呈快速蔓延之势，如果不能及时控制，危机会急剧恶化，使企业遭受更大的损失。

危机管理对于不同企业有所不同。例如，宝洁公司的紧急救援人员隶属于公共关系部。宝洁销售的商品包罗万象，从超白含氟抗蛀牙膏到宠物食品市场都有涉足，每年营业额高达680亿美元，因此它们需要事先考虑各种情况，包括产品召回、勒索、内部人员监守自盗所带来的影响等。英特尔将那些能够判断潜在危机的人员归至公共事务部门，即所谓的“事件管理者”。英特尔最担心的事情莫过于精密芯片瘫痪，系统一旦发生问题，就会导致严重作废，而且产品的召回既耗时又费资金。英特尔的竞争对手索尼半导体在2006年10月就发生过类似事件，当时约有600万件产品被召回，主因是某些采用索尼芯片的便携式计算机电池发生爆炸。提供金融咨询服务的摩根士丹利公司，其紧急救援小组则隶属于企业通信部。有些企业，可能隶属于法律事务部门、人力资源部门或公共关系部门，但无论其确切部门是什么，一旦发生紧急事件，就必须快速掌控。此外，在紧急救援小组到达前，团队领导者也必须具备应对危机的反应力。

危机会对企业产生不同程度的负面影响。

（1）影响企业声誉，损害企业信用。

（2）使企业销售额下降，利润减少，经营环境恶化。

（3）使员工士气低落，对管理层产生不利影响。

尽管有些学者认为，企业本身具备将危机转化为机会的能力，并可以通过危机发现潜在的经营资源效用，带来新的企业核心技术积累，加强企业人才培养。但不管危机怎样，和危机造成的不利影响相比，总是危害更大，企业应力求避免危机。

对危机的衡量，主要是从危机的可见性和复杂性等方面进行的。危机的可见性是指危机的外在表现特征、方式和现象。可见性越强，人们就越容易应对；可见性越差，就越难以对其进行有效处理。危机的复杂性是指危机事件引起的后续连锁反应后果。危机事件的规模、范围，不断增加的不可见性和不可触及性等因素会造成新的危机。危机情境越复杂，解决危机的时间和物质资源的成本越高。

品牌案例10-1

美团外卖回应“骑手被困在系统里”：对系统的问题责无旁贷

2020年，一篇题为《外卖骑手，困在系统里》的文章刷爆网络。文中称，在外卖系统的算法与数据驱动下，外卖骑手疲于奔命，导致他们违反交规，与死神赛跑，外卖员成了高危职业。

文章还举例，一位美团骑手在雨夜送外卖到凌晨两点半，但当月的工资居然比平时低很多，原因正是大雨导致很多订单超时。

有骑手在贴吧写道：“送外卖就是与死神赛跑，和交警较劲，和红灯做朋友。”

对于外界的关注，美团外卖于2020年9月9日通过公众号发布声明进行了回应。美团在声明中表示，没做好就是没做好，没有借口，系统的问题，终究需要系统背后的人来解决，我们责无旁贷。

美团表示，将更好地优化系统，更好地保障安全，改进骑手奖励模式，关怀骑手与家人，认真听取意见。

在优化系统方面，美团表示，每一单外卖，在为用户提供准时配送服务的同时，调度系统会给骑手留出8分钟弹性时间，留给骑手等候延迟的电梯，在路口放慢一点速度。同时将升级骑手申诉功能，对于恶劣天气、意外事件等特殊情况下的超时、投诉，核实后，将不会影响骑手考核及收入。

资料来源：百家号，https://baijiahao.baidu.com/s?id=1677356561920805966。

二、品牌危机的概念

品牌危机是指在企业发展过程中，由于企业自身的失职、失误或者内部管理工作中出现缺漏等，引发品牌突发性地被市场吞噬、毁掉直至销声匿迹，公众对该品牌的不信任感增加，销售量急剧下降，品牌美誉度遭受严重打击等现象，最终导致品牌联想发生改变、品牌关系迅速恶化的状态。对此的解释是，品牌危机的产生导致品牌联想发生了改变，而且这种改变一般是朝着不利的方向。由于品牌主要形成于品牌联想，一旦品牌联想出现负面效应，品牌资产便会迅速降低。

顾客在做出购买决策前，首先会对品牌所建立起来的形象和声誉做出判断。品牌的形象和声誉一旦出现问题，品牌联想也会受到波及；反之，品牌联想一旦出现问题，品牌的形象和声誉也会随之受到影响。这就是为什么在定义品牌危机时，特别强调品牌联想发生了改变。

品牌危机与其他类型的危机并不是互不包容的概念。品牌危机与其他类型的危机，仅仅是研究角度的不同，强调对象的不同。品牌危机可以从以下几个方面理解。

1. 品牌危机是形象危机

在“品牌危机”这个名词出现之前，“形象危机”“声誉危机”经常被提及，这些名词经常被当作“品牌危机”的代名词或补充。毕竟，很多人不是十分理解品牌，有些人还认为公司名称和品牌是两回事，因此，在公司形象出现危机时，往往用“形象危机”一词，而不用“品牌危机”。“品牌危机”是品牌联想发生了改变，因此，品牌危机是形象危机。

2. 品牌危机是产品危机

产品是品牌的核心。大多数品牌危机表现为产品危机，非产品引起的品牌危机多是信誉危机，即企业采取了不当的行为引起了顾客和社会公众的不满。

3. 品牌危机是信任危机

品牌形象一旦朝负面转变，就容易使顾客对品牌产生种种不信任。一种可能是，顾客不再信任品牌所提供的产品，质疑产品的质量，感到品牌已经失去了往日的内涵和光彩；另一种可能是，顾客对品牌的信誉产生疑问，感到企业不够诚信，认为企业并没有按品牌宣传的那样正确地对待顾客或社会。

4. 品牌危机是公共关系危机

品牌个性，即把品牌拟人化，并作为一个人性化的个体与公众发生关系。品牌的公众关系包括品牌与顾客的关系、品牌与社会的关系、品牌与员工的关系，以及品牌与政府的关系等。品牌危机是信任危机，顾客对品牌的不信任也会导致整个社会公众开始对品牌的不信任，品牌的公众关系也就受到严峻考验。可以说，品牌危机是公共关系危机。

5. 品牌危机是市场危机

品牌危机既然是信任危机、公共关系危机，那么在危机发生时由于顾客不再信任品牌，公共关系恶化，导致市场剧烈波动，以至于企业失去大量市场份额，利润降低，严重时甚至威胁企业的生存。

综上所述，我们可以看出，品牌危机贯穿于品牌打造与品牌认知的每一个环节。深入理解每个环节，有利于发现危机产生的深层原因，为危机的防范和管理提供更有说服力的证据。在很多情况下，品牌危机并不是直接由于品牌联想的改变而引起的，但品牌联想的改变却引导着危机的发生和发展。品牌联想是品牌成长的发动机，但也是品牌危机的加速器。

当下中国，品牌危机频繁发生，严重阻碍了中国企业的品牌建设，制约了中国品牌的发展。一方面，企业的品牌危机意识淡薄，危机处理能力不够，对后期影响估计不足，这不仅会损害企业自身的品牌形象，还会给消费者造成伤害甚至留下心理阴影；另一方面，不同企业处理品牌危机的手段和方法有所不同，没有可以全盘照抄的处理模式。理论方面，国内研究侧重于实用，对危机的内涵特征、影响因素以及相互制约关系的研究不足，缺乏理论支持；国外研究侧重于理论，却没有一套系统的研究将理论应用于实践。因此，深入探讨品牌危机，并使其在实践中充分发挥系统性的指导作用，是品牌研究中需要解决的一个重要问题。

第二节　品牌危机的成因

品牌危机的发生是一个渐变的过程。如图 10-1 所示，品牌危机的发生往往是一个从品牌事件到品牌危机的演化过程。品牌危机往往开始于某个事件，该事件可能会被相关利益群体关注并产生一定影响。如果企业在这个时候没有积极地应对，品牌事件就可能进一步发展，演化成品牌危机。

图 10-1　品牌危机的演化过程

一、品牌事件的发生

品牌事件就是导致品牌危机的事件。品牌事件和品牌危机有所不同，把事件和危机区分开来是因为在事件发生之后，危机并不一定马上发生。从事件到危机，中间有一段发酵时间。在这段时间里，企业需要及时、正确地对事件做出回应，以防止事件演化为危机。

首先，品牌事件最早可能是由一些员工、政府机构、媒体或者专家学者发现的潜在问题，并将其公之于众。这些问题和事件迟早会引发公众要求企业做出回应。

其次，当企业着手采取行动而该行动对其利益团体产生影响的时候，品牌事件的各种因素就基本确定下来了。某些利益团体对事件的了解和关注要求相关各方就此采取行动。事件的框架被确定之后，冲突就会随之出现。

所以，品牌事件在早期可能具备继续发展成为重大事件的潜力。在这个阶段的事件，尽管已经引起了一些专业人士的注意，但还不足以引起媒体和公众的重视。然而，这个阶段的事件还没有成形，缺乏足够的证据证明外部介入的合理性，一些团体通常已经开始让公众相信他们所关注的品牌存在着某些问题，并且向该品牌的权威人物或组织寻求支持。这个时候，企业开始发现，冲突爆发的可能性已经存在。如果品牌问题在发生之前没有得到有效控制，那么冲突迟早要爆发，首当其冲的就是相关利益者或团体的利益。

品牌事件主要有两种类型：基于事实的和基于虚构的。有些事件的内容是事实上发生的，而有些事件的内容仅仅是虚构的。无论事件以何种形式发生，总会存在一些潜在问题，这就要考虑事件是源于企业因素还是外界因素。企业因素和外界因素有时很难区分，一般情况下，企业能够判断事件是基于事实的还是基于虚构的，也可以认定事件就是事实，而且源于企业因素。这些因素归类如下。

（1）顾客直接受到伤害。无论是企业的潜在问题还是外界的故意陷害，凡是对顾客造成伤害的问题，企业都要承担一定的责任。

（2）媒体报道。媒体报道，可能源于顾客受害事件的披露，也可能源于媒体对社会现象的重视。如果顾客在使用产品时并没有发现质量问题，那么被报道的内容有可能引起相关利益者的重视。

（3）机构检测报告。政府有关部门会定期对某一类产品进行抽样检测，以确保产品的质量符合国家标准，以保护消费者的合法利益。被检测的属性多为产品的信任属性，比如中央电视台的《每周质量报告》。

（4）企业主动坦白。受制于产品责任法律约束，企业会对已经销售出去的产品进行检测。如果发现安全问题，企业会主动坦白。这种事件多发生于汽车行业。

（5）社会团体的压力。企业有时不得不面对社会团体的压力，社会团体可能会强烈抵制某产品或使用某些原料的产品。不管是不是企业的责任，如果社会团体认为企业错了，那么企业就确实“错”了。

（6）社会环境的变化。社会环境的变化有时也会引发品牌危机。例如，一个地区查出了猪口蹄疫，即使当地的火腿企业没有使用当地的猪肉，公众对其质量的信任度也会大打折扣。

品牌案例10-2

遭消费者差评陷品牌危机，狗不理集团凌晨发声与加盟方解除合作

为人熟知的“老字号”狗不理在2020年陷入舆论旋涡。2020年9月11日，一位视频博主探访北京王府井狗不理包子店，称该店食物“难吃价贵”。王府井店则快速回应，称视频发布者侵犯了餐厅的名誉权，将依法追究发布者和网络媒体的法律责任，并明确指出，视频发布者恶语中伤，已报警。需要说明的是，王府井店在回应不久后又删除了回应声明。

此事在网络中引发争议。视频博主本人也在微博发布声明，解释了拍摄视频的原委，并表示没接到警方通知，不想继续纠缠此事，“希望他们能多接受客人的建议改善自己的产品，提升自己的服务质量，以此作为一个新的开始”。

9月15日凌晨两点多，狗不理集团股份有限公司（以下简称狗不理集团）在官方平台上发布声明，称“狗不理王府井店面对消费者评价擅自处理且处理方式严重不妥，不能代表集团官方行为和立场”，并宣布从即日起解除与该店加盟方的合作。

根据狗不理集团的介绍，“狗不理王府井店”为2005年狗不理改制前的加盟店并存续至今，是北京仅存的一家加盟店，改制后，狗不理集团坚持以直营为主，已陆续收回各地加盟期满的80多家加盟店。

9月15日上午，《每日经济新闻》多次拨打“狗不理王府井总店”电话，但无人接听。第三方美食App上显示，该店已被收录14年。

由狗不理集团持股99%的天津狗不理食品股份有限公司（以下简称天津狗不理）于2020年5月在新三板终止挂牌。据悉该举措是“根据业务发展及长期战略发展规划的需求，结合自身业务发展需要以及当前实际经营状况”做出的决定。

天津狗不理主要研发和生产速冻米面制品、糕点、速冻面食礼包、酱卤肉制品等中式特色美食。2019年年报显示，该公司2019年度营业收入约1.55亿元，毛利率37.99%，归母净利润2 424.58万元。Wind财务摘要数据显示，天津狗不理自2014年以来业绩相对稳健，归母净利润连年上涨。

资料来源：百家号，https://baijiahao.baidu.com/s?id=1677864499017327038。

二、品牌事件的发展

品牌危机的实质是品牌事件的冲突升级，表现为企业的反应与公众的期望不匹配。首先关注这些问题的是相关利益群体，如消费者群体。如果品牌事件在小范围内的冲突没有得到妥善处理，就可能有越来越多的公众关注该品牌事件，品牌事件就有发展的趋势。

1. 相关利益群体出现

随着相关利益群体的出现，其他持有相同观点或可能做出相同反应的个人和群体开始介入，品牌事件就有可能在这个过程中被扩大。该过程最初发生在利益群体、行业或职业等相关特殊领域的媒体内部，或者其他持有相似观点和价值观、关注相似问题的人群中。随着大众媒体对这一问题关注程度的提升，它被逐渐放大成一个公共话题，并且有可能进入公共政策程序。在绝大多数情况下，压力的提升是一个或多个群体活动的结果，它们尝试把该事件纳入公众议程。

2. 责任企业介入

在事件发展阶段，责任企业相对容易介入，并且能够主动阻止事件的发展，或者把它转化成一种“机会”。但是，企业准确把握事件紧要程度并不容易，因为这个时候管理层的注意力都集中于那些当时看来更为“紧迫”的事务上。企业可能难以确定局势是逐渐平稳还是日趋紧张，也无法确定事件是限定在某个特定领域还是在蔓延扩散。但无论如何，企业仅仅谋求维持现状是不可取的。

3. 媒体报道

在事件发展阶段，媒体的报道具有决定意义。从网络上的讨论到专业媒体的关注，再逐步扩展到一般财经媒体，最后到公共媒体，相关力量经常会竭力吸引媒体的注意，进而推动事件持续发酵。尽管媒体的报道在最初的时候力度较小，但它最终会变成一种常态。因此，在事件向前推进的过程中，必须引起足够重视。企业要尽早监测媒体的行动，主动和媒体进行沟通。

当品牌事件被媒体负面报道后，品牌离危机就不远了。当负面报道呈大规模、系列性态势发展时，品牌危机就形成了。毫无疑问，是否具有新闻价值是进行负面报道的直接原因。现在，品牌越来越多地成为新闻的主角，新闻机构不仅对品牌进行积极的报道，还通过事件营销的方式来制造新闻。然而，负面报道也许更能吸引眼球，不管是名牌产品还是名人，只要问题被发现，媒体就会紧追不舍。

品牌案例10-3

携程“泄密门”

2014 年 3 月 22 日，国内知名漏洞报告平台乌云网公布了“携程安全支付日志导致用户银行卡信息泄露”的相关信息，指出携程旅行网的安全支付日志可遍历下载，导致大量用户银行卡信息泄露。这些信息包含持卡人姓名、身份证号码、所持银行卡类别、银行卡卡号、信用卡 CVV 码、银行识别代码（Bank Identification Number，BIN）等。当日 23 时 22 分，携程给予回应，并于 23 日发布了持续的事件通报。但无论其官方回应还是群发给客户的私人邮件，均坚称“您的网络支付是安全的”，表示携程用户持卡人的所有支付信息，“均按照国际信用卡支付安全标准要求，经过加密处理”，并将“泄密门”原因归于“个别技术开发人员”的疏忽。

官方的说辞引起了更大范围的恐慌，与携程有合作的几大银行客服电话通通被打爆，很多用户要求换卡。对于携程的回复，业内人士指责其“闭着眼睛撒谎”。有媒体谴责携程网“在用户不知情的情况下收集有关的数据，在一定程度上忽略了人的权利”。携程网的股价因此事受到冲击，股价一度下挫近 10% 至 44.8 美元，随后反复震荡。在美国上市的在线旅游概念股也受到波及，去哪儿网和艺龙旅行网的股价也全数下跌，其中去哪儿网的跌幅超过 5%。

资料来源：今日头条，http://www.toutiao.com/i1036738645。

三、品牌危机的形成因素

如前所述，品牌事件和品牌危机是有区别的。品牌事件可能演化为品牌危机，也有一些品牌事件随着时间的流逝而被人们淡忘。那么，为什么有些事件会演化成危机，而有些却不会呢？品牌危机的形成包括以下几种因素。

1. 产品因素

如果品牌事件是其内在属性导致的，那么事件所涉品牌的属性特征将对事件是否升级为危机产生影响。品牌商品的内在属性，有些是搜索性属性，有些是经验性属性，还有些是信任性属性。如果品牌事件涉及的属性是经验性属性或信任性属性，那么顾客在购买商品之前就不能觉察到产品的缺陷，此时有关该品牌的负面报道带给潜在顾客的信息量可能会更多一些，因而更具有新闻价值。

另一个关于产品的因素是产品在使用过程中的安全因素。如果存在不安全因素，那么这类事件更容易受到的关注。饮料、食品、汽车等行业之所以容易出现品牌危机，其原因就是这些产品容易存在人身安全隐患。产品质量存在问题的原因很多。一方面，如果在原料采购和产品的生产、营销、储存、运输等过程中，对质量的监督、检查等管理不严，容易引发质量问题；另一方面，设计或技术水准不符合相关法律法规、质量标准等规定，也会导致产品存在缺陷，出现质量问题。可以说，产品质量出现问题是引发品牌危机的主要原因。例如，在2008年9月发生的三鹿奶粉事件中，其重要原因就是企业及有关质量检验部门事前放松了对产品质量的监督、检查，使得不法分子有机可乘。事后，国家质量监督检验检疫总局在全国紧急展开了对婴幼儿配方奶粉中三聚氰胺含量的专项检查，“共检验了109家企业的491个批次的产品，有22家企业的69个批次的产品检出了三聚氰胺，检出不合格产品的企业约占20%”。

2. 品牌因素

品牌资产是企业与顾客共同营造的。企业根据市场定位、品牌定位来设计品牌，希望顾客会产生企业预期的品牌联想。联想的内容及其相关程度构成了品牌资产，即品牌形象、品牌声誉和品牌知名度。品牌危机是形象危机，无论品牌危机衍生的信誉危机、市场危机还是公共关系危机，都是从品牌联想（包括品牌的物质联想和非物质联想）遭遇争议开始的。品牌营销策略的失误会引发品牌危机的产生，主要有以下几种情况。

（1）品牌的个性定位不正确。有的企业不考虑消费者对其品牌形象风格的感知状况等就做出品牌定位，容易造成定位不正确。

（2）品牌的盲目延伸。有的企业为尽可能开发品牌的市场潜力，不遵循品牌延伸的规律，对品牌进行任意延伸。

（3）品牌传播广告费的过度投入。一些企业单一地依赖广告推广以推动品牌快速成长，过度的广告投入导致企业不堪重负，最终拖垮企业。

（4）过度的价格战。过度的价格战容易导致消费者对价格及产品质量产生疑问，难以建立消费者对品牌的忠诚。

3. 管理因素

企业的管理方式是品牌危机形成中不可忽略的一个因素。实践证明，事件发生以后采取傲慢态度的企业管理者，常常成为新闻媒体报道的对象。即使企业采取了良好的预防措施，企业管理者的作风仍然会对事件成败产生一定程度的影响。因此，危机处理能力是管理人员的重要职业素养。对危机敏感的管理者，通常在事件发生时会调动所有防守机制，包括否认、大事化小、小事化了、忽视因果、自以为是、寻找借口或者指责他人等。

4. 市场因素

经济形势、技术更新、竞争格局等市场环境的改变，同样会导致品牌危机的发生。在经济出现衰退时，消费者的购买力不足，导致品牌产品滞销，产生品牌危机。当一种新技术出现并代替原有技术时，品牌产品因技术含量降低而得不到消费者青睐，消费者的购买行为发生转移，从而导致品牌危机。在激烈的市场竞争中，竞争对手往往会采用降价、促销等手段，提高自己产品的市场占有率，导致对方产品出现品牌危机，如常见的家电价格大战。当然，在衰退的市场中，富有进攻性的企业也会导致激烈的竞争。竞争进入白热化阶段时，竞争对手会为保护自己的利益而考虑使用品牌事件制造舆论。

第三节　品牌危机的特征和类型

一、品牌危机的特征

很多品牌危机之所以发生，主要是由于企业并未在事件发生之时给予足够的重视，有些企业甚至没有意识到这是一个品牌受损事件。如果事件处理不当，品牌将遭受重大损失，可能导致品牌危机。一般而言，品牌危机有以下特征。

1. 突发性

这是品牌危机的首要特征。危机事件事出突然，时间紧，影响大，往往将企业置于仓促应战的尴尬境地。

2. 蔓延性

现代社会高度发达的信息通信技术为人们的信息交流提供了多种多样的途径。除了传统的电视、电台、报纸外，手机、互联网等新兴通信方式在生活中发挥着越来越重要的作用。所谓“坏事传千里”，负面消息容易在新兴即时通信方式下快速传播，形成大范围、持续性的影响。

3. 危害性

品牌危机有着巨大的危害性。2000 年 11 月国家药品监督管理局的一个通知，使中美史克制药公司的康泰克一夜之间销售额由 6 亿元降为零；2008 年的三聚氰胺事件，直接导致三鹿集团最终破产。

4. 被动性

由于品牌危机具有突发性，企业往往猝不及防，在预期不足的情况下企业往往还是从外界获得消息，因此在危机面前具有较强的被动性。

品牌案例10-4

特斯拉“串车”事件：汽车行业的智能化危机

2020 年 9 月 15 日，重庆某位特斯拉 Model 3 车主在社交平台发文称，“今天打开特斯拉 App，居然发现自己的车变成了别人的车，虽然这个事情之前在微博上看到过，但是真正发生在自己身上的时候还是感觉很惊奇，然后是深深的担忧”。

车主表示，自己在打开特斯拉 App 的时候，看到当中显示的车辆定位在湖南省衡阳市（车主实际在重庆市），而 App 上显示的车辆识别码却是自己的。换言之，这位车主的 App 已经“串”到了另一辆远在湖南的特斯拉上，甚至可以远程控制这辆车。

所幸，重庆与湖南的这两位特斯拉车主都在同一个车主微信群里，两人在确认车辆不在道路行驶的情况下进行了部分 App 远程操控，均确认操控正常。当然，除了远程控制车辆，车主还可以随时通过 App 查看车辆信息，这又会涉及隐私的问题。另外如果车辆选装了全自动驾驶系统，车主还能用 App 对车辆进行召唤。

一旦这种安全漏洞大面积爆发，用户除了面临被其他车主远程控制车辆的风险，车辆信息以及行驶轨迹等隐私信息都可能会泄露。特斯拉对此回应称是维修人员出错。

在重庆车主发文不到一天的时间里，特斯拉客户支持官方微博深夜发文：“经过彻底调查，该事件是由于维修工作人员在更换车载电脑时错误地输入了相近的车辆识别号，导致信息错配。”

位于湖南的另一位车主后来也发表微博对事件进行了解释，原来当时他在长沙特斯拉服务中心升级 HW 3.0 硬件，系统出现 bug 导致一天下来都没有完成升级，着急用车的车主无奈要求先把车开回家，维修人员也表示不会影响正常行驶。

可能是由于升级工作尚未完成，维修人员仓促输入车辆识别码，结果号码输错了，车辆“串”到了另一位车主的 App 里，这种事情虽说是无心之失，但最终影响到的是车主的用车安全。

当下车联网功能几乎成为主流车型的必备配置，智能手机的普及也衍生出各类车主 App，厂商为达到载体与载体之间的无缝对接，力求为车主打造一款可以查看或控制车辆的 App，这对用车体验无疑是一种极大的提升。不过随着智能化的不断深入，各类安全问题也随之曝光，特斯拉的自动驾驶系统出现问题已不是什么罕见的情况了。在 2020 年 5 月，国内特斯拉 App 还出现过大面积宕机的情况，导致车主无法使用手机与车辆连接，手机钥匙、中控屏幕等都出现了失效的情况，不少车主表示当时只能“盲开”，情况相当危险。

而这次由于维修人员的错误操作，特斯拉 App 再次躺枪。该事件从侧面反映了软件的安全漏洞，尤其是在车主人身安全和个人信息保护层面。智能化程度越高，带来的安全风险也会越高。

资料来源：腾讯网，https://new.qq.com/rain/a/20200921A06H0800。

二、品牌危机的类型

品牌危机可以分为两类：一是突发性品牌危机；二是渐进性品牌危机。

1. 突发性品牌危机

突发性品牌危机是指当某一事件突然发生时给品牌造成的冲击。一般来说，突发事件给品牌造成的冲击，主要是由产品问题和品牌欺骗引起的，由于突发事件具有很大的新闻价值，因此人们关注的品牌危机大多为突发性品牌危机。突发性品牌危机在短期内传播范围广，影响面大，但只要处理得当，从长期来看，危机可以化为契机。

2. 渐进性品牌危机

这类品牌危机在短时间内并不会引起人们的关注，但从长期看，往往积重难返，后果更加严重。IBM 是企业界的“蓝色巨人”，其品牌是美国精神和形象的象征。然而，当 IBM 巩固了市场霸主的地位后，高傲、自大的情绪开始蔓延到 IBM 的所有领域，从产品开发到销售，再到售后服务，使得“服务至上”的 IBM 的服务质量每况愈下，到处都有客户在抱怨服务人员傲慢、冷漠、自以为是的服务态度。在人们心目中，IBM 逐渐演变成为傲慢、冷漠的“专制老大”。人们开始不满 IBM 的专横，他们害怕 IBM 的垄断和“黑暗统治”。IBM 品牌逐渐陷入了自己给自己设下的危机中。

第四节　品牌危机的管理

危机管理是指企业为了预防、摆脱、转化危机而采取的一系列措施，以维护企业生产经营的正常运营，使企业脱离困境，避免或减少损失，将危机化为契机，进而促进企业发展的一种积极、主动的企业管理过程。它不仅注重对危机的处理和解决，而且强调对危机的预防和后续处理，是一个完善、有效的管理系统。针对品牌的危机管理，被称为品牌危机管理，是指企业在品牌塑造、运营、维护中针对品牌可能遇到的危机而建立起来的危机预防、危机处理、危机后续处理的管理系统。品牌危机管理的内控相应地也被分为三个层次：品牌危机预防、品牌危机处理和品牌危机后续管理。

一、品牌危机预防

无论企业处理危机的水平多高，品牌危机一旦爆发，总会使企业的正常运营产生波动，甚至动摇企业的发展根基。因此，预防品牌危机的发生，防患于未然才是企业进行品牌危机管理的理想状态。企业日常主动预防，防微杜渐，将危机扼杀在摇篮之中，才能更好地保证品牌健康、稳定地发展。

从品牌危机产生的原因可知，品牌危机的预防主要针对组织内部的因素，对于外部因素和不可抗力则不容易防范。品牌危机预防涉及企业的方方面面，是一项复杂的系统工程，需要企业各部门、各环节通力合作，采取的主要措施包括以下几方面。

1. 在企业内部树立群体品牌危机感

树立品牌危机预防意识不仅仅是领导的责任，也是企业全体员工的责任，因为员工本身就是品牌形象的组成部分，他们的个人形象、文化修养、精神风貌等都代表着企业的品牌形象，影响着企业品牌。这就要求企业在日常的生产经营活动中对企业全体员工进行危机教育，培养危机意识。在教育过程中应做到以下几点。

（1）要宣传危机与企业生存发展的关联，提高企业员工的警觉意识，教育员工要看到市场竞争的残酷性，使员工认识到危机时刻在自己身边。

（2）要教育员工“从我做起，从现在做起”，积极献计献策，并使员工掌握应对危机的基本策略。

2. 严格监控企业运营各环节

品牌的建立要依靠企业全体成员的共同努力，从质量控制、服务跟进到决策制定，每一个环节出现错误，都可能引发品牌危机。这就要求企业在日常的运营中，对每个环节都要进行严格监控，不仅执行部门要确保工作落到实处，管理层也要努力避免决策失误，对出现问题的环节更要进行及时的整改和反思。只有这样，才能使企业健康稳定地发展。

3. 在企业内部建立危机预警系统

为了有效预警与防范危机，企业必须建立危机预警系统，使危机意识能转化为实际可操作的防范行为，从而为减少或避免危机提供保障。

（1）建立信息监测系统。建立高度灵敏的信息监测系统，可以及时收集相关信息并加以分析处理，根据捕捉到的危机征兆制定对策，把危机隐患消灭在萌芽之中。危机信息监测系统既要便于对外交流，又要适于内部沟通；信息内存要突出“忧”，信息传递速度要强调“快捷”，信息质量要求“再确认”。分析后的紧急信息或事项要实施“紧急报告制度”，将危机隐患及时报告主管领导，以便能及时采取有效对策。

（2）成立品牌危机公关小组。为了有效地预警与防范危机，可以成立类似危机公关小组的组织机构，以便在短时间内集中处理危机。危机公关小组的成员应是具有全面素质和才能的人，是视野开阔、遇事冷静、决策果断、表达能力强的人，是企业中有相当地位和影响力的人，是对企业自身及外部环境比较了解的人。危机公关小组的关键作用在于事先预测并排除险情，力阻危机的频繁发生。

（3）研究制定应对策略。应对危机的策略是健全的预警防范处理体系的重要组成部分。良好的危机防范管理，不仅要能够预测可能发生的危机情景，而且要为可能发生的危机做好准备，针对引发企业危机的可能因素制订各种危机预警方案。

品牌案例10-5

小 P 汽车安全事故上热搜

2022 年 7 月 1 日，小 P 汽车公布的 6 月交付数据显示，2022 年 6 月总交付 15 295 台，同比增长 133%。其中，小 P X7 交付 8 045 台，小 P X5 交付 5 598 台，小 P G3 系列交付 1 652 台。小 P 汽车还在庆祝 6 月交付量在一众造车新势力中位居榜首，“小 P 公司 X7 出事故安全气囊没有弹出”这个话题就登上了热搜榜，引发舆论关注。

据媒体报道，杨先生是小 P X7 的车主，6 月 20 日早上，雨很大，他驾驶小 P 汽车在行驶中突然打滑撞向护栏，四个车门都打不开，情急之下，他只能从后备厢爬出来。杨先生表示，小 P X7 车头损坏严重，但安全气囊一个都没有弹出，因此质疑车子存在安全系数问题。

对于杨先生的投诉，厂家的回应是：“撞击力度没有达到安全气囊弹出的要求。”但杨先生对于这个回应并不认可，不同意将气囊取下送回厂家检测。

针对此事件，小 P 汽车相关负责人对界面新闻表示，通过现场勘查和实车检测，事故车辆于雨天行驶时，意外撞向路肩及护栏后车辆旋转，导致车辆受 Y 剪切力而前端受损，乘员舱完整，从外观看纵梁无明显受损，前防撞钢梁完好，正面未受到大力冲击，属于拉扯导致断裂掉落，初步判断属于撞击力度未达到气囊弹出要求。

“安全气囊是否展开，取决于事故发生时碰撞传感器采集到的碰撞强度。当碰撞的冲击力被吸收或分散到车身时，安全气囊可能不会展开。因此，安全气囊是否展开并非根据车辆受损程度进行判断。”

事件登上热搜榜后，有网友认为，车门打不开更是致命因素。该负责人告诉界面新闻，经行驶数据核实，事发后主驾车门解锁打开，主驾位无人，且后备厢全程未开启。门店实车查验，虽然前侧双门因撞击有所受损，但前后侧四门均可打开。

对于事情接下来的处置，小 P 方面表示：“在杨先生同意对车辆进行检修后，我们愿意提供气囊供应商更为详尽的检测报告，同时愿意配合客户寻找具备资质的第三方检测机构对车辆气囊安全系统进行检测，尽可能地满足客户的合理诉求。”

资料来源：根据腾讯网“于见专栏”以及网络新闻报道整理而成。

二、品牌危机处理

“危机就像死亡和纳税一样，是不可避免的，所以必须随时为危机做好准备。”《危机管理》一书的作者史蒂文·芬克（Steven Fink）如是说。他对全球 500 强的高层人士进行了一次调查。高达 80% 的被访者认为，现代企业不可避免地要面临危机，如同人不可避免地要面对死亡；55% 的被访者认为，危机影响了公司的正常运转。有危机管理计划的公司，其平均危机周期为 3 周半；没有危机管理计划的公司，其平均危机周期为 8 周半。而一旦危机出现，就必须立刻反应，这不仅体现企业的管理水平，也体现公司的价值体系和文化理念。能否快速平息各方的指责和质疑，重塑市场对品牌的认同，关系到企业的正常运营甚至生死存亡。企业在应对危机时，最重要的是要做到临危不乱，并采取灵活的应对措施以控制局势的发展。

（一）危机处理的原则

科特勒认为，处理危机的关键是让客户看见企业的真诚和迅速的反应。他认为，企业对品牌危机做出反应的时间越长，顾客越有可能形成负面印象，从而形成“一传十，十传百”的负面舆论气氛。也许更糟糕的是，当顾客迅速转向另一个品牌时，他们发现不再喜欢原来的品牌了。同时，科特勒也认为，快速的反应必须是真诚的。就企业对受到产品影响的顾客道歉以及企业愿意采取任何措施来帮助顾客而言，企业越真诚，顾客就越不可能对企业形成负面印象。

就品牌危机处理这一问题，国内学者也提出了一些类似的原则，如“24小时原则”“单一口径原则”等。归纳起来，企业在进行危机处理时应遵循以下原则。

1. 快速反应原则

危机对企业而言具有极大的危害性，如果不及时控制，很可能威胁到企业的生死存亡。因此，企业在危机发生时要快速做出反应，及时地与公众、媒体等方面进行沟通，尽量减少各种猜测、怀疑和流言。加拿大化学公司的唐纳德·史蒂芬（Donald Steven）认为：“危机发生的第一个24小时至关重要，如果你未能很快地行动起来并准备好把事态告知公众，你就可能被认为有罪，直到你能证明自己是清白的为止。”

2. 真诚原则

危机发生后，企业要勇敢地面对问题而不是逃避问题。事实上，随着传媒业的日益发展，任何隐瞒和逃避的想法都是行不通的。因此，企业要实事求是地面对问题、解决问题，既不要隐瞒什么，也不要试图逃避责任，更不可以编造谎言欺骗消费者和媒体，那样做只能将消费者和媒体推向自己的对立面，从而激化矛盾，加重危机。

3. 积极主动原则

品牌危机发生后，企业应主动承担责任，积极进行处理。当企业采取积极主动的态度去应对和解决危机时，往往会在社会公众心目中树立一个负责任的企业形象，从而有助于获得公众的谅解，使危机得以快速解决。一味地推卸责任、被动地采取补救措施，不仅不会解决危机，反而有可能激化矛盾，使危机升级。

4. 重视客户利益原则

危机发生的关键在于引发危机的事件损害到了客户及社会公众的利益，因此只有将客户和公众的利益放在首位才有可能摆脱危机。实际上，对客户及社会公众的利益的保护，也是对企业长远利益的保护，企业的利益是建立在客户及社会公众利益存在的基础上的。

5. 统一口径原则

危机发生时，企业处在社会舆论的焦点上，企业的一言一行都被公众密切关注。企业在处理危机事件时，如果不能协调一致，而是各执一词，这会让人觉得企业管理混乱，使舆论和公众对其真实意图莫衷一是，更严重的是，可能让公众认为企业缺乏诚信，所言皆是狡辩，从而使危机升级，给企业造成更大的损失。因此，这就要求企业在处理危机时，无论是对外的宣传解释还是对内的解释说明，都要口径一致，不能相互矛盾。

6. 全员参与原则

企业作为一个有机系统，各个环节不是孤立的，而是紧密联系在一起的。当品牌危机爆发后，其所产生的影响会波及企业的各个环节，社会舆论的关注点也会相应地扩散到企业的方方面面。在这种情况下，企业员工不应该是危机处理的旁观者，而应该是积极的参与者。企业在危机处理中，应使全体员工了解危机的性质、深度以及影响，了解危机的处理方法，动员企业员工为化解危机共同努力。

（二）危机处理的措施

任何企业都有发生品牌危机的可能，品牌危机并不是个别企业的“特权”，但是在应对品牌危机时，却又不得不正视品牌危机的“马太效应”：越是品牌知名度、顾客忠诚度高的大企业，越不怕品牌危机；相反，品牌知名度小、顾客忠诚度低的中小企业，往往会在品牌危机中夭折。当然，这并不意味着大企业可以对品牌危机置若罔闻。事实上，越是大企业越容易发生品牌危机，这主要是因为大企业受到了社会更多的关注，其产品和服务的受众更为广泛。但是，由于品牌危机总会给企业带来损害，因此无论是大企业还是中小企业都要正确看待危机，在处理危机时，都要保持冷静并有计划、有组织地应对，绝不能因为惊慌而自乱阵脚。一般而言，企业在处理危机时会采取以下一些措施。

1. 立即成立危机处理小组，全面控制品牌危机的蔓延

企业在遇到危机时绝不能听之任之，应该立即组织有关人员，尤其是专家参与成立危机处理小组调查情况、对危机的影响做出评估，并制订相应计划控制事态的发展。危机处理小组的任务应包括对危机事件进行全面调查，为企业采取进一步行动提供支持，组织对外信息的传播工作，及时向相关利益者通报信息，对危机事件采取必要的处理措施，与受害人进行前期接触等。

2. 迅速实施适当的危机处理措施

根据危机的性质和发展趋势，企业应秉持对消费者负责的态度，主动承担责任和损失，迅速采取相关处理措施，如停止产品销售、回收产品、关闭有关工厂等。

3. 做好危机沟通

危机沟通极为重要，如果沟通不当会引起公众的进一步猜测，并导致媒体更片面的

报道，这无异于雪上加霜。危机沟通有五大对象：受害者、媒体、内部员工、上级部门和其他利益相关者。

（1）针对受害者的危机沟通。在危机沟通中，针对受害者的沟通是第一位的。首先，企业应认真了解受害者的情况，倾听受害者的意见，主动承担相应的责任，向受害者表达歉意；其次，确定关于危机责任方面的承诺内容与承诺方式，制订损害赔偿方案；最后，向受害者提供后续服务，尽量减少受害者的损失。

（2）针对媒体的危机沟通。媒体是公众的窗口，是危机事件传播的主要渠道。企业应主动配合媒体的工作，及时向媒体通报危机事件的调查情况和处理方面的动态信息。主动向媒体提供真实准确的信息，公开企业的立场和态度，以减少媒体猜测，防止报道失实。在事情还没有调查清楚之前，不要就未知的事情进行推测，不要轻易表示赞成或反对。当媒体发表了不符合事实的报道时，应尽快向媒体发出更正声明，及时采取新闻补救措施，指出失实的地方，并提供真实资料。

（3）对内部员工的危机沟通。无论何种类型的危机，都会或多或少地影响企业内部的股东、员工以及员工的家属，处理不好内部公众关系，就可能使整个企业人心涣散、流言四起，从而使陷入危机的企业内外交困、无暇应对危机。因此，在危机时刻，必须要搞好内部关系，提高内部凝聚力，使整个企业团结一致、群策群力、共渡难关。为此，企业一方面应向员工告知危机的真相和企业采取的具体措施，以稳定军心；另一方面，要搜集了解员工的建议、意见并耐心做好解释工作，向员工传达挽回不良影响和重建企业形象的具体措施。

（4）对上级部门的危机沟通。在危机出现时，获得上级部门的支持极为重要。因此在对上级部门进行沟通时要如实报告危机产生的原因，对此次危机的初步认识，拟采取的策略、方案及其可行性，最大限度地争取上级部门的指导和支持。

（5）对其他利益相关者的危机沟通。这主要是指针对企业合作伙伴、金融机构、社区公众、社会机构、政府部门的危机沟通。作为企业生产经营活动的利益相关者，他们的支持是企业得以自下而上发展的支柱。危机爆发后，如果企业没有就危机事件本身与他们进行合理的沟通、协调，他们可能会抵触企业的生产经营活动，甚至与企业发生对抗。因此，加强与其他利益相关者的沟通，获得他们的支持，也是企业顺利渡过危机的重要保证条件之一。

三、品牌危机后续管理

出现品牌危机并不可怕，可怕的是企业不去总结危机中的得与失，不去改正危机中暴露出来的问题。长此以往，类似的危机将可能再次爆发，到那时无论多么完美的辩解都无法帮助企业赢回公众的信任。因此，品牌危机的后续管理仍需要企业给予高度的关注。危机后续管理主要包括遗留问题处理和滞后效应处理。

1. 遗留问题处理

首先，企业要在内部对危机发生的原因、预防和处理措施的执行情况进行系统的调查分析，找出危机管理工作中存在的问题；其次，针对危机中存在的问题进行整改，完善企业品牌危机的预警系统，同时吸取教训，防止类似危机再度发生；最后，加强企业组织内部沟通，让员工了解危机的始末、产生的危害以及企业处理的措施，并以此为契机加强对员工的教育，治愈员工在危机中受到的心理创伤，获得他们的认同，使企业尽快重回正轨。

企业还应加强对外传播沟通，及时地向媒体、社会公众通报危机处理的进展情况，并声明愿意负起道义上的责任，以此重新赢得社会公众的信任。

2. 滞后效应处理

品牌危机一旦发生，无论企业在此次危机处理中的表现多么完美，危机所带来的影响总会对公众的心智产生冲击，这种阴影可能在很长一段时间内都会存在于公众的头脑中。如何帮助公众快速地忘却这段不良记忆，重新建立起对企业的信心，是后续阶段企业工作的重点。例如，企业可以通过推出新的服务、开发新的产品或者展开营销宣传等一系列对社会负责的行动，来向企业利益相关者和社会公众传达企业恢复的信号，唤起他们对企业的信任。

本章小结

品牌危机是指组织内外部突发原因造成的，始料不及的，对品牌形象的损害和品牌价值的降低，以及由此导致的组织陷入困境和危险的状态。品牌危机可分为突发性品牌危机和渐进性品牌危机两类。

品牌危机的爆发具有突发性、蔓延性、危害性和被动性。导致品牌危机形成的因素有产品因素、品牌因素、管理因素和市场因素。

品牌危机管理有三个层次：品牌危机预防、品牌危机处理和品牌危机后续管理。企业在进行品牌危机预防时应从三个方面着手：在企业内部树立群体品牌危机感；严格监控企业运营各环节；在企业内部建立危机预警系统。

品牌危机处理应秉承以下原则：快速反应原则、真诚原则、积极主动原则、重视客户利益原则、统一口径原则以及全员参与原则。在进行危机处理时企业应保持冷静，迅速采取措施。这些措施包括：立即成立危机处理小组，全面控制品牌危机的蔓延；迅速实施适当的危机处理措施；做好与受害者、媒体、内部员工、上级部门以及其他利益相关者的危机沟通。

复习思考题

1. 品牌危机的概念是什么？
2. 品牌危机形成的原因有哪些？
3. 品牌危机的特征与类型有哪些？
4. 请结合案例阐述品牌危机的应对措施。

课后案例 10-1

味千拉面“骨汤门”

味千拉面作为食品行业的知名品牌，一直以有营养著称，汤底的高钙、高营养的特点是其主要宣传点，“一碗汤的钙质含量是牛奶的四倍、普通肉类的数十倍”的宣传语更是被广大食客所熟知。而恰恰就是味千拉面最引以为傲的汤底，被爆出涉及虚假宣传，所用汤底并非现场熬制，而是由浓缩液勾兑而成。一时间舆论哗然，味千拉面深陷“骨汤门”，并引发一系列连锁反应，成为全民关注的舆情热点事件。味千拉面的“骨汤门”不但使其自身的口碑和市场一落千丈，更波及众多食品企业，引发公众对洋品牌乃至整个食品行业的信任危机。

2011 年 7 月 20 日，北京卫视《首都经济报道》节目曝光味千拉面汤底为调料勾兑而成。7 月 21 日开始，微博中开始出现质疑味千拉面骨汤不实的相关信息。7 月 23 日，东方网援引《新闻晨报》的报道，指出味千拉面“号称用猪骨熬制的拉面汤底其实是用专门的汤粉、汤料调制出来的，每碗汤的成本不过几毛钱”，并质疑其鉴定报告。该报道随即被各大网站转载并引发舆论关注。随后，味千拉面相关负责人出面承认汤底由浓缩液兑制而成。从 26 日开始，中国农业大学（简称“农大”）指出味千拉面的鉴定报告不实，要求其道歉。味千拉面继“骨汤门”之后又陷入“鉴定门”，将此事件的舆论关注推向一个高峰。味千拉面受到各界的质疑。媒体开始发掘其供应商等相关信息，“贴牌日货”“买报告”等消息被不断曝出。同时，国家有关部门开始介入调查。

7 月 30 ～ 31 日，媒体对此事件的关注度有所下降，网络报道量大幅减少。但随后又有媒体曝出其“2010 年因添加剂被罚 78 万元，未在年报中披露，涉嫌违法”，引发味千拉面“瞒报门”，再次将此事件的关注度推向高峰。8 月 5 日，味千拉面停牌。此后几天，事件的关注度有所下降。随后，媒体不断追踪其加工厂情况，曝出厦门“黑工厂”、中关村的“中央厨房”等。味千拉面又一次深陷“加工门”，媒体关注度有所上升，但味千拉面方面仍然拒绝公开相关信息。8 月 12 日，味千拉面官方出面公开道歉，称“还原猪骨汤底是独门工艺”，回应农大报告事件，称“误读农大报告并向农大致歉”，并做出 6 项承诺。8 月 15 日，味千拉面复牌交易。

8 月 22 日，媒体曝光近一个月以后，味千拉面终于首次公开生产线，但是这次的主动回应并没有引起媒体的关注。

自 7 月 23 日媒体曝光以后，味千拉面股票暴跌，在一个月时间内，市值缩水超过 70 亿元，损失惨重。

资料来源：市场部，http://www.shichangbu.com/article-2513-1.html。

案例讨论

1. 请谈谈味千拉面在危机处理过程中的败笔有哪些。
2. 你认为味千拉面应该采取哪些措施应对“骨汤门”危机。

课后案例 10-2

美的燃气灶爆炸事件引发质量危机

美的集团是一家集消费电器、暖通空调、机器人与自动化系统、智能供应链、芯片产业的科技集团。该公司 1968 年成立于广东顺德，现总部位于顺德北滘新城内，在世界范围内拥有约200家子公司、60多个海外分支机构及10个战略业务单位，同时是德国库卡集团最主要的股东（约95%股份）。

2020年9月，美的燃气灶爆炸事件引起业内外广泛关注。美的回应称，将虚心听取意见，持续提升产品质量。业内人士表示，该事件或对美的品牌的口碑产生严重的负面影响。

在此之前，美的曾因上半年营业收入、净利润、空调市场占有率均超过格力逆袭为“中国空调市场老大”，但由于受到新冠肺炎疫情与整个空调市场不景气的影响，美的业绩呈现下滑之势。

美的一直宣称从家电企业向科技集团转型，但其新兴业务机器人及自动化系统至今已亏损超30亿元，持续布局的智能家居行业竞争惨烈。业内人士普遍认为，美的的转型仍处于初期，需首先解决产品品质问题，在自主创新能力和核心研发能力方面做出努力。

1. 美的产品质量问题频发，品牌口碑严重受损。

日前，微博认证为知名IT与知识产权律师的用户赵占领称，自己购买的美的燃气灶在使用4天后突然爆炸。该事件引起业内的广泛关注。事件调查专家组认为，此次事故很有可能是多种应力不均匀导致钢化玻璃应力失衡造成的，是低概率事件。随后，美的在官方微博回应称，专家的权威技术分析虽已有结果，但美的将虚心听取意见，持续提升产品质量。当事人赵占领认为，希望美的公司能坚持对消费者的人身和财产安全高度负责的原则，除了提高钢化玻璃的抽检比例之外，也要采取其他更多措施确保钢化玻璃材质合格。唯有如此，“灶台旁的安全”才有可能实现。

事实上，美的产品出现质量问题并非第一次。早在2019年12月，美的集团按照《缺陷消费品召回管理办法》的要求，向国家市场监督管理总局备案了召回计划，召回电水壶8万余件。据悉，召回范围内的电水壶，壶嘴防尘盖由于尺寸制造偏差，倒水时可能出现漏水现象，存在烫伤的安全隐患。美的产品爆炸事件也并非第一次发生。记者查询黑猫投诉平台㊀发现，美的产品相关爆炸事件投诉，自2018年以来已发生20余起。产品涉及空调、冰箱、高压锅、挂烫机、燃气灶、热水器、净水器、电磁炉、电饭煲等多种产品。

中国家用电器商业协会常务副秘书长张剑锋认为，爆炸事件对企业品牌来讲存在很大负面影响，关键要看企业对问题的重视程度，是否能采取相应的措施获得消费者的理解与认可，给出改进产品的解决方案。

2. 美的“逆袭”超格力，空调市场寒冬之下质量口碑存疑。

2020年8月30日，美的与格力的财报显示：2020年上半年美的的净利润为139亿元，远超格力的63亿元；美的的营业收入也达到格力的近一倍！如此优势让美的将老对手远远甩在身后。格力的“中国空调市场老大”之位易主，“千年老二”美的上演逆袭，一时间美的出尽了风头。对此，资深产业经济观察家梁振鹏认为，美的的渠道能力优于格力，从目前的态势来看，美的有可能会长期超越格力。

然而，值得注意的是，财报显示，2020年上半年美的集团的营业收入与净利润双双下滑。报告期内，美的集团营业收入达1 397亿元，同比下降9.47%；净利润139亿元，同比下降8.29%。上半年，美的集团在具体业务方面的营业收入更是无一增长。美的暖通空调营业收入640.3亿元，同比下滑10.37%；消费电器业务（小家电及冰箱、洗衣机）营业收入530.35亿元，同比下滑9.11%；机器人及自动化系统营业收入95.23亿元，同比下滑20.79%。与此同时，记者注

㊀ 黑猫投诉平台是新浪网联合微博共同推出的消费者维权平台。

意到，近年来，美的净利润增幅虽保持稳定，但营业收入增幅却出现明显收窄迹象。财报显示，2017 ~ 2019 年，美的集团全年营业收入增幅分别为 51.4%、7.9% 和 7.1%。此外，2020 年上半年，美的暖通空调毛利率 24.2%，同比减少 7.88%；而格力电器在毛利率方面仍具优势，上半年格力空调业务毛利率为 32.5%，较美的空调毛利率高出 8.3 个百分点。

对此，梁振鹏表示，虽然美的在营业收入与净利润方面超过了格力，但从产品的质量口碑来讲，美的与格力还有一定的距离。

从空调行业的大环境来看，国内空调行业均出现量额双降的状况。奥维云网（AVC）数据显示，2020 年国内空调市场第一季度零售量规模为 2 886 万套，同比下降 14.3%，零售额规模为 831 亿元，同比下降 26.9%。短期内，空调市场能否实现销售量与销售额的增长依然难料。

2020 年 7 月 1 日，GB21455-2019《房间空气调节器能效限定值及能效等级》（以下简称“新国标”）正式实施。业内人士对记者表示，新国标实施以后，旧国标产品仍然存在价格战问题，价格战或集中在 2020 年第四季度。与此同时，下半年进入空调销售淡季，厂商的销量能否上涨还要看其能否把握住“11·11”“12·12”等促销点。

3. 转型仍处投入期，产品品质待提升。

据了解，自 2017 年开始，美的便宣布从家电企业向科技集团转型，并为此做出诸多努力。

2017 年初，美的收购了德国机器人制造商库卡，成为全球重要的机器人和工业自动化系统厂商。但美的集团财报数据显示，2017 ~ 2019 年，美的机器人与自动化系统业务营业收入占总营业收入的比例持续下滑。利润方面，2017 ~ 2019 年及 2020 年上半年，美的该项业务分别亏损 17.11 亿元、2.39 亿元、4.35 亿元、7.59 亿元，已累计亏损超 30 亿元（见图 10-2）。

与此同时，美的也在智能家居领域持续布局。美的集团 2020 年半年报显示，美的 IoT ⊖平台已聚集超过 100 家伙伴企业，智能生态覆盖 AI 技术、IoT 安全、智能硬件、内容资源以及互联网服务等领域，并与腾讯、华为、百度签署战略合作。

智能家居市场的确前景广阔。IDC 的报告显示，预计 2023 年，全球智能家居设备出货量将会达到 13.9 亿台，中国的智能家居市场接近 5 亿台，在全球市场规模中占比达到

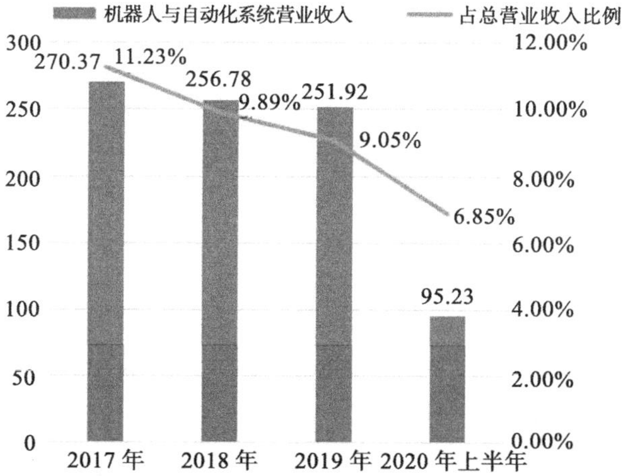

图 10-2　美的集团机器人与自动化系统 2017 ~ 2020 年上半年营业收入状况

⊖ IoT 是 Internet of Things 的缩写，意为“物联网”，是指将各种信息传感设备与互联网结合形成的巨大网络。

35.9%。但业内人士普遍认为，目前，IoT化已经成为国内家电行业的共识，巨大的商业前景吸引了国内众多家电企业入局。该领域竞争非常激烈，美的的竞争对手除了家电龙头企业海尔集团外，还有小米这样的新兴科技集团，智能家居市场前景充满变数。

具体而言，雷军在全员信中宣布，下一个十年小米的核心战略将升级为“手机 × AIoT”⊖，AIoT构建的智能生活要渗透更多场景、赢得更多的用户。而海尔智家则一直推行“5 + 7 + N”智慧家庭解决方案，且海尔发布了首个场景品牌“三翼鸟”，正式从家电品牌制造商转型为场景方案服务商。

张剑锋表示，家电企业的转型应该以技术创新与技术升级作为一个基本点，“按照产品的生命周期来讲，目前，美的的转型仍处于投入期，离成长期还有很长一段距离”。梁振鹏对上述观点表示认同，他认为：“如果寄希望于通过收购的方式来获得自身发展，就会存在自主创新能力和核心研发能力方面重视不足的问题。美的向科技集团转型首先要解决产品品质问题。”

资料来源：百家号，“美的燃气灶爆炸事件引发质量危机品牌口碑严重受损”，https://baijiahao.baidu.com/s?id=1678408064786821298&wfr=spider&for=pc。

案例讨论

1. 分析美的质量危机产生的背景及原因。
2. 从美的的危机事件分析品牌面临品牌危机时应采取哪些措施。

⊖ AIoT就是人工智能技术与物联网在实际应用中的落地融合。

第十一章

CHAPTER 11

品牌资产

§ 本章提要

- 品牌资产的概念
- 品牌资产的价值
- 品牌资产的构成要素
- 品牌资产的五大特征
- 品牌资产的评估方法
- 品牌资产的保护策略

§ 本章案例

- 本土啤酒行业龙头注入国际品牌资产后，盈利能力领跑行业
- 2019 年全球最具价值品牌 500 强排行
- 金徽酒："乘风破浪"的"正能量"品牌资产
- 麦当劳以内容为重要品牌资产，打造适应新时代的内容创造机制
- 专利纠纷案背后，我们看到了什么
- 中国联通启动品牌换标，强调"智慧"和"创新"
- 移动互联网信息"泛滥"，品牌资产亟待保护
- 蔻驰：垂老品牌升级的传奇
- 蒙牛："玻璃品牌"与"钻石品牌"

§ 预习案例

本土啤酒行业龙头注入国际品牌资产后，盈利能力领跑行业

2013 年重庆啤酒成为嘉士伯集团成员，嘉士伯控股 60%。重庆啤酒 1958 年建厂，2013 年底成为全球第三大啤酒商丹麦嘉士伯集团成员。嘉士伯集团通过嘉士伯旗下香港子公司和重庆子公司持有重庆啤酒上市公司 60% 的股份，是该公司第一大股东，其余 40% 均为社会公众股。

2014 ~ 2017 年，重庆啤酒的销量从 107 万千升下降至 89 万千升，主要是期间优化供应链造成的，此后回升至 94 万千升。2013 ~ 2019 年，公司收入从 33.87 亿元增长至 35.82 亿元；复合年均增长率从 0.94% 增长至 26.68%；归母净利润从 1.59 亿元增长至 6.57 亿元。其间净利润波动较大，主要是当期计提大额的减值等原因造成的。

从毛利率看，2015 年公司为了更科学合理地对成本费用进行核算，将归属于供应链的费用转入成本核算，口径变化导致当期毛利率下降。而 2015 ~ 2019 年，公司毛利率从 36.92% 稳步提升至 41.69%；受益于结构升级和产能优化效率提升，公司核心净利率也从 2013 年的 4.27% 提升至 2019 年的 17.18%，17.18% 这一数据高于百威亚太（15.18%）、珠江啤酒（10.08%）、青岛啤酒（8.24%）、华润啤酒（8.20%）。

2013 年以来重庆啤酒的均价持续提升，2019 年已达到 3 719 元 / 千升，低于百威亚太，但高于青岛啤酒、华润啤酒、燕京啤酒等国产啤酒龙头企业。

2014 年嘉士伯入主重庆啤酒后，开始推动公司产品结构提升，核心是推动 6 元 / 瓶的重庆啤酒国宾替代 4 元 / 瓶的山城啤酒，实现主流消费第一阶段的升级。2014 ~ 2019 年，山城品牌啤酒的销量占比从 69% 下降至 12%，其他品牌啤酒（低档酒）销量占比从 12% 下降至 3%。而承接升级任务的重庆品牌啤酒的销量占比从 9% 提升至 58%，定位 8 元的乐堡啤酒销量占比也从 8% 提升至 25%。整体来看，6 元 / 瓶的重庆啤酒国宾及 8 元 / 瓶的乐堡啤酒实现了对主流 4 元山城啤酒的升级替换。

重庆啤酒的均价提升主要依靠结构升级实现，公司产品按照零售价区间将产品分为三个档次：高档（8 元以上），中档（4 ~ 8 元）和低档（4 元以下）。从销量看，2015 ~ 2019 年高档酒销量占比从 8.5% 提升至 10.1%，中档酒销量占比从 61.7% 提升至 72.4%，低档酒销量占比从 29.8% 下降至 17.6%。

重庆啤酒为嘉士伯中国进行委托加工，采用 11% 的成本加成进行内部结算；同时重庆啤酒包销嘉威公司（重庆啤酒的联营企业）的成品酒，包销成品酒进价与售价一致。委托加工的利润率为 10%，包销成品酒不产生利润，因此这两项关联交易拉低了重庆啤酒的利润率。2014 ~ 2019 年委托加工业务量从 2.72 万千升增长至 15.83 万千升，收入从 1.13 亿元增长至 6.18 亿元（不含税），包销量和收入则较稳定。此外，包销的嘉威成品酒受益于结构升级，均价从 3 071 元 / 千升提升至 3 709 元 / 千升。而委托加工部分随着嘉士伯的占比下降，乐堡占比上升，均价呈下降趋势。

2014 ~ 2019 年，重庆啤酒自产自销部分的产品销量从 92 万千升下降至 65 万千升，收入从 25 亿元略下降至 24 亿元。其间公司自产自销部分产品的均价从约 2 800 元 / 千升提升至约 3 700 元 / 千升，复合年增长率为 5.7%，略快于上市公司整体的均价增速。

资料来源：百家号，https://baijiahao.baidu.com/s?id=1677883420184688482。

品牌跨界合作成为近年来各大品牌热衷的营销手段，而品牌注资或品牌收购更是多年来各大企业进行资产改良重组或品牌价值提升的途径之一。品牌资产在竞争日趋激烈的市场中发挥着越来越重要的作用，作为一种重要的无形资产，品牌资产既向企业提供价值，又向消费者提供价值。对企业而言，品牌资产可以培养消费者的品牌忠诚，增强企业营销计划的效果，推动产品溢价销售，为品牌延伸提供平台，并在分销渠道中发挥杠杆作用；对消费者而言，品牌资产有助于他们理解和处理与品牌有关的海量信息，增强消费者购买信心，并切实提高他们的使用满意度。本章重点阐述品牌资产，介绍品牌资产的含义、构成和特征，详细论述品牌资产模型、构成要素以及评估方法。

第一节 品牌资产的含义

品牌资产（Brand Equity）概念源于20世纪80年代的美国广告界，随后被人们广泛使用。日益激烈的竞争格局促使企业认识到品牌的巨大价值，并将品牌资产视为企业资产的重要组成部分。理论界对品牌资产的研究源于对当时一些有影响的企业并购案的研究，它们的特点在于成交价远远超出被并购方的有形资产价值。对于大多数企业而言，品牌名称及其含义是企业最重要的资产，是企业竞争优势的基础，是企业收获长远利润的源泉。

一、品牌资产的概念

一般来说，我们可以从两个视角来理解品牌资产的概念，即企业视角和消费者视角。代表性的企业导向型定义如阿克在《管理品牌资产》中的观点：品牌资产一方面能够为企业和顾客提供超越产品和服务本身利益的价值，另一方面又与某一特定的品牌紧密联系在一起，如对品牌文字、图形进行改变，附属于品牌之上的资产也会有所改变，多数情况下会部分或全部丧失。此外，斯科特·戴维斯（Scott Davis）定义品牌价值时也强调了品牌资产的战略重要性："品牌可以给公司带来潜在的战略贡献和利益。"

顾客导向型定义是目前西方多数学者采用的视角。他们对品牌资产的界定倾向于考察消费者的反应和感受，认为只有把品牌资产和消费者联系起来才有意义。例如，法奎汉（Farguhar）将品牌资产定义为"品牌给使用者带来的超越其功能的附加价值或附加利益"。品牌给消费者提供的附加利益越大，它对消费者的吸引力就越大，品牌资产的价值就越高。凯勒提出的定义是基于顾客的品牌资产定义的典型，品牌资产即品牌知识对品牌营销的消费者反应所产生的差异化效应。该定义中包含三个重要概念：差异化效应、品牌知识和营销的消费者反应。差异化效应通过比较消费者对相同产品和服务的两类营销的反应来决定，一类是品牌营销，另一类是虚拟名称或无名称营销。品牌知识是根据品牌知名度和品牌形象来定义的，并且根据以前描述的品牌联想的特征和关系进行概念化。营销的消费者反应是根据营销整合活动（比如品牌选择、广告复制的理解、优惠促销的反应或品牌延伸的评价）导致的消费者感知、偏爱和行为来定义的。与虚拟名称或无名称的产品和服务相同的营销整合要素相比，如果消费者对品牌的产品、价格、促销或分销表现出更多的（或更少的）偏爱，则该品牌即可视为拥有正面的（或负面的）基于顾客的品牌资产。

从企业出发和从消费者出发的两种视角并不矛盾，而是相辅相成的。因为品牌资产是一个连接过去和未来的概念，反映企业过去营销努力的沉淀，同时预示品牌未来收益的潜力。品牌能为企业的未来带来稳健的超额收益，源于过去的营销努力对消费者心理和行为产生的积极影响。

按照美国营销科学学会（MIS）给出的定义，品牌资产就是品牌的消费者、渠道成员、母公司等对于品牌的联想和行为，这些联想和行为使产品可以获得比在没有品牌名称条件下更多的销售额和利润，同时赋予品牌强大、持久和差别化的竞争优势，以超越竞争对手。肖克等学者也从两种角度界定了品牌资产：从企业角度，品牌资产是指有品牌的产品与没有品牌的产品相比获得的超额现金流；从消费者角度，品牌资产是指产品物理属性所不能解释的消费者认知中有关效用、忠诚和形象方面的差异。如果品牌对消费者没有意义，那它不可能向投资者、生产商或零售商提供任何价值。同样，如果品牌将来不能给企业带来市场和财务价值，品牌的持续投资和企业生存将成为问题，这样也就不可能在消费者心中建构连续的、长久的认知图景。品牌资产作为一项重要的无形资产，应该在企业的资产负债表中列示出来。我国实行新会计制度后，无形资产已被正式列于企业的资产负债表上。

品牌案例11-1

2019年全球最具价值品牌500强排行

在达沃斯世界经济论坛上，英国权威品牌价值咨询公司Brand Finance发布了《2019年全球最具价值品牌年度报告》（Brand Finance Global 500 2019），评出了本年度“全球最具价值品牌”500强，前10名分别为亚马逊、苹果、谷歌、微软、三星、AT&T、Facebook、中国工商银行、Verizon、中国建设银行。可以看出在这10家企业中，科技企业占据了半壁江山。另外，除了来自中国的两家银行跻身前10之外，华为排名第12位。

此次报告中，值得我们注意的是中国品牌的大爆发，在2019年的“全球最具价值品牌500强”榜单中，来自中国的品牌总价值高达13 074亿美元，首次突破1万亿美元大关。

华为凭借着在智能手机、5G网络、通信服务等方面的不错表现，以622.78亿美元的品牌价值名列第12名。2018年，华为凭借380.46亿美元的品牌价值位列榜单第25名，而在2019年提升13位，品牌价值增长63.7%。Brand Finance是世界知名的独立品牌价值和战略咨询公司，其每年发布的“全球最具价值品牌500强”是全球唯一被国际标准委员会（ISO）认证的榜单。该榜单主要对品牌知名度、用户忠诚度、员工满意度以及企业声誉等多个指标进行综合考量，所以该榜单的含金量可想而知。

另外，除了发展最迅猛的爱奇艺外，还有很多科技品牌脱颖而出。微信就是其中之一。微信以507亿美元的品牌价值和126%的增长率，从2018年的全球第47位跃升至第20位，品牌实力更是从第72位升至全球第4位。腾讯则以497亿美元位列第21位。

中国最具价值的品牌仍是中国工商银行（ICBC），相比于2018年的全球第10位，

2019 年更是价值增长 34.9% 至 798 亿美元，升至全球第 8 位。同时中国工商银行也是全球资产规模最大的银行，一年时间海外网点数量就增长了两倍多，达到 400 余家。

资料来源：搜狐网，https://www.sohu.com/a/296435450_100233835。

二、品牌资产的价值

品牌资产作为公司最有价值的资产，也是一种无形资产，它的价值概括起来可以分为两类：为消费者提供价值和为企业提供价值。

1. 为消费者提供价值

品牌资产除了能为企业增加价值之外，还能为消费者提供价值，主要表现在以下几个方面。①品牌名称、品牌标志物的认知，有助于消费者理解和处理与品牌有关的海量信息。例如，中国移动旗下的“动感地带”品牌，象征着年轻一代的时尚潮流，这个品牌是与年轻、独立、个性等特征联系在一起的。②基于消费者的使用经验和品牌熟识度，品牌资产能够增强消费者的购买信心。例如，相比不知名品牌的手机，iPhone、华为等知名品牌让消费者对产品更加放心，更有安全感。③品牌认知度和品牌联想，能够提高消费者的使用满意度，进而产生品牌忠诚。

2. 为企业提供价值

品牌资产增加企业价值主要是增加企业的边际现金流，方式主要有以下几种。

（1）培养消费者的品牌忠诚。当消费者对某一品牌产生较高的品牌忠诚时，很长一段时间会不断地重复购买这一产品。企业即便投入较少的促销费用，也可以获取稳定的丰厚利润。

（2）增强营销计划的效果。品牌需要持续维护，要在留住老顾客的同时吸引新顾客。品牌资产可以增加品牌维护营销计划的效果。例如，在吸引新的消费者尝试新产品时，如果该品牌是消费者熟悉的，或者企业无须打消消费者对于品牌质量的疑惑时，促销会更有成效。

（3）推动产品溢价销售。品牌体现的质量能促使该品牌产品以溢价销售。品牌体现的质量实质上是一种消费者的感性认识，是消费者对某一品牌产品或服务的全面的感性认识。品牌体现的质量来源于某品牌产品的特征、性能等信息日积月累对消费者产生的影响。消费者如果经常看到某品牌产品质量或售后服务有问题的报道，那么他便会认为该产品质量很差。相反，消费者如果认为某品牌产品质量上乘，那么较高的价格也是容易接受的。这种较高的价格实际上就是溢价，即高于产品内在价值的价格。当人们购买蒂芙尼珠宝时，他们相信自己买的是高质量的商品，付出相应的高价格也是心甘情愿的。

（4）为品牌延伸提供平台。品牌的高知名度为企业产品线的扩展提供了便利条件。知名度高的品牌一般具有较高的社会认同，在此情况下，推出的新产品容易获得消费者的认可。例如，日化行业巨头品牌“宝洁”，凭借家喻户晓的品牌知名度进行品牌延伸，目前拥有 300 多个产品和子品牌，为企业开拓了广阔的商业空间。品牌资产为企业延伸品牌提供了广阔、坚实的平台。

（5）在分销渠道中发挥杠杆作用。消费者一旦识别某一品牌并由此产生品牌联想，就能够有效提高交易的确定性。因此，在实施品牌销售计划时，品牌资产高的产品不仅面市时能赢得优势，还能产生协同作用。

（6）提供障碍性竞争优势。品牌资产提供了对竞争者来说进入目标市场的一种障碍性竞争优势。知名品牌体现的高质量和由此取得的深刻品牌认知，是竞争对手难以逾越的障碍。例如，在衣物清洁的细分市场中，汰渍洗衣粉“去污去渍”的品牌联想抢占了先机，其他品牌就很难在该细分市场上与汰渍洗衣粉竞争。

品牌案例11-2

金徽酒：“乘风破浪”的“正能量”品牌资产

2020 年的新冠肺炎疫情让很多企业措手不及。在后疫情时代，酒企纷纷进入一场快节奏的品牌竞争。从创新产品到创新香型；从传承酿造技巧到创新工艺；从品牌打造到文化占位……在这场具有革命意义的竞技中，位于甘肃的金徽酒成为众多参与者中“乘风破浪”的高手。要知道，金徽酒作为“陇酒龙头”，最擅长的就是精准的品牌打造。

1.“正能量”产品。

“酿造生态酒，传递正能量”是金徽酒关于企业使命的定位。为此，金徽酒坚持为消费者提供好喝的产品、满意的服务，长期以来，形成了金徽酒长远发展的保障。

“正能量”系列作为金徽酒开拓省外市场的主打产品，通过几年的经营，已逐步获得陕西、宁夏、新疆等市场消费者的认可。2020 年上半年，“正能量”系列产品全线升级，从外观设计到内在品质，从渠道政策到品牌口号，“正能量”系列让省外消费者对金徽酒“五粮自酿，绿色好酒”的定位有了更深的理解。在 2020 年 6 月举办的第二十届中国绿色食品博览会上，金徽酒荣获金奖，“正能量”系列再次通过“绿色食品”认证。

此外，作为世纪金徽系列升级产品的世纪金徽精品三星、世纪金徽精品四星在 2020 年初全面招商铺货，成为世纪金徽三星、世纪金徽四星强有力的搭档产品。2020 年 7 月，世纪金徽红五星隆重上市，成为宴席市场的靓丽产品，一上市即成为宴席新宠。

数据显示，2020 年上半年，金徽酒实现营业收入 7.12 亿元，实现归属于上市公司股东的净利润 1.20 亿元。其中第二季度实现营业收入 36 906.23 万元，同比增长 22.70%；实现净利润 6 235.29 万元，同比增长 141.69%。环比、同比均实现较大幅度增长，表明金徽酒已顺利摆脱疫情期影响，实现加速度发展。

2.“正能量”公益。

作为一个为消费者提供满意产品，同时致力于履行自身社会责任的品牌，金徽酒将吸引拥有同样价值观的客户，谁能够使两者产生足够紧密的联系，谁就能成为品牌倡导者。

2020 年 9 月 2 日，金徽正能量精准扶贫公益助学活动在平凉市各县区举行。活动现场，数百名学子每人获得 2 000 元现金资助，标志着 2020 年金徽正能量精准扶贫公益助学活动拉开了帷幕。金徽正能量精准扶贫公益助学活动是金徽正能量公益基金会在甘肃、陕西、宁夏、新疆西北四地联合发起的大型公益活动，以区县为单位，针对国家建档立卡贫困户、贫困家庭学子持续开展 10 年公益爱心助学活动。该项爱心公益活动自 2018 年启动以来，已连续为西北地区累计 11 300 余名贫困学子捐赠超过 2 200 万元。

2020 年初，为支持疫情防控工作，金徽酒向甘肃省捐款 300 万元，并提供口罩、测温枪、高度酒精等防疫物资，助力打赢疫情防控战。8 月，陇南地区遭受特大暴洪灾害，金徽酒联合复星公益基金会向陇南灾区捐款 500 万元，用于灾后恢复重建。

资料来源：百家号，https://baijiahao.baidu.com/s?id=1677866372254866860。

第二节　品牌资产的构成

一、品牌资产模型

品牌资产是由品牌形象驱动的资产。品牌资产区别于有形的实物资产，是一个系统概念，由一系列因素构成，其中关键在于消费者看待品牌的方式及由此产生的消费行为。企业要吸引消费者购买和消费品牌所标示的商品或服务，就需要对品牌形象进行投入，传递企业预期观点，促使消费者将认同和亲近之感转换为购买行为。

关于品牌资产的构成要素，各派学者有不同观点。代表性的观点有戴维・阿克的品牌资产要素模型和凯文・凯勒的消费者导向型品牌资产模型。

1. 戴维・阿克的品牌资产要素模型

戴维・阿克的品牌资产要素模型较为全面地囊括了品牌资产的构成要素，其中品牌忠诚、品牌知名度、品质认知度、品牌联想和其他专属的品牌资产是品牌资产构建的源泉（见图 11-1）。

2. 凯文・凯勒的消费者导向型品牌资产模型

凯文・凯勒提出了消费者导向型品牌资产模型（Customer-based Brand Equity，CBBE），指出品牌资产由品牌身份、品牌含义、品牌反应和品牌关系四个方面构成。该模型包括六个模块，以金字塔的形式呈现。具体来说，品牌形象包括用户特征、购买场合和使用经验等；品牌表现包括产品可靠性、维护性、耐用性、服务的便利性、设计、风格和价格等；品牌象征是指品牌的身份认知；品牌判断包含质量、可信、关联性和优越性；品牌情感包括温暖、快乐、兴奋、安全和自尊等；品牌共鸣包括忠诚、依恋、共同和承诺等。这个模型的要素具体详尽，但是可操作性不强。具体模型如图 11-2 所示。

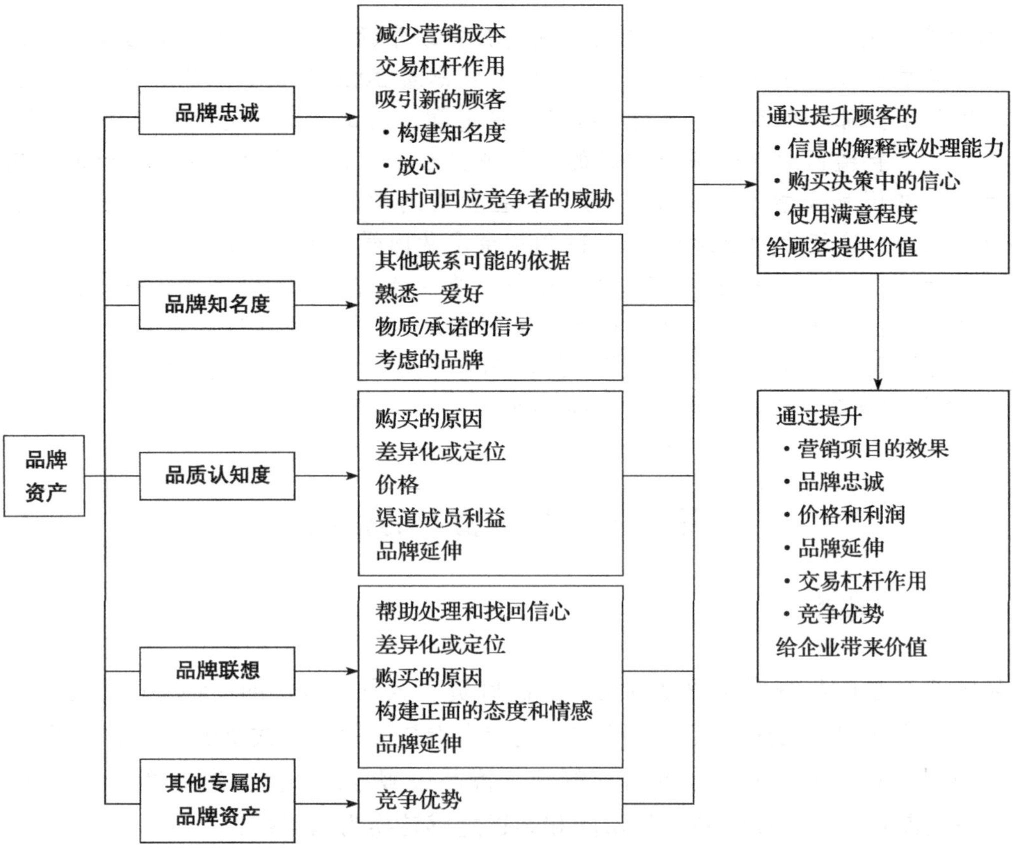

图 11-1 品牌资产要素模型

资料来源：Aaker David A. Managing Brand Equity [M]. New York: the Free Press, 1991.

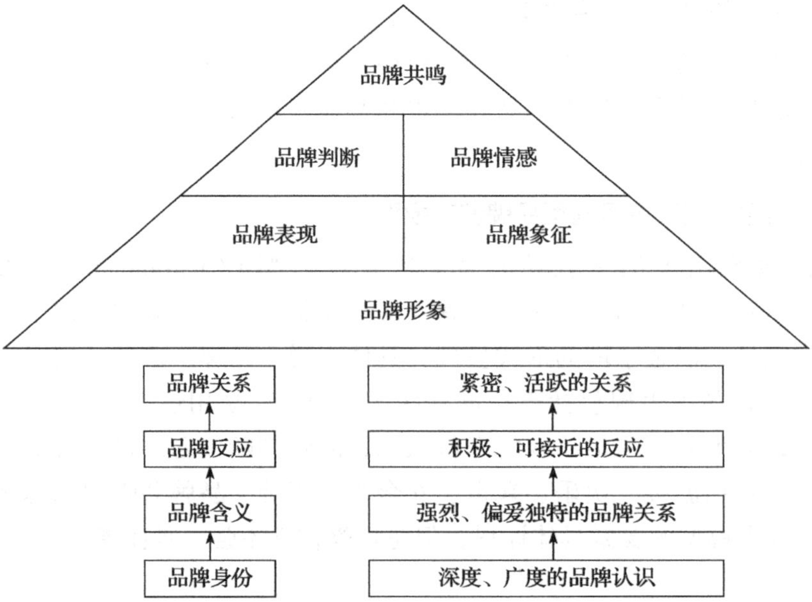

图 11-2 消费者导向型品牌资产模型

资料来源：Keller K. Building Customer-based Brand Equity [J]. Marketing Management, 2001(2):15-19.

凯文·凯勒认为，品牌资产本质上是由顾客既有品牌知识导致顾客对品牌营销活动的差别化反应。这个观点包含三层含义。第一，品牌资产来自顾客的差别化反应，如果不存在顾客反应的差异，那么品牌产品与非品牌产品的区别甚微；第二，顾客反应体现在与品牌营销有关的感知偏好和行为偏好方面；第三，顾客反应的差异是顾客既有品牌知识发挥作用的结果，顾客的品牌知识来自企业长年累月的营销努力，是品牌资产的关键。凯勒认为，品牌知识包含两类要素：品牌知名度和品牌形象（见图 11-3）。前者表示消费者对品牌的熟悉程度，后者反映了消费者对品牌的态度。

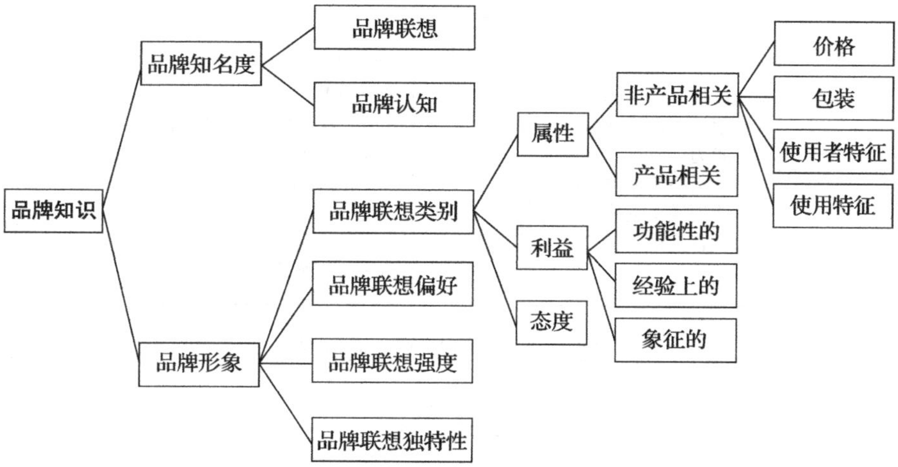

图 11-3　品牌知识的构建维度

资料来源：Keller K. Conceptualizing, Measuring and Managing Customer-based Brand Equity[J]. Journal of Marketing, 1993(1): 1-29.

二、品牌资产构成要素

总的来说，品牌名称和品牌标志物是品牌资产的物质载体。如果品牌名称和标志物发生变化，如推出新的名称或标志，品牌资产可能因此受到影响，有的可能扩大影响力，有的可能销声匿迹。品牌知名度、品牌美誉度、品质认知、品牌联想、品牌忠诚以及附着在品牌上的其他资产，是品牌资产的有机构成要素；为企业和消费者提供价值，是品牌资产的实质内容（见图 11-4）。

（一）品牌知名度

品牌知名度是某品牌被公众知晓的程度，即该品牌被多少数量或者多大比例的消费者所知晓。知名度反映的是顾客关系的广度，是评价品牌社会影响力的指标。品牌知名度的大小是相对而言的，名牌就是知名度相对较高的品牌。

1. 品牌知名度的层级

品牌知名度的范围很大，包括一个持续的变化过程。一般将知名度分为四个层级：

无知名度、提示知名度、未提示知名度和第一提及知名度，四个层次呈金字塔型（见图11-5）。从金字塔底层向上，实现难度逐渐加大。品牌达到第一提及知名度，则意味到达金字塔的顶部。

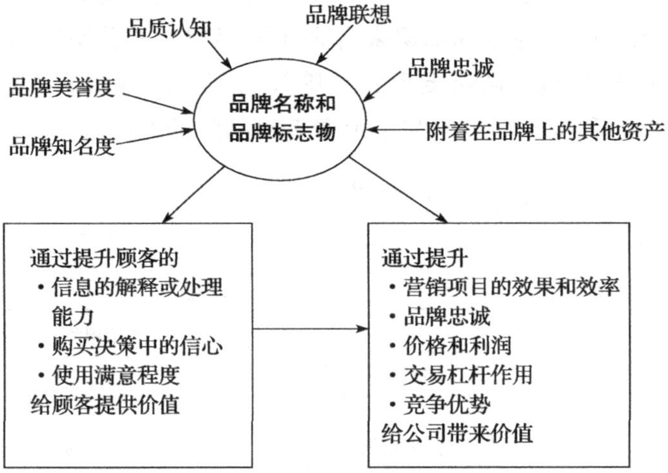

图 11-4　品牌资产构成要素

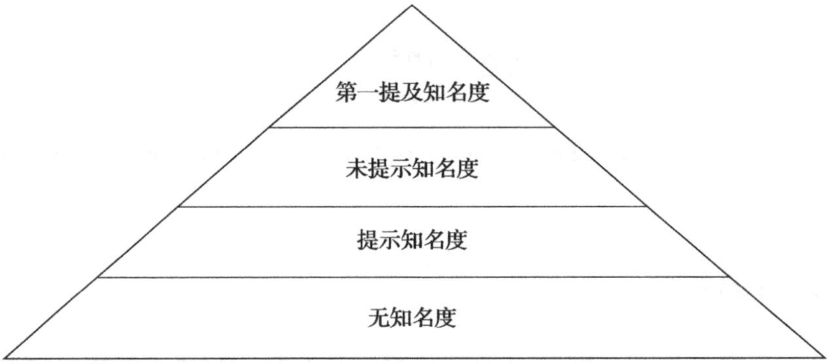

图 11-5　品牌知名度的层级

2. 品牌知名度建立的方法

（1）有效的广告传播。广告在品牌传播中发挥着至关重要的作用，针对建立品牌知名度的广告传播应做到以下几点。

一是标新立异的创意。美国广告大师罗素·里夫斯（Rosser Reeves）提出了影响深远的“独特的销售主张”（Unique Selling Proposition，USP）。该理论认为成功的销售主张应该包括三个基本要素：广告主题应包括一个产品的具体好处和效用，具有一个特殊的产品利益点；该利益点必须是独一无二的，是竞争对手所没用过的，甚至是其他品牌所没有的；必须具有销售力，是能够影响消费者购买决策的重要承诺。

二是别具一格的口号。短小精悍的口号包含了产品可能被形象化的特征，脍炙人口的广告歌更是应用了韵律、声调等技巧使得品牌名称朗朗上口，加深了受众记忆。

三是恰到好处的标志。广告标志是一个以视觉为中心的品牌标志系统，通过符号、图案等展示的标志便于消费者快速有效地识别品牌。

四是持续反复地呈现。随着时间推移，消费者对产品的印象逐渐弱化，而建立记忆的基本技巧就是再三重复。独特的创意、精练的口号等都有助于品牌的识别，而品牌广告不断地重复有助于加深消费者的记忆。

（2）强势公关。品牌知名度传播的另一种手段是开展公关活动。从成本角度来说，公关活动的成本比广告支出更合算；从效果角度来说，精心策划的公关活动有时比广告更能让消费者产生依赖。比较常见的公关活动有赞助比赛、关注公益项目、设立基金、事件营销、广播电视访谈和互联网视频直播等。例如，从“打造中国乳都”到赞助春节晚会，再到借助“神舟五号飞天”进行营销，以强势公关为本质的事件营销已经成为蒙牛集团品牌营销的杀手锏。

（3）注重消费者的口传效应。在品牌知名度的扩大和保持中，消费者的口传效应发挥着巨大的作用，有研究证明，一个消费者一次愉快的购物经历会影响 8 位其他消费者，而一次不愉快的购物经历会影响 25 位其他消费者。特别是在中国，消费者要面子、攀比、从众等心理导致了他们更容易受到他人的影响。因此，在品牌知名度的建立过程中，企业更应注重品牌的根基——产品质量和产品服务。品牌能真正提供使消费者满意的利益是扩大品牌知名度的根本。随着网络技术的发展和普及，网络口碑也成为消费者口传的一种重要方式。

3. 品牌知名度的价值

品牌知名度不是浪得虚名，它能够为企业的品牌资产提供重要的价值。

（1）品牌知名度是品牌资产形成的前提。品牌知名度是消费者赋予品牌资产价值的第一步。消费者总是喜欢购买自己熟悉的品牌，熟悉意味着拉近距离、降低不安全感。当消费者决定购买某种产品时，便会收集有关产品的信息。显然，消费者熟悉的品牌会先进入他们的选择信息库。如果消费者不熟悉该类产品品牌，便会向有关人士咨询信息。这时消费者通常会希望了解该类产品中知名度高的品牌，且被咨询者也会先把自己熟悉的、知名度高的品牌介绍给他人。最后，只有进入消费者产品信息库的品牌才可能成为消费者的最终选择。品牌知名度越高，越容易进入消费者的选择域。大量研究表明，深入人心的记忆与人们的购买态度和购买行为之间存在关系，各品牌在测试中被记起的先后顺序影响着购买选择的先后顺序。特别是在日用品行业，品牌知名度是至关重要的，因为消费者往往在去商店之前就已经对所要购买的品牌做出了选择。综观中外品牌，资产高的无一不是具有高知名度的品牌。

（2）品牌知名度可弱化竞争品牌的影响。品牌知名度的高低是一个相对的概念，是同类品牌比较的结果。消费者的偏好和信息存储有限，对某一品牌较高程度的认知，自然会影响他们对其他品牌的认知。消费者在存储品牌信息的过程中会进行筛选过滤，只有那些对他们有用的、新鲜的、有特殊意义的信息才有可能进入“长时记忆”的储存空间。品牌知名度越高，即消费者对该品牌的印象越深，竞争品牌进入消费者“印象领域”的难度也就越大。

4. 品牌知名度的测量

测量品牌知名度可以从三个方面进行，即公众知名度、行业知名度和社会知名度。

（1）公众知名度的测量。从市场营销的角度来说，品牌的公众知名度是指某品牌在公众（主要是消费群体）中的影响力。测量通常采用简单测量法和复合测量法。简单测量法主要测量被访者对某品牌名称的熟悉程度；复合测量法是运用多个指标来测试被访者对某品牌的了解深度，如该品牌的标志、广告语、品质和生产商等。

（2）行业知名度的测量。品牌的行业知名度是指某品牌在相关行业（特别是在本行业）中的影响力。行业知名度的测量通常使用问卷调查法，也可参照公众知名度的方法。各行各业都有诸多品牌同时存在，行业知名度可以反映出某品牌的行业地位、本品牌与竞争品牌在知名度上的差异。

（3）社会知名度的测量。品牌的社会知名度是指某品牌在社会大众中的影响力，通常用该品牌在大众媒体上出现的频率来表示。大众媒体对社会大众的舆论导向作用巨大，传播的力度和深度是其他方式所不能比的。考察社会知名度，可以根据企业对品牌的定位，将有关大众传播媒体进行分类，然后分别计算出该品牌在各类媒体上出现的频率，得出该品牌的社会知名度。

（二）品牌美誉度

具有品牌知名度并不意味着具有品牌美誉度。品牌美誉度是指某品牌获得公众信任、支持和赞许的程度。相对于品牌知名度这个量化指标而言，品牌美誉度是一个质化指标。只有建立在美誉度基础上的知名度才算是真正的品牌资产。

1. 品牌美誉度的资产价值

品牌美誉度的资产价值体现在“口碑效应”上，即通过人们的口头称赞，一传十、十传百，引发源源不断的销售。一些调查报告显示，由口头信息所引发的购买次数是广告的三倍，口传信息影响力是广播广告的两倍、人员推销的四倍、报纸广告的七倍。品牌美誉度越高，“口碑效应”就越明显，品牌的资产价值也就越高。

2. 品牌美誉度的测量

品牌美誉度的测量同样包括公众美誉度、行业美誉度和社会美誉度三个方面，其中以公众美誉度和社会美誉度为重点。

（1）公众美誉度的测量。品牌的公众美誉度也可以用简单测量法和复合测量法来考察。简单测量法即运用一项指标进行测量，如询问消费者是否喜欢某品牌。

$$品牌美誉度=对该品牌持赞誉态度的人数/被调查总人数\times 100\%$$

复合测量法则是运用多项指标测量，可作为测量参考指标的项目包括生产技术、研发能力、企业规模、企业形象、企业文化、企业经营状况、市场竞争力、就业吸引力以及对待顾客投诉的态度等。

（2）社会美誉度的测量。品牌的社会美誉度是通过大众传播媒体对某品牌报道的兴致来考察的，以正面积极报道占总报道量的比重来表示。例如，某品牌被大众传播媒体报道的次数为286次，其中107次为正面积极的报道，那么该品牌的社会美誉度就是37.41%(=107/286)。

3. 品牌美誉度的建立

为保证企业的可持续发展，在扩大品牌知名度的同时应努力提升品牌美誉度。品牌如同一个人，知名度和美誉度则是人的两条腿，当第一条腿迈出去之后，第二条腿如果不能很快跟上，品牌是走不动的，甚至还会摔倒。当一个企业具备较高的知名度后，其下一个目标就是充实品牌内涵以提升品牌美誉度，要关注以下几个方面。

（1）保证卓越的产品质量。要想在快速发展的市场环境中始终保持产品的高质量，需注意以下几个方面。

一是研发生产优质产品。一个品牌要得到广大消费者的认可和称赞，没有优秀的产品提供给消费者，仅靠广告造势和媒体宣传是不行的。以竞争激烈的家电行业为例，每个企业都十分注重品牌形象的策划推广，纷纷投入巨资在央视和各地电视台为品牌造势。利用广告开拓市场，企业的知名度和第一提及度确实有所提高，但是如果高知名度没有与令消费者心动的产品形成良性互动，那么知名度的提升也难以带动消费者的切实购买行为，广告及媒体对于品牌美誉度的贡献也相当有限。要改变这种情况，企业就必须研发、生产出与众不同的优质产品，以满足消费者需求。

二是适度进行产品的更新换代。没有优质的产品，品牌美誉度就犹如无源之水、无本之木。新产品在上市之初可能存在诸多不完善之处，特别是高新技术产品。以个人计算机为例，每3 ~ 6个月就会实现一次技术升级。技术变革的速度如此之快，以至于任何一家个人电脑生产厂家都不可能等到产品万无一失的时候再推向市场。因此，消费者在使用刚刚上市的新产品时可能会发现不少小问题，如iPhone 6 Plus的“弯曲门”、三星Note 7手机爆炸等，企业需要不断地进行产品改良和更新，即便产品已经上市销售。如果企业不能及时更新改良产品，则可能会引起已购买产品的消费者的不满情绪，也可能会因产品落后于竞争对手而缺乏对新客户的吸引力。

三是确保产品品质稳定。通常在强势的广告拉动下，某些品牌的市场迅速扩大，销量膨胀的压力让产品品质得不到保证。市场上很多保健品之所以“短命”，就是采取“掠夺式”的市场进入方式，利用消费者盲目跟风的心理捞取第一桶金，最终因产品没有能为消费者提供持续的满足感而被市场抛弃。

（2）提供优质的售后服务。售后服务是产品质量的延伸，是品牌美誉度的重要方面。特别是在激烈的市场竞争环境和相对过剩的经济条件下，谁拥有优质的售后服务，谁就拥有战胜对手的法宝。例如，海尔实施的“星级服务”方案就颇有成效。维修人员上门维修时，统一穿着有海尔公司标志的工作服，进门前穿上自备的鞋套，拆卸的零件放在专用垫布上，维修完后还为客户建立用户台账，并请用户签字确认。海尔的星级服务在为海尔赢得巨大市场份额的同时，也为海尔赢得了巨大的品牌美誉度。

（3）建立良好的企业信誉。市场经济是信用经济，良好的信誉是企业有利的无形资产。《财富》的“世界500强”企业很多是“百年企业”，它们之所以经久不衰，关键是在长期的经营过程中积累了良好的信誉。在市场经济条件下，我国的企业信誉应该而且必须成为企业社会责任的一部分，把建立和增强企业信誉作为企业赖以生存和长远发展的生命线。对消费者而言，产品和服务的承诺得以实现，是建立企业良好信誉的基本条件。正如张瑞敏所说，企业应该首先卖信誉，其次卖产品。只有持之以恒地提供优质的产品和服务，才能赢得消费者对品牌的信任，才能建立良好的企业信誉，提升品牌美誉度。

（4）加强消费者满意度管理。

一是实现顾客满意。品牌美誉度形成的心理机制，表现为消费者购买行为发生后有意或无意地根据自己的期望对商品进行评价。如果该品牌产品的可感知效果与期望值相匹配，消费者就会满意；如果可感知效果超过期望，消费者就会非常满意；反之，如果可感知效果不符合期望，消费者就会不满意。根据科特勒的观点，提供消费者让渡价值是实现消费者满意、使企业赢得赞誉的根本途径。

二是培养意见领袖，促进人际传播。最先购买该品牌的一批消费者，对品牌形成了某种看法。他们出于各种各样的需要，总会有意无意地把自己对新购品牌的意见告诉别人。这些以非正式形式向他人提供品牌意见、影响他人品牌选择的人称为意见领袖。他们的口头传播对品牌选择具有显著影响，这比广告轰炸和雪片似的商品传单要有效得多。企业必须真诚地对待每一位消费者，尽力为其提供最高的消费者让渡价值，并在消费者尝试购买阶段着力培养一批品牌的意见领袖，通过他们的口头传播带动其他消费者购买。

品牌案例11-3

麦当劳以内容为重要品牌资产，打造适应新时代的内容创造机制

对于企业来说，品牌资产是企业实现价值突破和保持基业长青的能量源泉，良好的品牌资产不仅能提升企业的“边际收益”，还能拓展品牌发展边界，而品牌边界往往决定了企业的未来之路可以走多远。

2020年经历过大面积闭店危机的麦当劳，以品牌为核心，承诺为消费者带来回归日常的信息内容。而这也是麦当劳在构建内容沟通战略时一直坚持的：“我们是品牌的信徒，沟通中一直非常讲究品牌的理念、价值观。”麦当劳（中国）首席市场官、副总裁须聪称：

“最近几年，急功近利的企业很多，大家没有耐心坚持和看长期的回报，但我们还是坚信品牌本身那些最有价值的东西。”

同时，在麦当劳的实践中，内容被视为品牌主动创造或与IP共创而产生的，能够沉淀为品牌资产的，帮助企业获取短期关注与长期业务价值的重要“战略资源”。

另外，在自制内容中，麦当劳正尝试从品牌传播升级为品牌行动，即不仅是单向的信息传递，而是通过内容创造体验，让消费者在体验中发现品牌希望传递的信息；而在外部内容中，挑战来自企业如何才能找到好的内容，又不会被淹没在别人的内容中。

在具体的内容共创中，麦当劳也始终坚持表达品牌精神。麦当劳（中国）首席市场官、副总裁须聪说：“我们一起做的这件事情，一定要对我们共同的消费者都有价值的增量，而不要让消费者觉得品牌只是借了内容。”比如在与亚历山大·王（Alexander Wang）的合作中，麦当劳就着重传达“方便、分享”的快餐特点，让品牌的外卖打包袋与野餐篮变身为时尚单品，通过打造独特的体验，创造与消费者沟通的话题，也让消费者自然地感受到品牌希望传达的信息。

同时，企业也需要在内容创作的机制上进行创新，以保证品牌内容立于潮头。譬如，麦当劳正在尝试为销售一线的员工赋予内容创作者的职责，现在麦当劳的每一个门店都是内容的产生点，每一个门店的顾客都可以成为品牌的粉丝和再传播力量。

资料来源：百家号，https://baijiahao.baidu.com/s?id=1677507920701569463。

（三）品质认知

1. 品质认知的含义

品质认知是消费者对产品客观品质的主观认识，包括对产品或服务的适应性和其他功能特性适合其使用目的的主观理解或整体反应。品质认知以客观品质为基础，但又不等同于产品的客观品质。不同产品的客观品质可能完全相同，但是消费者对不同产品的品质认知却可能相差甚远。此类例子不胜枚举，许多商品在贴上名牌商标后身价倍增。显然，消费者形成品牌偏好和品牌忠诚的重要影响因素是对产品的认知品质而不是产品的客观品质。品质认知不仅包括产品自身的品质，还包括产品服务的品质。例如，宝洁提供世界一流产品，海尔提供星级服务等。品质认知大体上包括产品功能与特点、适用性、可信赖度、外观、包装、服务、价格和渠道等。

2. 品质认知的资产价值

产品品质是品牌资产的基础，或者说是维系消费者长远关系的一个重要方面。品质认知的资产价值体现在提供购买理由、产生溢价、提高渠道谈判能力和拓展品牌延伸四个方面。

（1）提供购买理由。产品实用价值是消费者选择产品的基本理由，产品品质是体现产品实用价值的主要因素。产品品质的高低将直接影响消费者从产品消费中获得的利益。强势品牌受消费者青睐的主要原因在于其卓越的品质，许多消费者愿意购买名牌是因为这些品牌的产品品质有保证。

（2）产生溢价。消费者愿意支付更高的价钱购买他们认为高品质的品牌产品。例如，无印良品（MUJI）的产品价格要明显高于同类产品，但消费者对无印良品高品质的认知使得他们愿意花更多钱够买其产品。

（3）提高渠道谈判能力。具有高品质产品的企业在与代理商、分销商、零售商等成员谈判时，拥有一定的优势。多数经销商乐于出售消费者青睐的品牌，原因在于：一是销售量有保障；二是能减少交易费用；三是可以提高自身形象。经销商的形象直接受其提供的产品或服务的影响，经销高品质的产品对提高经销商自身形象起着举足轻重的作用。

（4）拓展品牌延伸。品质是品牌延伸被消费者接受的基础，只有拥有高品质印象的品牌在进行品牌延伸时才能产生较大的辐射力。消费者对延伸品牌产生认同的主要原因在于，消费者认为延伸品牌的产品与原产品具有同样的品质。

3. 品质认知的建立

消费者对品牌的品质认知是建立在产品客观品质基础上的主观认识。企业在建立品质认知时可从以下方面努力。

（1）提高产品品质。产品表现是一个品牌最直接的品质表现，一个品牌是否有品质，首先体现在产品的质量、性能和外观等方面。保证产品的高品质是消费者建立品牌认知的客观基础。海尔在发展之初，毅然将数百台不合格的冰箱全部砸掉，给员工带来极大的震撼，由此在员工心中树立了强大的产品质量意识，也在消费者心中形成了海尔产品质量可靠的印象。为消费者提供高品质的产品是企业基本的、长期的追求，需要企业做到设立产品品质目标、培养员工质量意识、保证产品生产技术水准，在此基础上形成独特的企业文化，创造出一种追求品质的价值观、行为准则和职业习惯，使品质概念在员工心中根深蒂固。

（2）展示品质认知。产品的内在品质必须通过外在的展示才能得到消费者的认可。在很多情况下，消费者对品质的判断都是借助于产品或服务本身呈现的特征。运用广告展示品牌的品质，有助于消费者认知产品品质。广告传达品质信息，要使用理性诉求方式，解释并展示产品的原理、生产过程、组织保障等方面。有时候，一些细节能强有力地说明产品品质。例如，食品外包装袋一般设有方便消费者撕开的锯齿，如果哪家企业忽略了这一点，它的产品质量和信誉就会或多或少地受到质疑。

（3）利用价格暗示。在营销活动中，价格往往是产品品质的一种重要暗示。很大程度上，消费者对产品质量的主观感知是决定品牌资产价值的一个非常重要的营销变量，而消费者对产品质量的界定或衡量，并不完全以企业提供的技术规格和质量标准为依据，而会更多参考简单直观的销售价格。有研究表明，以下四种状况的高价位意味着高品质：消费者对商品品质和性能，除了以价格作为衡量标准外，别无其他标准可循；消费者无使用该商品的经验；消费者对购买感到有风险时，或购买之后感到后悔时，容易以高价作为选择标准；消费者认为各种品牌之间存在品质差异。该研究对企业实际营销活动具有重要的指导意义，高品质产品采用高价格策略的重要意义是在消费者心中树立高品质的品牌形象。

（4）提供产品的品质认证证书。具有实际意义的认证证书能够提升产品质量的可信度。有效的认证证书应该是易懂、易执行、有实际意义和无附加条件的。在美国，若产品获得“保险实验室”（Underwriters Laboratories）、“好管家”（The Good Housekeeping）的认可证书或标签，便能得到消费者的信任。现在国内不少企业也逐渐意识到这一点的重要性，消费者对已通过 ISO 9000 质量体系认证、太平洋保险公司承保等认证的品牌更加青睐。

（四）品牌联想

1. 品牌联想的含义

品牌联想是消费者在看到某一品牌时所产生的所有印象、联想和意义的总和，比如产品特点、使用场合、品牌个性和品牌形象等。例如，路易威登让人联想到奢华和高贵；百事可乐让人充分领略青春动感和活力无限。品牌联想大致可分为三个层次：品牌属性联想、品牌利益联想和品牌态度。

2. 品牌联想的资产价值

积极的品牌联想意味着品牌得到消费者的接受和认可，形成品牌偏好和品牌忠诚。品牌联想的价值包括如下几个方面。

（1）利于加深品牌认知、扩大品牌知名度。麦当劳这种有别于中国传统餐饮方式的洋快餐，在产品种类、用餐形式、餐厅卫生、服务和促销等方面的特征，让中国的儿童产生了极大的认同感。麦当劳所产生的联想使其在中华大地遍地开花，征服了中国大量的新生代消费者。

（2）产生差异化。在产品越来越趋向于同质化的虚假多样性时代，只有形象差异才能对消费者产生震撼。同样是纸和烟草的组合，“万宝路”代表着强悍、阳刚的牛仔，“箭牌”激起人们对休闲天地的向往，“555”成为高科技的象征，“百乐门”塑造了一个温馨浪漫的情侣世界。有区别的联想为竞争者制造了一道无法逾越的障碍。品牌名称、定位、广告等沟通手段都可以创造出差异化的品牌联想。

（3）提供购买理由。无论品牌属性联想、品牌利益联想还是消费者对品牌的态度，都直接与消费者利益有关，此时若能提供一个特别的联想，则会促使消费者产生购买冲动或者购买行为。许多消费者之所以购买这种品牌，是因为由该品牌产生的丰富联想让消费者感到某种满足。例如，英特尔品牌让人联想到功能强大、高速、可靠，装上一颗“奔腾”的“心”（芯），让人心潮澎湃。

（4）奠定品牌延伸的基础。品牌所具有的联想可以用于品牌所有的产品，它们可以共享同一种联想。例如，海尔的“高品质、零缺陷和星级服务”的品牌形象造就了海尔冰箱、海尔洗衣机、海尔彩电、海尔空调、海尔电脑等全线品牌的优质品牌联想。此外，通过品牌延伸还可以增加品牌联想的力度，为更多的产品所共享。

3. 品牌联想的建立

任何一种与品牌有关的事情都能成为品牌联想。促使消费者产生品牌联想的因素有很多，如品牌名称、产品性能、包装款式、销售价格、销售渠道、广告促销和企业形象等。企业若要建立良好的品牌联想，就需要注意以下这些方面。

（1）把握品牌联想的关键因素。品牌态度是消费者对品牌的总体评价，它通常建立在品牌属性和品牌利益上。在选择品牌联想的关键因素时，我们应该重点关注品牌属性和品牌利益。

品牌属性，主要有品牌名称、产品价格、使用对象、品牌标志、品牌原产地等方面。

品牌名称。当消费者听到某个品牌名称时，先入为主的联想对一个品牌能否在市场竞争中站稳脚跟至关重要。同样是宝洁公司的洗衣粉品牌，定位于中高端的叫作“碧浪”，定位于普通消费人群的叫作“汰渍”。碧，既是一个颜色特征，也是一个清洁意蕴很浓的词语；浪，暗示着漂洗衣服时生起的小浪花。整个品牌名称非常富有意境，也符合目标消费群的消费特征。而汰渍则直接反映了“淘汰污渍”的基本功能，也符合一般消费者的沟通水平。一个好的品牌名称既要能够形象地反映品牌定位，又要能够引发目标受众产生一些有利、正面的联想。

产品价格。大多数消费者常常以价格高低作为判断产品质量优劣的标准。因此，当主要竞争品牌的知觉质量有较大差异时，就可用价格来影响消费者的知觉质量。如果品牌间价格相近，那么就要采取其他的定位途径以创造差异。事实上，价格战造成的两败俱伤是任何企业都不愿意见到的，因而企业也在寻找一种共赢模式。

使用对象。在使用对象上，许多品牌都希望与名人发生联系，因为名人经常能带来强烈的联想。中国移动集团“动感地带”产品就让“人气王”周杰伦用“我的地盘我做主”为口号来吸引年轻有个性的一代。

品牌标志。品牌标志是传达品牌特性的直接载体。为了更好地适应国际市场，联想启用英文新标志“Lenovo”，其中：“Le”取自旧标志“Legend”，有承继“传奇”之意；“novo”则代表创新，整个名称的寓意为“创新的联想”。

品牌原产地。一个国家或地区的自然环境、资源、文化和传统等因素与某些类别的产品品质之间联系得非常密切，因而品牌的原产地也会影响消费者的品牌联想。例如，我国新疆的葡萄干、景德镇的瓷器、苏杭的刺绣等，都会让消费者感觉更加正宗、更有品质。从国家地域来看，我们总是对法国的葡萄酒、时装和香水，德国的啤酒和高档汽车，日本的家电情有独钟。品牌将因这些联想把品牌与品质联系起来而获得良好收益。

品牌利益，可分为产品功能性利益、产品象征性利益和产品体验性利益三个层次。

产品功能性利益。产品功能性利益来自品牌产品的内在品质，使品牌的传播与某些特定产品类别牢牢联系起来，能更好地促进消费者的品牌联想，如“康必得治感冒，中西药结合疗效好”“车到山前必有路，有路必有丰田车”等广告语，通过描述产品功能促进消费者的联想。当一种类别中的竞争品牌太多时，我们还可考虑产品属性是否适合另一产品类别。如自行车除了具有城市代步功能，还有强身健体的功能。

产品象征性利益。它更多地来源于品牌的附加值，以及品牌个性带给使用者的情感利益与自我表达利益。消费过程不仅满足了人的基本需求，也是社会表现和社会交流的过程。如奔驰汽车的驾驶者和佩戴蒂芙尼珠宝的消费者都会感觉更加高贵。

产品体验性利益。如消费者在星巴克咖啡店购买的并不是“纯粹的”咖啡，而是一份难得的体验。

（2）选择品牌联想的传播工具。传播是创造品牌联想的核心方法，包装、广告语、形象代言人、促销和公共关系等是品牌联想传播的核心工具。

包装。美国杜邦公司有一个著名的“杜邦定理”，即 63% 的消费者是根据商品的包装做出购买决策的。俗话说“人靠衣装、佛靠金装、品牌靠包装”，说的也是这个道理。与高品质产品配套的无一例外都是高质量的精美包装。

广告语。广告语是品牌、产品、企业在市场传播中的口号、主张、理念、主题以及品牌定位。品牌的所有主张或服务承诺就是通过广告语来承载的，如动感地带的“我的地盘我做主”、百事可乐的“新一代的选择”等。这些常见的知名品牌广告语都在某种程度上交叉含有其他类型的含义，有口语化的趋势。具有穿透力、深度和内涵的广告语的传播力量是无穷的，也容易成为目标消费者的某种生活信条甚至是生活方式。优质的广告语所主张的价值理念与目标消费者的价值理念，应该是高度和谐与吻合的。

形象代言人。形象代言人是品牌的形象标志。代言人最能代表品牌个性，并诠释品牌与消费者之间的感情关系。经典案例是 1954 年世界杯足球赛，当时西德队穿着阿迪达斯发明的可以更换鞋底的足球鞋打败了世界强队匈牙利足球队。从此“阿迪达斯”蜚声体坛。阿迪达斯利用体育明星做广告，不仅送给他们产品，还不定期付给他们大笔现金，足球皇帝贝肯・鲍尔、拳王阿里、跳高名将哈里及一些网球巨星都是“阿迪达斯”的老主顾，甚至连大指挥家卡拉扬在指挥乐队时也穿阿迪达斯。阿迪达斯利用名人效应，使其销售额占到世界体育用品销售额的 60% 左右。

促销。促销的核心功能是为购买决策带来短期的刺激作用。它的一个明显的负面影响在于，过度运用促销往往会降低品牌的身价，适得其反地损坏品牌形象。但这并不是说促销不能建立或创造积极的品牌联想，关键是要选择恰当的促销手段，使它增加而不是削弱品牌价值。

公共关系。在创造品牌联想上，公共关系有时胜于广告。好的公共关系活动具有较高的可信度且吸引人，在处理品牌危机事件上更具有专门的功效。

（五）品牌忠诚

1. 品牌忠诚的含义

奥利弗定义品牌忠诚为"一种对偏爱产品和服务在未来持续重复购买和光顾的深深承诺，由此产生反复购买同一个品牌或一个品牌系列的行为，情境和营销力量的改变也不会改变其购买行为"。这个较为成型、普遍接受的品牌忠诚定义中，包括行为忠诚和态度忠诚两个方面。

2. 品牌忠诚的类型

按品牌忠诚的形成过程，品牌忠诚可以划分为认知性忠诚、情感性忠诚、意向性忠诚和行为性忠诚四种类型。消费者行为领域的学者认为，在消费者态度形成的过程中，消费者会首先收集相关品牌的信息（认知），然后对这些零碎而复杂的信息进行重新整理加工，接着对该品牌做出肯定或者否定的综合评估（感情评估），并在此综合评估的基础上产生某种行为意向。由此可知，品牌忠诚的形成过程是先有认知性忠诚，其次是情感性忠诚，再次是意向性忠诚，最后是行为性忠诚。

3. 品牌忠诚的资产价值

美国的一项调查结果表明，在许多产品和服务业中，如果企业能够将顾客对品牌的忠诚度提高 5%，该品牌产品或服务的利润就会相应提高 1%。所以，品牌忠诚是一项战略性资产，如果对它进行恰当的经营开发，它就能够为企业创造多项价值。品牌忠诚的资产价值分析如下。

（1）降低营销成本。留住老顾客比争取新顾客的成本低，主要有两个原因：一是降低直接营销成本。说服老顾客特别是品牌忠诚者购买本企业的产品比说服新顾客要容易得多，所需的相关的沟通、广告、推广费也大大减少。一般来讲，一个品牌吸引一个新消费者的费用是保持一个现有消费者费用的 4 ~ 6 倍。二是降低相对营销成本。本企业的品牌忠诚者是竞争品牌的新顾客，竞争者要说服本品牌忠诚者购买它们的产品需付出相当高的营销成本。为争夺本品牌忠诚者，竞争者的营销成本则要增加。相关统计研究显示：在汽车行业中，平均一个终生消费者可以为其忠于的品牌带来 14 000 美元的收入；在应用制造业，一个品牌忠诚者的价值超过 2 800 美元；地方超市每年可以从一个品牌忠诚者那里获得 4 400 美元左右的收益。

（2）增强渠道谈判力。销售拥有大量品牌忠诚者的品牌要比销售其他品牌容易得多，这种作用潜在地影响经销商的产品进出决策。在企业推出新的产品规格、种类或者延伸产品时，这种作用尤为重要。

（3）吸引新消费者。品牌忠诚意味着每一个消费者都可以是一个活广告。对于潜在的购买者和高关心度的商品，品牌忠诚可以使一个顾客成为一个品牌倡导者，把其优秀的广告和良好的使用经验变成口碑，口口相传，以吸引新的使用者。

（4）减缓竞争威胁。品牌如果拥有一批忠诚的消费者，则该品牌应对竞争产品攻击的能力会大大增强。因为忠诚的消费者一般对所选择的品牌有一种眷恋感，他们很难发生“品牌转换”。这就给竞争对手进入市场、增加盈利造成了较大的阻力。品牌忠诚还为企业争取了时间以应对竞争局势，竞争者开发的新产品在很大程度上促使企业对产品进行改进，而品牌忠诚的存在就给企业争取了改良产品的缓冲时间，以开发出更加卓越的产品对抗竞争者。

4. 品牌忠诚的测量

如果要对品牌忠诚进行更加深入的研究，以更好地指导企业制定相关营销策略、进行品牌建设的话，企业就有必要按照一定的标准对消费者的品牌忠诚进行量化。综合起来，测量方法大致有以下七类。

（1）消费者重复购买的次数。在一定时间内，消费者对某一品牌产品的重复购买次数越多，说明其对这一品牌的忠诚度越高；反之则越低。当然，由于产品的用途、性质、结构等因素会影响消费者的购买次数，因此在确定这一指标的合理界限时，要根据不同产品特征区别对待，不可一概而论。

（2）消费者做出购买决策所需的时间。消费者购买商品都要经过挑选的过程，但是由于品牌的熟悉程度、偏好程度等有所不同，不同消费者做出购买决策所需的时间往往也是不同的。通常，消费者的品牌忠诚度越高，做出购买决策所需的时间就越短；反之，忠诚度越低，做出购买决策所需的时间就越长。

（3）消费者对价格的敏感程度。事实表明，对于喜欢和依赖的品牌，消费者对价格变动的承受能力强，即敏感度低；反之，对于不喜欢或者依赖度不高的品牌，消费者对其价格变动的承受能力弱，即敏感度高。运用这一标准时需要综合考虑产品的必要性、供求状况和竞争程度三个因素。

（4）消费者对竞争产品的态度。消费者对某一品牌产品的态度发生变化，大多是由竞争品牌引起的。因此，根据消费者对竞争品牌的态度，可以从对立角度来判断其对某一品牌忠诚度的高低。例如，当竞争品牌降价促销或者推出品质更好的产品时，品牌忠诚度不高的消费者可能就要“移情别恋”了，而品牌忠诚度很高的消费者却能对其熟视无睹。

（5）消费者对产品质量的承受能力。任何产品都有可能出现由各种原因造成的质量问题，如果消费者对该品牌的忠诚度较高，当产品出现质量问题时，他们会采取宽容、谅解和协商解决的态度，不会因此而突然失去对它的偏好；如果消费者的品牌忠诚度较低，当产品出现质量问题时，他们会深深感到自己的正当权益受到了侵犯，极有可能产生反感情绪，甚至通过法律途径进行索赔。

（6）消费者的购买比例。通过对消费者购买的品牌数量进行排序可以确定忠诚度。例如，在一年中某一消费者购买了品牌 A、B、C，按比例排序依次为 70%、20% 和

10%，那么他最忠诚于品牌 A，忠诚度为 70%。

（7）消费者的口碑传播。忠诚的消费者往往会极力向亲朋好友推荐自己所忠诚的品牌。在社交媒体时代，社交媒体已成为消费者口碑传播的利器。

5. 品牌忠诚的建立

消费者对于某一品牌的忠诚度会受到诸多因素的影响，常常表现得变化无常。机会主义、追求多样化和自主需要等消费者特征都潜在地排斥品牌忠诚。企业只有深入了解消费者品牌忠诚度的变化规律才能因势利导，维持并提高消费者对自身品牌的忠诚。提高消费者品牌忠诚度的办法，就是设法加强他们和品牌之间的关系。高知名度、受到肯定的品质、强有力的品牌设计以及丰富的品牌联想等都有利于企业实现这个目标。因此，有效地提高品牌忠诚度可以从多个方面入手。

（1）超出消费者的期待。让产品超出消费者的期待，是争取众多消费者、培养品牌忠诚的有效方法。品牌忠诚往往体现在消费者对产品的重复购买上，可是要保持较高的重复购买率，没有高水平的售后服务是办不到的。良好的售后服务是企业接近并取得消费者依赖最直接的途径。IBM 公司的经验表明，如果企业能迅速且妥善解决产品在售后所发生的问题，那么消费者的满意度会比没有发生问题时更高。这能够使“回头客”不断增加，市场份额不断扩大。

（2）加强消费者关系管理。企业加强消费者关系管理可以采用诸多方法。

方法一：建立常客奖励计划。对经常购买本企业品牌的消费者给予一定程度的让利，是留住忠诚消费者最直接且有效的办法。它能使消费者感觉自己的忠诚得到了企业的认可和回报。例如，许多零售商为经常在本商场购买产品的消费者累积分数，达到一定分数便给消费者折扣或者奖励，此举维护了大量的常客。

方法二：成立会员俱乐部。采用会员俱乐部的促销方法，能不断加强品牌与忠诚消费者的关系。与常客奖励计划相比，会员俱乐部能让消费者有更高的参与感，使消费者与品牌不间断地、长期地发生联系。在会员俱乐部中各会员还可以相互交流、沟通、分享有关品牌的信息，核心忠诚会员可进一步带动其他消费者的忠诚。如参加“任天堂欢乐俱乐部”的孩子会定期收到刊物，享有电话热线咨询服务，他们几乎是任天堂的超级忠诚消费者，也是任天堂崛起的最大本钱。和“常客奖励计划”一样，会员俱乐部也能让忠诚消费者感觉自己被重视。

方法三：建立消费者数据库。强化品牌与消费者的关系，需要掌握消费者的需求及其变化。企业可以通过数据库资料，保持与消费者的沟通，进行个性化营销。例如，了解消费者对本企业产品的看法，征求他们对产品的改进意见，及时向消费者传递新产品信息等，有条件的企业还可以进行定制营销。在网络经济时代，与消费者的一对一沟通，不仅可能而且必须。现代消费者的生活正向着个性化和多样化发展：一方面，人们在日常生活的各个领域都有着强烈的自我意识，人们试图通过自我表现来向他人展示自己某一方面的能力，希望通过品牌消费表现出独特的个性和品位；另一方面，消费者行为也向着多样化发展，生活成为一个剧场，多数人渴望借助一定的道具步入舞台从而体验另一种生活，消费者的生活越来越具有多变和感性的色彩。此外，建立消费者资料库，有助于前述两种计划更好地实施。

（六）附着在品牌上的其他资产

与品牌资产相关的还有一些专门的、特殊的财产，如专利和专有技术等。这些专门的财产如果很容易转移到其他品牌产品上，则它们对增加品牌资产所起的作用就很小；反之，则成为品牌资产的有机构成。

专利竞争是国际企业竞争的战略制高点。它既是企业的进攻手段，也是企业的防御工具。“产品未动、专利先行”已是跨国公司谙熟的竞争策略。在知识经济时代，唯有善用专利，才能完全发挥公司价值。中国的企业应该站在战略的高度，致力于对专利技术的研发和吸收，并制定应对措施，避免在竞争格局中四处碰壁。

技术可以分为两类：基础性技术和专有技术。专有技术能够被一家公司拥有，例如，一家制药公司可以拥有某种药品配方的专利权。只要专有技术受到保护，它就可以成为长期竞争优势的基础，使得公司从中获得比竞争对手高的利润。100 多年以来，“可口可乐”的神秘配方一直是商业机密。这种神奇的药水勾起了人们无限的遐想，这对“可口可乐”品牌的个性形象产生了积极的影响，配方的价值也自然地融入“可口可乐”品牌之中。

品牌案例11-4

专利纠纷案背后，我们看到了什么

之前，爱立信与小米的专利之战打得沸沸扬扬。最终，印度法院只授予小米公司临时许可，在每台手机预缴 100 印度卢比专利使用费的前提下，可继续在印度销售配置高通芯片的手机。然而，雷军并没有把这件事放在心上。“我认为专利战几乎就是手机行业拳王争霸战的一部分。只要去看苹果每年被起诉了多少回，三星被起诉了多少回，苹果和三星打了多少回官司，就会知道专利战就是整个智能手机的游戏规则。世界巨头起诉我们，证明我们的规模已经进入这个圈子了。”雷军说。

据《光明日报》报道，近年来，互联网极大提高了企业创新的速度和效率，许多企业借助互联网思维，将各种信息技术进行优化、集成创新，获得了极大成功。小米作为刚做手机短短几年的新兴公司，就已经获得了中国市场份额第一的好成绩，被认为是互联网集成创新的典范。在专利领域，小米不得不说是跌了个大跟头。

“目前不只是手机行业，在打印机、移动通信、LED 等应用技术领域，国外大企业手中集中了大量芯片、底层协议、操作系统等领域的基础专利。这对中国企业，尤其是靠互联网思维集成创新的企业，构成了强大的技术壁垒。中国企业一旦走入国际市场，

就侵犯了它们的专利，要么交付大量专利使用费，要么面临专利侵权诉讼。”上海大学知识产权学院院长陶鑫良教授分析说。

据美国《经济学人》杂志报道，在美国，专利申请已经变得夸张和黑暗。你不会相信软件工程师们都在对什么申请专利，甚至连个小小的滚动条都有专利。乔布斯甚至大张旗鼓地给 iPhone 的圆角设计申请了专利。这些让新兴的科技公司步履维艰。

利用别人研发的技术，就得支付专利许可费用，这是世界通行的商业规则，中国企业必须树立起坚定的专利意识，按规矩办事。而那些拥有大量专利的公司是否也应该反思一下获取专利的实际意义？专利的初衷是保护创新、促进创新，而不是阻碍创新。连苹果、三星、爱立信这样的已经成长起来的“大牛”都经历过专利战的黑暗岁月，而专利战俨然已成为行业常态，这是我们愿意看到的场景吗？专利不应该成为商业竞争的工具，不要忘记专利法设立的本意。

资料来源：中国经济网，http://tech.ce.cn/news/201501/09/t20150109_4303678.shtml。

第三节 品牌资产的特征

品牌资产作为一项重要的无形资产，是企业资产负债表中重要的核算对象。加深对品牌资产特征的理解，有助于核算品牌资产。

一、无形性与附加性

品牌资产是一种无形资产，它不同于厂房设备等有形资产，无法凭眼看用手摸。品牌资产的这一特性，增加了人们直观把握的难度，特别是准确评估其价值的难度。从所有权角度看，品牌资产作为一种财产权，由其无形性决定，它与有形资产存在差异。

1. 品牌资产所有权一般经申请获得

有形资产通常是通过市场交换方式取得的，而品牌资产权一般经由品牌使用人申请品牌注册再由注册机关按法定程序确定其所有权。品牌资产的使用价值具有不重复性，即不可能出现两个使用价值完全相同的品牌资产。企业对该品牌资产的使用价值拥有独占权和独享权，其他企业如要占有或使用该品牌资产的使用价值，只有通过该企业转让品牌资产的所有权或使用权来实现。

2. 品牌资产的使用价值具有依附性

品牌资产的使用价值没有独立存在的实体，只有依附于某一实体才能发挥作用。品牌只有和企业的生产经营活动结合起来，与企业向市场提供的产品和服务结合起来，才能实现其使用价值。当品牌与企业及企业的产品和服务有机结合在一起的时候，品牌资产就会将自身的使用价值内化于产品和服务中，实现其经济价值。

3. 品牌资产是一种附加价值

品牌资产意味着赋予产品一种附加价值，是品牌持有者在销售方面为品牌所做长期投资的结果。这种投资所带来的收益是多方面的，比如较高的忠诚度、较好的营销效果、得到更多的企业合作和支持、对竞争对手的销售行为具有较强的抵抗能力、对市场危机具有较强的应变能力，以及企业的顾客对产品价格的上升有较强的承受力等。正如美国经济学家威德仑所说，“顾客就像工厂和设备一样，也是一种资产”。品牌忠诚是消费者对品牌感情的量度，能反映出一个消费者转向另一个品牌的可能程度。以品牌忠诚为目标的营销是 20 世纪 90 年代中期以来西方营销学的热点话题。为了保持利润的持续增长，公司的目光要从市场占有率的数量转向市场占有率的质量，而这必须通过建立和巩固品牌忠诚来实现。

品牌案例11-5

中国联通启动品牌换标，强调“智慧”和“创新”

品牌 Logo 是品牌视觉资产的重要组成部分，它以自身的独特性与其他品牌产生区分，以充分的辨识度使受众可以在第一时间联想到它所代表的企业或产品，传达出品牌想要表达的核心信息。品牌 Logo 并非一成不变，为人关注的大企业更换 Logo 时都会引起受众的热议。通常换 Logo 的核心意义在于表达公司核心战略的调整和全新的品牌形象，当然最最实在的是让用户认可，提升品牌价值。

2020 年 9 月 22 日，中国联通和 15 家省分公司联合举行换标发布会，中国联通提出了全新的品牌定位“创享有温度的智慧生活”，中国联通品牌标语焕新为“创新，与智慧同行”。

据介绍，中国联通全新的品牌定位“创享有温度的智慧生活”，强调为客户提供更温暖的智慧体验，创造更便捷、更个性化的美好生活目标，同时以智慧赋能多个行业，与合作伙伴共同营造价值共享的新生态。

中国联通品牌标语焕新为“创新，与智慧同行”。这体现了中国联通坚守的核心基因“创新”，以“智慧”展现共创、共享的品牌精神，通过与你我一路“同行”体现充满人文关怀和有温度的品牌形象。针对各大用户群体及生态平台，中国联通提出了以“智慧同行”为信念的“联通你我”“乐享生活”“创新赋能”等全新品牌承诺。

此外，中国联通将品牌 Logo 配色升级为新科技红，并以原 Logo 为基础，提炼出三个富有寓意的图形元素，更加具象地表达品牌理念。

上海联通副总经理邓玄在会上致辞称，中国联通高度重视品牌在企业发展中的引领作用和价值，以品牌战略引导并推动数字化转型，全面启动品牌焕新工程，纵深推进品牌建设工作，将塑造一个人性化的、有温度的、接地气的、具有人文精神的世界一流央企品牌，为广大消费者创造高价值服务，为行业客户提供发展新动能，与合作伙伴共同打造相互促进的生态系统，以品牌焕新为新的起点，用全新的姿态拥抱智慧未来。

据介绍，中国联通将9月22日定义为中国联通品召日，未来每一年的这一天，中国联通都会开启品牌主题活动。2020年，中国联通结合用户智慧生活需求，推出了4大类专属优惠活动，包括：用户升级5G，就可享受PLUS会员精选权益；办理金融分期换机，就能以优惠的价格购买最新款5G手机；畅享“三千兆”流量体验，出门用千兆5G，进门用千兆宽带、千兆WIFI；选择沃家组网服务，由智慧家庭工程师上门提供一对一专业组网服务，为全屋智能贴心护航。

资料来源：澎湃新闻，https://www.thepaper.cn/newsDetail_forward_9289381。

二、特殊性与复杂性

品牌资产在构成与估价上存在着特殊性与复杂性。品牌资产反映的是一种消费者关系，而消费者关系的深度和广度是通过品牌知名度、美誉度、忠诚度和品质形象等多方面反映的。所以品牌资产在构成上是非常特殊的。这里将品牌资产分成不同部分单独考察，只是一种理论上的分法，目的是更好地认识和理解这一资产。实际上，以上各个部分是互相影响、彼此交错的，任何单独的部分都难以与其他部分截然分开。品牌资产的价值由成本价值和增值价值两部分构成，且其市场价值并不取决于成本价值。

1. 品牌资产的成本价值

成本价值由企业投入的与品牌资产形成直接或间接相关的各要素的价值构成，包括直接费用和间接费用两部分。直接费用是指企业创建品牌资产过程中发生的、能够对象化的费用，比如品牌名称和标识的设计费、品牌商标的注册费和品牌的广告费等。直接费用的显著特征是能够对象化和量化，它和创建品牌资产的若干活动的对应关系是直接的、明确的，费用金额也是明确的；间接费用则是指企业为提高产品质量而发生的费用，比如企业开拓市场的费用、宣传企业形象的费用和产品售后服务的费用等。对企业来说，品牌是企业产品或服务的组成部分，应该负担产品或服务的一部分成本。间接费用虽然不是直接为品牌资产发生的，但确实可以增加品牌资产的价值。品牌资产的价值有很强的吸纳功能，在企业发生生产经营费用时，品牌资产可以自觉地增加价值而丝毫不影响经营活动的收入费用关系。

2. 品牌资产的增值价值

品牌资产的价值不仅包括政治经济学意义上的价值，即上述成本价值，还包括增值价值。增值价值是品牌资产与有形资产的一个明显区别。品牌资产价值中超过成本价值的部分即其增值价值。品牌资产的增值价值由其使用价值决定，与使用价值成正相关关系。使用价值越高，增值价值越多，反之亦然。因为存在增值价值，所以品牌资产的市场价值与成本价值没有必然联系。这正是品牌资产的市场价值并不取决于其成本价值的原因所在。

三、长期性与累积性

1. 品牌资产形成上的长期性

如果从长期顾客关系的角度考察，品牌资产的发展是一个不断演进的过程。品牌从无名到有名，从不为人知到广受消费者青睐，其间无不伴随着企业的长期投入。无论是品牌知名度的提高、品牌品质形象的改善，还是品牌忠诚度的增强，均不是一朝一夕完成的。所以说，品牌资产是企业长期投入人、财、物的沉淀与结晶。世界 100 强的许多品牌在市场上已经存在了 25 ~ 50 年，甚至更长。品牌资产如同经济资产一样，是随时间而建立起来的。

2. 品牌资产形成上的累积性

品牌资产价值的形成，不像有形资产的价值是一次完成的，而是要经历一个从无到有、从少到多的逐步累积、逐步增值的过程。它的成本价值中，除品牌的注册费用和设计费用是一次性投入以外，其他直接费用和间接费用都是多次投入的，每增加一次投入就会相应增加它的成本价值。同样，提高品牌资产的使用价值是一个累积的过程，因而其增值过程也存在一个累积过程。一般来讲，企业累积品牌资产的途径和方法大致有以下三种：全面质量管理及质量标准导入、CS 战略导入和 CI 战略导入。其中，全面质量管理及质量标准是企业和产品品牌累积最根本的途径和方法，而且贯穿于企业生产、管理和销售等全部环节中。CS 战略由于其考虑问题的起点是消费者，需要建立消费者满意的系统。故而从经营理念上讲，CS 战略更能彰显以人为本、以消费者利益为重的真诚，更能体现企业深刻的文化内涵。CI 战略注重的则是企业外部形象的塑造，在一定意义上很难摆脱“推销”的色彩，导入 CI 可以创造或累积品牌，但不等于导入 CI 就能使品牌成为名牌。对企业品牌资产的累积而言，上述方法尽管角度有所不同，但从实际的市场运作来看，都可以收获良好的效果。企业必须从文化、经济以及经营整体过程的视角来审视这些战略方法，并将它们有机地结合在一起，协同操作，进而使其品牌资产的价值得到不断累积。

四、投资与利用的交叉性

品牌资产在投资和利用方面存在着明显的交叉性，不同于有形资产投资与利用是泾渭分明、存在明显界限的。品牌资产的投资与利用通常是交错在一起，无法截然分开的。例如，广告投资可以视为品牌投资，这种投资部分转化为品牌资产，部分促进产品的当前销售，而当前销售的增加既和当前的广告投入有关，又和品牌资产的存量有关。所以，广告促进产品当前销售的过程，同时也应该视为品牌资产利用的过程。总体而言，品牌投资能够增加品牌资产的存量，品牌利用会减少品牌资产的存量。但是，如果管理得当，品牌资产不仅不会因利用而减少，反而有可能增加。一些企业在品牌大获成功后，不失时机地将其延伸到其他产品上，品牌影响力不但没有下降，反而有所提升。

五、价值的波动性

品牌资产的价值并不是一成不变的，它会随着时空变化而波动。品牌资产的价值随时间变化而变化的原因有以下两方面：一方面，品牌资产的价值是一边累积一边使用、一边使用一边增加的，价值所具有的累积性使它的价值不断变化；另一方面，品牌资产的价值会产生无形耗损，如企业信誉下降、市场竞争失败、品牌宣传不力、不公平竞争等情况都会导致品牌使用价值的降低。品牌资产的价值也受空间因素的影响。品牌总是表现为一定空间范围内的品牌，脱离了一定的范围，品牌资产的使用价值就难以实现，在 A 地是知名品牌，在 B 地可能就是非知名品牌或一般品牌，即使是全球知名品牌，在不同国家、不同地区，其知名度和影响力也有所不同。

第四节　品牌资产的评估

一、品牌资产评估的意义

品牌资产是企业重要的无形资产，这种附加的价值来源于品牌对消费者的吸引力和感召力，在市场竞争中发挥着越来越大的作用。

1. 加深有关品牌资产的认识

品牌资产是一种无形资产，不像厂房、机器设备一样直观可感，而是难以直观把握的，因此给人带来一种神秘感和抽象感。如果要消除这种不确定的感觉，除了对品牌资产的构成、来源等有清楚了解外，还需要从数量上对品牌资产的大小做出估计。不管何种资产，如果缺乏数量上的界定，将使人们对其认识和了解造成影响，从而导致在使用过程中不知道如何操作，使企业对品牌资产的把握流于空洞。

2. 更全面地反映企业的经营业绩

品牌资产既是过去经营成果的沉淀，又能够为企业创造未来收益。在今天的企业经营活动中，品牌等无形资产在企业资产中的比重不断上升，甚至超过有形资产。在这种情况下，仍然单一地用传统财务报表反映企业经营情况是不全面的。进行品牌资产评估、把品牌资产的价值纳入会计报表，能更全面、更真实地反映企业的经营业绩。然而，目前很少有企业把公司的品牌资产纳入会计报表，人们在利用品牌资产衡量经营业绩时更多是在企业内部纵向进行的，主要原因在于品牌资产自身具有一些较复杂和抽象的特点。

学术界对如何衡量和评估品牌资产还存在很多争议，公认的测评程序也尚未成型。不过，随着人们深入认知品牌资产，一个相对稳定和科学的测评系统有望出炉。

3. 有利于企业间品牌资产的交易

品牌本身是可以转让的，因此当企业间发生兼并、收购或租赁时，交易双方对品牌资产的评估必然非常重视。如果被兼并、收购或租赁企业的价值在评估时，品牌资产作为无形资产的重要部分被疏漏或低估，无疑会损害股东的利益。这也是品牌资产评估方法研究的一个重要促进因素。

另外，各公司品牌资产评估结果的排行榜，无疑是对公司的一种激励与鞭策，优秀公司的品牌资产也会得到升值。北京名牌资产评估事务所从 1995 年开始对中国最有价值品牌进行了跟踪评价，评估结果每年在《中国质量万里行》杂志上公开发表，它的排名结果会对中国的消费者产生重要的影响。

二、品牌资产评估的方法

对现有品牌资产进行量化评估，首先需要对品牌资产进行概念界定。目前学术界对品牌资产的理解和认识存在分歧，这导致品牌资产评估产生了多种模型和方法。正如美国营销学者威廉姆·韦尔斯（William Wells）所言："对品牌资产的研究就像盲人摸象，不同的人受制于个人背景、出于不同的目的，赋予品牌资产不同的含义并采用不同的评估方法。"

目前存在的品牌资产评估方法，多是广告公司、市场研究公司、品牌资产专业机构等根据各自对品牌资产的理解而设计的概念模型。接受度较高的量化评估方法有两类：会计方法和市场基础评价法。会计方法着重于使用客观财务数据，通过相关的会计报表、档案、文件等，体现品牌资产的交易价值；市场基础评价法则是基于消费者调查、股市业绩考察等统计数据，通过识别相关参数，用一定的模型来计算并体现品牌资产内在价值的一种评估方法。这两类方法反映出看待品牌资产内涵的不同角度。具体到操作层面，又受到不同评估目的的影响。例如，并购财务的需求、品牌管理的需求、市场竞争及战略的需求等。

（一）会计方法

1. 历史成本法

评估品牌最直接的方法莫过于计算历史成本。历史成本法是直接依据企业品牌资产的购置或开发的全部原始价值进行估价。最直接的做法是计算对该品牌的投资，包括设计、创造、广告、促销、研发、分销、商标注册，甚至专属创建该品牌的专利申请费等一系列开支。例如，宝洁公司曾聘请各路专家历时数年，从众多候选名字中经反复斟酌才确定“潘婷”这个亲和力极强的名字，且投入高额经费用于推广，耗费巨资打响该品牌。

事实上，一个品牌的成功归因于公司各方面的配合，我们很难计算出真正的成本。因为我们已经把这些费用计入了产品成本或期间费用，怎样把这些费用再区分出来是一件颇费周折的事情。即使可以，历史成本法也存在一个大问题，即它无法反映现在的价值，因为它没有考虑过去投资的质量和成效。使用这种方法容易高估失败或较不成功的品牌的价值。

2. 重置成本法

如果品牌资产估价时无法以历史成本作为计价依据，那么可以采用重置成本法。重置成本法，是通过重新建立与某一特定品牌影响力相匹配的新品牌所需的费用估算该成名品牌资产量的大小的一种方法，计算公式是

$$V = C \times K$$

式中，V 表示品牌价值；C 表示品牌所在行业的新品牌平均开创费用或平均重置开创费用；K 是该品牌的成本因子或系数。

第一步，计算 C。品牌开创费用是指产品导入市场阶段所支出的广告、宣传等营销费用，以及注册、保护品牌的有关法律费用。估计平均品牌开创费用时，除了考虑近年内新导入市场并取得成功的品牌的平均实际开创费用外，还应根据行业或产品风险程度，估计新品牌在市场上获得成功的可能性。例如，某一行业新品牌平均开创费用是 500 万元，而新品牌的市场成功率为 50%，那么该行业新品牌重置的平均开创费用或成本应为 1 000（= 500 ÷ 50%）万元。

第二步，确定 K。成本系数要根据品牌或产品市场占有率来确定，也可以依据品牌知名度来确定，或者综合两者。下面仅对以产品市场占有率为依据确定成本系数的方法进行简要叙述。

假设在某一市场上，市场占有率在 5% 以上者为成功品牌，符合该标准的品牌总数有 10 个，那么它们总的市场份额为 60%，而品牌平均市场占有率是 6%。现有某一品牌，其市场占有率为 30%，则该品牌的成本系数为 5，即成本系数 = 被评估品牌市场占有率（30%）/ 成功品牌平均市场占有率（6%）=5。

3. 股票价格法

这种方法由美国芝加哥大学西蒙（C. J. Simon）和沙利文（Sullivan）提出，适用于上市公司的品牌资产评估。该方法以公司股价为基础，将有形资产与无形资产分离，再从无形资产中分解出品牌资产。具体做法如下。

第一步，计算公司股票总值 A，这可以通过股价乘以总股数获得。

第二步，用会计上的重置成本法计算公司的有形资产总值 B，然后用股票总值减去有形资产总值，即得到公司的无形资产总值 C（$=A-B$）。无形资产可以分解成三个部分：

品牌资产 C_1、非品牌资产 C_2 以及行业外可以导致垄断利润的因素 C_3（如政府管制、产业集约化等）。

第三步，确定 C_1、C_2、C_3 各自的影响因素。

第四步，建立股市价值变动与上述各影响因素的数量模型，以估计不同因素对无形资产的贡献率。然后，在此基础上得出不同行业中品牌资产占该行业有形资产的百分比 β。由 $C_1=B\times\beta$ 可得出品牌资产的价值。

股票价格法所得出的是公司各品牌资产的总值。因此，这种方法尤其适用只有一个品牌或虽然有多个品牌但仅有一个著名品牌的企业。

4. 未来收益法

未来收益法是通过估算未来的预期收益（一般是“税后利润”指标），并采用适当的贴现率折算成现值，然后累加求和，以确定品牌价值的一种方法，又称收益现值法。它是目前应用最广泛的方法，因为对于品牌所有者来说，未来的获利能力才是真正的价值，而该方法正是试图计算品牌的未来收益或现金流量。未来收益法通常是根据品牌的收益趋势，以未来每年的预算利润加以折现。具体而言，先制订业务量（生产量或销售量）计划，然后根据单价计算收入，再扣除成本费用计算利润，最后折现相加。该方法的主要影响因素包括超额利润、收益期限和折现系数或本金化率。在对品牌未来收益的评估中，有两个相互独立的过程：一是分离出品牌的净收益；二是预测品牌的未来收益。

未来收益法计算的品牌价值由两部分组成：一是品牌过去的终值（过去某一段时间内发生收益价值的总和）；二是品牌未来的现值（将来某一时间段内产生收益价值的总和）。其计算公式为相应两部分的相加。

未来收益法存在的问题也不容忽视，主要有三点：其一，它在预计现金流量时，虽然重视了品牌竞争力的因素，但没有考虑外部因素的变化，无法将竞争对手新开发的优秀产品考虑在内，而且我们无法将被评估品牌的未来现金流量从该企业其他品牌的现金流量中分离出来，因为它们共享一个生产和分销资源；其二，贴现率和时间段选取的主观性较强；其三，在目前情况下，尚不存在评估品牌的市场因素。

（二）市场基础评价法

1. 溢价法

溢价法是通过计算消费者由于使用某一品牌而愿意额外支付多少货币来确定品牌价值大小的一种资产评估方法。用溢价法评定品牌价值，首先要确定品牌的溢出价格，即经常不使用品牌或经常使用竞争品牌的情况下，消费者为选择该品牌愿意支付的额外货币。通过消费者调查可以获得相关数据。例如，为了获得“云南白药”品牌的溢出价格，可以就同一产品询问消费者在使用该品牌和不使用该品牌的情况下愿意支付的货币数量，两者的差额就是“云南白药”的溢出价格。溢出价格乘以当年该产品的销量，即可得到该品牌当年创造的价值。当年价值除以行业平均投资报酬率，可获得该品牌的总价值。仍以“云南白药”为例，若调查发现，该品牌溢出价格为0.3元/支，当年产品销售量为2亿支，而行业平均投资利润率为20%，则“云南白药”品牌总价值为3（=0.3×2÷20%）亿元。

需要注意的是，由于企业在不同年份的产品销售量可能会因经济波动而有较大不同，我们需要以过去3～5年的年均销售量为基数，确定品牌平均每年创造的价值，再以这3～5年的行业平均投资利润率为除数，获得该品牌的资产总价值。

2. 消费者偏好法

消费者偏好法是通过市场调查，了解在使用某一品牌与不使用该品牌的情况下，消费者的产品态度或购买意向是否存在差别，然后将这种差别与产品的市场份额联系起来以评估品牌价值的方法。采用这种方法可以确定某一年度或某一时期该品牌所创造的利润，再用该利润除以该时期行业平均投资利润率，即可获得品牌资产总价值。

消费者偏好法的困难在于如何确定消费者偏好或品牌态度与市场份额的依存关系，即消费者品牌态度或购买意向每增加一个百分点，该品牌或该产品市场份额相应将有多大变化。为此，需要从时间序列角度系统收集产品所在行业主要品牌的有关数据，包括品牌的市场份额和消费者的购买意向这两方面数据。在此基础上建立经验模型，找出购买意向与市场份额两个变量的经验关系。因此，总的来说，采用消费者偏好法评估品牌资产所需时间较长、费用较高。

3. 英特品牌集团评估法

英国的英特品牌集团（Interbrand Group）是世界上最早研究品牌评价的机构，它以严谨态度和科学指标建立的评估模型在国际上具有很高的权威性。下面介绍英特品牌评估模型。

（1）计算出品牌带来的纯利润。计算品牌纯利润分为三步：首先，估计品牌所在行业的资本产出率；其次，假设一个没有品牌的普通产品的资本利润率；最后，计算出品牌的纯利润。例如，吉列剃须刀的销售额为26亿美元，营业利润为9.61亿美元。根据产业专家估计，在个人护理业，吉列品牌的资本产出率为38%。首先，算出品牌的税前利润。吉列所需的资本额为9.88（=26×38%）亿美元。然后，假设一个没有品牌的普通产品的资本净利润率为5%（扣除通货膨胀因素），9.88亿美元×5%=0.49亿美元。从营业利润9.61亿美元中减去0.49亿美元，就是吉列品牌的税前利润9.12亿美元。再次，确定品牌的净收益，为防止品牌价值受经济波动影响，采用过去两年税前利润的加权平均值，且最近一年的权重是上一年的2倍，计算得出税收为3.37亿美元。最后，从税前利润中减去税收，即5.75（=9.12–3.37）亿美元，吉列品牌的纯利润为5.75亿美元。

（2）确定品牌强度倍数。品牌强度倍数主要由七个因素决定，但是各个因素的权重有所不同（见表11-1）。

表 11-1 品牌强度评价因素的权重

评价因素	含义	权重（%）
领导力	品牌的市场地位	25
稳定力	品牌维护消费者特权的能力	15
市场力	品牌所处市场的成长和稳定情况	10
国际力	品牌超越地理文化边界的能力	25
趋势力	品牌对行业发展方向的影响力	10
支持力	品牌所获的持续投资和重点支持程度	10
保护力	品牌的合法性和受保护的程度	5

品牌强度倍数由上述七个因素按各自权重加权得出。英特品牌集团利用专家评价法，对这七个因素进行打分，然后乘以权重，得到品牌的强度倍数。强度倍数越大，品牌的预期获利年限就越长。作为个人护理业的一个知名品牌，吉列得到的强度倍数值为17.9。根据计算品牌价值的公式，可计算出吉列的品牌价值约为 103（≈ 17.9 × 5.75）亿美元。

4.《金融世界》评估法

美国《金融世界》（*Financial World*）杂志从 1992 年起对世界著名品牌每年进行一次跟踪评估，所使用的方法与英特品牌集团评估法大同小异，主要不同之处是《金融世界》更多地以专家意见来确定品牌的财务收益等数据，强调品牌的市场业绩。《金融世界》的评估结果曾在很长一段时间被各大媒体转载公布，具有广泛的影响力。具体步骤如下。

（1）首先从公司销售额开始，基于专家对行业平均利润率的估计，计算出公司的营业利润。然后，从营业利润中剔除与品牌无关的利润额，如资本收益额（根据专家意见法估计出资本报酬率）和税收，最终得出与品牌相关的收益。

（2）根据英特品牌集团评估法的品牌强度模型估计品牌强度系数，范围为 6 ~ 20。

（3）计算，品牌资产 = 纯利润 × 品牌强度系数。具体计算过程如表 11-2 所示。

英特品牌集团和《金融世界》杂志自 20 世纪 90 年代以来长期从事品牌资产评估工作，其评估结果具有较强的权威性和通用性。特别是在品牌收购、兼并或租赁等情况下，这两种方法可作为有益参考。

表 11-2 《金融世界》品牌资产计算方法　　（单位：亿美元）

步骤	项目	公式	万宝路	可口可乐
（1）	销售额		154	90
（2）	利润率	（行业）	22%	30%
（3）	利润	（1）×（2）	34	27
（4）	资本比率	（行业）	60%	60%
（5）	理论资本	（1）×（4）	92	55
（6）	一般利润	（5）×5%	4.6	2.7

（续）

步骤	项目	公式	万宝路	可口可乐
（7）	品牌利润	（3）–（6）	29	24
（8）	修正利润	三年加权	—	—
（9）	税率	（行业）	43%	30%
（10）	理论纳税	（8）×（9）	12	7.3
（11）	纯利润	（7）–（10）	17	16.7
（12）	强度系数	6 ~ 20	19	20
（13）	品牌价值	（11）×（12）	323	334

5. 北京名牌资产评估事务所评估法

北京名牌资产评估事务所从1995年开始对我国的一流品牌进行评估，其参照英特品牌集团的评估模型，根据中国的实际情况，建立起中国的品牌评价体系。该机构是1995年2月经国家国有资产管理局批准成立的、直属中国资产评估协会管理的、有资格在全国范围内进行整体资产、土地、房屋、设备等各类有形资产和品牌、商标、专利、特许权、营销网络、策划项目、人力资源等各类无形资产评估的专业评估机构，在全国评估界中享有极高的影响、地位和信誉。该评价体系以英特品牌模型的七个因素为框架，再增加品牌市场份额、品牌的超值创利能力、品牌的出口能力、商标是否具有广泛的法律效力和不断投资的支持、品牌超越地理和文化边界的能力等。综合所有因素，归纳为三个评价指标：品牌的市场占有率（M）、品牌的超值创利能力（S）以及品牌的发展潜力（D）。这三个指标的权重各不相同，分别为4、4、3（不同行业，略有调整）。此项品牌价值评价公式可简单表述为$P = M + S + D$。其中，P代表品牌综合价值。

第五节　品牌资产的保护

拥有良好的品牌资产是企业一项重要的无形资产，它可以给企业带来丰厚的利润，是企业的一笔巨大财富。当企业辛辛苦苦创立了品牌甚至是名牌后，切不可认为此后便可高枕无忧了。除了经营管理上的失误会影响品牌资产的价值外，竞争品牌的崛起和假冒产品的出现都有可能造成品牌贬值。品牌资产作为企业的一项无形资产，需要持之以恒地予以呵护。

一、品牌资产的法律保护

法律保护是品牌资产保护的最主要途径。法律保护具有权威性、强制性和外部性。法律保护的主要内容是品牌的注册商标。商标权法律保护的内容包括受到商标法保护的商标名称、图形及其组合。

（一）商标权的基本特征

商标在法律上的权利包括商标使用权、转让权、专用权、继承权和法律诉讼权等，其中最主要的是专用权。商标专用权也称商标独占使用权，即注册商标的所有人有权在核定的商品上使用其注册商标，同时可以禁止其他人在未经许可的情况下使用该注册商标。商标专用权是商标法权最基本也是最主要的内容。没有商标专用权，商标权也就失去了存在的意义。商标权的基本特征主要有以下几点。

1. 商标权的确立或获得

商标权不像有形资产那样是通过市场交换获得的，而是国家依法授予的。对商标权的占有实际上是一种法律上或名义上的占有，商标所有人不可能像一般财产所有人那样把商标这种财产置于自己的直接控制下，实现真正的占有。正因为如此，相比有形财产权，商标权更容易遭受侵害。商标权遭受侵害时，损害的是注册商标的信誉，这种损害是看不见摸不着的。因此如何给予被侵害方以赔偿及赔偿额的确定，远比一般侵害要复杂和困难。

2. 商标权的专用性

商标权的专用性又称独占性或垄断性，它有两方面含义：一是指在同一国家，同一商标只能由某一企业或个人在指定商品上注册并归其所有，不能为多方所有；二是指商标获准注册后，注册商标所有人具有独占使用权。

3. 商标权的地域性

商标的地域性是指在一国核准注册的商标，只在该国是有效的，对其他国家不发生效力。也就是说，经过一个国家注册的商标，仅在该国法律管辖的范围内受到该国法律的保护，其他国家对这一商标权没有保护义务。

4. 商标权的时效性

商标权在法定时间内受到法律保护。这一时间称为注册商标的有效期。我国商标法规定的有效期为 10 年。有效期满后，商标权利人可以按法定程序进行“续展”。依法获得续展的商标，每次续展的有效期也是 10 年，并且可以无限地续展下去。

（二）商标注册的原则

一般来说，企业进行品牌商标注册，应坚持以下几个基本原则。

1. 提前注册、及时续展

为了获得法律的保护，商标必须依法注册。通过注册获得商标权，特别是商标专用权，是寻求法律保护的前提和基本保证。过去我国企业由于商标注册不及时而被国内同行或外商抢先注册的事件屡屡发生，迫使企业或花重金买回属于自己的品牌，或改名换姓，为再创声誉付出了高昂代价。值得注意的是，我国商标注册审批程序复杂，审批时间较长，这就要求企业在注册时间的选择上坚持提前注册的原则，即产品生产出来之前就申请商标注册。同时，企业还必须注意商标的时效性，商标权超出法律规定的有效期限就不再受法律的保护，这就要求企业要设立科学的、完善的商标档案，配备熟悉商标知识和商标法规的管理人员，在规定期限内及时进行商标续展。

2. 全方位注册

全方位注册的原则是指纵向注册与横向注册、国内注册与国际注册、传统注册与网上注册相结合，并注重防御性商标的注册。例如，娃哈哈集团为了有效地防止其他企业模仿或抄袭自己的品牌，在“娃哈哈”之后，又注册了“娃娃哈”“哈哈娃”“哈娃哈”等一系列防御性商标。

3. 地域辐射

地域辐射注册原则即品牌注册的地域要广泛，不能仅仅在某一个国家或地区注册。到国外申请注册商标有两条途径：一是国际注册，即根据我国 1989 年加入的《商标国际注册马德里协定》，申请人在国内办完商标注册手续后，向设在日内瓦的世界知识产权组织国际局提出一次申请并交纳一定费用，就可以在所有协定成员国一一办理商标注册手续；二是在国外进行逐国注册，即分别向各个国家直接提出商标注册申请，目前向尚未加入《商标国际注册马德里协定》的国家申请商标注册，只能通过这条途径。

4. 在范围上坚持宽松有余的原则

坚持宽松有余的原则即企业申请注册时，不应仅仅在某一类甚至某一种商品上注册，而应同时在很多类商品上注册。

5. 申请原产地保护

我国加入世界贸易组织（WTO）以后，如何在国内加强对工业产权的保护，并进一步利用国际条约和国家间双边协议寻求国际保护已经成为多方关注且不容忽视的问题。WTO 在《与贸易有关的知识产权协议》（《 TRIPS 协议》）中把“地理标志”列为与商标、专利新版权并列的知识产权，要求 WTO 的各缔约国或地区切实予以保护。我国《商标法》也增加了这一规定。我国名优特产丰富，申请原产地保护是一条有效的发展途径。

（三）品牌其他构成要素的保护

品牌的构成要素非常复杂，除了品牌名称、品牌标志和商标外，还有一些要素对品牌形象同样具有重要意义。例如，品牌的定位主题、品牌代言人甚至品牌的标准色等，已经成为品牌形象不可或缺的部分，也是企业品牌资产的重要组成部分。企业同样应该对这些要素进行有效保护。按照《中华人民共和国著作权法》（简称《著作权法》）有关条款，凡是具有独创性的文字、图片及影视作品，都应纳入保护的范畴。企业在塑造品牌形象的过程中，在媒体上所使用的一些广告语，凝聚了广告设计人员的脑力劳动，必须加以保护。品牌代言人也是品牌形象的关键要素，企业应当对其加以保护，以维护品牌形象的一致性。

对企业的品牌或商标的法律保护应该在职业管理制度上进行健全。国外著名企业有专人和专门机构管理商标、专利、专有技术等专业产权。我国中小企业在这些方面的工作还比较薄弱，一方面是出于成本的考虑，但更重要的是法律意识的缺失和制度的缺陷。因此，企业应该设专人监督商标的两次公告（初步审订公告和核准注册公告），及时行使异议权、撤销权（将与本企业在同类产品上已注册商标相同或近似的商标撤下）。另外，应有专人、专门机构，追踪同行对手，监控市场，一旦发现商标假冒侵权，应马上采取法律措施，遏止侵权，减少损失，不能允许假冒商标泛滥并侵占市场，毁坏本企业商标的商誉。

二、品牌资产的自我保护

在法制不够健全、执法力度不大且地方保护主义强烈的情况下，企业对品牌资产的自我保护构成品牌资产保护的另一重要方面。作为企业应当学会自我保护，以下方法可资借鉴。

（一）商标权的保护

（1）定期查阅商标公告，及时提出异议。企业应定期查阅商标公告，一旦发现侵权行为，应及时提出异议，以阻止他人的侵权商标获得注册。

（2）运用高科技的防伪手段。例如，企业应采用不易仿制的防伪标志、编码等手段，同时主动向消费者介绍辨认真假商标标志的知识。这不仅为自己的品牌产品增加了一道“防伪”保护层，也为行政执法部门打击假冒伪劣产品提供了有益帮助。

（3）协助有关部门打假。当注册商标的专用权受到损害时，企业应采用有力的手段，协助有关部门打假，制止侵权者的不法行为。

（4）注重向消费者宣传识别商标真伪的知识。如果消费者能分辨真伪，假冒产品也就可以在很大程度上予以杜绝。因此，企业应巧妙借助新闻媒体，通过公关活动和社交媒体等形式，向消费者宣传产品的专业知识，让消费者了解产品，掌握一定的商业知识，明白真假之分。只有这样，假冒伪劣产品才能成为无本之木、无源之水。

（二）商业机密的保护

1. 申请专利

企业拥有专利就意味着企业拥有了市场控制权，它既是品牌之“矛”——通过技术许可证贸易进一步扩展市场，又是品牌之“盾”——排斥其他企业进入这一技术领域。可以说，专利是企业维护自己品牌地位的重要手段。

2. 严守商业秘密

商业秘密是指不为公众所知、能为权利人带来经济利益、具有实用性并经权利人采取保密措施的技术信息和经营信息。商业秘密主要包括企业的生产方法、技术、程序、工艺、设计、配方、计划、销售、市场信息和客户名单等，凝聚着企业的劳动和汗水，是大多数企业赖以生存的绝招。商业秘密一般是企业为克服专利的局限性而设立的，因为一种新技术如果申请专利，虽能获得专利权，但也必须以公开这一技术为代价，这就会为竞争对手进一步研究并超越这一专利技术提供可能。并且，专利保护有一定的年限，超过该年限的专利技术就不再受法律保护。在知识产权保护方面，企业除了可以申请专利保护以外，还可以采取高度保密的措施。可口可乐的配方就是典型的例子。

3. 谢绝技术性参观

技术性参观是商业间谍获取情报的途径之一。因此，品牌经营者有必要谢绝技术性参观。

4. 争创驰名商标

目前多数国家的知识产权法对《保护工业产权巴黎公约》中有关驰名商标的特别保护内容加以确认，我国也不例外。企业应充分利用这一法律武器，积极创造条件争取驰名商标的认定，对国内外非法或恶意抢注我国驰名商标以牟取非法利益的行为加以有效遏制。

品牌案例11-6

移动互联网信息“泛滥”，品牌资产亟待保护

“品牌资产，你不保护，就会有别人替你保护！”这句引人深思的话已经成为互联网业界的至理名言。

移动互联时代，“12114 信息名址”凭借其天然优势，始终被认为是企业最重要的品牌资产之一。12114 信息名址，是由工业和信息化部电信研究院信息名址服务中心推出的，被各界广泛认定为企业移动互联网的“门牌号”。在移动用户眼中，掌上的世界与 PC 端是大致相同的；对于企业来说，品牌信息必须具备某种标识或“门牌号”，告诉移动用户去哪里以及通过哪种寻址方式才能找到品牌。12114 信息名址就像传统领域中的品牌“商标”、网站域名一样，只要企业通过对企业名称、产品等相关词进行注册，手机用户便可以通过最常用、最便捷、最安全的移动寻址方式获取企业的品牌信息。一旦企业品牌失去“门牌号”，就如同商标、域名被抢注一样，将给品牌造成无法估量的损失。

然而，由于信息名址同商标、网站域名一样是开放性注册的，注册者可以对企

业名称进行注册，导致了许多投机者对企业品牌的恶意抢注行为，严重损害了企业自身利益。这迫使企业不得不将品牌保护的注意力从传统互联网转移到移动互联网上。所以，为了防患于未然，企业应对“门牌号”及时进行注册，以防止他人抢先注册。

资料来源：和讯科技，http://tech.hexun.com/2014-08-15/167566601.html。

三、品牌资产的经营保护

品牌资产的经营保护是品牌经营者为维护品牌形象、稳定品牌市场地位、保证品牌资产不断增值而采取的一系列经营活动。企业进行品牌资产经营保护时应注意以下几点。

（一）技术保护

1. 保持技术领先

技术领先意味着在相同市场条件下，企业提供的产品比同类竞争品具有更多的功能和更优的品质，能给消费者带来更多的利益和效用，使消费者产生“物有所值”乃至“物超所值”的满足感，牢牢吸引消费者，促使他们形成对该品牌的偏好。保持技术领先是企业品牌地位得以确立并长久维持的重要条件。

2. 严格技术保密

差异化是现代企业参与市场竞争的基本战略之一。差异化的实质就是形成企业产品的特色，以明显区别于竞争者提供的同类产品而形成某种相对垄断优势，并在激烈的竞争中赢得一席之地。产品差异可以存在于多个方面，其中重要的一项就是独特的原料、配方、工艺或相关技术，需要采取严格的保密措施。

3. 统一技术标准

质量是品牌的生命。企业在扩大生产时一定要量力而行，对扩大再生产的部分坚持统一的技术要求，严格按照母公司的质量标准组织生产，绝不能因盲目追求规模而牺牲企业品牌声誉。

（二）生产保护

1. 按有效需求组织产销

在现实生活中，企业面对的往往是扩张潜力有限的市场需求。强势品牌企业即使在激烈的竞争环境中，也应保持清醒头脑，坚持自己产品特有的品位、风格与个性，按照目标市场的有效需求，有计划地安排产销量，巧妙维持供求平衡。

2. 持之以恒的严格质量管理

实施严格的质量管理是品牌资产经营保护最重要的手段。严格要求、严格管理体现在企业活动整个过程的各个方面，目的是保持并提升品牌竞争力，使品牌更具活力和生命力，成为市场上的强势品牌。其中，最重要的是要坚持全面质量管理和全员质量管理。“质量第一”是品牌资产经营保护的根基，“以质取胜”是永不过时的真理。

（三）营销保护

1. 谨慎地开展品牌延伸经营

绝大多数企业从专业化经营起步，经过若干年艰苦努力后在行业中有了相当高的地位，塑造了较有影响力的品牌。为了谋求进一步发展，不少企业迈向多元化扩张的道路。我国常见的企业多元化扩张方式是跨行业的，如卷烟厂涉足制药业、电器厂涉足建材业、家电业涉足金融业等。跨行业扩张时，企业一定要保持谨慎，严格管理，防止品牌延伸的过度化和泛滥化，导致品牌资产受到损害。

2. 坚持以消费者满意为中心的经营理念

品牌资产并不是一旦拥有就终身不变。品牌资产会随着市场环境的变化和消费者需求的转变而波动起伏。企业要想维持品牌知名度、保持消费者忠诚，就需要不断迎合消费者不断变化的兴趣和偏好，赋予品牌新特征。

3. 保持与消费者沟通的连续性

既然企业的品牌资产经营要以消费者满意为中心，那么企业就需要维系与消费者的沟通，保持与消费者沟通的连续性，不断将品牌信息传递给消费者，保持品牌在消费者心中的印象。

4. 维持品牌产品的标准定价

要消费者不计价格、无条件地对品牌忠诚是不可能的。一旦品牌产品的价格超过同类产品价格的平均范围，消费者就会敏感。品牌要在市场上长久立足，维持合理的标准定价是不可忽略的措施。

5. 品牌资产经营避免恶性竞争

品牌之间的恶性竞争只会导致两败俱伤。企业在品牌资产的经营和保护中，要尽量避免恶性价格战和行业内相互攻击、诋毁等行为。恶性价格战会破坏消费者已建立的品牌忠诚，不利于维护良好的品牌形象。品牌之间相互攻击、诋毁的最终结果是失去消费者的信任和好感，甚至引起法律纠纷。

本章小结

品牌资产是企业重要的无形资产，它能够为企业和消费者提供超越产品或服务本身利益之外的价值。这种附加价值来源于品牌对消费者的吸引力和感召力。品牌资产的实质是品牌与顾客之间的一种长期的、动态的关系。

品牌资产是由品牌形象所驱动的资产，具体包括品牌知名度、品牌美誉度、品质认知、品牌联想、品牌忠诚和附着在品牌上的其他资产。建立品牌资产即创造出品牌知名度、形成消费者对品牌的品质认知和有利的品牌联想，努力提升品牌美誉度，并发展消费者品牌忠诚的过程。

品牌资产呈现五大特征：①无形性与附加性；②特殊性与复杂性；③长期性与累积性；④投资与利用的交叉性；⑤价值的波动性。

品牌资产的评估具有非常重要的意义，可以加深有关品牌资产的认识，更加全面地反映企业的经营业绩，且有利于企业间品牌资产的交易。评估品牌资产的会计方法主要有四种：历史成本法、重置成本法、股票价格法和未来收益法。基于市场基础的评价法包括溢价法、消费者偏好法、英特品牌集团评估法、《金融世界》评估法，以及北京名牌资产评估事务所评估法。

品牌资产需要持之以恒的呵护，企业需要对品牌加强法律保护、自我保护和经营保护。

复习思考题

1. 简述品牌资产的概念。
2. 品牌资产的价值体现在哪里？
3. 品牌资产的基本特征有哪些？
4. 请结合案例谈谈如何加强品牌资产管理。
5. 品牌资产的评估方法有哪些？

课后案例 11-1

蔻驰：垂老品牌升级的传奇

2000 年，焕发新生的蔻驰（Coach）在纽约证券交易所上市，蔻驰开始全线推出更多的时尚配饰产品。蔻驰一直保持着上乘的品质，坚固耐用，够得上成为奢侈品牌的条件，但是相比欧洲传统的奢侈品牌，蔻驰的平均售价还不到它们的一半。凭借着独到的消费者洞察力，蔻驰切准了消费升级之风盛行的新兴消费趋势，提出了一个鲜明而令人印象深刻的品牌定位：唾手可得的奢侈品。

在美国市场中，路易威登等欧洲奢侈品牌锁定的是家庭收入位于总体收入前 3% 的消费者，而蔻驰则把潜在客户的范围拓展到家庭收入前 20% 的消费者。就这样精准地定位于一个需求旺盛的新兴市场，加上有竞争力的运营模式，让蔻驰从 2000 年开始，收入从最初的 5 亿美元左右上升至 32 亿美元。即使在 2008 年经济危机的冲击下，调低了品牌的毛利率后，蔻驰依然能够成为全球奢侈品行业中获利比例最高的品牌之一。

顺应当下的消费者潮流变迁，蔻驰不但巧妙地定位于一个正在不断增长的市场空间，更勇于挑战奢侈品行业中看似牢不可破的行规，形成了自己独特的品牌运营法则。比起一款手袋持续销售一年的欧洲奢侈品牌来说，蔻驰“一旦错过就难以挽回”往往是瞬间说服女士们购买的重要理由。蔻驰把手袋定位为“21世纪的鞋子”(据调查，美国女性每年购买6～8双鞋子，以配搭不同的衣着和场合，却一般只有两个手袋)，也让它成为第一个提出了在不同场合、不同季节拎不同手袋的奢侈品牌。

蔻驰不但在流行速度上敢于挑战行业的规则，在渠道策略上，蔻驰也挑战了行业中最敏感的神经，形成了独树一帜的渠道架构。

蔻驰对于直营店选址非常苛刻，一定要选在日均客流量超过100万人次、能见度高的街道转角，并且店面面积要在150平方米以上。它总是选择在欧洲名品专卖店聚集之处，这样一方面分享这些顶级品牌的客流，另一方面在消费者心目中也容易塑造蔻驰与这些欧洲百年奢侈品牌同一级别的印象。例如，在日本，蔻驰的专卖店总是选址在顶级奢侈品路易威登的隔壁，蔻驰的扩张脚步基本上紧紧跟随着路易威登，出现在每一个路易威登门店旁边。

同样，蔻驰在上海南京路的旗舰店，也选址在两条热闹街道交叉的十字街口，对面分别是路易威登和爱马仕门店。为了让消费者可以接触得到，蔻驰并没有固守在奢侈品牌林立的城市中心商业区，而是根据不同的消费者，制定不同的渠道策略。近几年，蔻驰一方面快马加鞭地在各大城市热闹的商业中心开设旗舰店；另一方面也大张旗鼓地扩充品牌折扣店。为了不损害蔻驰的形象，在折扣店里出售的产品，并非专卖店里换下来的过季款，而是专门为折扣店生产的款式，或是一些老旧的款式。这样在不同的渠道中主打不同的产品线，并不会造成渠道的冲突，反而为蔻驰贡献了丰厚的现金流。

传统上，奢侈品企业都会打着顶级时尚的旗号进行宣传，使消费者感到只要购买了它们的产品，就等于给自己打上了尊贵的标签，这些品牌是潮流的界定者和引领者。流行由品牌说了算，“永远不要问顾客想要什么，直接告诉他们应该拥有什么”是奢侈品行业奉行的骄傲法则。

但是，蔻驰却反其道而行之。蔻驰每年都会进行大规模的消费者追踪调研，投入大量的时间与金钱与消费者沟通。在蔻驰每一个重要决策的背后，都有细致丰富的消费者调研结果做支持，就连蔻驰的设计总监克拉可夫也非常倚赖蔻驰的消费者调研，消费者对于颜色、形状、材料的偏好调查都成为他设计的重要参考依据。

与均价1 200～1 500美元的路易威登、古驰这样的欧洲品牌相比，蔻驰的手袋平均售价约为300美元，差距很大。蔻驰在消费者调研中发现，女性愿意花费更多的钱购买高档皮包，这意味着蔻驰还有向上延伸的价格空间。

早在2018年12月，蔻驰在上海首次举行了在纽约市之外的时尚大秀。当时不仅举办了蔻驰点亮魔都大秀，它还和4位来自不同领域、特点鲜明且多样的中国本土艺术家携手，合作设计了一系列产品，并在上海大秀进行首次展示。在此之后，蔻驰又在2020年再次与其中一位艺术家广煜合作，携两位来自东华大学设计系的学生，共同推出中国新锐设计系列手袋，目前这款产品不仅在中国销售，也在全世界发售。“以这样的合作方式，蔻驰希望把他们的设计理念及产品在全世界进行展示，无论是巴黎、米兰还是纽约、东京，当然还有中国。”Tapestry亚太区总裁、蔻驰中国区总裁兼首席执行官杨葆焱（Yann Bozec）对《中国经济周刊》的记者说。

2018年开始，蔻驰门店职员的职责范围描述“悄悄”发生了变化，对工作职责表述不再局限为“销售产品”，而是通过数字技术、新的社交媒体平台，与消费者以全新方式沟通。蔻驰提供资源和培训，想让他们既是蔻驰门店的销售顾问，亦是蔻驰品牌的KOL。

美国Tapestry集团旗下核心轻奢品牌蔻驰于2019年9月第三次入驻天猫，与天猫建立战略合作关系，并已启动全新数字化创新议程ChinaNext。蔻驰在2011年第一次进驻天猫，但进驻时间不足两个月，蔻驰就由于双方在打假合作上出现的矛盾出走天猫。蔻驰于2015年第二次进驻天猫，却在2016年9月突然关闭了其天猫旗舰店，转而加入卡地亚、IWC、万宝龙等奢侈品牌的阵营，选择在微信上建立购买平台。有观点认为，蔻驰的这次重新入驻或许与阿里巴巴加大打假力度有关。

据2020年9月17日消息，德意志银行上调了美国轻奢巨头蔻驰母公司Tapestry集团的评级，认为该巨头的价值已被低估。该行分析师预计，Tapestry集团在北美和中国市场的带动下，销售复苏将快于预期。截至2020年9月16日，Tapestry集团股价大涨7.48%至18.1美元，市值约为50亿美元。

资料来源：中国品牌传播联盟，http://www.cbca.com.cn/zx/anli/494.html；百家号，https://baijiahao.baidu.com/s?id=1678612800604745669。

案例讨论

1. 蔻驰如何让自己的品牌更具价值。
2. 试证明本案例中蔻驰具有的品牌资产。

课后案例 11-2

蒙牛："玻璃品牌"与"钻石品牌"

品牌资产是一个企业最有价值的资产，蒙牛有什么自己独特的品牌建设之道？

20世纪80年代以来，"品牌资产"因其被广泛认知为一个公司最有价值的资产而响彻全球。牛根生深知，对于初创时期的蒙牛来说，拥有并用好品牌这一无形资产就等于掌握了获取超额收益的能力，由此，蒙牛开始了与众不同的品牌建设之路，并取得了令众人瞩目的成就。

21世纪是"竞争力"的世纪，竞争力已经成为企业生存和成长的基础和前提。而品牌竞争力是企业核心竞争力最持久的外在表现。

蒙牛刚起步时只有1 000万元的资金，牛根生便拿出1/3进行品牌的建设、宣传和积淀，因为把钱存在任何地方的增值也不如存在品牌上。在牛根生看来，一个国家、一个地区和一个行业中企业之间的竞争，已经不是人数、资源、销售版图的竞争，而是品牌之间的竞争。

蒙牛企业还没注册，第一本企业识别（CI）手册就做出来了，在编制手册的同时，蒙牛的企业文化的主体方案也做出来了，企业使命、理念、愿景，都是在公司正式创立前确定的。蒙牛副总裁白瑛曾说："蒙牛不仅是在卖产品，更注重建设'蒙牛'这两个字的品牌意义。为此，蒙牛专门成立了一个品牌管理中心，致力于从科技、绿色、营养等角度提升蒙牛品牌的亲和力。至于赞助中国航天员、冠名娱乐节目这些都属于做品牌的一部分。"

蒙牛不但打造出了很高的知名度，更打造出了很高的美誉度，形成了深具品牌内涵的品牌差异化竞争力。蒙牛对品牌的每一次投入都经过精心设计，而从目前蒙牛的市场占有率来看，其对品牌的投资获得了良好的效果。短短8年多时间，蒙牛产品销售量飞涨，品牌影响力大幅提升。中国商业联合会与央视市场研究公司的调查结果显示，蒙牛已成为中国消费者心目中液态奶第一品牌，市场销售份额也位列第一，市场综合占有率、市场覆盖率也颇高。

蒙牛在品牌的重新定位上也十分高明，它牢牢抓住了"来自草原"这个概念，在草原的品牌上继续增加其发展阶段所需要的新理念，如"产品等于人品"（1999年），"内蒙牛·中国牛·世界牛”（2002年），“航天员专用牛奶”（2003年），“航天员运动员双特选产品”（2004年）。蒙牛为了改变自己低价位的产品形象，在竞争日益激烈的市场上找到新的竞争领域，成功推出特仑苏牛奶，从而升级了品牌形象。从2007年起，蒙牛提出了新的品牌定位：只为优质生活。

对于创业者来说，有些人重点抓有形资产的建设，有些人则关注无形资产的发展。而品牌是无形资产中非常重要的一环。品牌之路，常常始于品牌的名称。

“蒙”——内蒙古。意味着蓝天，白云，草原，牛的故乡，奶的摇篮。

“牛”——奶牛，牛奶。意味着牛根生，牛气，牛市，勤奋如牛，气壮如牛。

俗话说：“好的品牌会说话。”要想使品牌为人们所熟识，并留下深刻印象，需要赋予品牌某种独特的个性特征。可以说“蒙牛”正是一个“成功品牌”的名称。

蒙牛的标志是企业名称“蒙牛”的表意造型。以厚实飘逸的一抹横笔，象征内蒙古广袤肥沃的土地。弯角坚挺如峰，表明牛的坚韧、勤劳，象征积极向上、稳健、奋进的企业理念，并寓意企业产品是清真食品。标志由白色、绿色构成，突出追求天然、远离污染的主题。

在品牌战略上常犯的错误是重视广告，忽视新闻。我们说，广告可以告诉人们“然”，但不能告诉人们“所以然”。所以，单纯用广告累积出来的品牌是不牢固的，它没有向消费者提供足够的信赖基础，一遇到风险，就会轰然倒塌，裂为碎片，属于“玻璃品牌”；而新闻可以细述品牌的来龙去脉、是非曲直，人们知之深则爱之切，会让品牌的抗风险能力大大增强，属于“钻石品牌”。

在现今广告遍布的世界中，消费者对广告往往有排斥情绪，大多数广告给消费者留下的记忆往往是转瞬即逝的。因此要想使品牌保持长久的知名度，持续吸引消费者的眼球，企业就要不间断地投放不同的广告。

牛根生从海尔冰箱事例中获得了不少的启迪。在广告与新闻的权衡中，蒙牛最具特色的创新之举是“广告片的新闻制作法”，其倡导的主旨是实现广告要素与新闻要素的“嫁接”，即兼顾广告和新闻两者的优点，使其既具有广告性又具有新闻性，借助新闻事件有意识、有目的地树立企业品牌形象。从广告角度看，由于融入了新闻的因素，能让消费者更容易接受；从新闻的角度看，将其融入广告更加有利于品牌的宣传，新闻的可控性也得到加强，使之由易碎的“短命新闻”变为易存的“长命信息”。

蒙牛副总裁、前新闻发言人孙先红在一次演讲中也曾说过，广告方面，蒙牛用的全是新闻版面，没有放到广告版面。广告片《天上航天员，地上运动员》就是蒙牛“广告片的新闻制作法”的一个经典案例。

蒙牛的产品先后成为航天员专用产品和运动员特选产品，这一广告片将“航天员专用产品”与“运动员特选产品”整合到了一起，在广告的制作手法上，采取了对照法和类比法，如“天上航天员”与“地上运动员”，“平时”与“赛时”，“绿茵场”与“流水线”，“运动员追求卓越”与“蒙牛追求最好”……既嵌入了“神舟”五号的发射场面，又捕捉了“运动员专用产品新闻发布会”的现场镜头。

《天上航天员，地上运动员》播出后，被人们称为“最成功的广告之一”，对蒙牛的整体品牌形象起到了相当大的促进作用。蒙牛的“增强体质、开发体能、保持体型，为国人提供高效、科学、全面的营养体系”的营养专家形象又一次生动地展现在人们面前。

品牌保护的核心，是为品牌建立一个知识产权的壁垒，即品牌所有者对品牌的占有、使用、收益、支配、处分权的保护。如果一个品牌的形象受到了损害，降低了自己在消费者中的声誉，那么它可能要耗费多年的时间和大量的精力才能恢复过来。

在市场上，抢占先机者往往占有主动权。但情况并非永远如此，如果缺乏必要的竞争壁垒，“先驱”变“先烈”也是极有可能的事情。先发不一定赢，后发不一定输，但不发一定会死。

资料来源：中国商业展示网，http://www.zhongguosyzs.com/xinxi/4490.html。

案例讨论

1.“蒙牛”是如何创建并管理其品牌资产的？
2. 试用品牌资产模型分析“蒙牛”成功的原因。

第十二章
CHAPTER 12

网络品牌

§ 本章提要

- 网络品牌的内涵
- 网络传播的特点
- 如何进行网络品牌管理
- 网络品牌的发展方式有哪些

§ 本章案例

- 李诞携《脱口秀大会》冠军抖音直播带货
- 互联网品牌“三只松鼠”成长记
- 美团 vs 大众点评：谁将站在 O2O 市场之巅
- 百度钱包品牌形象设计
- 伊利安慕希牵手《漫游记》，探索“漫游型”营销
- 腾讯游戏：用心创造快乐
- 李子柒为何如此受欢迎
- 搜狗：产品转型的成功者

§ 预习案例

李诞携《脱口秀大会》冠军抖音直播带货

2020 年 9 月 24 日晚 8 点，也就是《脱口秀大会》第三季总决赛的第二天，李诞与新晋冠军一起在抖音进行首次直播带货，以“脱口秀 + 直播带货”的电商新形式，开启“诞式”抖音个人带货专场。

这不是李诞第一次尝试直播带货，早在 2020 年 8 月 28 日，李诞就作为罗永浩直播带货的助阵嘉宾，成为罗永浩双播模式下的首个“朋友”。一个是科技界“说相声的”，一个是脱口秀的扛把子，直播现场两人用“槽量”迅速圈粉。这似乎也成了李诞正式开始抖音直播带货之路的一个小开端。9 月 19 日，李诞在微博正式预告自己的直播带货首秀时，罗永浩也对其隔空喊话，期待诞总的个人专场。

节目中爆梗频出的李诞，生活中是个实打实的“懒人”，就连接受采访时，他都喜欢“躺着聊”。据说，他的办公室里只有一张大床垫和一套灰色的懒人沙发，这样一个“懒人”为自己首场直播带货选择的商品也十分符合他的懒宅气质——全面覆盖吃、喝、懒、宅、躺。

随着直播市场的不断拓展，观众的审美水平越来越高，行业需要产出个性化的优质内容来满足用户的需求。抖音作为当下最受欢迎的互联网平台，邀请脱口秀标志性人物李诞直播带货，不仅以更直观、互动性更强的形式，把脱口秀的魅力继续展现给广大网友，而且打造出了内容形式更多样、趣味性更强、用户黏度更高的个性化直播带货新形式，用多元化、创新性的内容结构，实现内容与带货的深度融合，充分展现出电商直播的场景化优势。

抖音始终对内容直播有着满满的探索欲。早在2020年6月，抖音就联合芒果卫视打造了《乘风破浪的姐姐》这一综艺IP的官方直播间，在节目录制现场开设专属抖音的番外直播带货，该场直播也为观众带来了全新的视听体验。此次抖音联手李诞打造的直播带货专场首秀，更是将主播、直播内容、商品深度结合，打造了高品质、个性化、差异化的电商直播新形式，完善了电商直播内容生态，为直播行业注入了新的发展动能。如此看来，抖音未来或将持续尝试“细分娱乐形式＋直播带货”的电商模式，双向拓宽电商直播和娱乐形式的商业化赛道。

资料来源：财经网，http://industry.caijing.com.cn/20200923/4700752.shtml。

20世纪90年代开始，互联网在全球范围内掀起层层热浪。世界各大品牌纷纷利用互联网推出网络品牌，提供信息服务并拓展企业的业务范围，根据互联网的特点积极改进企业内部结构，探索新的营销管理模式。智能手机的出现和移动互联网的发展给电子商务行业带来的变化，相比其给搜索、娱乐、内容等行业带来的变化深刻得多。

电子商务通过商业信用的数据化和信息化，在使海量的远程交易成为可能的同时，也规范了网络交易，改善了网络交易的品质和效率。移动互联网将人与人进行了更密切的联系，同时“人以群分”的特性也越来越明显。小众的需求通过手机集聚起来正成为“大众”，而圈子同时带来的是个性化和更大的黏性，也使得客户对产品的忠实度更高。当消费者在任意一个App平台都能满足其“购物需求”的时候，谁能满足更个性的需求，谁才能真正赢得消费者的选择。本章将重点围绕网络品牌展开论述，包括网络品牌的内涵、传播特点、管理策略和发展方式等，探讨网络品牌如何进行市场定位、命名、选择域名和形象设计等，讨论网络品牌如何通过企业网站、网络广告、搜索引擎、电子邮件及网络事件营销等方式打造网络品牌。

第一节 网络品牌的含义及特征

一、网络品牌的内涵

网络企业是利用互联网进行多样化商务活动的企业，包括以互联网为主业的网络企业和从传统企业转型而来的网络企业。网络品牌与品牌网络化有着明显的区别：网络品牌是以互联网为生存空间，以互联网业务为核心的品牌，如网易、淘宝、百度等，网络是这类品牌存在的基础和土壤；品牌网络化指的是将传统品牌在网络上进行推广，对品牌的网络化来说，网络只是传统品牌增强影响力和巩固品牌实力的工具，如香奈儿、万宝路、沱牌酒等。

根据网络企业的类型，可以将网络品牌分为多种类型：以提供网上销售为主的网络零售商的品牌，如京东商城（JD.com）；以提供网上信息服务为主的网络公司的品牌，如新浪（sina.com）；以提供网上社交服务为主的网络公司的品牌，如脸书（facebook.com）等。

在移动互联网时代，那些具有良好口碑、积极与网民互动的企业，将更有可能赢得消费者的青睐。移动互联网改变了过去品牌依靠强势媒介与受众沟通的传播模式。在移动互联网时代，如果你的产品或者服务做得好，超出用户的预期，即使你一分钱广告都不投放，消费者也愿意替你去传播，免费为你创造口碑，免费为你做广告，甚至有可能成为一个社会焦点，如海底捞的服务。滴滴出行作为一款免费的打车软件，便利了市民出行，很好地实现了“滴滴一下，让生活更美好”的品牌理念。美团网为消费者发现最值得信赖的商家，为商家找到最合适的消费者，打造了中国最早、口碑最好的团购网。快手、土豆等则是短视频发展最迅速的几家网站，也是最近几年直播带货发展火爆的平台。

网络品牌包括三个层次的内涵：第一，网络品牌要有一定的表现形态。一个品牌之所以被认知，首先应该有其存在的表现形式，也就是可以表明这个品牌确实存在的信息，即网络品牌具有可认知的、在网上存在的表现形式，如域名、网站（包括网站名称和网站内容）、电子邮箱、通用网址等。第二，网络品牌需要一定的信息传递手段。仅有网络品牌的存在并不能为用户所认知，还需要通过一定的手段和方式向用户传递网络品牌信息，才能为用户所了解和接受。网络营销的主要方法如许可电子邮件营销、网络广告等都具有网络品牌信息传递的作用。第三，网络品牌价值的转化。网络品牌的最终目的是获得忠诚顾客并达到增加销售的目的，因此网络品牌价值的转化过程是网络品牌建设中最重要的环节之一，用户从对一个网络品牌有了解到形成一定的转化（如网站访问或移动网站点击量上升、注册用户人数增加、对销售的促进效果等）的过程，也就是网络营销活动的过程。

二、网络品牌的构成

和传统品牌一样，网络品牌也是由品牌名称、品牌图案和品牌附属内容三部分构成的，但在网络环境下有其独特的表现形式。品牌名称是指品牌可用语言表述的部分，网络品牌的名称就是网络的域名或域名的主要部分，如阿里巴巴（alibaba.com）、百度（baidu.com）等。网络品牌名称可以和企业的传统品牌名称一致，如娃哈哈（wahaha.

com.cn)；也可以与企业的传统品牌不一致，在网络上使用新的形式，如腾讯公司的网络品牌是qq.com。大多数情况下，出于品牌宣传的便利，网络品牌名称和传统品牌名称一致。还有的纯粹是网络企业或者企业开设的独立网络公司，它们的网络品牌就比较独特。品牌图案是一种可以被识别但不能直接用语言表达的特定标志，包括专门设计的符号、图案、色彩、文字等。如腾讯公司的小企鹅QQ图案、开心推的小推车图案等。品牌图案一般给人鲜明的印象或强烈的视觉效果。品牌附属内容是指附属于品牌名称表达形式和品牌图案表达形式及其他表达形式，如声音、三维动画等。

品牌案例12-1

互联网品牌“三只松鼠”成长记

成立于2012年的“三只松鼠”，是中国第一家定位于纯互联网食品品牌的企业。2015年“11·11”当天，三只松鼠每秒卖出160袋坚果。即使对互联网品牌而言，这样的市场数据也是非常漂亮的。基于鲜明活泼的品牌名称，三只松鼠梳理了一套具有“松鼠味”的服务特色，在用户各个触点侧重关怀和体贴，目的在于打造极致用户体验。

1. 一个有辨识度的名字胜过需要大量时间和金钱推广的晦涩名字

以卡通形象为基础的卡通形象营销，在电商行业是有竞争优势的，主要是因为卡通形象本身对用户的心理影响效果要比Logo好。卡通形象和Logo最大的区别在于人格化。卡通形象可以视为一种人格化的Logo，对消费者心智的影响不仅在于视觉层面，更在于其背后的人格设定，可以在不同纬度上影响用户。卡通形象实际上是一个代言人，可以进行各种演绎，这是Logo不具备的优势，在互联网时代，这个优势被放大了。

2. 互联网时代的“萌式个性化服务”

在保证产品质量之外，我们认为侧重细节和意外收获的“萌式个性化服务”是让消费者尖叫的原因所在。三只松鼠希望打造“松鼠化的客户体验”，在许多细节上能超过消费者的预期。因为线上购物，不像实体店那样有面对面的导购交流过程，所以三只松鼠很珍惜每一个跟消费者接触的细节，尽量把不起眼的细节做到极致。三只松鼠将所有消费者当成“主人”。

3. 借助网络购物节造势

像“11·11”这样的大日子，三只松鼠都会提前做足准备工作。首先，运营部门会根据数据模型预估大致的销售量，采购部门根据这个数据进行备货；同时，运营部门会在天猫、京东、唯品会等各大平台上做一些推广活动，作为节前的预热准备，品牌运营部门会配合进行宣传；再者，物流部门根据预估数据，把相应的产品提前调拨到该区域的分仓，以便在发货和快递流程节约时间；客户满意中心会有针对“11·11”的节前培训。物流、客户满意中心这两大部门，也要在节前加派人手，以应对节日高峰。

4. 借力互联网信息化和大数据应用

在别人看来，三只松鼠属于基于互联网平台的企业，但它自己的定位是产业链平台企业。产业链平台企业的特点是把消费者和生产者无缝链接在一起，链接的第一种方法是数据，第二种方法是平台。从这个角度讲，既变相实现了从工厂直接链接消费者的过程，也实现了成本低、产品新鲜、效率高、服务好四大价值。

资料来源：搜狐网，http://mt.sohu.com/20160901/n467184880.shtml。

三、网络品牌的特征

互联网的出现给企业品牌塑造增添了许多新的工作，网络品牌在互联网的新环境中成长，具有以下特征。

1. 网络品牌是网络营销效果的综合表现

网络营销与网络品牌关系密切，具体表现为：一方面，网络品牌管理存在于网络营销的各个环节，从网站策划、网站建设到网站推广、顾客关系和在线销售，无不与网络品牌相关；另一方面，网络广告策略、搜索引擎营销和供求信息发布等各种网络营销方式，均会对网络品牌产生影响。

2. 网络品牌的价值必须通过网络用户表现出来

正如科特勒在《营销管理》一书中所言，“每一个强有力的品牌实际上代表了一组忠诚的消费者”。网络品牌的价值意味着企业与互联网用户之间建立起来的和谐关系。企业可将用于建立并维护消费者关系的网络营销方法用于网络品牌，如设置以品牌爱好为基础的网络社区、网络品牌电子刊物、微信公众号等，加强网络品牌与网络用户的联系，加强网络用户之间的交流，进而塑造良好的网络品牌。

3. 网络品牌的成功依靠其优质的信息服务

谷歌是全球最成功的网络品牌之一。当人们想起谷歌这个品牌时，头脑中浮现的不仅是那个简单的网站页面，还有它作为搜索引擎工具的优异表现。网络品牌成功的因素有许多，其中核心因素还是其为网络用户提供有价值的信息和服务。

4. 网络品牌建设是一个系统的、长期的过程

与网站推广、信息发布和在线调研等网络营销活动不同，网络品牌建设不是一蹴而就的，不能仅凭一次活动就完成，也不能指望获得立竿见影的效果。网络营销是一个系统性的、长期的过程，需要长远的眼光，短期目标不能全面衡量网络营销的效果。

第二节　网络品牌管理

一、网络品牌的市场定位

成功的网络品牌往往对网络虚拟市场采取了强势的品牌营销。网络品牌市场定位是网络品牌营销的第一步，也是关键的一步。网络品牌定位，指确定网络品牌的目标顾客群，通过分析企业产品或服务的目标顾客群与网络用户的关联，得出企业的网络业务主要面向的网络用户，即网络目标顾客群范围。

1. 定位网络品牌的产品和服务

一般来说，企业在采取网络营销时往往会把企业的所有业务都照搬到网上。其实，对于企业品牌塑造来说，这并非最佳方案。企业应该根据互联网市场现状和发展趋势，结合自身优势，选择重点业务实现突破。企业应该审时度势地选择最擅长或最有潜力的业务，以最有效的方式提供给目标顾客。企业贪大求全反而可能导致业务平平无亮点。例如，多数房地产企业往往只是在通过网络平台以简单的方式宣传房产项目，没有突出企业的业务强项。人们在浏览网页时感觉就是在看一本房产说明书或项目说明书，这显然没有充分利用网络技术及其作为互动媒体的优势。例如，携程网瞄准了网络商旅蓝海，精耕全方位在线旅行服务，包括酒店预订、机票预订、度假预订、商旅管理及旅游资讯等，成为商务旅行领域优秀的网络服务专家。抖音短视频，则是由今日头条孵化的一款音乐创意短视频社交软件，2016 年 9 月 20 日上线，是一个面向全年龄段的音乐短视频社区平台，满足了时下大众用户表达自我，记录美好生活的需求。抖音上线半年后用户量迅速增长过亿，现用户量高达 11 亿。

2. 定位网络品牌的目标顾客

没有哪个企业能向所有人提供所有的服务。企业需要对整体的网络顾客群进行筛选和定位，确定主体顾客群并制定与之相适应的品牌策略，以建立良好的顾客关系。网络品牌的目标顾客群定位体现在品牌对目标受众的理解上。成功的网络品牌能够适当地对消费者进行细分，并采取适当的策略向每个细分类别的顾客群提供核心的和辅助的信息，快速、有效地为他们服务。企业所面对的网络消费者可能与传统消费者有所不同，虚拟市场消费者的特征、需求和消费习惯都有别于传统市场消费者。网络提供了一条个性化服务的最佳通道。企业可以根据从传统渠道收集到的客户资料，也可以利用网络渠道建立详尽的客户数据库，并对客户的行为进行追踪和监测，据此分析消费者的类型、喜好和需求，由此向不同的客户提供不同的服务，提高消费者的品牌满意度。

品牌案例12-2

美团 vs 大众点评：谁将站在 O2O 市场之巅

美团和大众点评，这两家团购市场的幸存者，从市场攻坚到融资大战寸土必争。似乎只有时刻处于竞争之中，才能对仍未完全消失的焦虑起到些许抑制作用。2015 年 5 月中旬，曾有传闻称美团将与大众点评合并，不过随后双方都出面对此表示否认。不同于滴滴与快的以及 58 同城与赶集网的合并案例，美团和大众点评合并的基础似乎并不那么明朗，双方虽然各具规模，但并未达到可以吞并对方的程度。

大众点评的身份历经从商户点评平台到团购交易平台，再到 O2O 生活服务平台的转型，几番转型之后，开始变得有些复杂。在它身上，你既能够找到尚未褪去的“媒体”属性，也能发现浓重的电商属性，同时在 O2O 业务上的拓展，又让其变得愈发接近一个本地生活服务平台。恐怕连大众点评CEO张涛本人也很难准确地给出一个定位。

大众点评本身不是社交网络，但在与腾讯达成合作之后，让平台具备了社交属性，同时让平台的UGC[⊖]有了数量和质量上的提升。张涛认为，朋友聚在一起聊天，讨论的内容经常是吃喝玩乐、旅游等，大众点评可以把这些内容进行标准化、规范化。如果用户在朋友圈发了点评，就能得到好友的回复或者点赞，这是很好的体验。但是，在张涛对未来的设想中，大众点评又是一个导流平台，这又让其多出一个新的身份。多重身份交织，加之平台对外宣传口径不一，导致外界对大众点评的身份认知愈发混乱。相比之下，美团的定位则相对清晰。美团自始至终都以团购为主，现在又加入本地生活服务，所以美团给外界的印象更加接近于O2O平台。

美团以团购业务为基础，逐步推演、孵化出更多垂直细分的O2O项目。在团购市场放缓的情况下，美团适时做出本地生活服务的战略转型，希望在团购之外找到新的增长点。从一开始，相比大众点评，美团就离商业更近一点。无论是做团购还是切入更多的本地O2O生活服务，美团的首要着力点都是促成“交易”，其后要做的便是如何让交易变得更为顺畅自然。团购业务强化了美团的交易属性，使其O2O业务开展更为顺利。用美团战略与投资副总裁陈少晖的话来说，“美团的幸运之处在于走对了第一步，所以之后的路线也相对比较清晰”。

如果将大众点评比作一艘游轮，那么美团则更像一艘快艇。游轮坚固稳定，但不易掉头转型；快艇迅速直接，但时刻令人揪心。两者在向O2O领域转型的过程中，呈现出两种截然不同的企业文化。大众点评的游轮上载满了一群“小资”，而美团的快艇中则搭载着一个“狼群”。

资料来源：钛媒体，http://www.tmtpost.com/1037937.html。

二、网络品牌的命名策略

面对海量的网络信息，好的品牌名称才能有效地吸引网络用户的眼球。在网络品牌市场定位阶段完成有关目标消费群体的特征分析后，企业就需要进入网络品牌命名阶段。一般来说，网络品牌的命名要以定位阶段的分析结果为基础，以网站命名为例，应遵循以下原则。

1. 注意与企业已有品牌名称的相关性

一般来说，企业的网站名称可以沿用与品牌名称一致的名字，或者该命名让消费者产生与企业品牌一致的联想，特别是对于那些已有相当高知名度的品牌。出于品牌统一性的考虑，这种命名原则是企业首要遵循的原则。例如，“国美电器”的网站名称为“国美电器商城”，这样既便于消费者识别，又推动了“国美电器”在网络市场的品牌延伸。

2. 选择独特的专有名而不是通用名

给品牌起个独特的专有名比使用通用名有效。通用名指一类生物或一类事物中的任

⊖ UGC即User-generated Content，意为用户自制内容。

何一个具体的词，如“汽车”是一个通用名；专有名指一个特定生物或一个特定事物的词，如“奔驰”是一个专有名。一个精心构思的专有名，对网络品牌的长远发展发挥着至关重要的作用。例如，搜索引擎的领先品牌，不是“搜索网”，而是“百度”；网上书店的知名品牌不是“书籍网”，而是“当当”“卓越”。

从品牌保护的角度来讲，通用名因其所具有的通用性，导致品牌专有性降低，品牌名称不易受到保护。以通用名为品牌名称会无形中给品牌推广造成麻烦。例如，“博客中国”就遇到了此类麻烦。“博客”是一个通用名而非专有名，网络上有数不清的博客站点，不能阻止它们任何一个叫“博客”。现在“博客中国”正试图推出“ bokee”域名进行品牌推广，但无论如何，由于品牌名称失误给品牌造成的损失已经无法弥补。企业应该有长远的眼光，在品牌创建初期尽量以专有名为品牌命名。

3. 品牌名称应具有与目标顾客群相似的特质

网络品牌名称具有与目标顾客群相似的特质，是增强品牌亲和力的有效方式。网络空间聚集了一群个性化需求和自主消费意识强烈的群体。一个与目标顾客群具有同样特质的品牌命名，凸显品牌消费者的诉求和特征，更容易引起消费者的共鸣，吸引他们的关注并引发他们的兴趣。此外，网络品牌还必须与时俱进，体现网络消费者的特征和当下的消费文化特征。

4. 品牌名称应具有独特性和震撼力

海量的网络品牌导致品牌名称互相重复的可能性大大提高。网络品牌名称应该尽可能具有独特性，尽量不与同行业产品同名，最好也不与其他产品同名。但是比较特殊的情况是，如果借用的名称有足够的震撼力，也能使自己的品牌一炮而红。例如，网络书店亚马逊（amazon.com），定位并推广自己为“全球最大的书店”，便是以全球最大的河流“亚马逊”河为名称的。“最大的书店”与“最大的河流”，这样的类比让人们比较容易记住亚马逊网站。

5. 品牌名称应简洁明了且具有亲和力

简洁明了的名称对于互联网品牌来说，比非网络品牌更加重要。传统品牌可以借助视觉元素打造个性，如可口可乐瓶的形状、柯达胶卷包装盒的颜色、英特尔标志的字体和麦当劳餐馆的外观等。而互联网自身的特质一定程度上排除了这部分可视元素，网络用户完全可以通过输入字母进入网站，没有图片，没有字体，没有外观，也没有选址。在交互性强、开放度高的网络空间，消费者对品牌的影响力日益增强，口碑传播发挥着越来越重要的作用。因此，赋予品牌一个简洁明了、有亲和力的名称变得越来越重要，这既有利于消费者记忆与使用，又有利于品牌的口碑传播。

6. 品牌名称最好能提示产品和服务所属品类

在虚拟空间进行网络品牌推广，名称如果能够提示产品和服务所属品类，是非常有优势的。快节奏和信息过量是网络空间信息传播的特征，一个能进一步提示所属品类的品牌名称，无疑向消费者提供了关于品牌更为详细的信息，能引导消费者快速进行品牌的识别与选择。

三、域名的选择策略

随着互联网应用和电子商务的深入推广，域名变得越来越重要。目前，国际通用的 www 域名基本为英文字母的形式。对中文网站来讲，还需要对网站的 URL 进行命名。一般来说，URL 名称和网站名或品牌名称是一致的，一般采用网站名或品牌名称的拼音、英文直译或缩写。例如，百度（www.baidu.com）采用了网站名的拼音；联想（www.lenovo.com.cn）、海尔（www.haier.com）直接采用了品牌名称；中国营销传播网（www.emkt.com.cn）采用了网站名的英文缩写等。其他可取的方式，如网站为其 URL 设计一个与业务相关的英文字符或中文拼音。URL 命名最好不要与网站名或品牌名称隔离开来。如果网站 URL 与其网站名或品牌名称大相径庭，会给网络用户的识别与使用造成困难。最佳命名方式是让 URL 与网站名或品牌名称产生某种相关联系或联想，这样可以方便网络用户的记忆与使用。

很多公司在使用国际域名还是国内域名的问题上犹豫不决，其实这对于品牌推广的影响是微乎其微的。值得注意的是，国际域名（如 .com）比较简短，而国内域名（如 .com.cn）多了国家的标识，后者对于品牌的区域识别比较有帮助。不少跨国公司为其中国官网的 URL 命名为 .com.cn，作为其本土化或区域化政策的一部分。这与谷歌为了实施本土化品牌策略，为其网站取中文名“谷歌”是一个道理。

域名在互联网上可以说是企业形象的化身，是虚拟网络市场环境中进行商业活动的标识。企业必须将域名作为一种商业资源来管理和使用，域名命名时需要考虑其商标资源特性。简单来说，域名命名和使用需要注意：①域名的选择应与企业已有商标或品牌名称保持相关性；②域名应尽可能简单易用；③应通过行政的、法律的手段保护已命名的域名。

品牌案例12-3

百度钱包品牌形象设计

“百度钱包”是百度旗下唯一的支付业务品牌及产品名称。百度钱包被打造为一款可随时支付的“让优惠无处不在”的钱包，使用户得以在移动互联时代轻松享受一站式的支付生活。

百度钱包当时在行业内还属于初生产品，考虑到市场上已经存在了一些高认知度的竞争产品，作为追赶者，Logo 的识别性是首要考虑的因素。其次，Logo 也要考虑未来长久的产品定位和品牌承载空间，基于产品的定位、愿景以及未来移动支付无处不在的场景，设计团队很快想到了将古钱币、钱袋子外形等作为Logo的基础元素。设计团队从“百”字和古钱币、钱袋子几个方向进行草图绘制，形成一批线稿，最终确定以钱币＋文字为Logo的主要设计方向。

然后，从众多草图中选取了一些不错的方案再进行筛选，最终选取一个文案再进行细致优化。将百度系产品的品牌颜色——经典红色作为Logo的唯一主色调。另外，目前的设计趋势在不断地向简洁和轻快方向发展，因此Logo也需要考虑这种扁平质感的流行风格。

Logo整体释义：包罗万象，“钱”程似锦。

符号：Logo整体取意“百”字和钱币的符号。将“百”字与钱包品牌概念进行结合。

形：中国书法一笔勾勒“百”字轮廓，及其字体标志设计技巧，寓意百度钱包支付流畅、通行无阻、一气呵成的极致支付体验的预期与目标。“百”字形态演绎，与中华龙神行结合，意象兼备，和谐达观。龙抬头朝向东方，表达团队意在成为行业翘楚的决心。横形上部与圆形下方形成钱袋造型，中央结构与外圆内方的古钱币形意融合，包罗万象，展现收纳财富的汉仪。上方留白，说明财富拥有无限增值、无限遐想的空间。

色：红色是中国吉祥色，也是百度三大品牌色之一，代表吉祥富贵和财富增值。红色既能体现百度钱包子产品的品牌，也能突出百度的品牌；“钱包红”和“百度红”两种颜色整体饱和度过高，在产品中大面积使用后，长时间的阅读会产生压抑和抵触感，所以在两种品牌色基础上，加入“百度白”进行融合。经过对融合颜色的尝试和筛选，最终确定百度钱包移动页面为红色。

文化：龙形、古钱币、红色等都是典型的中国元素，但民族的就是世界的，这让百度展示出了兼具迈向国际的信心；融入现代感结构元素，代表以银行为主的传统行业与生活方式，将由创新互联网支付重新定义的趋势（见图12-1）。

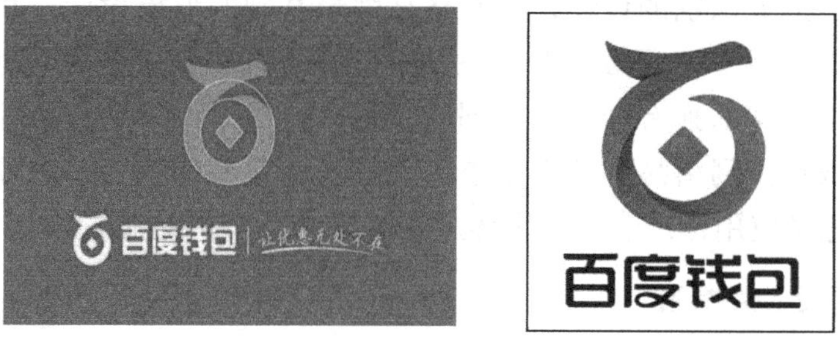

图　12-1

百度钱包是继支付宝、微信支付之后的又一移动支付工具。

2016年第二季度，百度首次布局海外支付市场，并在教育信贷、投资理财等业务上持续积极地拓展，取得了显著的效果。随着百度钱包的金融属性越来越强，其与用户的强账户关联程度也得到了长足发展。激活账户数持续、稳步提升。

2016年4月中旬，百度钱包大举进军泰国，迈出海外布局第一步，效果显著。活动期间，百度钱包一举接入了普吉、清迈、曼谷、芭提雅等四大城市热门商圈的400多家优质商户，全面承包了用户的衣食住行需求。其中包括了以Fb .Banzaan Terrace、You&Me Restaurant、Lila Thai Massage、Nantita等为代表的众多品牌商户。

财报显示，截至2016年6月30日的第二季度，由百度糯米、百度外卖、百度钱包等共同构成的百度电商化交易总额（GMV）达180亿元，同比增长166%。其中，百度钱包激活账户数达到8 000万，同比增长131%。至此，百度钱包已经连续四个季度保持高速增长。

2019年1月，百度钱包App升级为度小满金融（钱包）App，“度小满金融”启用新Logo，延续百度钱包红白配色，以红色为底，上有度小满金融白色Logo，意味着在继承百度技术基因的同时，依托度小满金融实现更长远的发展。1月17日，百度与中央电视台正式宣布，2019年百度和春节联欢晚会达成独家互动合作。观众可以通过百度App“摇一摇”“搜索”和“小视频”等多种方式获得红包。度小满金融将为百度新春系列活动及春晚红包活动提现提供全程支付服务。目前，度小满金融已拥有超过1.3亿用户，年度支付结算规模已近万亿元。

资料来源：极致设计，http://www.ijizhi.com/culture/article/10897.htm。

四、网络品牌的形象设计

形象设计是网络品牌视觉化呈现最直接的部分。随着互联网交互性的增强和数字化水平的提高，形象设计在网络品牌营销管理中发挥着越来越显著的作用。一般来说，网络品牌形象设计包括两大方面：网络品牌基本形象识别的设计和网络品牌行为识别的设计。

（一）网络品牌基本形象识别的设计

网络品牌基本形象识别的设计，是网络品牌最基础的形象设计，其作用是在基本形象上将此网络品牌区别于彼网络品牌。一方面，使网络品牌在虚拟空间表现出统一性和标准化，体现网络品牌的独有个性和原创性；另一方面，保持企业品牌形象在线下与线上的相关性和一致性。网络品牌基本形象识别的设计包括四项主要内容：品牌标志网络应用标准、网络色彩应用标准、网络字体应用标准和品牌网站版式设计标准。

1. 品牌标志网络应用标准

品牌标志是品牌最基本的识别要素，标志的设计透露着品牌的品质和个性。对于那些已形成成熟品牌标志系统的传统品牌来讲，保持线上品牌标志与线下品牌标志的一致性和相关性具有重要意义。品牌标志的网络应用标准，以企业已有的品牌标志为基础，结合品牌网络表现的需要，设计包括品牌名称、Logo、标志物、标语、主题音乐、动画和多媒体等要素在内的一套网络标志表现系统及其应用标准。

2. 网络色彩应用标准

色彩是人的视觉最敏感的东西，色彩的作用不容小觑。色彩处理得好，可以锦上添花，达到事半功倍的效果。网络色彩应用标准主要是确定包括品牌网站和网络广告在内的网络表现形式的用色标准。以下几个用色的基本原则可供参考。

（1）所使用的颜色服务于品牌个性化和品牌定位，对市场和客户有针对性。

（2）使用色彩强烈的基色，以及由基色组合的颜色。

（3）一般来说，适合作为网页标准色的颜色有蓝、黄、橙、黑、灰、白。

（4）在文字和背景颜色之间需要有鲜明的对比，但要协调一致。

（5）需要一项最终测试，把标志、标题和图片去掉，看设计是否仍然特色鲜明。

3. 网络字体应用标准

文字承载着信息传递的重要功能，也是企业或品牌品质的直接表现。关于网络字体应用的基本原则如下。

（1）易读：应用在网页上的字体应易于阅读和辨识。

（2）美感：不同的字号和字体区分内容的重要性，需要注意整体协调性，给人以美感。

（3）通用：字体用于表现品牌风格，但要考虑所用字体是否可被多数浏览器识别。

（4）个性：在可识别的前提下，可以使用独具特色的字体以增加亮点。

4. 品牌网站版式设计标准

网站版式设计标准化可以引导网络用户轻松浏览网站的每一部分内容，延长网络用户的浏览时间，提高网站内容的曝光率。为了达到良好的视觉效果，整体设计必不可少。网站是一个有机的整体，网站里每一个页面中的图标、字体、色彩和音效等都必须能够支持整个网站品牌的识别。良好的版式设计需要做到具有层次感和节奏感的同时又不单调乏味，即不同级别的页面既需要相对独立，又需要与主页面之间有可识别的链接。具有清晰的层次结构的网站能够让浏览者轻松地在繁多的页面中任意穿梭，并迅速获取他们想要的信息。网站版式设计最理想的效果是，网络用户在不看品牌标志的情况下，凭整体感觉就能识别出该网络品牌。

（二）网络品牌行为识别的设计

除了基本形象识别之外，卓越的网络品牌会创造出虚拟空间的行为识别，如带给网络用户快乐和愉悦的用户体验等。这些行为一旦在消费者心中形成长期稳定的印象，便能够与上述基本形象识别的设计一样，成为网络品牌的识别元素。

在传统媒体传播时代，受众处于被动接收信息的位置，很难有机会参与其中。不同特征的受众所接收到的信息是相同的，没有因人而异。互联网提供了一种双向投入、双向沟通的方式，它使浏览者很容易地参与其中。“说给我听，我会忘记；展示给我看，我可能会记住。若能投身其中，我就会理解”，这句话恰当地表述了网络的互动性在网络品牌营销中的优势。这种互动设计要求设计师不仅要巧妙设计动画、图形、图片、影片和声音等素材，还要与程序设计相结合，达到网页与浏览者的深度沟通。以下八个可衡量的参数可用来评估网站沟通的质量：①回访次数；②访问者平均浏览时间和总体时间；③访问者用于浏览网站主要活动的平均时间；④个人访问者的数量；⑤用户在网站上的行为；⑥用户最先想到的网站；⑦消费者发给网站的电子邮件数量；⑧网站的运营收入。

如果网络品牌能给消费者带来愉悦和满意的用户体验，并且消费者可以随时随地享受这种体验，即该网络品牌已经成为消费者生活中不可或缺的一部分，那么该网络品牌的设计就是成功的。网络品牌的设计者应该同时作为该品牌的消费者，首先感受品牌设计带来的所有体验，对其中不合理之处进行及时修正和完善。这不仅仅是品牌设计者的责任，也应该变成品牌创建团队所有成员的职责。在网络这个充满创造力和想象力的空间里，品牌的表现更加自由和灵活，具有生命力的品牌往往通过多方努力，使品牌具备更加丰富的表现力与沟通力。这是品牌创造者需要不断探索的领域。

第三节　网络品牌传播及直播带货

一、网络传播的特点

不同于传统平台的资讯传播，作为新兴媒介和商务平台，网络具有以下独特的信息传播模式。

1. 即时性

在网络媒体上，新闻内容总在不断滚动更新。得益于移动终端设备的技术更新和通信网络的全面覆盖，新闻事件可以通过网络随时随地以照片、视频等多媒体形式进行传播。公众可以通过手机等移动设备第一时间了解事件动态。智能手机的普及推动了非新闻事件的传播，网络上涌现大量用户自制内容（UGC），并在短时间、大范围传播，迅速制造出一起起热门事件。网络即时性的特点，缩短了信息传播的周期，拉近了受众与信息传播者或某一事件的“距离”。

2. 互动性

互动性是网络信息发布的低门槛和信息传播方式的灵活性带来的直接结果。事实上，互动性不仅体现在加强传收双方的交流，还体现在改变了信息的形成过程。在一个真正的互动环境中，信息不再依赖某一方发出，而是在双方交流过程中形成的。换句话说，网络上不再有信息传播的控制者，而只存在信息传播的参与者。需要指出的是，不能简单地把网络互动性理解为网站与网民之间的互动。互动性还表现为网民之间的互动，没有网民之间的互动，网站与网民的互动无论从强度还是效度来看都是有限的。

品牌要想达到良好的传播效果，不仅要与消费者充分互动，还要使消费者之间产生互动。例如，品牌忠实用户在网络社区，如豆瓣、知乎和小红书等，建立某品牌的讨论组，该品牌的用户自发参与讨论和问答，这样可以让忠实用户更加忠实，让初入门的用户更加了解品牌，对品牌传播起到重要作用。

3. 分众化

“精准营销”（Precision Marketing）强调的“细分”理念与“提供个性化服务”的互

联网理念不谋而合。毫无疑问，精准营销是追求最低成本与最大有效性的传播模式，互联网为这种传播模式提供了良好的技术和应用平台，这是传统媒体无法比拟的。事实上，互联网不应该被理解为大众化媒介，互联网人群不是简单地、自由地群居，他们的个性化特征越来越明显，互联网人群终将小众化发展。网络广告联盟正是这种分众化传播的应用。联盟将聚集不同受众群体的网站联合起来，形成一个容量巨大的广告资源库，再把资源向不同的广告发布者分配，实现分众化传播的最佳效果。

分众化（个性化）传播是互联网传播的必然趋势。对于企业来说，这种有针对性的信息传播模式具有更大的价值。过去，企业是利用媒介向消费者传递一致的信息；网络时代，企业可以向不同的消费者传递不同的信息，甚至可以进行一对一的交流对话。这不仅大大提高了传播效率，还为企业发现和锁定最具潜力的客户提供了可能。另外，分众化传播还有助于增强客户的满足感和归属感。

4. 社群化

网络上的人大多是“群居”的。一方面是由于网络的互动性，另一方面则是因为网络能够创造自由的、无时空局限的交流空间。来自全世界的网民都可以在网络上找到志同道合、志趣相投的网友沟通交流、互通有无。过去 20 多年，中国网络社交媒介不断涌现，从 BBS、QQ 到博客、微博、微信，不同的社交工具封存了一代代人的记忆。社交网络是一个相对封闭的人际互动网络，商业传播价值颇高。全球最大国际商务贸易平台之一亿贝（eBay）的总裁怀特曼，曾在一次接受访谈时谈及互联网未来发展的几个关键词：电子商务、信息搜索和社会关系互联。其中，社会关系互联即社群化。eBay 正是凭借其虚拟社区倡导者的身份，在电子商务领域独树一帜，获取了巨大成功的。怀特曼曾说，恰恰是一种多元化的用户方式成就了 eBay，这不是简单的一个卖家或一个买家可以做到的。

5. 娱乐性

网络是一座智能化的娱乐梦工厂。网络是一个多媒体兼容的媒介，在网络上可以通过图形、文字、声音、照片、视频和 3D 动画等多种形式传播品牌信息，也可以利用虚拟现实（VR）技术让消费者有“身临其境”的感受，还可以邀请消费者在线参与产品设计和制作以及品牌网上俱乐部活动等。网络可以整合多种传播形式，为消费者提供更加真实的、个性化的体验，满足消费者的多元化需求。

此外，网络也创造了诸多具有互联网特色的娱乐模式，如 360° 全景、网络游戏和视频直播等。娱乐化是现代消费社会的一种生活倾向。娱乐化产品极大地满足了人们的休闲需求，是增加网络流量和收入的有效手段。值得注意的是，娱乐化需要把握好“度”，避免落入“三俗”。

6. 全球化

互联网使人类“地球村”的梦想变成了现实。网络的普及为世界各个角落的机构和个人获取信息提供了前所未有的便利。网络品牌也实现了无国界传播。然而，与此同时，企业需要考虑网络品牌和组织信息全球化传播可能遇到的问题，涉及不同语言、文化背景、道德习俗和法律法规等。

品牌案例12-4

伊利安慕希牵手《漫游记》，探索“漫游型”营销

2019 年 11 月 6 日上午，由伊利安慕希独家冠名的散文体美食旅行记录节目《漫游记》在杭州黄龙饭店召开新闻发布会，伊利集团总裁助理晁德文、浙江卫视党委书记陈立波出席活动。该节目由浙江卫视联合浙江视通文化出品，钟汉良、郭麒麟作为常驻嘉宾，和飞行嘉宾尤长靖一起惊喜亮相现场（见图 12-2）。

图 12-2

安慕希与浙江卫视的合作由来已久，通过与《奔跑吧》《锋味》等合作早已实现了双赢。安慕希与《漫游记》的合作基于双方十分契合的品牌价值，一个是关于美食旅行的游记，一个是坚持将“美味”“健康”做到最好的品牌。安慕希与《漫游记》在旅行中不断对美味进行探索，不断追求国际化高品质美食的做法不谋而合。在《漫游记》中，安慕希也不遗余力地为观众献上了“国际化”高端品质的美味体验。

《漫游记》作为一档美食旅行真人秀，通过背包旅行的形式探寻环球美食世界文化和精神价值。安慕希携手《漫游记》通过对 12 个国家和地区的探访，紧扣潮流生活方式，以“三无”旅行的形式记录“不设限”的旅行生活，回归旅行本真，借此探寻环球美食文化和精神价值，丰富演绎安慕希世界美食的属性。

安慕希一步步走来，始终对产品精益求精，在为世界消费者提供最优质产品和服务的同时，通过娱乐、体验式的营销手段与消费者进行情感互动。节目中安慕希也不断通过感知消费者的内心需求，在各个领域进行创新尝试。正是这样线上和线下呼应整合的双层“情景营销”，带给消费者全面认知品牌和产品的机会，通过优质的产品体验将品牌影响力转化为产品销售力。

资料来源：搜狐网，http://mt.sohu.com/20151222/n432259576.shtml。

二、直播带货及其对品牌传播的影响

1. 直播行业的发展历程

直播经济作为“信息网络+疫情场景”背景下，直播与营销两种业态相融合的产物，俨然成为2020年最热的“风口”。“万物可直播、人人能带货”的发展趋势愈发凸显。高成长性、产业化与多元化已成为直播电商最显著的三种特性。

直播产业大爆发并不是偶然的事件而是网络直播技术、社会消费潮流和消费者个人价值觉醒等一系列动因的综合体现。直播行业起源于2005年，崛起于2016年。其间，直播战场由PC端转向移动端，直播内容由单一的秀场直播向电商、体育、教育、社交等多领域渗透。其发展历程可大致分为以下四个阶段。

第一阶段（2005 ~ 2011年）。以PC端直播为主，分为聊天室模式和演唱会模式，直播内容单一，以秀场直播为主。

第二阶段（2012 ~ 2014年）。依旧以PC端直播为主，直播内容逐步丰富，除秀场直播外，游戏直播开始上线。

第三阶段（2015 ~ 2016年）。直播由PC端转向移动端，其间大量创业者涌入，上演“千播大战”，由秀场直播演变而来的娱乐直播平台获得发展。2016年被称为移动直播元年。

第四阶段（2017年至今）。直播以移动端为主，政府对行业进行规范整顿，行业格局从“百花齐放”向“巨头争霸”过渡，流量、主播和资本开始向头部平台聚拢，直播电商爆发式增长。直播内容渗透到电商、体育、财经、教育、社交、音乐等各个领域。2019年被称为直播电商元年，因为2019年“11·11”电商直播爆发。阿里巴巴公布的数字显示，“11·11”开场1小时03分，淘宝直播引导的成交就超过2018年“11·11”全天。全天淘宝直播带动成交近200亿元，超过50%的商家都通过直播获得新增长。根据艾瑞咨询的数据，2019年直播电商整体成交额达4 512.9亿元，同比增长200.4%，仅占网购整体规模的4.5%，渗透率较低，具备较大的增长空间。随后，几乎所有电商平台都蜂拥而上，力图打造自己的辛巴、薇娅、李佳琦式网红。各种短视频MCN[⊖]爆炸般涌现，相关领域的创业和投资热力爆棚。未来随着内容平台与电商平台的进一步融合，直播电商将逐步渗透到直播的各个领域，预计未来几年直播电商交易规模仍会保持较高的增长态势。

2. 直播带货的含义

直播带货是指通过互联网平台，使用直播技术进行近距离商品展示、咨询答复、导购的新型服务方式，或由店铺自己开设直播间，或由职业主播集合进行产品推介。

一方面，“直播带货”互动性更强、亲和力更强，消费者可以像在大卖场一样，跟卖家进行交流甚至讨价还价；另一方面，“直播带货”往往能做到全网最低价，它绕过了经

⊖ MCN即Multi-Channel Network，是一种多频道网络的产品形态，也是一种新的网红经济运作模式。

销商等传统中间渠道，直接实现了商品和消费者的对接。特别是对网红主播而言，直播的本质是让观众看广告，通过“秒杀”等手段提供最大优惠力度，吸引消费者，黏住消费者。

直播带货是商品包装的一种演进形式。它与图文、短视频并没有特别多的区别，唯一不同的是直播是可以持续，且全面地展示产品存在的，而且在直播的过程中可以实现边看直播边购买的操作。从这个角度来看，直播带货可以更加直接地实现产品的变现和购买。由此可见，直播带货其实就是用直播的方式把商品卖出去，激活用户，转化用户。因此，激活用户继而转化用户，才是直播的终极意义。于是，商家为了能够激活用户和转化用户，开始在直播中加入网红元素，直播开始成为网红和流量的代名词。

将直播带货的核心从简单的流量获取转移到商品和体验本身，才是直播带货可以持续发展的关键所在。因此，对于直播带货来讲，产业链的深度把控，才是决定其未来发展的关键所在。如果只是把直播带货简单地理解成以网红为代表的流量获取方式，那么，直播带货或许已经不再是直播带货，而变成直播本身了。

3. 直播将不止于“带货”，还带“品牌”

随着国内微信、抖音、快手、B 站等平台纷纷入局，直播带货发展更趋火爆。由于这些平台各自优势的发挥，比如微信的社交优势、抖音的娱乐化基因、B 站的圈层文化基础等，再加上淘宝直播的领跑，直播给品牌的贡献将不只是“带货”而更多的是品牌传播。直播将成为品牌传播不可或缺的一部分。

相比于短视频的内容价值，通过植入企业与品牌的广告实现第一重盈利，在直播模块中观看者更看重主播的个人价值；视频直播既承载了丰富的信息价值，又给观众营造了与主播“面对面”实时互动的亲切氛围，因此直播是建立主播与粉丝之间深度信任的桥梁，可以有效巩固私域流量，通过粉丝打赏实现第二重盈利；继而可以推介产品带货销售实现第三重盈利。

短视频应用平台极具跨边网络效应，只有更好地满足内容“供给端”利益，才能让内容“消费端”有更好的体验。与传统电商不同，短视频的直播电商属于无货源型，极大降低了直播创作者的启动成本，由应用平台提供完整的产品供应链，由主播构建出商品与人之间的连接场和娱乐互动场景，这种模式极大地提高了日活跃用户数量和商品变现空间。

相比依靠“人、货、场”的传统电商，“人、货、场、景”的直播带货，多了一个“景”，正是这个“景”让购物更具娱乐性。用户一边与主播娱乐，一边购买主播推荐的货，从而形成了“娱乐—发现—购物—娱乐”的直播生活闭环。这种边玩边消费的模式，将传统电商的搜索式购物转变为直播电商的发现式购物。

短视频应用平台，除了跟传统电商的合作之外，应该考虑直接与企业或品牌的官方商城合作，跳过传统电商这一层，让品牌传播与产品销售在平台内循环起来。例如，四川长虹新闻发言人饶彬彬介绍，为了更有效地服务品牌与进行市场推广，用新媒体、新形式、新内容进行品牌传播，长虹将整合知名网红与专业 MCN 机构等资源，打造集网红培育、内容打造、IP 引流、粉丝运营为一体的直播平台——长虹草莓台“直播间”，并将对长虹草莓台进行品牌化运营。

三、网络品牌传播需要注意的问题

1. 充分发挥网络的信息载体功能

网络是一个可以集中且全面展示品牌的平台，以其多媒体融合和强互动性的优势，极大地提高了信息传播效率。网络传播信息是跨时空的，不管你身在世界哪个角落，理论上都可以随时通过访问互联网看到最新发布的信息。不仅如此，网络还可以帮助企业监测信息传播的效果，收集消费者的反馈，与消费者进行互动。企业可以通过网络更有效地传递品牌信息、提供相关服务，更贴心地满足消费者的需求。

2. 理解传播的关键在于品牌核心价值

网络是一个高效的传播工具，但也是一把双刃剑。所谓“打铁还需自身硬”，品牌营销最重要的还是品牌自身。对消费者来说，没有价值或价值缺失的品牌，推广做得越好，负面影响反而越大。企业应考虑品牌所提供的核心价值是否符合市场需求和消费者预期，品牌是否以其独特性在消费者心中占据了一席之地。

3. 充分发挥互联网的高度互动性

Web 2.0 时代充分激发了网络用户的智慧和创造性。每个网络用户既是信息的接受者，又是信息的创造者和传播者。网络自媒体的特性彻底改变了信息的传播模式，由少数人或机构控制的信息传播方式已经成为过去。企业应充分意识到，在网络上，它们只能是信息传播的参与者，互动性是网络的本质特征。网络的信息传播集合了一对一、一对多和多对多的传播模式。企业应充分利用网络互动性的传播优势，创造品牌与消费者、消费者之间自由交流的空间。企业还应该加强引导，使这种交流对品牌的建设具有正面的、积极的意义。

4. 注重网络技术更新以改善用户体验

网络是科技发展的产物，网络品牌传播应该紧跟科技发展的步伐。如何利用网络技术更高效地传递品牌信息是企业需要重点考虑的问题，其中一个重要原则就是提高网站的易操作性。面对海量的网络信息，网络用户往往希望更加简单、快捷地获取有用的资讯。企业应该意识到这一点，舍弃花哨而不实用的技术应用，聚焦于如何改善网络用户的网络使用体验，修正阻碍消费者快速获取信息的环节和设计，以新技术创造更加轻松愉快的用户体验。

5. 扮演网络时代的倾听者和交流者

在虚拟的互联网空间里，网络品牌传播应该让消费者拥有品牌主导权。企业应该作为消费者的朋友与其沟通交流，尽可能提供多元途径和渠道，倾听来自消费者的声音，满足消费者的诉求，进而推动消费者自觉自愿地进行品牌口碑传播。

第四节　网络品牌发展策略

一、网络品牌的发展方式

一些年轻的网络企业可能能够快速建立品牌，但没有一家企业能够打破品牌营销铁律：品牌形象不是一蹴而就的。想要成为网上的可口可乐，需要不断地努力与投资。在瞬息万变的网络世界中，只有掌握住这条不变的定律，才能建立长久经营的基石。

1. 企业网站中的品牌形象建设

企业网站是企业网络品牌营销的基础。企业网站中有许多可以展示品牌形象的机会，如网站上的企业标志、企业介绍、企业新闻和网页广告等。现在不少企业网站的主要问题在于缺乏良好的形象吸引眼球，或者一味追求美观而忽略了搜索引擎的优化设计。企业需要遵循网络品牌形象设计的原则和要求，明确官网设计的定位和需求，维护好企业官网，塑造网络品牌的良好形象。

2. 网络广告中的品牌形象展现

正如奥格威所说："每一则广告，都是为建立品牌个性所做的长期投资。"这句至理名言在网络传播时代仍不过时。网络品牌建设同样需要广告的支持。网络广告的作用主要表现为品牌推广和品牌营销。需要注意的是，网络广告一定要注意目的、方法和实施细节。瞬息万变的互联网时代，林林总总的品牌可能会突然出现，流行一段时间后又突然消失，消费者喜爱的风格也容易改变，或者说流行时尚的周期越来越短。但是从长远的角度来说，网络品牌需要长期保持主题和形象的一致性与稳定性，才能在消费者心中留下明确的品牌形象。

3. 搜索引擎中的网络品牌推广

搜索引擎是用户发现新网站的主要方式之一。用户通过某个关键词在检索结果中看到的信息是一个企业网络品牌给人的第一印象，这一印象的好坏决定着该品牌是否有机会被进一步认知。搜索引擎的品牌营销以企业网站的营销方法为基础。利用搜索引擎提升网络品牌的基本方式包括以下几种。

（1）尽可能增加网页被搜索引擎收录的数量。

（2）通过网站优化设计提高网页在搜索引擎检索结果中的效果（包括重要关键词的排名位置和标题、摘要信息对用户的吸引力等），获得比竞争者更有利的位置。

（3）利用关键词竞价广告，通过付费广告的方式让企业信息出现在搜索结果显著位置。

上述这些方式实质上都是为了增加网站在搜索引擎的可见度。因此，如何提高网站搜索引擎可见度，成为搜索引擎提升网络品牌的关键。

搜索引擎优化是通过对网站栏目结构、网站内容等基本要素的合理设计，使得网络内容更容易被搜索引擎检索，并且呈现给用户相关度最高的信息。需要注意的是，在实施搜索引擎优化方案时，如果采用不合理的方式（如被搜索引擎视为作弊的手段），则有可能造成网站被搜索引擎惩罚，轻者被视为低质量网页，重者则网站被搜索引擎彻底清除。如果网站出现了这种问题，那么将严重影响企业品牌形象，对整个网络营销策略也将造成严重打击。

4. 电子邮件中的网络品牌传播

由于市场工作的需要，企业每天都会发送大量的电子邮件。通过电子邮件向用户传递信息，成为企业传递品牌形象的一种手段。利用电子邮件传递营销信息时，邮件内容是最基本的，品牌形象的传播只有在保证核心内容的基础上才能获得额外的效果。

5. 网络事件营销中的品牌形象塑造

作为一个需要充分利用网络优势打造品牌的企业，要十分注重公关活动和事件营销。品牌形象的树立和推广需要高度的品牌忠诚和良好的口碑效应。企业应该根据自身规模，在此方面进行与实力相符的投入，关键在于把握广告公关费用与企业盈利的平衡，切不可在一项事件营销中孤注一掷。

品牌案例12-5

腾讯游戏：用心创造快乐

腾讯游戏是腾讯四大网络平台之一，是全球领先的游戏开发和运营机构，也是国内最大的网络游戏社区。无论是腾讯公司整体的在线生活模式布局，还是腾讯游戏的产品布局，都从用户最基本的需求和最简单的应用入手，注重产品的可持续发展和长久生命力，打造绿色健康的精品游戏。在开放性的发展模式下，腾讯游戏采取内部自主研发和多元化的外部合作两者相结合的方式，已经在网络游戏的多个细分市场领域形成专业化布局并取得了良好的市场业绩。

2010 年 12 月，腾讯游戏以全新的品牌形象闪亮登场！以“用心创造快乐”的理念为核心，腾讯游戏通过在多个产品细分领域的耕耘，对多元化四大平台进行打造，致力于为玩家提供“值得信赖的”“快乐的”和“专业的”互动娱乐体验。

1. 用心创造快乐

“用心创造快乐”是腾讯游戏的口号，更是腾讯游戏的态度。多年来，腾讯游戏本着腾讯公司“一切以用户价值为依归”的经营理念，真诚服务广大玩家，用心推动中国网游业的发展。

2. 值得信赖的

中国网游玩家最希望游戏厂商具备的品牌理念是什么？深入的用户调研告诉我们，是“值得信赖”。值得信赖，意味着腾讯游戏不仅拥有优秀的产品，更有可靠的运营、良好的服务和真诚服务玩家的态度。中国网游行业是新兴的行业，在飞速发展的同时，行业给予用户的信赖感依然有很大的进步空间。打造“值得信赖的”的品牌个性，将是腾讯游戏引领中国网游行业发展最重要的基石。

3. 快乐的

多年来，腾讯游戏以各个细分领域的优秀产品，带给了广大玩家最多样化的快乐。轻松的棋牌、竞速的跑道、梦幻的世界、侠客的江湖、铁血的城战……我的战友，你的对手！腾讯游戏的快乐，可以是一个人的狂欢，也可以是好友之间的较量，更可以是一群人的酣畅淋漓。腾讯游戏的快乐，无时无刻、无处不在。

4. 专业的

腾讯游戏，追寻洞察玩家的需求，综合多个细分领域的优秀产品和平台的优势，形成合力，强力打造“专业的”品牌个性。属于玩家的网游，不只是有能力为玩家呈现“快乐”和“值得信赖”的属性，更需要不停地拓展及创新。腾讯游戏团队，从一个小功能按钮的设置到大场景的琢磨，延伸至各个细分领域的耕耘，时刻为用户能获得更好的体验在努力，也以切实的行动，推动行业向更专业、更健康的方向发展。

资料来源：腾讯游戏官网，http://game.qq.com/brand/value.htm。

二、在网络空间增强品牌“黏性”的技巧

网站用户黏性，就是网站访问者在该网站上的访问次数和浏览时间。网站用户黏性是衡量网站质量的标尺。用户黏性高，说明该网站的血液流动速度快、脉搏跳动频率高。提高用户黏性，对网络品牌的推广具有重要意义。增加网络品牌的用户黏性，可以从以下几个方面入手。

1. 网站内容

互联网上大大小小的网站成千上万。对于互联网用户来说，上网就像逛超市，面对琳琅满目的商品时，他们会如何选择？首先肯定是购买自己所需。同理，一个网站能够吸引用户继续浏览的关键是提供网络用户所需要的内容。网站的内容是用户访问的根本目的。

互联网上分秒宝贵。据统计，用户一旦在一个网站上找不到所需内容，8 秒钟后就会离开该网页。短短 8 秒，只够在网站首页匆匆看几眼，如果没有用户所需内容，他们将毫不犹豫地关闭窗口。相反，如果网站内容正是用户所需要的甚至是超出预期的，那么用户势必会仔细浏览，并且对该网站产生好感，下次有同样需求时还会选择该网站。

以内容取胜的网站不少，如早期的四大门户网站——新浪、搜狐、网易和腾讯，综合信息较多较全。现阶段，网络用户比较青睐垂直细分的网站，例如，获得旅游攻略上穷游网和马蜂窝等，预订机票、酒店等上携程网等。能够较好地满足用户特定需求的网站，其用户黏性会较同类型网站高。

2. 网站特色

网站数量高速增长，脱颖而出的却不多。网站同质化现象呈现愈演愈烈的趋势。国内网站过度模仿以至于有抄袭之嫌的现象也被广为诟病。网站要在激烈的竞争中出奇制胜，手中没有特色王牌是难以做到的。社交网络人人网和开心网虽和Facebook有相似之处，但它们凭借各自的特色取得了一定的成功。人人网起步早，且满足了国内大学生的社交需求；开心网凭借几款优秀的网页游戏，赢得了年轻白领的喜爱。

3. 用户体验

用户体验就是在策划网站时要考虑到用户的心理与习惯，一切以用户为中心。用户体验的范畴非常广泛，除网站内容以外，还包括网页设计、操作和结构等方面。每一个方面都要站在用户的角度不断优化。要想建立稳定的用户忠诚，获得较高的用户黏性，做好用户体验必不可少。

本章小结

网络品牌主要指企业注册在通用网址的域名与企业名称、商标一起构成的企业的品牌。网络品牌由网络域名、企业实体的网站、网页级别值、企业软文组成。

网络品牌管理包括网络品牌的市场定位、网络品牌的命名策略、域名的选择策略和网络品牌的形象设计。作为新兴媒介和商务平台，网络具有独特的信息传播模式，呈现出即时性、互动性、分众化、社群化、娱乐性和全球化的特点。

网络品牌的发展方式包括企业网站中的品牌形象建设，网络广告中的品牌形象展现、搜索引擎中的网络品牌推广，电子邮件中的网络品牌传播，以及网络事件营销中的品牌形象塑造。

复习思考题

1. 简述网络品牌的内涵。
2. 论述传统品牌与网络品牌的异同。
3. 试述针对不同受众的网络品牌营销战略。
4. 请结合案例说明网络品牌具有哪些特征。
5. 请结合案例评估网络品牌的发展方式。

课后案例 12-1

李子柒为何如此受欢迎

李子柒，视频博主，同名品牌创始人，截至2020年5月，积累微博粉丝2 689万，抖音粉丝4 102万，B站粉丝541万，Youtube平台上粉丝破千万，被央视点名，Facebook有333万粉丝，Instagram上有36.4万粉丝，累计全球粉丝过亿，可以说是近两年中国“最红的up主”了。李子柒频频登上热搜，又开设了以自己名字命名的淘宝店，被称为“网红界的清流”（见图12-3）。

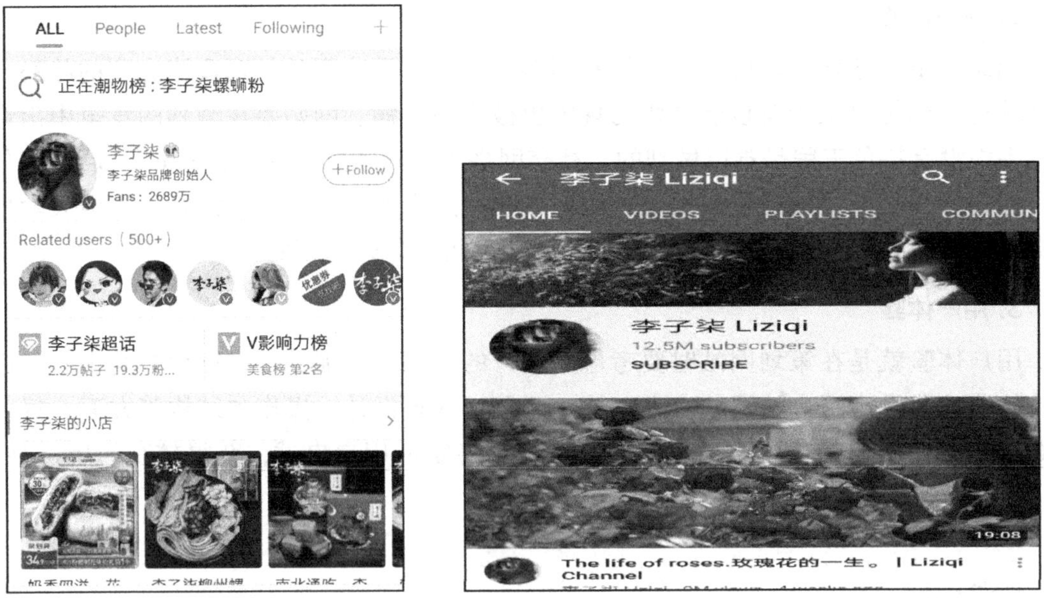

图 12-3　李子柒微博与 Youtube

2020 年 4 月 22 日，《纽约时报》美食专栏刊发了一篇文章，作者 Tejal Rao 将李子柒称为《隔离时期的田园“公主”》，“对于世界各地隔离中的观众来说，她这种一切自己动手的田园幻想，已经成为逃避和安慰的可靠来源”。

隔离在家的“归园田居”生活中，厨师们都会节俭地利用每一种材料，比如，将蒜瓣放进水里等待发芽。但李子柒的“蒜的一生”，完全展示了另一个世界。蒜瓣种进土里，长成蒜苗和蒜头，一部分小炒，一部分腌渍，和腊肉、鸡爪碰撞出新的味道，Tejal 说，自己真希望能早点从阳台种葱这个阶段毕业。

从留言里可以看到，有人从她的视频汲取力量，也有人用她的视频教育孩子——即使被困在家，也可以发现和珍惜身边的美好事物，还有人学她加工柿子，找到了新的食物的打开方式。而对于 1 000 万海外粉丝来说，他们在李子柒的视频下方，说得最多的是感谢，“谢谢她把这样的生活分享给我们”“看她的视频能感到从未有过的宁静”，最夸张的一个留言说，“积极起来洗澡、打扫卫生，告别过去 5 年的邋遢生活”，在“归园田居”这件事上，世界人民达到了前所未有的统一。

在这个“网红”逐渐遭受质疑的时代，李子柒为何如此受欢迎？她的成功有什么可以让“网红”品牌借鉴的呢？

近两年，借着互联网发展的东风，视频营销如雨后春笋般疯长，随之出现的 KOL 也带来了所谓的“网红”现象。但在信息量庞大、市场快速变化的情况下，为实现迅速变现，网红模式被大量复制，粗糙、廉价的内容使网红品牌质量参差不齐，观众体验感变差，甚至“网红”一词也逐渐向贬义倾斜。因此，在低质量网红品牌的衬托下，专注做内容的博主便显得尤为珍贵。更何况随着视频营销的发展，观众的新鲜感散去，品牌通过“网红”进行叫卖式传播的势头逐渐减弱。随着 5G 时代到来，视觉和体验营销风头正盛，需要新鲜内容的冲击，李子柒作为网红界的清流和品牌界的黑马，红得理所当然。以下是李子柒打造出观众喜爱品牌的要点。

1. 通过名称塑造品牌形象标签

乍一听“李子柒”这三个字，给人最直观的印象是一个人名，更多的信息并不好获取，但写下来会发现“柒”这个字因为是“七”的大写，充满着古风韵味，这与李子柒的个人和品牌形象十分契合，为观众对品牌的了解打下基础，将她与其他品牌区别开。

2. 为品牌确定基调

李子柒以乡村自然生活环境为蓝本，将自己的日常生活记录下来，看她的视频就像在看一部纪录片，接地气且真实不做作，就像普通人身边的一个有格调、懂生活的姑娘，让人觉得亲切温暖，这就是李子柒品牌的基调。

3. 选择易产生共鸣的品牌文化

文房四宝、二十四节气、与长辈亲人间的关心爱护，这些都是李子柒品牌的素材。她将人伦孝道和传统文化融入视频中，让视频有了文化的土壤，引起了同样受这片土壤熏陶的消费者的共鸣，也将视频与没有受过熏陶的消费者做了差异化分离，使视频更加引人注意，得以发展传播。

品牌通过网红进行“叫卖式”传播功利性太强，缺乏文化共鸣，容易让人出现逆反和抗拒心理。任何品牌都要导入适合自己的文化，让文化作为血脉贯穿品牌的方方面面，为品牌的统一和聚焦添砖加瓦。

4. 演绎更接地气的故事

李子柒品牌的视频就是一个个贴近人心的生活故事，故事中人与自然、邻里关系、亲情都有表现。同理，品牌也要有打动人心的故事，可以是感情、品质、与消费者之间的真实案例等，这些故事能帮助消费者确定对品牌的定义，增加消费者对品牌的认同感，激发消费者产生共鸣。合适的东西要在合适的地方出现。李子柒品牌视频利用青山绿水的背景画面，古色古香的人物造型，展现出百姓通过劳动而获得的小幸福。

5. 展现思想而非进行营销利益强推

与其他带货叫卖网红不同，李子柒好像只是把镜头随手放在那里，就开始劈柴洗菜、生火做饭、蜀绣制衣，这种让观众不知后事如何想要一探究竟的表现手法更易激起观众的猎奇心理；而且李子柒的视频没有叫卖式的信息强塞，功利性全无，使观众心里的安全感与信赖感更容易被满足。

看了李子柒品牌的视频风格，我们不难提取几个关键词：“有人情味且温暖的故事”“有格调且能干的女生”“人与自然之间的关系”“纯净的观感”“真实的生活气息”。

她就像“姜太公钓鱼”，将生活态度和个人喜好进行传递，引发共鸣与理念认同，形成“圈子效应”，继而形成相互影响的产品销售链，最终实现长期稳定的产品变现（见图 12-4）。

图 12-4

品牌通过“网红”带货营销的模式强推产品，试图以最小的成本和最快的速度将产品变现，李子柒则不同。有人会说李子柒是有团队的，她的生活是经过包装的，我们不排除她有团队且经过包装，通过对李子柒品牌的梳理，结合现有的品牌视频营销手法，我们得以窥见如下一些现象。

随着经济形势日趋严峻，民众的生活节奏和生活压力达到前所未有的高度，李子柒品牌视频所展现的放松舒缓的生活方式将人们内心的渴望激发出来，相较于叫卖式的品牌推广，品牌视频营销会达到更好的营销效果。

经过两三年的沉淀，大众对于品牌故事、文化价值的认同和渴望将可能是视频营销的下一个新拐点。央视著名主持人白岩松点评时说："李子柒在面向世界的传播中，没什么口号却有让人印象深刻的口味，更赢得了口碑。如果来自民间并走向世界的网红变成上千个，中国故事就有得讲了。"

资料来源：个人图书馆，http://www.360doc.com/content/19/1214/18/18154423_879732019.shtml；凤凰网财经，https://finance.ifeng.com/c/7x03Li8ztvT。

案例讨论

1. 从李子柒走红，分析说明当前网络品牌传播有哪些特点。
2. 谈谈李子柒品牌发展的策略和其营销传播的独特之处。

课后案例 12-2

搜狗：产品转型的成功者

在搜狗品牌下至今有三款知名产品：一是搜狗地图；二是搜狗拼音输入法；三是搜狗浏览器。按照搜狗开发团队对独立产品的理解来看，应该是输入法与浏览器在同一层次上，而地图是基于浏览器之下的第二层开发。而站在用户的角度考虑，如果卸载掉所有桌面软件，用户也必须保留输入法与浏览器，而地图就未必。这大概可以理解，搜狗开发团队目前的研发重心所在。

如果从三款产品的用户认同度来看，搜狗地图已经没落，但未来并非没有机会重新崛起；搜狗拼音输入法目前已经是绝对的王者，市场份额超过 50%；搜狗浏览器测试版本虽有 Bug，但因尚在开发过程中，从搜狗品牌一贯坚持的产品品质来看，浏览器本身仍然值得用户期待。

搜狗地图曾经风靡一时，这是搜狗品牌闻名于江湖的起点。是否因为开发团队人员的更换带来了开发思路的跳跃，使得多数用户较难适应升级版本，而导致大量用户流失，这只是一种猜测。但搜狗地图如今的没落更多应该不是研发技术方面的原因，而是被商业模式困扰。据闻，地图软件开发成本高，但升级维护与赢利前景并不明朗，致使投入产出比不是特别理想，而这并非搜狗地图一家的困扰。事实上，这是存在于地图软件开发领域的行业性难题。而从长远来看，地图在未来互联网中的重要性显然不如"未来的操作系统"——浏览器来得更为直接和重要。

依照搜狐高级副总裁王小川对产品的理解，搜狗开发团队的目光非常长远，并不会在意眼前一城一池的得失，而更在意对整个互联网起到推动作用的产品。换种思路理解，搜狗开发团队更在意能对互联网起到关键作用的核心产品。之前一两年这个产品是输入法，如今是浏览器。

搜狗拼音输入法的强大自然不必多说，品牌的口碑来自搜狗开发团队带来的良好的用户体验。搜狗拼音输入法在短时间之内应该没有所谓的竞争对手，这已经是一款可以称为杀手级的应用产品了，其江湖地位已经足够稳固，无一家可以撼动。依托拼音输入法的巨大成功，搜狗开发团队在此基础上又相继推出搜狗五笔输入法与手机输入法，想以此延续拼音输入法的辉煌。但从市场口碑来看，后者远不及拼音输入法闻名。这也可以理解，因为用户已然先入为主，相关产品的推广力度又不如拼音输入法大，自然在市场份额上要差一些。如果非要给搜狗拼音输入法找一个竞争对手，QQ 拼音输入法算一个，这不是从产品角度来看，而是从QQ庞大的用户基数来进行比较。

搜狗浏览器虽已成型，但仍在完善细节，对于用户体验的研发仍在进行中。不过，从搜狗开发团队重视程度来看，浏览器应该不只是一个完善产业链的补充性产品，而应当是其未来相当长时间内的重点研发对象，搜狗开发团队在财力、人力方面自然会对其加大倾斜力度。

总体而言，产品的成功来自对用户体验的深入把握，来自搜狐公司的支持力度，更来自研发团队的努力。相对于搜狐网站多年来大而全的浮浅，相对于搜狐网游区域式的城镇式胜利，搜狗品牌的市场影响更为透彻、更为厉害。

资料来源：新浪博客，http://blog.sina.com.cn/s/blog_4865377f0100ceg4.html。

案例讨论

1. 请结合案例说明搜狗的转型何以成功。
2. “搜狗”的品牌价值体现在哪些方面？

参考文献

[1] 万后芬，周建设 . 品牌管理 [M] . 北京：清华大学出版社，2006.

[2] 余明阳，杨珊珊 . 品牌营销管理 [M] . 武汉：武汉大学出版社，2008.

[3] 金文姬 . 广告学 [M] . 北京：中国人民大学出版社，2011.

[4] 拉福雷 . 现代品牌管理 [M] . 周志民，译 . 北京：中国人民大学出版社，2011.

[5] 汉纳 . 沃顿商学院品牌课：凭借品牌影响力获得长期增长 [M] . 崔明香，王宇杰，译 . 北京：中国青年出版社，2014.

[6] 张明立，任淑霞 . 品牌管理 [M] . 2 版 . 北京：清华大学出版社，2014.

[7] 黄静 . 品牌营销 [M] . 2 版 . 北京：北京大学出版社，2014.

[8] 严学军，汪涛 . 广告策划与管理 [M] . 3 版 . 北京：高等教育出版社，2015.

[9] 布曼，王煦逸，哈拉斯佐维奇 . 品牌管理：基于企业内部的视角 [M] . 上海：上海财经大学出版社，2015.

[10] 李光斗 . 故事营销 [M] . 北京：电子工业出版社，2015.

[11] 苏勇，金新民 . 现代公司名牌战略 [M] . 济南：山东人民出版社，1999.

[12] 苏勇，陈小平 . 品牌通鉴 [M] . 上海：上海人民出版社，2003.

[13] 王翔 . 老商标的故事 [M] . 北京：民主与建设出版社，2003.

[14] 奥格威 . 一个广告人的自白 [M] . 林桦，译 . 北京：中信出版社，2015.

[15] 张大亮，邢以群 . 品牌管理的一种分析方法：品牌偏好指数分析法 [J] . 中华商标，2000（1）：36-37.

[16] 圣吉 . 第五项修炼 [M] . 郭进隆，译 . 上海：上海三联书店，2005.

[17] 戴维斯 . 品牌资产管理：赢得客户忠诚度与利润的有效途径 [M] . 刘莹，李哲，译 . 北京：中国财政经济出版社，2006.

[18] 阿克 . 管理品牌资产 [M] . 吴进操，常小虹，译 . 北京：机械工业出版社，2012.

[19] 凯勒 . 战略品牌管理（原书第 4 版）[M] . 吴水龙，等译 . 北京：中国人民大学出版社，2016.

[20] 西尔弗曼 . 口碑：营销效果无限放大的秘密 [M] . 关世杰，王金萍，尹苹，译 . 北京：电子工业出版社，2004.

[21] CHERNATONY Leslie. Brand Management Through Narrowing the Gap Between Brand Identity and Brand Reputation[J] . Marketing Management, 1999, 15(1-3):157-179.

[22] MONTAÑA Jordi, GUZMÁN Francisco, MOLL Isa. Branding and Design Management: A Brand Design Management Model[J] . Marketing Management, 2007, 23(9-10):829-840.

[23] FÖRSTER Kati. Key Success Factors of TV Brand Management: An International Case Study Analysis[J] . Media Business Studies, 2011, 8(4):1-22.

[24] SAMLI A C, FEVRIER Merici. Achieving and Managing Global Brand Equity: A Critical Analysis[J]. Global Marketing, 2008, 21(3):207-215.

[25] WANG S C, SOESILO P K, ZHANG Dan. Impact of Luxury Brand Retailer Co-Branding Strategy

on Potential Customers: A Cross-Cultural Study[J] . International Consumer Marketing, 2015, 27(3):237-252.

[26] DION Delphine, ARNOULD Eric. Persona-Fied Brands: Managing Branded Persons Through Persona[J]. Marketing Management, 2016, 32(1-2):121-148.

[27] WILSON J M. The Future of Brand Protection: Responding to The Global Risk[J] . Journal of Brand Management, 2017(2):1-13.

[28] SUNDARAM M, YAO S Y, NG A M, et al. Chimeric Constructs between Human and Rat Equilibrative Nucleoside Transporters (hENT1 and rENT1) Reveal hENT1 Structural Domains Interacting with Coronary Vasoactive Drugs[J]. Journal of Biological Chemistry, 1998, 273(34):21519-21525.

[29] FARQUHAR P H. Managing Brand Equity[J] . Marketing Research, 1989, 1(3):24-33.

[30] SHOCKER A D, SRIVASTAVA R K, RUEKERT R W. Challenges and Opportunities Facing Brand Management: An Introduction to The Special Issue[J] . Marketing Research, 1994, 31(5):149-158.

[31] AKER D A. Managing Brand Equity [M] . New York: the Free Press, 1991.

[32] KELLER K. Building Customer-based Brand Equity [J]. Marketing Management, 2001, 10(2): 15-19.